15

Wissen für die Zukunft
Oldenbourg Verlag

Mathematik für Wirtschafts- wissenschaftler

Problemorientierte Einführung

von
Universitätsprofessor
Dr. Alexander Karmann

6., erweiterte Auflage

Oldenbourg Verlag München

Bibliografische Information der Deutschen Nationalbibliothek

Die Deutsche Nationalbibliothek verzeichnet diese Publikation in der Deutschen
Nationalbibliografie; detaillierte bibliografische Daten sind im Internet über
<http://dnb.d-nb.de> abrufbar.

© 2008 Oldenbourg Wissenschaftsverlag GmbH
Rosenheimer Straße 145, D-81671 München
Telefon: (089) 45051-0
oldenbourg.de

Lektorat: Wirtschafts- und Sozialwissenschaften, wiso@oldenbourg.de
Herstellung: Anna Grosser
Coverentwurf: Kochan & Partner, München
Gedruckt auf säure- und chlorfreiem Papier
Druck: Grafik + Druck, München
Bindung: Thomas Buchbinderei GmbH, Augsburg

ISBN 978-3-486-58706-7

Vorwort

Vorwort zur sechsten Auflage

Die konzeptionelle Besonderheit dieses Lehrbuches hat sich im Studienbetrieb an verschiedenen Universitätsstandorten bewährt, wonach in jedem Kapitel die darin erläuterten formalen Methoden zunächst an ökonomischen Fragestellungen motiviert und am Ende beispielhaft angewendet werden. Das Buch dient zunächst als Vorlesungsbegleiter für eine einführende Lehrveranstaltung *Mathematik für Wirtschaftswissenschaftler* im Bachelor-Studium, die grundlegende Instrumente formaler Analyse in den Wirtschaftswissenschaften vorstellt. Dieser Teil umfaßt Matrizenrechnung, lineare Systeme und Optimierung ebenso wie Differential- und Integralrechnung sowie die Lagrange-Methode, also die Kapitel 1 bis 12.

Weiterführende mathematische Analyseinstrumente, die darüber hinaus für ein wirtschaftswissenschaftliches Master-Studium von Bedeutung sind, betreffen insbesondere Modelle, die durch Differentialgleichungen beschrieben werden, Ansätze zur intertemporalen Steuerung oder die Entwicklung dynamischer Systeme. Diese sowie einige typische Anwendungen werden in den Kapiteln 13 bis 16 vorgestellt. Die entsprechenden Inhalte werden an der Technischen Universität Dresden in der Lehrveranstaltung *Mathematische Analyseinstrumente* am Ende des Bachelor-Studiums behandelt, um auf ein erfolgreiches Master-Studium vorzubereiten.

In die vorliegende Auflage sind neu aufgenommen lineare Differenzengleichungen 2. Ordnung und das wachstumstheoretische Multiplikator-Akzelerator-Modell (Beispiel 13.3). Herrn Dipl.-Vw. Andreas Bühn bin ich für hilfreiche Unterstützung bei der Erstellung der neuen Abschnitte zu großem Dank verpflichtet.

Für Vorschläge zur Verbesserung oder Erweiterung bin ich jederzeit dankbar und bitte um Zusendung an gkw@mailbox.tu-dresden.de.

Dresden, im Januar 2008   Alexander Karmann

Hinweis für den eiligen Leser: Der eilige Leser kann folgende – dem eifrigen Leser durchaus empfohlene – Teile überspringen, ohne den Anschluß an die übrigen Abschnitte zu verlieren: 1.1, 2.3, 5.6, 5.7, 6.1 – 6.5, 7.3, 8.2, 10.3, 11.3, 12.3, 12.4, 13.1 – 13.2, 14.1 – 14.6, 15.1 – 15.5, 16.1 – 16.4.

Aus dem Vorwort zur zweiten Auflage

Ziel der zweiten Auflage ist es, die typischen Inhalte der Lehrveranstaltung *Mathematik für Wirtschaftswissenschaftler*, wie sie etwa an der Technischen Universität Dresden und der Universität Hamburg gelehrt wird, wiederzugeben. Neben graphischen Veranschaulichungen sind als ergänzende Kapitel oder Abschnitte hinzugekommen: *Aussagenlogik, Komplexe Zahlen, Eigenwerte und Eigenvektoren, Lineare Optimierung* sowie *Reihen und Konvergenzkriterien*. Da das Buch nicht nur als Vorlesungsbegleiter und Formelsammlung, sondern auch als Einstiegshilfe in das Hauptstudium dienen soll, ist ein Kapitel *Dynamische Systeme* neu aufgenommen worden. Darüber hinaus sind in den Beispielen und Anwendungen einige moderne ökonomische Gebiete berücksichtigt, die aus den Vorlesungen des Autors, etwa zur Finanzmarkttheorie und der monetären Makroökonomie, stammen: zustandsbedingte Wertpapiere aus der *Finanzmarkttheorie*, das *Prinzipal-Agent-Modell* und *loglineare Modelle* der Neuen Makroökonomie.

Der Autor ist den Kollegen der Fakultät Wirtschaftswissenschaften der Technischen Universität Dresden für einige Anregungen zur Neuauflage ebenso dankbar wie den Vertretern des Fachs Mathematik für Wirtschaftswissenschaftler, mit denen das Curriculum auf die in den Wirtschaftswissenschaften benötigten mathematischen Methoden abgestimmt worden ist.

Das Kapitel 15 über *Dynamische Systeme* ist von Herrn Dipl.-Math. Thomas Kähler verfaßt worden, dem für die Mitarbeit an der vorliegenden Auflage herzlich gedankt sei.

Dresden - Hamburg, im März 1997   Alexander Karmann

Aus dem Vorwort zur ersten Auflage

Mathematische Methoden gehören zum festen Bestandteil der wirtschaftswissenschaftlichen Grundausbildung. Dies reflektiert nicht zuletzt den Grad der mathematischen Formalisierung, der auf dem Gebiet der Wirtschaftswissenschaften heute wissenschaftliche wie praxisangewandte Arbeiten kennzeichnet.

Studierende der Wirtschaftswissenschaften der ersten Semester stehen oftmals den mathematischen Methoden zunächst skeptisch gegenüber, da sie noch nicht abschätzen können, wozu die formalen Instrumente benutzt und welche mathematischen Techniken im einzelnen benötigt werden. An dieser Motivationsschwelle setzt das vorliegende Buch an. Es ist aus der Vorlesung *Mathematik für Wirt-schaftswissenschaftler* entstanden, wie sie an der Universität Hamburg kompakt als einsemestrige Veranstaltung gehalten wird.

Besonderheiten der Buchkonzeption sind zum einen die einführenden wirtschafts-wissenschaftlichen Fragestellungen, die jedem Kapitel vorangestellt sind und die die nachfolgend behandelte Mathematik ökonomisch motivieren. Zum an-deren werden die grundlegenden mathematischen Begriffe sowohl deutsch als auch englisch wiedergegeben, um Studenten die spätere Lektüre mathematisch-wirtschaftswissenschaftlicher Arbeiten zu erleichtern und Fehlübersetzungen zu ersparen. Jedes Kapitel enthält einen Abschnitt mit ökonomischen Beispielen, in dem auch die zu Beginn des Kapitels erörterten Problemstellungen aufge-griffen und ausführlich diskutiert werden. Die Beispiele entstammen teilweise klassisch-ökonomischen Fragen wie Haushalts-, Produktionsoptimierung, Input-Output-Rechnung, aber auch komparativ statischer Modellanalyse, Grenzsteuer-belastung und Anwendungen aus der neueren Finanzwirtschaft. Aufgaben aus bisher gestellten Klausuren sind teilweise in die ökonomischen Beispiele mitaufge-nommen worden.

Da das Buch als Einführung und Vorlesungsbegleiter gedacht ist, ist es knapp und ohne Beweisführung gehalten; ein Verzeichnis mit weiterführender Litera-tur ist für den interessierten Leser am Ende aufgeführt. Das Buch kann aber auch als Studienbegleiter dienen, da es einige über die Grundvorlesung hinausrei-chende Sachgebiete umfaßt, die zum Standardrepertoire wirtschaftswissenschaft-licher Modellierung gehören, etwa Hesse-Matrix, Kuhn-Tucker-Bedingungen (hin-reichende Optimalitätsbedingungen), Implizites Funktionentheorem (komparative Statik), Einhüllenden-Satz, Differenzen-, Differentialgleichungen (Wachstumsmo-delle). Die zentralen Ergebnisse der einzelnen Kapitel werden in Form durchnum-merierter Sätze und Rechenregeln übersichtlich festgehalten.

Für nützliche Hinweise zur Stoffauswahl danken wir dem Professorium des Fachbe-reichs Wirtschaftswissenschaften der Universität Hamburg. Den Lehrbeauftragten des Fachs Mathematik für Wirtschaftswissenschaftler, den Herren Professor Eber-hard Groth, Aulis Harmoinen, Jochen Huesmann, Gunter Kleist, Rainer Kuske, Professor Hans Petersen und Dr. Lothar Wilde sind wir für die kritische Durch-sicht des Buches und ihre weiterführenden Anregungen zu Dank verpflichtet.

Hamburg, im März 1994   Alexander Karmann

Thomas Kähler

Inhaltsverzeichnis

1 Mengen und Aussagenlogik

1.1 Grundzüge der Aussagenlogik

Mit der Aussagenlogik werden Regeln für die Verknüpfung von Aussagen bereitgestellt, um durch Umformung neue Aussagen exakt nachvollziehbar ableiten zu können. Unter dem hier behandelten Begriff *Aussage* wird ein Satz verstanden, der die Eigenschaft hat, entweder *wahr* (w) oder *falsch* (f) zu sein, und daher im weiteren als logisch eindeutige Aussage bezeichnet wird. Durch w und f wird der *Wahrheitswert* einer Aussage angegeben. Aussagen werden im weiteren mit den Buchstaben p, q, r, s... bezeichnet.

Beispiele.

    p: "5 ist eine Primzahl."   (w)

    q: "Berlin ist eine Millionenstadt in Deutschland."   (w)

    s: "Es gibt eine natürliche Zahl x mit der Eigenschaft $\frac{x}{2} = 7$."   (w)

    t: "Für alle natürlichen Zahlen x ist $\frac{x}{2}$ wieder eine natürliche Zahl."   (f)

Zur Einführung des Begriffs *natürliche Zahl* siehe Abschnitt 1.3.

Dagegen ist der Ausspruch eines Kreters "Alle Kreter lügen" keine Aussage im oben genannten Sinn, da seine Wahrheit unmittelbar die Falschheit des Satzes zur Folge hätte. Ebenso sind Sätze wie "langfristig ist der Gewinn der Firma X positiv" oder "Die Konjunktur boomt" für sich genommen keine logisch eindeutigen Aussagen, solange die verwendeten Begriffe (*langfristig*, *Konjunktur*, *Boom*) nicht präzisiert sind und damit über ihren Wahrheitswert nicht eindeutig unterschieden werden kann. Hingegen sind Sätze wie p: "Bei normalem Verlauf der Preis-Absatz-Funktion (vgl. Abschnitt 2.4) steigt die Nachfrage mit sinkendem Güterpreis" oder q: "Bei fallendem EUR-Dollar-Wechselkurs erhält man weniger Dollar für den Euro" aufgrund ihres definitorischen Charakters (*normaler Verlauf*, *EUR-Dollar-Wechselkurs*) entscheidbare Aussage, die also entweder wahr (Aussage p) oder falsch (Aussage q) sind.

Definitionen.

Negation: $\neg p$ (lies: nicht p)
                                      ist wahr, wenn p falsch ist.

Konjunktion: $p \wedge q$ (lies: p und q)
                                      ist wahr, wenn p wahr ist und q wahr ist.

Disjunktion: $p \vee q$ (lies: p oder q)
                                      ist wahr, wenn mindestens eine der beiden Aussagen
                                      p und q wahr ist.

Implikation: $p \rightarrow q$ (lies: aus p folgt q)
                                      ist wahr, wenn aus der Aussage p die Aussage q folgt;
                                      anders ausgedrückt:
                                      $p \rightarrow q$ ist falsch, wenn p wahr und q falsch ist.

Äquivalenz: $p \leftrightarrow q$ (lies: p äquivalent q)
                                      ist definiert als $(p \rightarrow q) \wedge (q \rightarrow p)$.

Bemerkungen.

- Anstelle des Begriffes *Implikation* wird auch der Begriff **Folgerung** verwendet.

- Statt des Symbols "$\rightarrow$" (bzw. "$\leftrightarrow$") wird auch das Symbol "$\Rightarrow$" (bzw. "$\Leftrightarrow$") verwendet.

- Die Disjunktion $p \vee q$ entspricht nicht dem umgangssprachlichen "entweder - oder", da sich beide Aussagen nicht ausschließen. Das ausschließende "entweder - oder" wird durch den Ausdruck $(p \vee q) \wedge \neg(p \wedge q)$ dargestellt, wie nachfolgend ersichtlich wird.

Der Wahrheitswert zusammengesetzter Aussagen läßt sich durch obige aussagenlogische Regeln ermitteln und in Form von *Wahrheitstafeln* übersichtlich zusammenstellen. Beispielsweise gilt:

Wahrheitstafeln									
p	q	¬p	p ∧ q	p ∨ q	p → q	p ↔ q	(p ∨ q) ∧¬(p ∧ q)	p ∧ ¬p	p ∨ ¬p
w	w	f	w	w	w	w	f	f	w
w	f	f	f	w	f	f	w	f	w
f	w	w	f	w	w	f	w	f	w
f	f	w	f	f	w	w	f	f	w

Bemerkung. Bei der Implikation $p \to q$ wird p auch *hinreichende Bedingung*, q auch *notwendige Bedingung* genannt. Denn aus der Gültigkeit der Implikation folgt unmittelbar: q ist wahr, wenn p wahr ist; ist q falsch, muß auch p falsch sein. Eine ausführliche Erläuterung wird am Ende dieses Abschnitts gegeben.

Beim *Beweis* mathematischer Sätze werden Aussagenketten gebildet, bis schließlich die zu beweisende Aussage als wahr abgeleitet ist. Im Fall des *direkten* Beweises werden dabei aus den Voraussetzungen – unter der Benutzung von Definitionen und bereits bewiesenen mathematischen Zusammenhängen – solange durch Ketten von Implikationen neue Aussagen gebildet, bis zum Schluß die Behauptung folgt. Im Fall des *indirekten* Beweises wird angenommen, daß die zu zeigende Aussage p falsch ist. Durch Bildung logischer Ketten werden wiederum solange Implikationen abgeleitet, bis die negierte Aussage, also ¬p, als wahr folgt. Aufgrund der Äquivalenz von $p \to \neg p$ und $p \wedge \neg p$ wird der indirekte Beweis auch *Widerspruchsbeweis* oder Beweis durch *Kontradiktion* genannt.

Anhand folgender Beispiele sollen einige in der mathematischen Logik häufig benutzte Begriffe erläutert werden.

Beispiele.

$$p \land \neg p \qquad\qquad\qquad \textit{Kontradiktion}$$

$$p \lor \neg p \qquad\qquad\qquad \textit{Tautologie}$$

$$\neg\neg p \leftrightarrow p \qquad\qquad\qquad \textit{doppelte Negation}$$

$$((p \to q) \land (q \to r)) \to (p \to r) \qquad \textit{Transitivität}$$

Unter einer *Aussageform* wird ein Satz mit einer Variablen x (vgl. Abschnitt 2.1) verstanden, die durch Einsetzen der Variablen in eine formal eindeutige Aussage übergeht. Schreibweise:

$$p(x), \ q(x), \ \ldots$$

Um auszudrücken, daß die Gültigkeit von $p(x)$ für mindestens eine spezielle Wahl von x oder etwa für alle Wahlen von x gesichert ist, werden nachfolgend definierte Symbole verwendet:

Definitionen.

Existenzquantor: $\exists_x \, p(x)$ (lies: es gibt ein x, für das $p(x)$ gilt) gilt, wenn für eine spezielle Wahl von x die Aussage $p(x)$ wahr ist.

Allquantor: $\forall_x \, p(x)$ (lies: für alle x gilt $p(x)$) gilt, wenn für jedes x die Aussage $p(x)$ wahr ist.

Beispiele.

Aussageformen.

  $p(x, y)$: "x ist Teiler von y".
  $q(x, y)$: "$x^2 + y^2 \geq z^2$".

Aussagen.

  p: "$\forall_x \, \forall_y \ y = 2x \ \to \ x$ ist Teiler von y".

Die folgende Aussage q: "Es existiert ein Marktgleichgewichts-Preis p^* zu gegebener Angebotsfunktion $x^A(p) = 2p$ und gegebener Nachfragefunktion

$x^N(p) = 12 - p$" (vgl. Abschnitt 2.4) wird formal geschrieben (der Buchstabe p bezeichnet hier eine Variable und nicht eine Aussage):

$\quad$ q: "$\exists_{p^*}\ 2p^* = 12 - p^*$".

Die Aussage q ist wahr, da die Gleichung für $p^* = 4$ erfüllt ist.

Bemerkung. Eine Aussage, etwa q: "$\forall_x\ p(x)$", läßt sich dadurch widerlegen, daß die Existenz eines speziellen x gezeigt wird, für das die Aussage p(x) falsch ist (*Beweis durch Gegenbeispiel*); denn, wie leicht zu sehen, gilt die Äquivalenz der Aussagen

$\quad$ "$\exists_x\ \neg p(x)\ \leftrightarrow\ \neg(\forall_x\ p(x))$".

Jedoch läßt sich aus der Gültigkeit der Aussage p(x) für ein spezielles x nicht auf deren Allgemeingültigkeit zurückschließen, was formalisiert wie folgt ausgedrückt werden kann

$\quad$ "$\neg(\exists_x\ p(x)\ \rightarrow\ \forall_x\ p(x))$".

In mathematischen Sätzen geht es um die Eigenschaften von mathematischen Objekten x, die in Aussageformen p(x) formuliert sind. Die interessierende Eigenschaft p(x) wird in Implikationsbeziehungen mit einer anderen Eigenschaft q(x) gesetzt. Folgende Beziehungen werden unterschieden:

– q(x) ist **hinreichende** Bedingung für die Gültigkeit der Eigenschaft p(x):
$\quad$ "$\forall_x\ (q(x)\ \rightarrow\ p(x))$",
in Worten: Wenn q(x) für x gilt, dann gilt auch p(x) für x.

– q(x) ist **notwendige** Bedingung für die Gültigkeit der Eigenschaft p(x):
$\quad$ "$\forall_x\ (p(x)\ \rightarrow\ q(x))$",
in Worten: p(x) gilt für x nur dann, wenn q(x) für x gilt.

– q(x) ist **notwendige** und **hinreichende** Bedingung für die Gültigkeit von p(x):
$\quad$ "$\forall_x\ (q(x)\ \leftrightarrow\ p(x))$",
in Worten: p(x) gilt für x genau dann, wenn q(x) für x gilt.

Beispiele.
– q(x) ist eine *hinreichende* Bedingung für p(x), aber keine notwendige:

$\quad$ q(x): "$x = -3$", $\qquad\qquad\qquad$ p(x): "$x^2 = 9$".

– q(x) ist eine *notwendige* Bedingung für p(x), aber keine hinreichende:

$\quad$ q(x): "x ist gerade", $\qquad\qquad$ p(x): "$\dfrac{x}{2} = 7$".

– q(x) ist eine *hinreichende* und *notwendige* Bedingung für p(x):

$\quad$ q(x): "$(x = 3) \vee (x = -3)$", $\qquad$ p(x): "$x^2 = 9$".

$\quad$ p(x) ist dann auch eine *hinreichende* und *notwendige* Bedingung für q(x).

1.2   Mengen und Operationen

Der Begriff der *Menge* (set) ist zwar grundlegend für die Mathematik, jedoch die Frage, wie der Begriff eingeführt werden kann, wurde bis heute noch nicht präzise beantwortet. Unter einer *Menge* verstehen wir eine Zusammenfassung X von bestimmten, wohlunterschiedenen Objekten, welche die *Elemente* (elements) (in einigen Fällen auch *Punkte* (points)) von X genannt werden, zu einem Ganzen (Cantor (1845 -1918), Begründer der Mengenlehre). In diesem Kapitel werden einige Beispiele von Mengen genannt, welche für die Betrachtungen der folgenden Kapitel ausreichen.

Schreibweisen.
Das Element x ist aus der Menge X, liegt in X oder ist Element der Menge X:

$\quad x \in X \quad$ oder $\quad X \ni x$.

Das Element x ist nicht aus der Menge X:

$\quad x \notin X \quad$ oder $\quad X \not\ni x$.

Mengen können auf folgende Weisen definiert werden:
durch explizite Nennung ihrer Elemente

$\quad X := \{$Berlin, Hamburg, Köln, München$\}$

oder durch Angabe einer Eigenschaft bzw. Aussageform, welche die Elemente der Menge charakterisiert

$\quad X := \{x \mid x$ ist eine Millionenstadt in Deutschland$\}$

oder

$\quad X := \{x \mid x \leq 1\}$.

Definition. Enthält eine Menge keine Elemente, so handelt es sich um die **leere Menge** (empty set):
$$\emptyset := \{\ \} \quad \text{oder} \quad \emptyset := \{x \mid x \neq x\}.$$

Definition. X heißt **Teilmenge** (subset) von Y oder Y **enthält** (includes) X, wenn jedes Element von X auch in der Menge Y enthalten ist (vgl. Abbildung 1.1). Schreibweise:
$$X \subseteq Y \quad \text{oder} \quad Y \supseteq X.$$

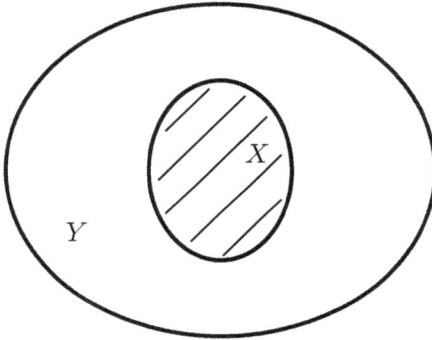

Abb. 1.1. Teilmenge X von Y.

Bemerkung. Wenn X nicht Teilmenge von Y ist, also ein Element in X existiert, welches nicht zu Y gehört, wird folgende Schreibweise benutzt:
$$X \not\subseteq Y \quad \text{oder} \quad Y \not\supseteq X.$$

Definition. Zwei Mengen X und Y sind einander **gleich** (equal), in Zeichen $X = Y$, wenn $X \subseteq Y$ und $Y \subseteq X$ gilt. Sie sind **ungleich** (unequal), in Zeichen $X \neq Y$, wenn $X \not\subseteq Y$ oder $Y \not\subseteq X$ gilt.

Definition. X heißt **echte Teilmenge** (proper subset) von Y, wenn $X \subseteq Y$, jedoch nicht $X = Y$ gilt. Schreibweise:
$$X \subset Y \quad \text{oder} \quad Y \supset X.$$

In anderen Lehrbüchern werden auch folgende Schreibweisen verwendet:
$$X \subset Y \text{ statt } X \subseteq Y \quad \text{und} \quad X \overset{\subset}{\neq} Y \text{ statt } X \subset Y.$$

Bemerkung. Sei $X := \{x \mid \mathrm{p}(x)\}$ und $Y := \{x \mid \mathrm{q}(x)\}$. Dann gilt: $X \subseteq Y$ genau dann, wenn $\mathrm{p}(x) \to \mathrm{q}(x)$. Analoge Formulierungen lassen sich für die anderen genannten Mengenrelationen aufstellen. Ferner gilt: $\emptyset = \{x \mid \mathrm{p}(x) \wedge \neg\mathrm{p}(x)\}$.

Im folgenden werden einige gängige Mengenoperationen eingeführt.

Definitionen.

Durchschnitt (intersection):

$$X \cap Y \ := \ \{x \mid x \in X \text{ und } x \in Y\}.$$

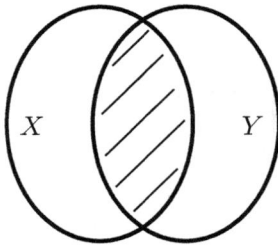

Abb. 1.2. Durchschnitt der Mengen X und Y.

Wenn $X \cap Y = \emptyset$, so sind die Mengen X und Y **disjunkt** oder **elementfremd** (disjoint or nonintersecting).

Vereinigung (union):

$$X \cup Y \ := \ \{x \mid x \in X \text{ oder } x \in Y\}.$$

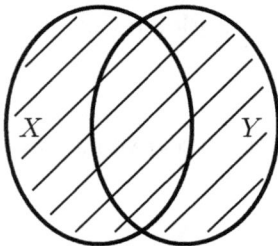

Abb. 1.3. Vereinigung der Mengen X und Y.

Differenz (relative complement):

$$X \backslash Y \; := \; X - Y \; := \; \{x \mid x \in X \text{ und } x \notin Y\}.$$

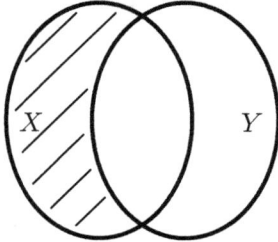

Abb. 1.4. Die Differenz X ohne Y.

Komplement (complement):

$$\complement Y \; := \; \overline{Y} \; := \; \{x \mid x \notin Y\}.$$

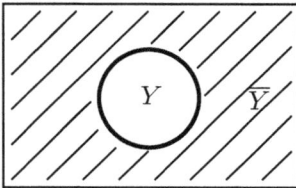

Abb. 1.5. Komplement der Menge Y.

Potenzmenge (power set):

$$\mathcal{P}(X) \; := \; \{Y \mid Y \subseteq X\}.$$

$\mathcal{P}(X)$ ist die Menge aller Teilmengen von X.

Hat X n Elemente, so hat $\mathcal{P}(X)$ 2^n Elemente. Beispielsweise gilt:
$\mathcal{P}(\{1, 2\}) = \{\emptyset, \{1\}, \{2\}, \{1, 2\}\}$.

Kartesisches Produkt (Cartesian product):

$$X \times Y := \{(x,y) \mid x \in X \text{ und } y \in Y\}.$$

Das kartesische Produkt besteht aus der Menge der **geordneten Paare** (x,y). Dabei kommt es auf die Reihenfolge der Elemente an, da im Allgemeinen $(x,y) \neq (y,x)$ gilt.

Bemerkung. Sei wieder $X := \{x \mid p(x)\}$ und $Y := \{x \mid q(x)\}$. Dann gelten:

$$
\begin{aligned}
X \cap Y &= \{x \mid p(x) \wedge q(x)\} \\
X \cup Y &= \{x \mid p(x) \vee q(x)\} \\
X \backslash Y &= \{x \mid p(x) \wedge \neg q(x)\} \\
\complement Y &= \{x \mid \neg q(x)\} \\
X \times Y &= \{(x,y) \mid p(x) \wedge q(y)\}.
\end{aligned}
$$

Definitionen. Ist I eine Menge, genannt **Indexmenge**, und ist für jedes $i \in I$ eine Menge X_i gegeben, so heißt

$$\bigcup_{i \in I} X_i \qquad \textbf{Vereinigung} \text{ der Mengen } X_i$$

und definiert die Menge aller Elemente x, die in mindestens einer der Mengen X_i enthalten sind,

$$\bigcap_{i \in I} X_i \qquad \textbf{Durchschnitt} \text{ der Mengen } X_i$$

und definiert die Menge aller Elemente x, die in jeder der Mengen X_i enthalten sind, und

$$\bigtimes_{i \in I} X_i \qquad \textbf{Produkt} \text{ der Mengen } X_i$$

und definiert die Menge aller n-**Tupel** $(x_1, x_2, x_3, \ldots)$ mit den **Komponenten** $x_1 \in X_1,\ x_2 \in X_2,\ x_3 \in X_3,\ \ldots$.

Ist $I = \{1, \ldots, n\}$ endlich, so wird auch geschrieben:

$$\bigcup_{i \in I} X_i = \bigcup_{i=1}^{n} X_i = X_1 \cup \ldots \cup X_n$$

$$\bigcap_{i \in I} X_i = \bigcap_{i=1}^{n} X_i = X_1 \cap \ldots \cap X_n$$

$$\underset{i \in I}{\times} X_i = \underset{i \in I}{\overset{n}{\times}} X_i = X_1 \times \ldots \times X_n$$

speziell: $X^n = \underbrace{X \times \ldots \times X}_{n\text{--mal}}$

1.3   Mengen in reellen Räumen

Üblicherweise werden folgende einfache Mengen betrachtet:

$$
\begin{aligned}
\mathbb{N} \;&:= \{1, 2, 3, 4, \ldots\} && = \text{Menge der natürlichen Zahlen} \\
\mathbb{N}_0 \;&:= \{0, 1, 2, 3, \ldots\} && = \mathbb{N} \cup \{0\} \\
\mathbb{Z} \;&:= \{0, \pm 1, \pm 2, \pm 3, \ldots\} && = \text{Menge der ganzen Zahlen} \\
\mathbb{Q} \;&:= \{\tfrac{p}{q} \mid p, q \in \mathbb{Z}, q \neq 0\} && = \text{Menge der rationalen Zahlen} \\
\mathbb{R} \;&:= \text{Menge der reellen Zahlen oder Zahlengerade}
\end{aligned}
$$

Es gilt: $\mathbb{N} \subset \mathbb{N}_0 \subset \mathbb{Z} \subset \mathbb{Q} \subset \mathbb{R}$.

Es werden folgende Bezeichnungen für *Intervalle* auf der Zahlengeraden $\mathbb{R}$ mit $a, b \in \mathbb{R}$ eingeführt:

abgeschlossene Intervalle:
$$[a, b] := \{x \in \mathbb{R} \mid a \leq x \leq b\}$$

offene Intervalle:
$$]a, b[:= \{x \in \mathbb{R} \mid a < x < b\}$$

halboffene Intervalle:
$$[a, b[:= \{x \in \mathbb{R} \mid a \leq x < b\}$$
$$]a, b] := \{x \in \mathbb{R} \mid a < x \leq b\}$$

Neben diesen **eigentlichen Intervallen** werden auch betrachtet:

uneigentliche Intervalle:
$$[a, +\infty[\; := \; \{x \in \mathbb{R} \mid x \geq a\}$$
$$]a, +\infty[\; := \; \{x \in \mathbb{R} \mid x > a\}$$
$$]-\infty, a] \; := \; \{x \in \mathbb{R} \mid x \leq a\}$$
$$]-\infty, a[\; := \; \{x \in \mathbb{R} \mid x < a\}$$

Bemerkung.   Intervalle werden oft in Form von Ungleichungen beschrieben (zur Verwendung des Absolutbetrages vgl. Abschnitt 2.2), etwa:
$$[10, +\infty[\; = \; \{x \in \mathbb{R} \mid x \geq 10\}$$
$$]-1, 7[\; = \; \{x \in \mathbb{R} \mid \; |x - 3| < 4\}$$

Weitere Bezeichnungen:
$$\mathbb{R}_+ \;\; := \;\; \{x \in \mathbb{R} \mid x \geq 0\} \;\; = \;\; [0, +\infty[$$
$$\qquad\quad = \;\; \text{Menge der nichtnegativen reellen Zahlen}$$
$$\mathbb{R}^* \;\; := \;\; \{x \in \mathbb{R} \mid x \neq 0\} \;\; = \;\; \mathbb{R} \backslash \{0\}$$
$$\mathbb{R}_+^* \;\; := \;\; \{x \in \mathbb{R} \mid x > 0\} \;\; = \;\;]0, +\infty[$$
$$\mathbb{R}^n \;\; := \;\; \underbrace{\mathbb{R} \times \ldots \times \mathbb{R}}_{n-\text{mal}} \;\; = \;\; \{(x_1, \ldots, x_n) \in \mathbb{R}^n \mid x_1 \in \mathbb{R}; \ldots; x_n \in \mathbb{R}\}$$
$$\qquad\quad = \;\; n\text{\textbf{-dimensionaler reeller Raum}} \;\; (\text{real } n\text{-space})$$
$$\mathbb{R}_+^n \;\; := \;\; \underbrace{\mathbb{R}_+ \times \ldots \times \mathbb{R}_+}_{n-\text{mal}} \;\; = \;\; \{(x_1, \ldots, x_n) \in \mathbb{R}^n \mid x_1 \in \mathbb{R}_+; \ldots; x_n \in \mathbb{R}_+\}$$
$$\mathbb{R}^{*n} \;\; := \;\; \underbrace{\mathbb{R}^* \times \ldots \times \mathbb{R}^*}_{n-\text{mal}} \;\; = \;\; \{(x_1, \ldots, x_n) \in \mathbb{R}^n \mid x_1 \in \mathbb{R}^*; \ldots; x_n \in \mathbb{R}^*\}$$
$$\qquad\quad = \;\; \mathbb{R}^n \backslash \{0\}, \;\; \text{wobei gilt:} \;\; 0 := \underbrace{(0, \ldots, 0)}_{n-\text{mal}}.$$

Einige Spezialfälle: Seien $a = (a_1, \ldots, a_n) \in \mathbb{R}^n$, $b = (b_1, \ldots, b_n) \in \mathbb{R}^n$ mit $a_i \leq b_i$ für $i = 1, \ldots, n$ und $c \in \mathbb{R}$:

$$Q^n(a, b) := \{(x_1, \ldots, x_n) \in \mathbb{R}^n \mid a_i \leq x_i \leq b_i\}$$
$$= \textbf{Quader} \text{ im } \mathbb{R}^n \text{ bzgl. } a \text{ und } b$$

Für $a \neq 0$ wird definiert

$$H^n(a, c) := \{(x_1, \ldots, x_n) \in \mathbb{R}^n \mid a_1 x_1 +, \ldots, + a_n x_n \leq c\}$$
$$= \textbf{Halbraum} \text{ im } \mathbb{R}^n \text{ bzgl. } a \text{ und } c$$
$$E^n(a, c) := \{(x_1, \ldots, x_n) \in \mathbb{R}^n \mid a_1 x_1 +, \ldots, + a_n x_n = c\}$$
$$= \textbf{Hyperebene} \text{ im } \mathbb{R}^n \text{ bzgl. } a \text{ und } c$$

Speziell für $n = 2$ und $n = 1$ werden auch folgende anschauliche Begriffe benutzt:

$$H^2(a, c) = \{(x_1, x_2) \in \mathbb{R}^2 \mid a_1 x_1 + a_2 x_2 \leq c\}$$
$$= \textbf{Halbebene} \text{ im } \mathbb{R}^n \text{ bzgl. } a \text{ und } c$$
$$E^2(a, c) = \{(x_1, x_2) \in \mathbb{R}^2 \mid a_1 x_1 + a_2 x_2 = c\}$$
$$= \textbf{Gerade} \text{ im } \mathbb{R}^n \text{ bzgl. } a \text{ und } c$$
$$H^1(a, c) = \{x \in \mathbb{R} \mid a\,x \leq c\} = \,]-\infty, \tfrac{c}{a}]$$
$$= \text{uneigentliches Intervall}$$
$$E^1(a, c) = \{x \in \mathbb{R} \mid a\,x = c\} = \{\tfrac{c}{a}\}$$
$$= \text{relle Zahl}.$$

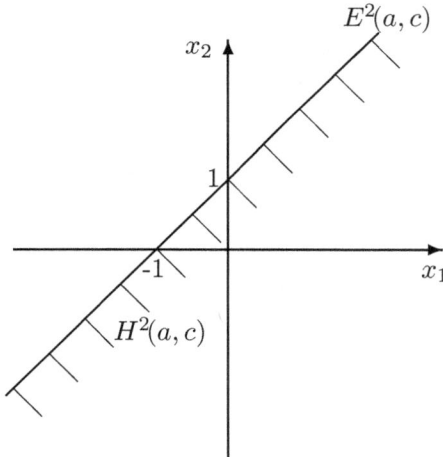

Abb. 1.6. Halbebene im $\mathbb{R}^2$ bzgl. $a = (a_1, a_2) = (-1, 1)$ und $c = 1$.

Wird in Abbildung 1.6 die zugrundeliegende Gleichung der Geraden $E^2(a, c)$ in $x_2 = -\frac{a_1}{a_2} x_1 + \frac{c}{a_2}$ umgeformt, so gibt $-\frac{a_1}{a_2} = -\frac{-1}{1} = 1$ die Steigung der Geraden und $\frac{c}{a_2} = \frac{1}{1} = 1$ den x_2-Achsenschnitt der Geraden an.

Bemerkungen.

- $\mathbb{R}^{n-1}$ ($n \geq 1$) ist eine Hyperebene im $\mathbb{R}^n$, aber keine Hyperebene im $\mathbb{R}^{n+1}$.

- $\mathbb{R}_+$ ist ein Halbraum im $\mathbb{R}$, $\mathbb{R}_+^n$ ($n \geq 2$) ist jedoch kein Halbraum im $\mathbb{R}^n$.

- Eine Hyperebene $E^n(a, c)$ stellt die Begrenzung des Halbraumes $H^n(a, c)$ dar.

- Eine Hyperebene $E^n(a, c)$ unterteilt den $\mathbb{R}^n$ in zwei Halbräume $H^n(a, c)$ und $H^n(-a, -c) = \{(x_1, \ldots, x_n) \in \mathbb{R}^n \mid a_1 x_1 +, \ldots, + a_n x_n \geq c\}$, wobei zu beachten ist, daß $-a = (-a_1, \ldots, -a_n)$ ist und beim Multiplizieren der Ungleichung mit -1 aus "$\geq$" "$\leq$" wird.

Im $\mathbb{R}^n$ kann der *Abstand* oder die *Distanz* zwischen zwei Punkten x und y des Raumes gemessen werden und wird mit $d(x, y) \in \mathbb{R}$ bezeichnet. Besitzt $d(x, y)$ die Eigenschaften: a) $d(x, y) = 0$ für $x = y$, b) $d(x, y) = d(y, x)$ und c) $d(x, y) \geq d(y, z) \geq d(x, z)$, so wird $d(x, y)$ *Metrik* genannt. Da Metriken auch für den $\mathbb{R}^n$ definiert werden können, ist dieser ein *metrischer Raum*. Der nachfolgend definierte Normbegriff ist ein Spezialfall für eine Metrik.
Ein *ökonomisches Beispiel* für eine Norm wird implizit mit dem Begriff einer Wechselkurs-Bandbreite einer nationalen Währung (z.B. DM vor der Einführung des Euro) gegenüber einer Referenzwährung (z.B. ECU) gegeben, wie der Leser sich leicht verdeutlichen kann.

Definition. Eine **Norm** (norm) auf $\mathbb{R}^n$, in Zeichen $\| x \|$ mit $x \in \mathbb{R}^n$, besitzt folgende Eigenschaften:

1. $\| x \| = 0$ genau dann, wenn $x = \underbrace{(0, \ldots, 0)}_{n-\text{mal}}$.

2. $\| \lambda x \| = |\lambda| \cdot \| x \|$ für alle $\lambda \in \mathbb{R}$ und $x \in \mathbb{R}^n$.

3. $\| x + y \| \leq \| x \| + \| y \|$ für alle $x, y \in \mathbb{R}^n$ (Dreiecksungleichung).

Für den $\mathbb{R}^n$ sind verschiedene Normen gebräuchlich, wobei nachfolgend zwei Beispiele betrachtet werden. Im weiteren werden wir jedoch stets die *euklidische Norm* verwenden. Eine Norm stellt eine spezielle **reellwertige Funktion** dar (vgl. Abschnitt 2.2).

Beispiele. Sei $x = (x_1, \ldots, x_n) \in \mathbb{R}^n$, so heißt

$$\|x\|_2 := \sqrt{x_1^2 + \ldots + x_n^2}$$

die **euklidische Norm** auf dem $\mathbb{R}^n$ und

$$\|x\|_\infty := \max(|x_1|, \ldots, |x_n|)$$

die **Maximum-Norm** oder **Tschebyscheff-Norm** auf dem $\mathbb{R}^n$, wobei $\max(|x_1|, \ldots, |x_n|)$ immer den betragsmäßig größten Wert der Komponenten $x_1, \ldots, x_n$ annimmt.

Bemerkung. Insbesondere ist mit einer Norm $\| \cdot \|$ auch der Abstand $\|x - y\|$ zwischen Punktpaaren $x, y \in \mathbb{R}^n$ festgelegt. Beispielsweise gilt:

$$\|x - y\|_2 := \sqrt{(x_1 - y_1)^2 + \ldots + (x_n - y_n)^2}.$$

Definitionen. Seien $a \in \mathbb{R}^n$ ein Punkt und $\epsilon > 0$. Die Menge

$$B(a, \epsilon) := \{x \in \mathbb{R}^n \mid \|x - a\| < \epsilon\}$$

heißt **offene Kugel** (open ball) mit Mittelpunkt a und Radius ϵ oder ϵ-**Umgebung** von a.
Gilt $B(a, \epsilon) \subseteq U \subseteq \mathbb{R}^n$, so heißt U **Umgebung** (neighborhood) des Punktes a.

Definition. Eine Menge $X \subset \mathbb{R}^n$ heißt **beschränkt** (bounded), falls ein Punkt $a \in \mathbb{R}^n$ und ein Radius $r \in \mathbb{R}_+^*$ existieren, so daß gilt: $X \subseteq B(a, r)$.

Bemerkung. Jedes abgeschlossene, offene, halboffene (eigentliche) Intervall und jeder Quader sind *beschränkt* und damit auch jede Teilmenge dieser Mengen. Alle übrigen oben genannten Mengen sind *nicht beschränkt*.

Definitionen. Eine Menge $X \subseteq \mathbb{R}^n$ heißt **offen** (open), falls zu jedem Punkt $x \in U$ eine ϵ-Umgebung existiert mit $B(a, \epsilon) \subset X$.
X heißt **abgeschlossen** (closed), wenn die Menge $\mathbb{R}^n \backslash X$ offen ist.

Bemerkung. Das halboffene Intervall $]a, b]$ ist *nicht offen*, weil für alle $\epsilon > 0$ gilt: $B(b, \epsilon) \not\subset]a, b]$, und es ist *nicht abgeschlossen*, weil für alle $\epsilon > 0$ gilt: $B(a, \epsilon) \not\subset \mathbb{R} \backslash]a, b] =]-\infty, a] \cup]b, +\infty[$.

Eine vereinfachte Definition kompakter Mengen, welche auf den *Satz von Heine-Borel* zurückgeht und nur im $\mathbb{R}^n$ gilt, ist folgende:

Definition. Eine Menge $X \subset \mathbb{R}^n$ heißt **kompakt** (compact), wenn sie abgeschlossen und beschränkt ist.

Bemerkung. Jedes abgeschlossene Intervall und jeder Quader Q ist kompakt. Desweiteren ist auch jede abgeschlossene Teilmenge $X \subseteq Q$ kompakt.

Definitionen. Eine Menge $X \subseteq \mathbb{R}^n$ heißt **konvex** (convex), wenn für alle $x = (x_1, \ldots, x_n) \in X$, $y = (y_1, \ldots, y_n) \in X$ und alle λ mit $0 \leq \lambda \leq 1$ gilt:

$$\lambda(x_1, \ldots, x_n) + (1 - \lambda)(y_1, \ldots, y_n)$$
$$= \left(\lambda x_1 + (1 - \lambda)y_1, \ldots, \lambda x_n + (1 - \lambda)y_n\right) \in X.$$

Die Menge $Y := \left\{ \left(\lambda x_1 + (1 - \lambda)y_1, \ldots, \lambda x_n + (1 - \lambda)y_n\right) \mid 0 \leq \lambda \leq 1 \right\}$ ist die **Strecke** zwischen den Punkten x und y. Jeder Punkt $z \in Y$ ist eine **Konvexkombination** von x und y (vgl. Abbildung 1.7). Ist $\lambda \neq 0$ und $\lambda \neq 1$, dann heißt die Konvexkombination z **echt**.
Kann ein Punkt $a \in X$ nicht als echte Konvexkombination der Punkte $x \neq y$ dargestellt werden, dann heißt der Punkt a **Ecke** der konvexen Menge X.

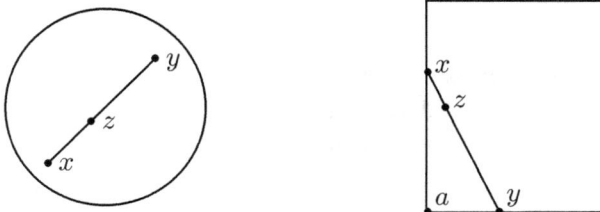

Abb. 1.7. Konvexe Mengen und Konvexkombinationen.

Bemerkung. Offene Kugeln $B(a, \epsilon)$ im $\mathbb{R}^n$ sind stets konvex, jedoch brauchen Umgebungen U eines Punktes nicht unbedingt konvex zu sein. Die Mengen $\mathbb{R}^n$, $\mathbb{R}^n_+$, Quader, Halbräume, Hyperebenen, Halbebenen, Geraden und Intervalle sind stets konvex. Der $\mathbb{R}^{*n}$ ist nicht konvex.

Anschaulich gesprochen bedeutet die Konvexität einer Menge X, daß die Konvexkombinationen von Punkten der Menge X wieder Elemente von X sind. Eine spezielle konvexe Menge ist das abschließend betrachtete *Polyeder*. In Kapitel 6 wird bei der Lösung linearer Optimierungsaufgaben der sogenannte *Simplex-Algorithmus* benutzt, das auf einem Vergleich von Ecken eines Polyeders, aber nicht notwendigerweise eines *Simplex*, beruht. Der Name ist historisch bedingt, und die entsprechende Definition wird hier der Vollständigkeit halber angegeben.

Definitionen. Seien $x^0, \ldots, x^r \in \mathbb{R}^n$, dann wird die folgende Menge **konvexes Polyeder** oder einfach **Polyeder** (vielflächiger Körper) genannt:

$$M := \{z \in \mathbb{R}^n \mid z = \lambda_0 x^0 + \ldots + \lambda_r x^r$$

$$\text{mit } \lambda_0 + \ldots + \lambda_r = 1 \text{ und } \lambda_0 \geq 0, \ldots, \lambda_r \geq 0\}.$$

Sind zudem die $r + 1$ Punkte $x^0, \ldots, x^r$ affin unabhängig (siehe nachfolgende Definition), dann heißt das Polyeder M r-**Simplex** oder einfach **Simplex**.

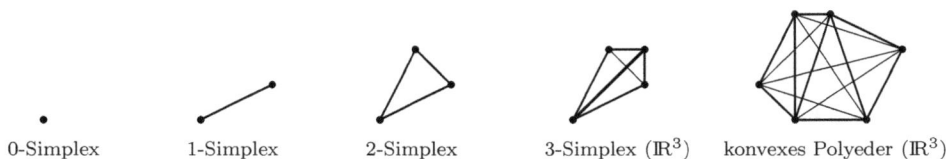

| 0-Simplex | 1-Simplex | 2-Simplex | 3-Simplex ($\mathbb{R}^3$) | konvexes Polyeder ($\mathbb{R}^3$) |

Abb. 1.8. Polyeder bzw. r-Simplexe.

Definitionen. Seien die Punkte $x^0, \ldots, x^r \in \mathbb{R}^n$. Ein Punkt $z \in \mathbb{R}^n$ heißt **affin abhängig** von $x^0, \ldots, x^r$, wenn gilt:

$$z = \lambda_0 x^0 + \ldots + \lambda_r x^r \quad \text{mit } \lambda_0 + \ldots + \lambda_r = 1.$$

Sind die Punkte $x^0, \ldots, x^r \in \mathbb{R}^n$ **paarweise verschieden**, d.h. $x^{k_1} \neq x^{k_2}$ für alle $k_1 \neq k_2$ mit $k_1, k_0 \in \{0, \ldots, r\}$, dann heißen diese Punkte **affin unabhängig**, wenn aus

$$\lambda_0 x^0 + \ldots + \lambda_r x^r = 0$$

folgt

$$\lambda_0 = \ldots = \lambda_r = 0.$$

Bemerkungen.

– Für $r = 1$ bedeutet dies, daß zwei Punkte $x^0, x^1 \in R^n$ mit $x^0 \neq x^1$ affin unabhängig sind und jede Konvexkombination z dieser Punkte von x^0 und x^1 affin abhängt.

Im Fall $n = 1$ ist sogar jeder Punkt aus $\mathbb{R}$ affin abhängig von x^0 und x^1.

Im Fall $n \geq 2$ sind alle Punkte auf der von x^0 und x^1 aufgespannten Geraden E^2 affin abhängig von x^0 und x^1, jedoch die Punkte x^0, x^1 und x^2 mit $x^2 \in R^n \backslash E^2$ sind affin unabhängig.

– Im R^n kann es maximal nur $n + 1$ affin unabhängige Punkte geben.

– Der Zusammenhang zwischen der affinen Unabhängigkeit von Punkten und der linearen Unabhängigkeit von Vektoren wird in Abschnitt 4.3 dargestellt.

– Für $r = 0, 1, 2, 3$ hat ein r-Simplex spezielle Bezeichnungen:

　　0-Simplex:　Punkt im $\mathbb{R}^n$,

　　1-Simplex:　Strecke im $\mathbb{R}^n$ (die Konvexkombinationen von zwei Punkten),

　　2-Simplex:　Dreieck im $\mathbb{R}^n$ $(n \geq 2)$,

　　3-Simplex:　Tetraeder im $\mathbb{R}^n$ $(n \geq 3)$.

– Die Punkte $x^0, \ldots, x^r \in \mathbb{R}^n$ sind genau die Ecken des Polyeders bzw. Simplex.

2 Funktionen einer und mehrerer Veränderlicher

Funktionen, auch Abbildungen genannt, haben eine grundlegende Bedeutung in der Mathematik und werden in den Wirtschaftswissenschaften vielfach angewendet.

Eine ökonomische Anwendung. Die in der Ökonomie übliche Vorstellung, daß Güter Nutzen stiften, wird im nachfolgenden Rahmen diskutiert. Dem betrachteten Konsumenten stehen n Güter in den Quantitäten $x_1, \ldots, x_n$ für den Konsum zur Verfügung, weshalb die Menge $\mathbb{R}_+^n$ auch *Konsumgüterraum* genannt wird und seine Elemente $x = (x_1, \ldots, x_n)$ auch *Güterbündel*. Der Zusammenhang zwischen Konsum von Güterbündeln und dem damit verbundenen Grad der Bedürfnisbefriedigung wird durch den Begriff der *Nutzenfunktion* des Konsumenten präzisiert. Dabei ordnet die Nutzenfunktion jedem Güterbündel einen nichtnegativen Nutzenwert zu, formal $U : \mathbb{R}_+^n \longrightarrow \mathbb{R}$ mit $(x_1, \ldots, x_n) \longmapsto U(x_1, \ldots, x_n) \geq 0$.

Fragen, die in diesem Zusammenhang von Interesse sind, lauten etwa:

- Welche Güterbündel stiften dasselbe Nutzenniveau wie ein vorgegebener Referenzwarenkorb (*Indifferenzkurven*, vgl. Abschnitt 2.4) ?

- In welchen Verhältnissen können zwei Güter wechselseitig substituiert werden, ohne den Gesamtnutzen zu verändern (*Implizites Funktionentheorem*, vgl. Abschnitt 11.3 und Beispiel 11.2 in Abschnitt 11.4) ?

- Wie verändert sich der Grad der Bedürfnisbefriedigung, wenn bei Konstanz des Konsums aller anderen Güterarten der Konsum eines Gutes steigt und über alle Grenzen wächst (*Grenzwert*, *Sättigungsniveau*, vgl. Abschnitt 7.2 und Beispiel 7.4 in Abschnitt 7.4) ?

- Welche Güterkombination stiftet bei Ausgabenbeschränkung einen maximalen Nutzen (*Lagrange-Methode*, vgl. Abschnitt 12.2 und die Beispiele 12.2 und 12.3 in Abschnitt 12.5) ?

2.1 Grundbegriffe

Definition. X und Y seien zwei Mengen. Eine **Funktion** oder **Abbildung** (function, mapping, map) f von X nach Y ist eine Zuordnungsvorschrift, die *jedem* Element $x \in X$ *genau ein* Element $f(x) \in Y$ zuordnet.

Schreibweise.

$$
\begin{aligned}
f : \; & X \longrightarrow Y \\
& x \longmapsto f(x).
\end{aligned}
$$

Dabei heißt x das **Argument** (argument), die **Variable** oder **Veränderliche** (variable) und $f(x)$ der (Funktions-)**Wert** (value) der Stelle x. Die Menge X heißt **Definitionsbereich** (oder **Urbildbereich**) (source or domain) von f und die Menge Y heißt **Wertebereich** (target) von f. Der **Graph** (graph) von f ist die Menge

$$
\Gamma_f := \{(x,y) \in X \times Y \mid y = f(x)\}.
$$

Bemerkung. In der ökonomischen Literatur werden das Argument x auch **unabhängige** oder **exogene** Variable und der Wert y auch **abhängige** oder **endogene** Variable genannt.

Weitere Bezeichnungen und Symbole erleichtern den Umgang mit dem Begriff *Funktion*.

Definitionen.

Bild (image) von $M \subseteq X$ unter f:

$$
f(M) := \{y \in Y \mid \text{ es gibt ein } x \in M \text{ mit } y = f(x)\} \subseteq Y.
$$

Urbild (inverse image) von $N \subseteq Y$ unter f:

$$
f^{-1}(N) := \{x \in X \mid f(x) \in N\} \subseteq X.
$$

Das Urbild von $\{y_0\}$ unter f,

$$
f^{-1}(\{y_0\}) := \{x \in X \mid f(x) = y_0\} \subseteq X,
$$

wird in den Anwendungen als **Isoquante** von f mit dem Wert y_0 bezeichnet.

Beschränkung von f auf $M \subset X$:

$$f|_M : \quad M \longrightarrow Y$$
$$x \longmapsto f(x).$$

Sie unterscheidet sich von f nur durch den Definitionsbereich.

Wichtige Eigenschaften von Funktionen haben spezielle Namen:

Definitionen. f heißt

injektiv (injective) (oder **eineindeutig** (one to one)), wenn für jedes $y \in Y$ das Urbild $f^{-1}(\{y\})$ *höchstens* ein Element hat, d.h. wenn aus $x, x' \in X$ und $f(x) = f(x')$ stets $x = x'$ folgt, also zwei verschiedenen Argumenten auch zwei verschiedene Werte zugeordnet werden,

surjektiv (onto), wenn für jedes $y \in Y$ das Urbild $f^{-1}(\{y\})$ *mindestens* ein Element hat, d.h. es zu jedem $y \in Y$ ein $x \in X$ mit $y = f(x)$ gibt, und

bijektiv (one to one correspondence or a bijection), wenn f surjektiv und injektiv ist, d.h. für jedes $y \in Y$ das Urbild $f^{-1}(\{y\})$ aus *genau einem* Element besteht, welches mit $f^{-1}(y)$ bezeichnet wird.

Während $f^{-1}(\{y\})$ das Urbild der einelementigen Menge $\{y\}$ unter einer beliebigen Abbildung f beschreibt und wieder eine Menge ist, nämlich die leere Menge, eine einelementige Menge oder eine mehrelementige Menge, wird die Schreibweise $f^{-1}(y)$ nur für bijektive Abbildungen f verwendet. Ist f bijektiv, so wird dadurch sichergestellt, daß mit $f^{-1}(y)$ genau ein Element bezeichnet wird und f^{-1} wieder eine Funktion ist.

Definition. Ist $f : X \longrightarrow Y$ bijektiv, so wird die **Umkehrfunktion** (inverse function) wie folgt definiert:

$$f^{-1} : \quad Y \longrightarrow X$$
$$y \longmapsto f^{-1}(y).$$

Bemerkung. Mit $x \in X$, $y \in Y$ gilt für bijektive Abbildungen:

$$f(x) = y \iff f^{-1}(y) = x \quad \text{und}$$
$$f(f^{-1}(y)) = y \quad \text{und} \quad f^{-1}(f(x)) = x.$$

Mit f ist auch f^{-1} bijektiv.

Definition. Für Funktionen $f : X \longrightarrow Y$ und $g : Y \longrightarrow Z$ heißt die Funktion

$$g \circ f : \ X \ \longrightarrow \ Z$$
$$x \ \longmapsto \ g(f(x))$$

die **Komposition** (oder **Hintereinanderschaltung**, **Verkettung**) (composition) von f und g.

Bemerkung. Es gilt für $h : Z \longrightarrow W$ und $x \in X$ das Assoziativgesetz (associative law):

$$\begin{aligned}
(h \circ (g \circ f))(x) &= h((g \circ f)(x)) \\
&= h(g(f(x))) \\
&= (h \circ g)(f(x)) \ = \ ((h \circ g) \circ f)(x).
\end{aligned}$$

Im Allgemeinen gilt jedoch nicht das Kommutativgesetz (commutative law):

$$(g \circ f)(x) \ \neq \ (f \circ g)(x).$$

2.2   Reellwertige Funktionen

Sei speziell $X \subseteq \mathbb{R}^n$ und $Y = \mathbb{R}^m$. Wird $m = 1$ gesetzt, dann wird von einer **reellwertigen Funktion** einer Veränderlichen gesprochen, falls $n = 1$ ist, bzw. von mehreren Veränderlichen, falls $n > 1$ ist.
Beispielsweise stellt die Vorschrift $f(x_1, x_2) = x_1 \cdot x_2$ eine reellwertige Funktion mit zwei Veränderlichen dar.

Definitionen. Eine Funktion $f : X \longrightarrow \mathbb{R}$ heißt in $X \subseteq \mathbb{R}^n$:

monoton wachsend (monotonically increasing) (bzw. **fallend** (decreasing)), wenn für alle $x = (x_1, \ldots, x_n) \in X$ und $z = (z_1, \ldots, z_n) \in X$, für die $x_i \leq z_i$ für alle $1 \leq i \leq n$ gilt, folgt:

$$f(x) \ \leq \ f(z) \quad \Big(\text{bzw. } f(x) \ \geq \ f(z) \Big);$$

streng monoton wachsend (strictly monotonically increasing) (bzw. **fallend** (decreasing)), wenn für alle $x = (x_1, \ldots, x_n) \in X$ und $z = (z_1, \ldots, z_n) \in X$, für die $x_i \leq z_i$ für alle $1 \leq i \leq n$ und $x_j \neq z_j$ für mindestens ein $1 \leq j \leq n$ gilt, folgt:

$$f(x) \; < \; f(z) \quad \left(\text{bzw.} \; f(x) \; > \; f(z)\right);$$

beschränkt (bounded), wenn N und $M \in \mathbb{R}$ existieren mit:

$$N \; \leq \; f(x) \; \leq \; M \qquad \text{für alle } x \in X,$$

wobei N **untere Schranke** (lower bound) und M **obere Schranke** (upper bound) von f genannt wird;

konvex (convex), wenn X konvex ist und für alle $x, z \in X$ und $0 \leq \lambda \leq 1$ gilt:

$$f(\lambda x + (1 - \lambda)z) \; \leq \; \lambda f(x) + (1 - \lambda)f(z);$$

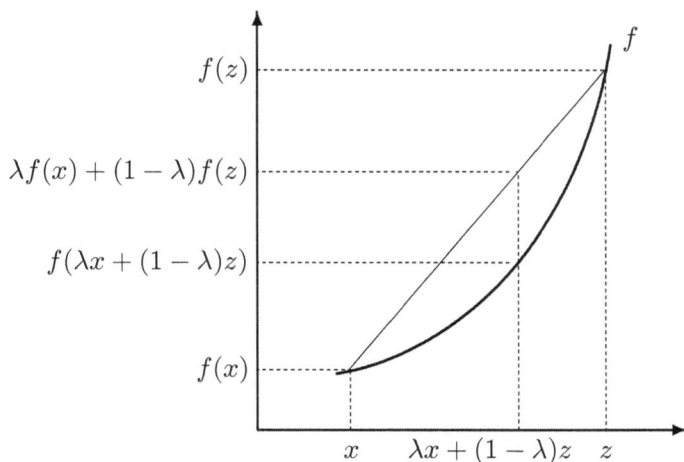

Abb. 2.1. konvexe Funktion.

quasikonvex, wenn X konvex ist und für alle $x, z \in X$ mit $f(x) \leq f(z)$ und $0 \leq \lambda \leq 1$ gilt:

$$f(\lambda x + (1 - \lambda)z) \;\leq\; f(z);$$

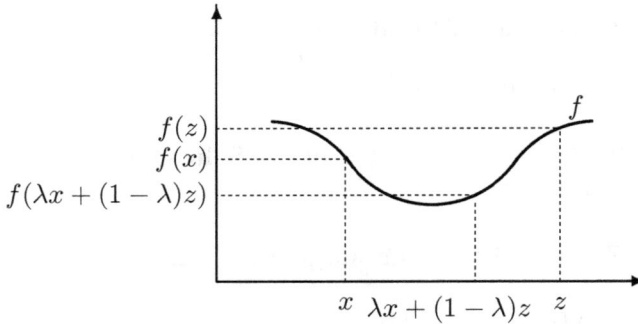

Abb. 2.2. quasikonvexe Funktion.

konkav (concave) (bzw. **quasikonkav**), wenn $-f$ konvex (bzw. quasikonvex) ist;

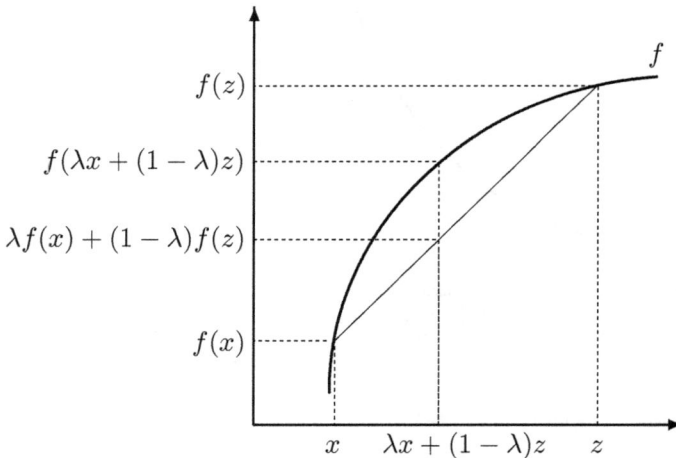

Abb. 2.3. konkave Funktion.

streng konvex, streng quasikonvex, streng konkav bzw. **streng quasikonkav**), wenn für $x \neq z$ die Ungleichungen der letzten Definitionen mit dem Zeichen
'$<$' statt '$\leq$' gelten.

Bemerkungen   (zu (quasi)konvexen und (quasi)konkaven Funktionen).

- Ist eine reellwertige Funktion f einer Veränderlichen konvex (bzw. konkav),
  so bedeutet dies für beliebige $x < z$, daß im $\mathbb{R}^2$ der Graph von f im Intervall $[x, z]$ unterhalb (bzw. oberhalb) der Sekante durch die beiden Punkte
  $(x, f(x))$ und $(z, f(z))$ liegt.

- Ist eine reellwertige Funktion f einer Veränderlichen quasikonvex
  (bzw. quasikonkav), so bildet für ein beliebiges $z \in X$ die Menge
  $\{x \in X \mid f(x) \leq f(z)\}$ (bzw. $\{x \in X \mid f(x) \geq f(z)\}$) ein Intervall.

- Ist eine Funktion konvex (bzw. konkav), so ist sie auch quasikonvex (bzw.
  quasikonkav). Die Umkehrung gilt im Allgemeinen nicht.

- Monoton wachsende (bzw. fallende) Funktionen sind sowohl quasikonvex als
  auch quasikonkav.

Definition.   Eine Funktion $f : X \longrightarrow \mathbb{R}$ heißt in $X \subseteq \mathbb{R}^n$ **homogen vom Grade** r (homogeneous of degree), wenn für alle $x = (x_1, \ldots, x_n) \in X$ und $\lambda \in \mathbb{R}_+$
gilt:

$$f(\lambda x_1, \ldots, \lambda x_n) \; = \; \lambda^r \cdot f(x_1, \ldots, x_n).$$

Im Fall der Homogenität vom Grade $r = 1$ wird von einer **linear-homogenen**
Funktion gesprochen (vgl. auch das Rechenbeispiel zu Produktionsfunktionen in
Abschnitt 2.4).

Nachfolgend werden einige einfache Typen von Funktionen aufgelistet, die im weiteren benötigt werden.

identische Abbildung (oder **Identität**) (identity mapping):
$$\mathrm{id}_{\mathbb{R}} : \quad \mathbb{R} \quad \longrightarrow \quad \mathbb{R}$$
$$x \quad \longmapsto \quad \mathrm{id}_{\mathbb{R}}(x) \; = \; x.$$

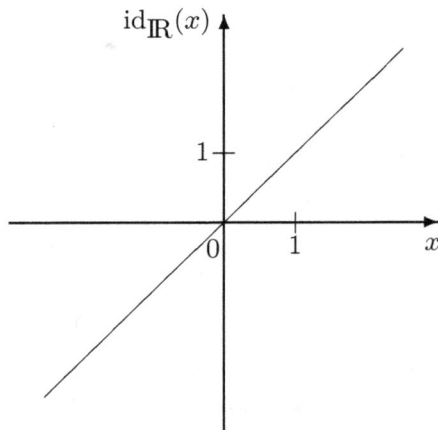

Abb. 2.4. identische Abbildung.

konstante Funktionen (constant functions): $c \in \mathbb{R}$ sei fest vorgegeben.
$$f : \quad \mathbb{R} \quad \longrightarrow \quad \mathbb{R}$$
$$x \quad \longmapsto \quad f(x) \; = \; c.$$

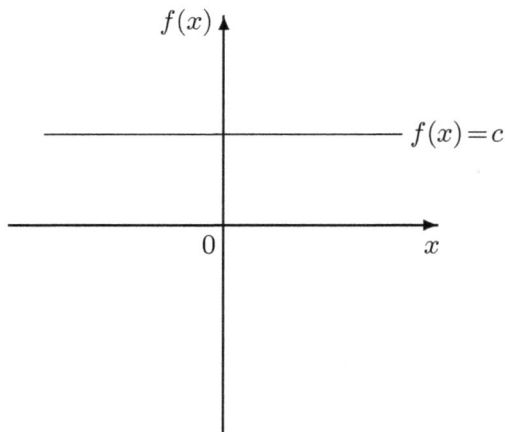

Abb. 2.5. konstante Funktion.

Absolutbetrag (absolute value):
$$\text{abs}: \ \mathbb{R} \ \longrightarrow \ \mathbb{R}$$
$$x \ \longmapsto \ \text{abs}(x) \ = \ |x|,$$
wobei gilt:
$$|x| := \left\{ \begin{array}{ll} x, & \text{falls } x \geq 0, \\ -x, & \text{falls } x < 0. \end{array} \right.$$

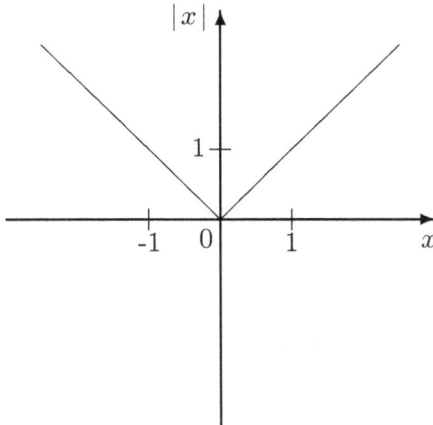

Abb. 2.6. Absolutbetrag.

Polynome (polynomials):   Seien $a_0, a_1, \ldots, a_{n-1}, a_n \in \mathbb{R}$ fest vorgegeben mit $a_n \neq 0$.
$$p: \ \mathbb{R} \ \longrightarrow \ \mathbb{R}$$
$$x \ \longmapsto \ p(x) \ = \ a_n x^n + a_{n-1} x^{n-1} + \ldots + a_1 x + a_0.$$
$p(x)$ ist ein Polynom n-**ten Grades**, Schreibweise: grad $p = n$.

Spezielle Polynome sind:
konstante Funktionen (siehe oben):	$p(x) = a_0,$
lineare (linear) Funktionen:	$p(x) \ = \ a_1 x + a_0,$
quadratische (quadratic) Funktionen:	$p(x) \ = \ a_2 x^2 + a_1 x + a_0,$
kubische (cubic) Funktionen:	$p(x) \ = \ a_3 x^3 + a_2 x^2 + a_1 x + a_0,$
Potenzen (power):	$p(x) \ = \ x^n.$

rationale Funktionen (rational functions): Folgende Polynome seien gegeben:
$$p(x) = a_n x^n + a_{n-1} x^{n-1} + \ldots + a_1 x + a_0,$$
$$q(x) = b_m x^m + b_{m-1} x^{m-1} + \ldots + b_1 x + b_0$$
und es sei $X := \{x \in \mathbb{R} \mid q(x) \neq 0\}$. Rational heißt dann die Funktion
$$r : \quad X \longrightarrow \mathbb{R}$$
$$x \longmapsto r(x) = \frac{p(x)}{q(x)}.$$

Quadratwurzel (square root):
$$\sqrt{} : \quad \mathbb{R}_+ \longrightarrow \mathbb{R}$$
$$x \longmapsto \sqrt{x} = x^{\frac{1}{2}}.$$

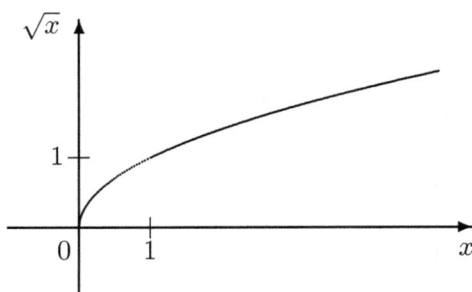

Abb. 2.7. Quadratwurzel.

Exponentialfunktion zur Basis a (exponential function): Sei $a > 0$.
$$\exp_a : \quad \mathbb{R} \longrightarrow \mathbb{R}$$
$$x \longmapsto \exp_a(x) := a^x.$$
Es wird definiert: $x^0 := 1 \Longrightarrow \exp_a(0) = 1$.
Sei $a = e \approx 2,718281828459 \pm 2 \cdot 10^{-12}$, die **Eulersche Zahl**, so wird nur von der *Exponentialfunktion* $\exp := \exp_e$ gesprochen, für die demnach $\exp(1) := e$ gilt.

Für $a, b > 0$ gelten allgemein folgende Beziehungen:

$\exp_a(x_1) \cdot \exp_a(x_2) = \exp_a(x_1 + x_2)$	$x_1, x_2 \in \mathbb{R}$
$\exp_a\!\left(\frac{p}{q}\right) = \sqrt[q]{a^p}$	$p \in \mathbb{Z}$ und $q \in \mathbb{N}$
$(a^{x_1})^{x_2} = a^{x_1 + x_2}$	$x_1, x_2 \in \mathbb{R}$
$a^x b^x = (ab)^x$	$x \in \mathbb{R}$

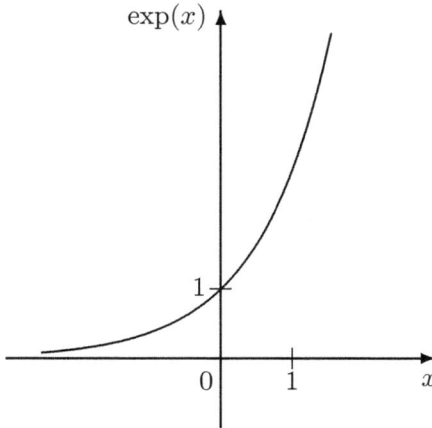

Abb. 2.8. Exponentialfunktion.

Logarithmusfunktion zur Basis a (logarithmic function): Sei $a > 0$.

$$\log_a : \quad \mathbb{R}_+^* \quad \longrightarrow \quad \mathbb{R}$$
$$y \quad \longmapsto \quad \log_a(y).$$

$\log_a$ ist die Umkehrfunktion von $\exp_a$.

Ist $a = e$, so wird vom *natürlichen Logarithmus* $\ln := \log_e$ gesprochen.

Für $a > 0$ gelten allgemein folgende Beziehungen:

$\log_a(y_1) + \log_a(y_2) \;=\; \log_a(y_1 \cdot y_2)$	$y_1, y_2 \in \mathbb{R}_+^*$
$\log_a(y_1) - \log_a(y_2) \;=\; \log_a(\frac{y_1}{y_2})$	$y_1, y_2 \in \mathbb{R}_+^*$
$\log_a(y^p) \;=\; p \log_a(y)$	$y \in \mathbb{R}_+^*$ und $p \in \mathbb{R}_+$

Wird in der letzten Beziehung $a = e$ gesetzt und auf beiden Seiten die Funktion $\exp$ angewendet, so folgt wegen $\exp\left(\ln(y^p)\right) = y^p$:

$$y^p \;=\; \exp\left(p \ln(y)\right).$$

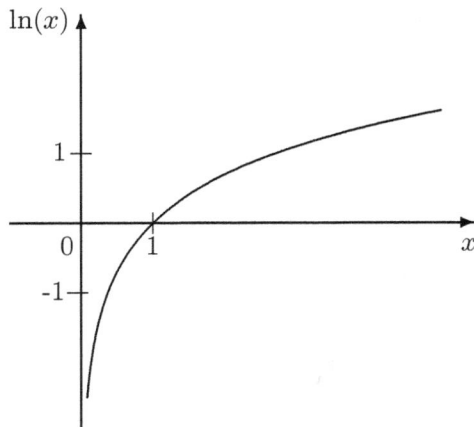

Abb. 2.9. natürlicher Logarithmus.

trigonometrische Funktionen (trigonometric functions):

$$\sin:\ \mathbb{R}\ \longrightarrow\ \mathbb{R} \qquad\qquad\qquad \cos:\ \mathbb{R}\ \longrightarrow\ \mathbb{R}$$
$$x\ \longmapsto\ \sin(x) \qquad\qquad\qquad x\ \longmapsto\ \cos(x)$$

(vgl. auch Abbildung 2.20 in Abschnitt 2.3).

Weitere trigonometrische Funktionen sind $\tan(x) := \dfrac{\sin}{\cos}$ und $\cot(x) := \dfrac{\cos}{\sin}$.

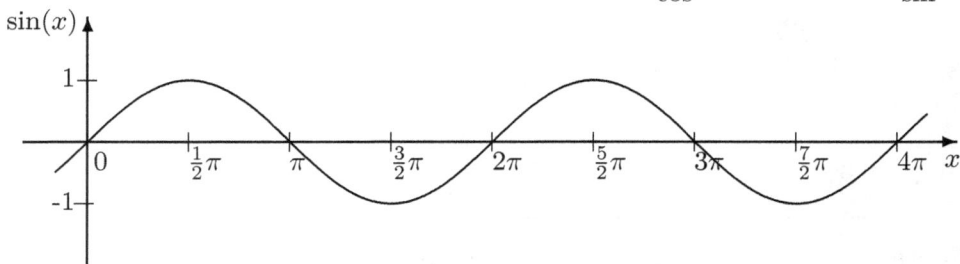

Abb. 2.10. Sinus (mit der Kreiszahl $\pi = 3,14159\ldots$).

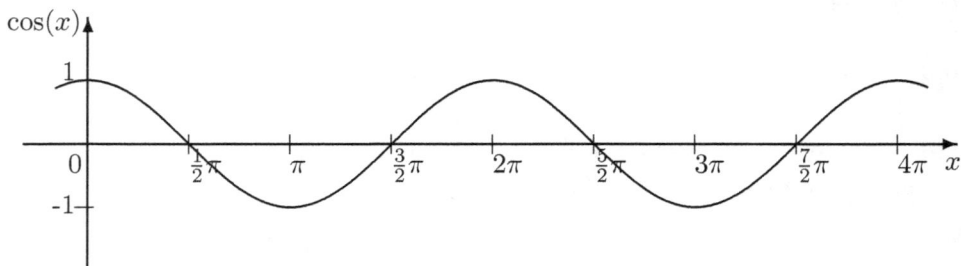

Abb. 2.11. Cosinus (π vgl. Abb. 2.10).

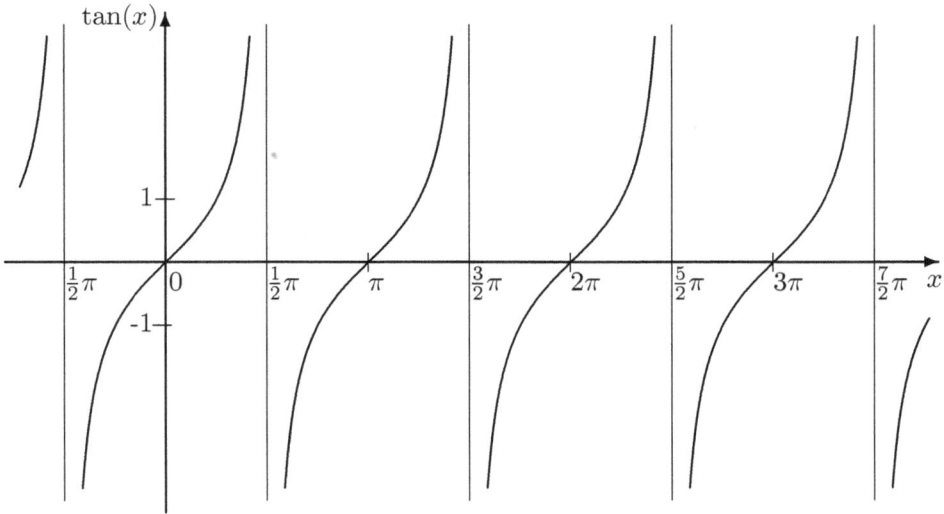

Abb. 2.12. Tangens   (π vgl. Abb. 2.10).

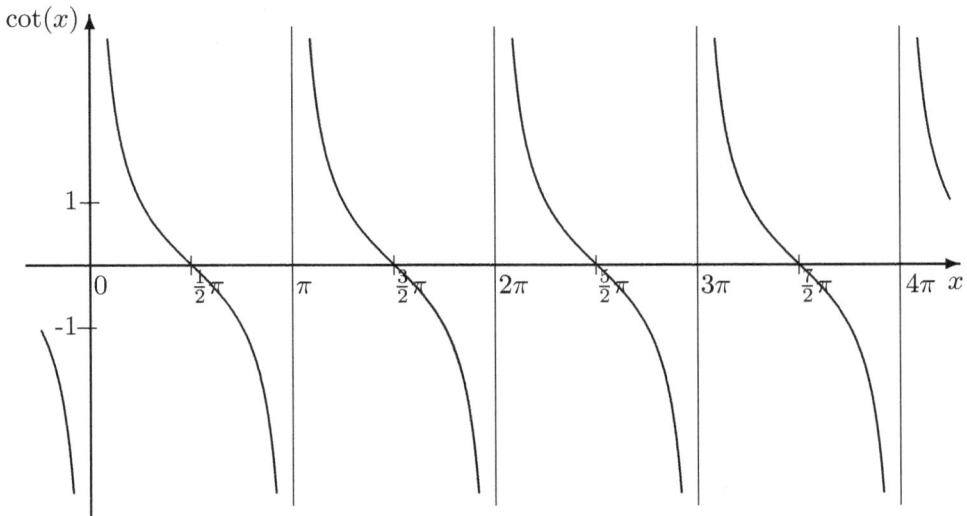

Abb. 2.13. Cotangens   (π vgl. Abb. 2.10).

Treppenfunktion (step function): Seien $a = t_0 < t_1 < \ldots < t_{n-1} < t_n = b$ eine Unterteilung des Intervalls $[a, b] \subset \mathbb{R}$ und $c_0, c_1, \ldots, c_{n-1}, c_n \in \mathbb{R}$ Konstanten. Gilt für alle $x \in \,]t_{k-1}, t_k[$ mit $1 \leq k \leq n$

$$\varphi: \quad \mathbb{R} \; \longrightarrow \; \mathbb{R}$$
$$x \; \longmapsto \; \varphi(x) \; = \; c_k,$$

dann wird φ Treppenfunktion genannt. Dabei werden die Funktionswerte $\varphi(t_k)$ in den Unterteilungspunkten t_k nicht betrachtet, d.h. diese können beliebig reellwertig festgesetzt sein.

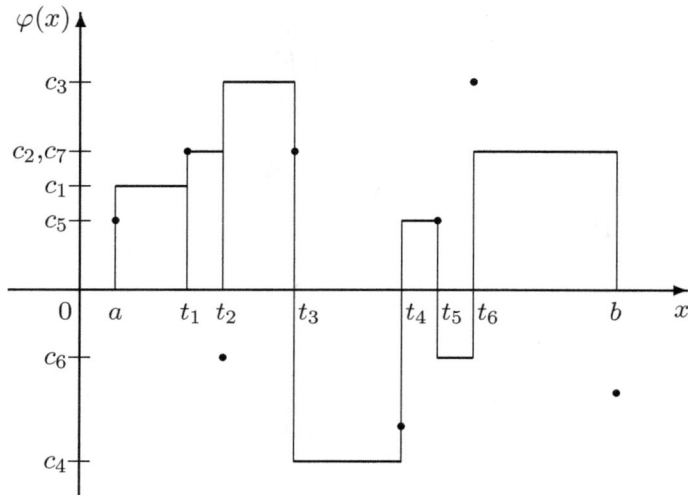

Abb. 2.14. Treppenfunktion.

Entier-Funktion:

$$\text{entier}: \quad \mathbb{R} \; \longrightarrow \; \mathbb{R}$$
$$x \; \longmapsto \; [x],$$

wobei $[x]$ die eindeutig bestimmte ganze Zahl k mit $k \leq x < k + 1$ ist; k ist also die größte ganze Zahl, die kleiner oder gleich x ist. Die Entier-Funktion ist ein einfaches Beispiel einer Treppenfunktion mit festgesetzten t_k.

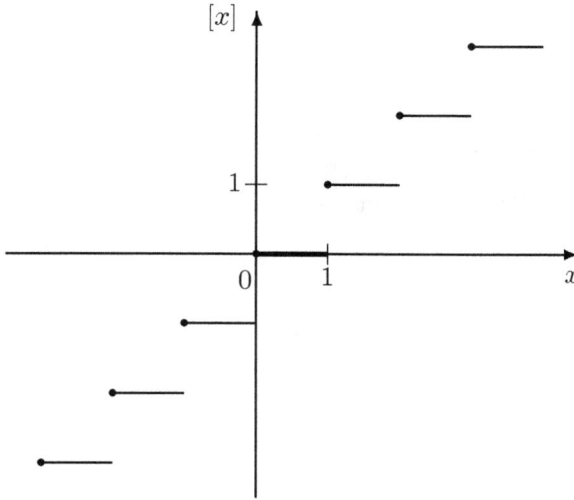

Abb. 2.15. Entier-Funktion.

Indikatorfunktion (simple function): Sei $X \subseteq \mathbb{R}$.

$$\mathbb{1}_X : \quad \mathbb{R} \quad \longrightarrow \quad \mathbb{R}$$
$$x \quad \longmapsto \quad \mathbb{1}_X.$$

wobei gilt:

$$\mathbb{1}_X := \begin{cases} 1, & \text{falls } x \in X, \\ 0, & \text{falls } x \notin X. \end{cases}$$

Die Indikatorfunktion ist eine spezielle Treppenfunktion.

Kroneckersymbol (Kronecker's delta):

$$\delta : \quad \mathbb{R} \times \mathbb{R} \quad \longrightarrow \quad \mathbb{R}$$
$$(x_1, x_2) \quad \longmapsto \quad \delta_{x_1, x_2},$$

wobei gilt:

$$\delta_{x_1, x_2} := \begin{cases} 1, & \text{falls } x_1 = x_2, \\ 0, & \text{falls } x_1 \neq x_2. \end{cases}$$

Binominalkoeffizient:

$$( ) : \quad \mathbb{N}_0 \times \mathbb{N}_0 \quad \longrightarrow \quad \mathbb{N}$$

$$(n, k) \quad \longmapsto \quad \binom{n}{k} := \frac{n!}{k! \, (n - k)!},$$

wobei $n!$ (gelesen n **Fakultät**) wie folgt definiert wird:

$$n! := \begin{cases} 1, & \text{falls } n = 0, \\[2mm] \displaystyle\prod_{i=1}^{n} i \; = \; 1 \cdot 2 \cdot 3 \cdot \ldots \cdot n, & \text{falls } n > 0. \end{cases}$$

Entsprechendes gilt für $k!$ und $(n - k)!$.

Es gelten folgende Rechenregeln:

a) $\qquad \binom{n}{k} \; = \; \binom{n}{n - k},$

b) $\quad \binom{n + 1}{k} \; = \; \binom{n}{k} + \binom{n}{k - 1},$

c) $\quad (x + y)^n \; = \; \displaystyle\sum_{k=0}^{n} \binom{n}{k} x^{n-k} y^k \quad \text{mit } x, y \in \mathbb{R},$

wobei c) als **Binomischer Lehrsatz** bekannt ist.

Norm (norm): (vgl. Abschnitt 1.3)

$$\| \ \| : \quad \mathbb{R}^n \quad \longrightarrow \quad \mathbb{R}$$

$$x \quad \longmapsto \quad \| x \| \, .$$

Dichtefunktion der Normal(μ, σ^2)-Verteilung:

$$\varphi_{\mu, \sigma^2} : \quad \mathbb{R} \quad \longrightarrow \quad \mathbb{R}$$

$$x \quad \longmapsto \quad \frac{1}{\sqrt{2\pi}\sigma} \exp \left(-\frac{(x - \mu)^2}{2\sigma^2} \right) .$$

Speziell für $(\mu, \sigma^2) = (0, 1)$ heißt der Graph dieser Funktion auch **Gaußsche Glockenkurve**. Die Funktion $\varphi_{\mu, \sigma^2}(x)$ ist quasikonkav.

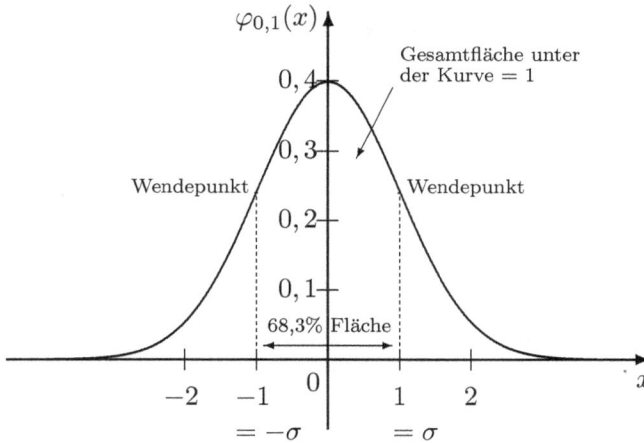

Abb. 2.16. Gaußsche Glockenkurve.

Bemerkung. Die identische Abbildung, die Indikatorfunktion, das Kronecker-symbol und die Norm können statt für reellwertige Urbilder auch für beliebige Urbildmengen X definiert werden.

2.3 Komplexe Zahlen

In Abschnitt 2.2 beschränkt sich der Definitionsbereich der Quadratwurzel auf die Menge $\mathbb{R}_+$, da keine negative reelle Zahl sich als Quadrat zweier reeller Zahlen dar-stellen läßt. Komplexe Zahlen dienen dazu, diesen Definitionsbereich zu erweitern. Hierzu wird folgende Zahl definiert:

$$i := \sqrt{-1} \qquad \text{bzw.} \qquad i^2 := -1.$$

Das Symbol i darf dabei nicht mit dem sonst gebräuchlichen Index verwechselt werden.

Definition. Die Menge der komplexen Zahlen $\mathbb{C}$ wird wie folgt definiert:

$$\mathbb{C} := \{x + iy \mid x, y \in \mathbb{R}, i^2 = -1\}.$$

Eine **komplexe Zahl** (irrational number) $z \in \mathbb{C}$ setzt sich also additiv aus ihrem Realteil $z^{RE} := x$ und Imaginärteil $z^{IM} := y$ wie folgt zusammen:

$$z := z^{RE} + i \, z^{IM}.$$

Zwei komplexe Zahlen z_1 und z_2 sind genau dann gleich, wenn gilt: $z_1^{RE} = z_2^{RE}$ und $z_1^{IM} = z_2^{IM}$.

Eine Zahl $z \in \mathbb{C}$ kann in einer *Gaußschen Zahlenebene* (vgl. Abbildung 2.17) dargestellt werden, welche durch eine sogenannte reelle und imaginäre Achse aufgespannt wird. Auf der reellen Achse ist der Imaginärteil gleich null und stellt somit die Zahlengerade der Menge $\mathbb{R}$ dar.

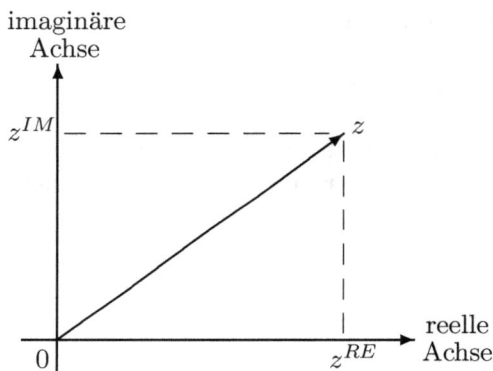

Abb. 2.17. Darstellung einer komplexen Zahl.

Eine komplexe Zahl $z \in \mathbb{C}$ kann mit einem geordneten Paar $(x, y) \in \mathbb{R} \times \mathbb{R}$ (vgl. Abschnitt 1.2) wie folgt identifiziert werden:
Haben die geordneten Paare $(x, y), (x_1, y_1), (x_2, y_2) \in \mathbb{R} \times \mathbb{R}$ bzgl. der Addition und Multiplikation die Eigenschaften

$$(x_1, y_1) + (x_2, y_2) = (x_1 + x_2, y_1 + y_2),$$
$$(x_1, y_1) \cdot (x_2, y_2) = (x_1 x_2 - y_1 y_2, x_1 y_2 + y_1 x_2),$$

und wird $i = (0, 1)$ gesetzt, so gilt der folgende Zusammenhang:

$$(x, y) = (x, 0) + (0, 1)(y, 0) = x + i y = z.$$

Definition. Zwei komplexe Zahlen $z, \overline{z} \in \mathbb{C}$ heißen **konjugiert komplex**, wenn gilt:

$$z = z^{RE} + i\,z^{IM} \qquad \text{und} \qquad \overline{z} = z^{RE} - i\,z^{IM}.$$

In der Gaußschen Zahlenebene kann $\overline{z}$ aus z durch Spiegelung an der reellen Achse gewonnen werden. z und $\overline{z}$ sind identisch, wenn z auf der reellen Achse liegt, d.h. wenn $z^{IM} = 0$ ist.

Seien $z, z_1, z_2 \in \mathbb{C}$. Für konjugiert komplexe Zahlen gelten folgende Rechenregeln:

a) $\qquad z^{RE} = \dfrac{1}{2}(z + \overline{z}),$

b) $\qquad z^{IM} = \dfrac{1}{2i}(z - \overline{z}),$

c) $\qquad \overline{\overline{z}} = z,$

d) $\quad \overline{z_1 + z_2} = \overline{z_1} + \overline{z_2},$

e) $\qquad \overline{z_1 z_2} = \overline{z_1}\,\overline{z_2},$

f) $\qquad z\overline{z} = (z^{RE} + i\,z^{IM})(z^{RE} - i\,z^{IM}) = \left(z^{RE}\right)^2 + \left(z^{IM}\right)^2.$

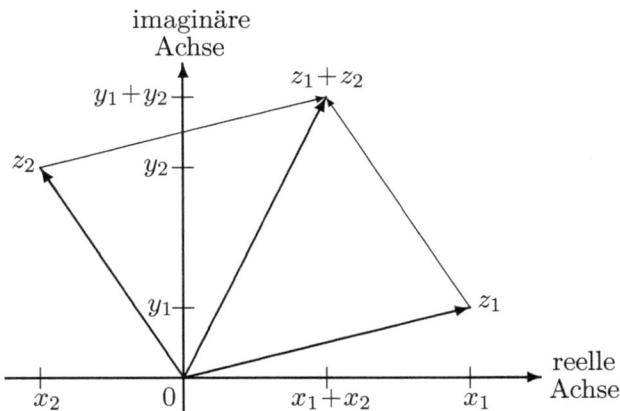

Abb. 2.18. Addition der komplexen Zahlen z_1 und z_2.

Definition. Sei $z \in \mathbb{C}$. Dann heißt

$$|z| := \sqrt{z\bar{z}}$$

Betrag der komplexen Zahl z.

Bemerkung.   Der Betrag einer komplexer Zahl z entspricht wegen $|z| = \sqrt{(z^{RE})^2 + (z^{IM})^2}$ der euklidischen Norm des geordneten Paares (z^{RE}, z^{IM}) (vgl. Abschnitt 1.3) und gibt den Abstand zwischen dem Punkt z und dem Nullpunkt der Gaußschen Zahlenebene an, d.h. die Pfeillänge in Abbildung 2.17 entspricht dem Betrag von z. Zusätzlich mit den Eigenschaften einer Norm besitzt der Betrag der komplexen Zahlen z_1 und z_2 noch die Eigenschaft: $|z_1 z_2| = |z_1| \cdot |z_2|$.

Jede komplexe Zahl $z \in \mathbb{C}$ ist ebenso eindeutig beschreibbar, wenn statt der kartesischen Schreibweise $x \pm iy$ die Entfernung r vom Koordinatenursprung und der Winkel ω zwischen der positiven reellen Achse und der Strecke $\overline{0z}$ angegeben werden.

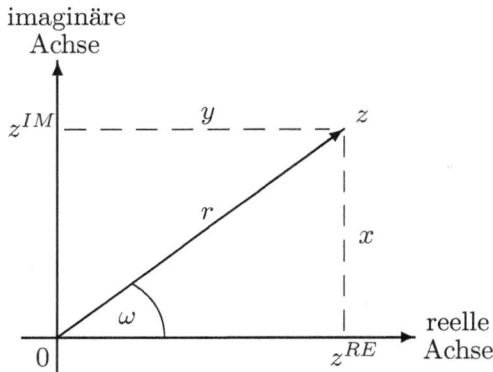

Abb. 2.19. Darstellung in Polarkoordinaten.

Die Größen r, ω heißen *Polarkoordinaten* und es gelten:

$$r^2 = x^2 + y^2, \quad r\cos\omega = x, \quad r\sin\omega = y,$$

wobei $r \in \mathbb{R}_+$ durch $r := |z|$ definiert ist und *absoluter Betrag* heißt. Damit kann jede komplexe Zahl $z = x \pm iy$ in der trigonometrischen Darstellung

$$z = r(cos\,\omega \pm i\,sin\,\omega)$$

geschrieben werden. Diese Darstellung einer komplexen Zahl heißt auch Darstellung in *Polarkoordinaten*.

Satz 2.1 (Theorem von De Moivre). *Für die komplexe Zahl $z \in \mathbb{C}$ mit*

$$z = r\Big(cos\,(\omega) \pm i\,sin\,(\omega)\Big)$$

gilt für alle $n \in \mathbb{N}_0$

$$z^n = r^n\Big(cos\,(n\omega) \pm i\,sin\,(n\omega)\Big).$$

Demzufolge gilt die Relation $\Big(cos\,(\omega) \pm i\,sin\,(\omega)\Big)^n = cos\,(n\omega) \pm i\,sin\,(n\omega)$ für alle $n \in \mathbb{N}_0$.

Den Satz beweist man durch vollständige Induktion.

Oftmals verwendet man für die trigonometrischen Funktionen Sinus und Cosinus auch die nachfolgend dargestellte *Eulersche Formel*.

Eulersche Formel:

$$e^{i\omega} = \cos(\omega) + i\,\sin(\omega).$$

Da für alle $\omega \in \mathbb{R}$ $\cos^2(\omega) + \sin^2(\omega) = 1$ ist, gilt: $|e^{i\omega}| = 1$. In der Gaußschen Zahlenebene kann somit $e^{i\omega}$ als ein Punkt auf dem Einheitskreis dargestellt werden.

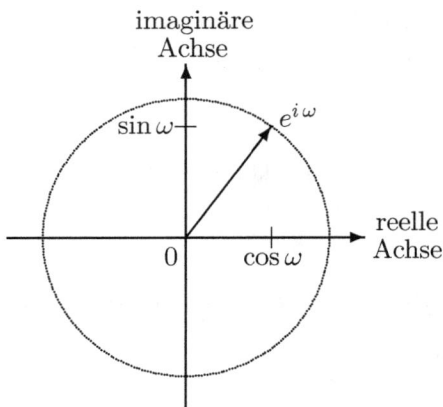

Abb. 2.20. Exponentialfunktion im Komplexen.

2.4   Eine Auswahl ökonomischer Funktionen

Die Beschreibung und Erklärung ökonomischer Sachverhalte erfolgt häufig in funktionaler Form. Ohne auf die damit verbundene inhaltliche Problematik einzugehen, werden nachfolgend einige elementare ökonomische Funktionen aufgelistet. Im Fall der Produktionsfunktion wird auch auf den Homogenitätsgrad eingegangen.

Nachfragefunktion   (demand function):
$$x^N = x^N(p),$$
x^N : **nachgefragte Menge** eines Gutes (in ME) (pro Bezugsperiode),
p :   **Preis** eines Gutes (in GE/ME).
Die Nachfragefunktion x^N wird üblicherweise als streng monoton fallend angenommen.
Z.B. $x^N(p) = a - bp$ mit $a, b > 0$.

Preis-Absatz-Funktion:
Diese Funktion ist die Umkehrfunktion der Nachfragefunktion und damit typischerweise streng monoton fallend.

Angebotsfunktion   (supply function):
$$x^A = x^A(p),$$
x^A : **angebotene Menge** eines Gutes (in ME) (pro Bezugsperiode),
p :   **Preis** eines Gutes (in GE/ME).

Die Angebotsfunktion x^A wird üblicherweise als monoton steigend angenommen. Z.B. $x^A(p) = cp - d$ mit $c, d > 0$.

Produktionsfunktion (oder **Ertragsfunktion**) (production function):
$$Y = Y(K, N),$$
Y : **Output** (Ertrag, Ausbringung) des erzeugten Produktes (in ME),
K : Einsatz von **Kapital** (in ME),
N : **Arbeitsnachfrage** (in ME).
Die exogenen Variablen K, N werden auch Inputs (Einsatzfaktoren) genannt. Speziell werden die **neoklassische** (z.B. Cobb-Douglas- oder CES-) und **limitationale** Produktionsfunktionen unterschieden. **Ertragsgesetzliche** Verläufe von Produktionsfunktionen werden in Kapitel 9 besprochen (vgl. auch Beispiel 9.3 in Abschnitt 9.2).

Die Cobb-Douglas-Produktionsfunktion $Y(K, N) = K^\alpha \cdot N^\beta$ ist homogen vom Grade $r = \alpha + \beta$, denn:
$$Y(\lambda K, \lambda N) = (\lambda K)^\alpha (\lambda N)^\beta = \lambda^{\alpha+\beta} K^\alpha N^\beta = \lambda^{\alpha+\beta} Y(K, N).$$
Ist die Summe der Exponenten gleich 1, so ist die Cobb-Douglas-Produktionsfunktion linear homogen, z.B. $\alpha = \beta = 0,5$.
Die limitationale Produktionsfunktion $Y(K, N) = \min(\frac{K}{\alpha}, \frac{N}{\beta})$ mit $\alpha, \beta > 0$ ist linear homogen, wie leicht nachzurechnen ist.

Erlösfunktion, Umsatzfunktion:
$$E(p) = x(p) \cdot p \quad (\text{bzw. } E(x) = p(x) \cdot x),$$
E : wertmäßiger **Erlös** (bzw. **Umsatz**) (in GE),
x : abgesetzte **Gütermenge** (in ME),
p : **Verkaufspreis** (in GE/ME).

Kostenfunktion (cost function):
$$K = K(x) = K_v(x) + K_f,$$
K : **Gesamtkosten** (in GE) für die Produktion des Outputs,
K_v : **variable Kosten**,
K_f : **fixe Kosten**,
x : **Output** (Produktionsmenge, Ausbringung) (in ME).

Gewinnfunktion (profit function):
$$G(x) := E(x) - K(x),$$
G : **Gewinn** (in GE).

Konsumfunktion:
$$C = C(Y),$$
C : **gesamtwirtschaftliche Ausgaben** für Konsumgüter (in GE/ZE),
Y : **Volkseinkommen** bzw. **Sozialprodukt** (in GE/ZE).

Sparfunktion:
$$S(Y) := Y - C(Y),$$
S : **gesamtwirtschaftliche Ersparnis** (in GE/ZE).

Nutzenfunktion   (utility function):
$$U = U(x_1, \ldots, x_n),$$
U : **Nutzen** eines Wirtschaftssubjektes (z.B. Haushalt),
x_i : **Konsumgut** i $(i = 1, \ldots, n)$ (in ME).
Z.B. $U(x_1, x_2) = x_1 \cdot x_2$.
Eine **Indifferenzkurve** (indifference curve), die dargestellt wird durch
$U(x_1, \ldots, x_n) = const.$, gibt die Menge aller Güterkombinationen $(x_1, \ldots, x_n)$ an,
bei deren Konsum ein Wirtschaftssubjekt denselben Nutzen hat, und stellt gemäß
Definition aus Abschnitt 2.1 eine Isoquante von U mit den Wert *const.* dar.

Investitionsfunktion:
$$I = I(i),$$
I : **gesamtwirtschaftliche Investitionen** (in GE/ZE),
i : **Marktzinssatz.**

(Keynessche) Geldnachfragefunktion:
$$L = L(Y, i),$$
L : **gesamtwirtschaftliche Geldnachfrage** (in GE/ZE).

Insbesondere gilt: $L = L_T + L_V + L_S$ mit
$L_T = L_T(Y)$:   **Transaktionskasse,**
$L_V = L_V(Y.i)$:   **Vorsichtskasse,**
$L_S = L_S(i)$:   **Spekulationskasse.**

3 Matrizen

Zwei ökonomische Anwendungen.

– In der sogenannten *Input-Output-Analyse* wird die Verflechtungsstruktur eines Wirtschaftssystems untersucht, welches in n endogene Sektoren (z.B. Industriezweige) und einen exogenen Sektor (z.B. Haushalte) aufgeteilt wird. Jeder endogene Sektor i produziert auf der einen Seite Güter, die sogenannten Vorleistungen x_i, die als Zwischenprodukte x_{ij} an andere endogene Sektoren j geliefert werden oder als Endprodukte y_i der Nachfrage des exogenen Sektors zur Verfügung stehen. Auf der anderen Seite benötigt der Sektor i zur Produktion Vorleistungen. Vorleistungen sind dabei Güter x_{ii} des Sektors i aus eigener Produktion bzw. Güter x_{ji} mit $j \neq i$ von anderen Industriezweigen oder Primärfaktoren r_i des exogenen Sektors (z.B. Arbeitsleistungen der Haushalte). Diese Verflechtungsstruktur kann in Tabellenform ("Matrix") beschrieben werden, etwa

Input-Output-Tabelle								Gesamt-	
	an	endogene Sektoren					exogene		
von		1	...	j	...	n	Sektoren	output	
	1	x_{11}	...	x_{1j}	...	x_{1n}	y_1	x_1	
endogene	⋮	⋮		⋮		⋮	⋮	⋮	
Sektoren	i	x_{i1}	...	x_{ij}	...	x_{in}	y_i	x_i	
	⋮	⋮		⋮		⋮	⋮	⋮	
	n	x_{n1}	...	x_{nj}	...	x_{nn}	y_n	x_n	
exogener Sektor		r_1	...	r_j	...	r_n			

mit $y_i = x_i - \sum_{j=1}^{n} x_{ij}.$

Mit Hilfe der nachfolgend erläuterten Operationen mit Matrizen lassen sich in diesem Zusammenhang etwa folgende Fragen erörtern:

– Wie sieht die industrielle Verflechtung auf jährlicher Basis aus, wenn die Daten quartalsweise gegeben sind (vgl. Beispiel 3.1 in Abschnitt 3.4) ?

– Wie groß müßten die sektoralen Produktionsleistungen sein, um eine gegebene Endnachfrage nach den produzierten Gütern decken zu können (vgl. Beispiel 5.3 in Abschnitt 5.8) ?

Beispiel 7.7 in Abschnitt 7.4 betrachtet statt einer güterwirtschaftlichen eine monetäre Verflechtung, d.h. ein Bilanz-Schema finanzieller Forderungen.

– In der Mikroökonomie werden Güterbündel $(x_i)_i$ aus m zur Verfügung stehenden Gütern i betrachtet, wobei x_i die von Gut i vorhandene Quantität bezeichnet. Zu gegebenen Güterpreisen ist dann der Wert der Güterbündel von Interesse ('Vektormultiplikation' und vgl. Beispiel 3.2 in Abschnitt 3.4).
Häufig werden jedoch auch einzelne Objekte i selbst in verschiedenen Kategorien j durch Merkmale q_{ij} charakterisiert (z.B. Warentest).

Wertungs-Tabelle						
		Kategorien				
		1	$\ldots$	j	$\ldots$	n
Objekte	1	q_{11}	$\ldots$	q_{1j}	$\ldots$	q_{1n}
	$\vdots$	$\vdots$		$\vdots$		$\vdots$
	i	q_{i1}	$\ldots$	q_{ij}	$\ldots$	q_{in}
	$\vdots$	$\vdots$		$\vdots$		$\vdots$
	m	q_{m1}	$\ldots$	q_{mj}	$\ldots$	q_{mn}

So werden in der *Konsumtheorie* physische Konsumgüter durch n Charakteristika gekennzeichnet, etwa a) Vollmilchschokolade durch ihre Prozentanteile an Zuckergehalt oder Milchpulver oder b) Alpinski durch technische Daten wie Griffigkeit, Drehfreude, Eignungen für Piste oder Tiefschnee, Lebensdauer.
In der *Politischen Ökonomie* hingegen werden Organisationen, z.B. politische Parteien, durch ein Spektrum aus n Eigenschaften abgebildet, die auf einer abstrakten Skala abgetragen werden und Größen wie Glaubwürdigkeit, Durchsetzungsvermögen umfassen.

In der *Finanzmarkttheorie* werden Finanzaktiva k $(1 \leq k \leq K)$ mit heute $(t = 0)$ bekanntem Preis betrachtet, deren Wert V_s^k morgen $(t = 1)$ jedoch von den S möglichen zukünftigen Zuständen s der Ökonomie abhängig ist; sie werden daher *zustandsbedingte Wertpapiere* (*contingent claims*) genannt. Jeder contingent claim k wird daher durch einen Vektor $V^k = \left(V_s^k\right)_{1 \leq s \leq S}$ aller Wertemöglichkeiten von morgen charakterisiert.

Folgende Fragen sind von Interesse:

– Ist ein zur Wahl stehendes Objekt einem zweiten in der Weise unterlegen – es wird *dominiert* –, daß es in allen Charakteristika jeweils eine geringere Stärke aufweist als das zweite (vgl. Abschnitt 3.4 Beispiel 3.2 'Vektoren-Relation' $\leq$).

– Werden einige Objekte nicht dominiert, so können Gewichtungen hinsichtlich der Charakteristika die Entscheidung für ein Objekt doch noch eindeutig festlegen. (vgl. Abschnitt 3.4 Beispiel 3.2 'Multiplikation von Matrizen').

– Wie groß ist der erwartete Wert eines zustandsbedingten Wertpapiers, wenn die Eintrittswahrscheinlichkeiten für die Zukunftszustände bekannt sind (vgl. Abschnitt 3.4 Beispiel 3.4 'Vektormultiplikation') ?

– Vergrößert ein auf dem Markt neueingeführtes Wertpapier die Handlungs-(bzw. Absicherungs-)Möglichkeiten eines Vermögensanlegers oder ist es redundant (vgl. Abschnitt 4.6 Beispiel 4.1 und vgl. Abschnitt 5.8 Beispiel 5.1 'Unabhängigkeit') ?

3.1 Grundbegriffe

Definitionen. Ein rechteckiges Zahlenschema bestehend aus m Zeilen und n Spalten

$$A = \begin{pmatrix} a_{11} & \cdots & a_{1j} & \cdots & a_{1n} \\ \vdots & & \vdots & & \vdots \\ a_{i1} & \cdots & a_{ij} & \cdots & a_{in} \\ \vdots & & \vdots & & \vdots \\ a_{m1} & \cdots & a_{mj} & \cdots & a_{mn} \end{pmatrix} \leftarrow i\text{-te Zeile}$$

$$\uparrow$$
$$j\text{-te Spalte}$$

von Elementen $a_{ij} \in \mathbb{R}$ heißt $(m \times n)$-**Matrix** (matrix). Die Menge aller $(m \times n)$-Matrizen wird mit $M(m \times n)$ bezeichnet. Die Elemente a_{ij} heißen die **Komponenten** der Matrix mit **Zeilenindex** i und **Spaltenindex** j.

Weitere Schreibweisen für die $(m \times n)$-Matrix A:
$$A_{m,n}, \quad (a_{ij})_{i,j} \quad \text{oder} \quad (a_{ij})_{\substack{1 \le i \le m \\ 1 \le j \le n}} \ .$$

Die Komponenten a_{ij} der Matrix A können auch mit a_i^j bezeichnet werden (vgl. die Beispiele 3.2, 3.4, 4.1 und 5.1; dort werden statt a, i bzw. j die Buchstaben V, s bzw. k verwendet).

Definition.   Jede reelle Zahl $\lambda \in \mathbb{R}$ heißt auch **Skalar**.

Die für reelle Zahlen gültigen Ordnungsrelationen '$=$', '$<$' und '$\le$' lassen sich auf Matrizen übertragen: sollen zwei Matrizen, bei denen jeweils die Zeilen- und Spaltenanzahlen übereinstimmen müssen, verglichen werden, so muß dieselbe Ordnungsrelation für alle Komponenten der Matrizen gelten, formal:

Definitionen.   Für zwei $(m \times n)$-Matrizen $A = (a_{ij})_{\substack{1 \le i \le m \\ 1 \le j \le n}}$ und $B = (b_{ij})_{\substack{1 \le i \le m \\ 1 \le j \le n}}$ können folgende Ordnungsrelationen eingeführt werden:

$$\left. \begin{array}{lcl} A = B & \Longleftrightarrow & a_{ij} = b_{ij} \\[2mm] A < B & \Longleftrightarrow & a_{ij} < b_{ij} \\[2mm] A \le B & \Longleftrightarrow & a_{ij} \le b_{ij} \end{array} \right\} \quad \text{für alle } \begin{array}{l} 1 \le i \le m \\ 1 \le j \le n \end{array}.$$

Definition.   Ist $A = (a_{ij})_{\substack{1 \le i \le m \\ 1 \le j \le n}}$ eine $(m \times n)$-Matrix, so heißt die durch Vertauschen von Zeilen und Spalten aus A entstehende $(n \times m)$-Matrix $A^T := (a_{ji})_{\substack{1 \le j \le n \\ 1 \le i \le m}}$ zu A **transponierte Matrix**.

Weitere Schreibweise.   Statt dem Symbol T wird in vielen wirtschaftswissenschaftlichen Texten oft das Symbol $'$ verwendet.

3.2   Spezielle Matrizen

Formal gesehen ist jede reelle Zahl eine (1×1)-Matrix und somit eine spezielle Matrix. Nachfolgend werden einige häufig verwendete Typen von Matrizen aufgelistet, welche eigene Namen besitzen.

a) Jede $(1 \times n)$-Matrix bzw. $(m \times 1)$-Matrix

$$x = (x_1, \ldots, x_j, \ldots, x_n) \quad \text{bzw.} \quad x = \begin{pmatrix} x_1 \\ \vdots \\ x_i \\ \vdots \\ x_m \end{pmatrix}.$$

heißt **Zeilenvektor** (row vector) bzw. **Spaltenvektor** (column vector) oder allgemein **Vektor**. Jeder Vektor x ist ein n-Tupel bzw. m-Tupel und damit Element von $\mathbb{R}^n$ bzw. $\mathbb{R}^m$ (vgl. Abschnitt 1.2).

Ist bekannt, ob es sich um einen Zeilen- oder Spaltenvektor handelt, so werden auch folgende Schreibweisen verwendet:
$$(x_i)_i \quad \text{oder} \quad (x_i)_{1 \leq i \leq m} \ .$$

b) Liegt eine $(m \times n)$-Matrix A vor, so heißt

$$(a_{i1}, \ldots, a_{ij}, \ldots, a_{in}) \quad \text{bzw.} \quad \begin{pmatrix} a_{1j} \\ \vdots \\ a_{ij} \\ \vdots \\ a_{mj} \end{pmatrix}.$$

i-ter **Zeilenvektor** a_i bzw. j-ter **Spaltenvektor** a^j.

In den Beispielen 3.2, 3.4, 4.1 und 5.1 werden die Spaltenvektoren der Matrix V mit V^k bezeichnet. Es gilt: $V = \left(V^k\right)_k = \left(V_s^k\right)_{s,k}$.

c) Eine $(m \times n)$-Matrix A heißt **Nullmatrix**, wenn sämtliche Komponenten von A gleich Null sind, formal:

$$a_{ij} = 0 \quad \text{für alle } 1 \leq i \leq m \text{ und } 1 \leq j \leq n.$$

Analog wird der **Nullvektor** definiert.

Ist eine Matrix A oder ein Vektor x Nullmatrix oder Nullvektor, so wird vereinfachend geschrieben:

$$A = \begin{pmatrix} 0 & \cdots & 0 \\ \vdots & & \vdots \\ 0 & \cdots & 0 \end{pmatrix} = 0 \quad \text{oder} \quad x = \begin{pmatrix} 0 \\ \vdots \\ 0 \end{pmatrix} = 0.$$

d) Eine $(m \times n)$-Matrix A heißt **quadratisch**, wenn gilt: $n = m$,
d.h. die Anzahl der Zeilen und Spalten von A ist identisch.

- Das n-Tupel der Komponenten a_{ii} mit $1 \leq i \leq n$ einer quadratischen Matrix wird **Hauptdiagonale**

- und das der Komponenten $a_{1n}, a_{2(n-1)}, \ldots, a_{k(n-k)}, \ldots, a_{(n-1)2}, a_{n1}$ wird **Nebendiagonale** genannt.

- Die Summe der Komponenten der Hauptdiagonalen heißt **Spur** (trace) der Matrix A und wird mit $\text{tr}(A)$ bezeichnet:

$$\text{tr}(A) = \sum_{i=1}^{n} a_{ii}.$$

e) Eine quadratische Matrix A heißt **symmetrisch**, wenn gilt: $A = A^T$,
d.h. wenn eine Spiegelung von A an der Hauptdiagonalen wieder die Matrix A ergibt.

f) Eine quadratische $(n \times n)$-Matrix A heißt **Diagonalmatrix**, wenn gilt:

$$a_{ij} = 0 \quad \text{für alle } 1 \leq i \leq n \text{ und } 1 \leq j \leq n \text{ mit } i \neq j,$$

d.h. alle Komponenten, die nicht zur Hauptdiagonalen gehören, sind gleich Null. Für die Komponenten der Hauptdiagonalen wird keine Voraussetzung gemacht.

g) Eine quadratische $(n \times n)$-Matrix A heißt **obere Dreiecksmatrix**, wenn gilt:

$$a_{ij} = 0 \quad \text{für alle } 1 \leq i \leq n \text{ und } 1 \leq j \leq n \text{ mit } i > j,$$

bzw. **untere Dreiecksmatrix**, wenn gilt:

$$a_{ij} = 0 \quad \text{für alle } 1 \leq i \leq n \text{ und } 1 \leq j \leq n \text{ mit } i < j,$$

d.h. alle Komponenten, die unterhalb bzw. oberhalb der Hauptdiagonalen liegen, sind gleich Null. Für die Komponenten der Hauptdiagonalen wird keine Voraussetzung gemacht.

h) Eine $(n \times n)$-Diagonalmatrix A heißt n-te **Einheitsmatrix**, wenn gilt:

$$a_{ii} = 1 \quad \text{für alle } 1 \leq i \leq n, \quad \text{oder:}$$

$$E_n := \left. \begin{pmatrix} 1 & 0 & 0 & \ldots & 0 & 0 \\ 0 & 1 & 0 & \ldots & 0 & 0 \\ 0 & 0 & 1 & \ldots & 0 & 0 \\ \vdots & \vdots & \vdots & \ddots & \vdots & \vdots \\ 0 & 0 & 0 & \ldots & 1 & 0 \\ 0 & 0 & 0 & \ldots & 0 & 1 \end{pmatrix} \right\} n \text{ Zeilen.}$$

$$\underbrace{\phantom{\begin{pmatrix} 1 & 0 & 0 \end{pmatrix}}}_{n \text{ Spalten}}$$

Statt E_n werden häufig die Symbole $E_{n,n}$ oder I_n verwendet oder die Indizes werden weggelassen.

i) Liegt eine Einheitsmatrix E_n vor, so heißt der i-te Spaltenvektor i-ter **Einheitsvektor** e_i, oder:

$$e_i := \begin{pmatrix} 0 \\ \vdots \\ 0 \\ 1 \\ 0 \\ \vdots \\ 0 \end{pmatrix} \quad \leftarrow i\text{-te Zeile.}$$

Analog kann auch der i-te Zeilenvektor als i-ter Einheitsvektor aufgefaßt werden.

3.3   Operationen mit Matrizen

Die Multiplikation einer Matrix mit einem Skalar und die Addition, Subtraktion, Multiplikation zweier Matrizen sind Operationen, die auf den entsprechenden Operationen mit reellen Zahlen basieren. Inwieweit Unterschiede bestehen, wird in den folgenden Definitionen geklärt.

Definition.   Sei $\lambda \in \mathbb{R}$ ein Skalar und A eine $(m \times n)$-Matrix, dann wird die **Multiplikation** der **Matrix** mit dem **Skalar** durchgeführt, indem jede Komponente a_{ij} von A mit λ multipliziert wird, formal gilt:

$$\lambda A = \lambda \begin{pmatrix} a_{11} & \cdots & a_{1j} & \cdots & a_{1n} \\ \vdots & & \vdots & & \vdots \\ a_{i1} & \cdots & a_{ij} & \cdots & a_{in} \\ \vdots & & \vdots & & \vdots \\ a_{m1} & \cdots & a_{mj} & \cdots & a_{mn} \end{pmatrix} = \begin{pmatrix} \lambda a_{11} & \cdots & \lambda a_{1j} & \cdots & \lambda a_{1n} \\ \vdots & & \vdots & & \vdots \\ \lambda a_{i1} & \cdots & \lambda a_{ij} & \cdots & \lambda a_{in} \\ \vdots & & \vdots & & \vdots \\ \lambda a_{m1} & \cdots & \lambda a_{mj} & \cdots & \lambda a_{mn} \end{pmatrix}$$

Schreibweise.   Zur Vereinfachung wird geschrieben: $-1 \cdot A =: -A$.

Es gelten folgende Rechenregeln:

$A, B, C \in M(m \times n)$	
[Z1]	$\lambda A = A \lambda$
[Z2]	$(\lambda_1 \lambda_2) A = \lambda_1 (\lambda_2 A)$
[Z3]	$1 \cdot A = A$

Definition.   Seien A und B $(m \times n)$-Matrizen, dann wird die **Addition** der beiden **Matrizen** durchgeführt, indem jede Komponente a_{ij} von A mit der entsprechenden Komponente b_{ij} von B addiert wird, formal gilt:

$$A + B = \begin{pmatrix} a_{11} & \cdots & a_{1j} & \cdots & a_{1n} \\ \vdots & & \vdots & & \vdots \\ a_{i1} & \cdots & a_{ij} & \cdots & a_{in} \\ \vdots & & \vdots & & \vdots \\ a_{m1} & \cdots & a_{mj} & \cdots & a_{mn} \end{pmatrix} + \begin{pmatrix} b_{11} & \cdots & b_{1j} & \cdots & b_{1n} \\ \vdots & & \vdots & & \vdots \\ b_{i1} & \cdots & b_{ij} & \cdots & b_{in} \\ \vdots & & \vdots & & \vdots \\ b_{m1} & \cdots & b_{mj} & \cdots & b_{mn} \end{pmatrix}$$

$$= \begin{pmatrix} a_{11}+b_{11} & \cdots & a_{1j}+b_{1j} & \cdots & a_{1n}+b_{1n} \\ \vdots & & \vdots & & \vdots \\ a_{i1}+b_{i1} & \cdots & a_{ij}+b_{ij} & \cdots & a_{in}+b_{in} \\ \vdots & & \vdots & & \vdots \\ a_{m1}+b_{m1} & \cdots & a_{mj}+b_{mj} & \cdots & a_{mn}+b_{mn} \end{pmatrix}$$

Es gelten folgende Rechenregeln:

$A, B, C \in M(m \times n)$	
[A1]	$A + B = B + A$
[A2]	$(A + B) + C = A + (B + C)$
[A3]	$A + 0 = A$
[A4]	$A + (-A) = 0$
[A5]	$(\lambda_1 + \lambda_2)\, A = \lambda_1 A + \lambda_2 A$
[A6]	$\lambda\, (A + B) = \lambda A + \lambda B$

Eine $(m \times n)$-Matrix A und eine $(q \times p)$-Matrix B (in dieser Reihenfolge) können nur dann miteinander multipliziert werden, wenn die Anzahl der Spalten von A gleich der Anzahl der Zeilen von B ist, d.h. wenn gilt: $n = q$.

Definition. Sei A eine $(m \times n)$-Matrix und B eine $(n \times p)$-Matrix, dann ist das **Produkt** $C = A\,B$ der beiden **Matrizen** eine $(m \times p)$-Matrix, wobei die Komponenten c_{ij} der Matrix C wie folgt definiert sind:

$$c_{ij} := \sum_{k=1}^{n} a_{ik}\,b_{kj} \ .$$

Das **Falkschema** verdeutlicht diese Rechnung:

Bemerkung. Es können also nur Matrizen A und B miteinander zu einer Matrix $C = A\,B$ multipliziert werden, wenn die Spaltenzahl von A mit der Zeilenzahl von B übereinstimmt. A besitzt dann mit C gleich viele Zeilen und B mit C gleich viele Spalten. c_{ij} berechnet sich genau aus den Komponenten des i-ten Zeilenvektors von A und j-ten Spaltenvektors von B.

Es gelten folgende Rechenregeln:

$A \in M(m \times n), B \in M(q \times p), C \in M(r \times s)$	
[M1] $AB \neq BA$ (im Allgemeinen)	$n = q, m = p$
[M2] $(AB)C = A(BC)$	$n = q, p = r$
[M3] $E_m A = A = A E_n$	
[M4] $(A + B)C = AC + BC$	$m = q, n = p = r$
$A(B + C) = AB + AC$	$n = q = r, p = s$
[M5] $\lambda(AB) = (\lambda A)B = A(\lambda B)$	$n = q$

Bemerkung. Da jeder Vektor eine spezielle Matrix ist, gelten die oben definierten Operationen auch für Vektoren. Sie werden dann *skalare Multiplikation von Vektoren*, *Vektoraddition* bzw. *Vektormultiplikation* genannt.

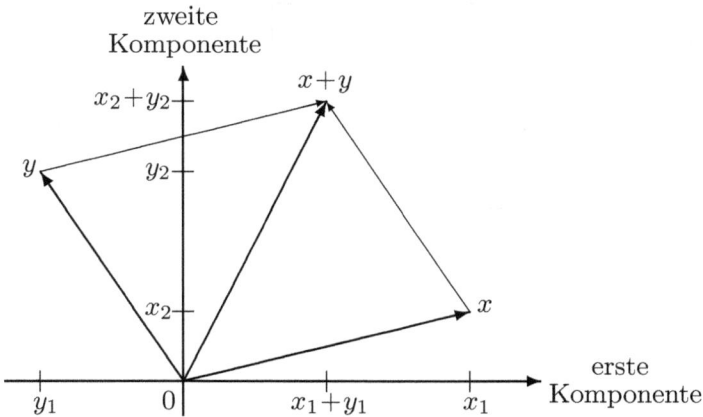

Abb. 3.1. Addition der Vektoren $x = \begin{pmatrix} x_1 \\ x_2 \end{pmatrix}$ und $y = \begin{pmatrix} y_1 \\ y_2 \end{pmatrix}$.

Definition.   Eine quadratische $(n \times n)$-Matrix A heißt **invertierbar**, **regulär** oder **nichtsingulär**, wenn eine weitere quadratische $(n \times n)$-Matrix X existiert, die die Matrizengleichung:

$$A X = E_n$$

erfüllt. Die Matrix $A^{-1} := X$ heißt die **inverse** Matrix oder **Inverse** von A. Existiert keine Inverse von A, dann heißt A **nicht invertierbar** oder **singulär**. Das Problem der Invertierbarkeit von Matrizen wird in Abschnitt 5.5 wieder aufgegriffen.

Definition.   Ist

$$A^k := \underbrace{A\,A\,\ldots A}_{k\,\text{Faktoren}} \quad \text{mit } k \in \mathbb{N}$$

das k-fache Produkt einer $(n \times n)$-Matrix A, dann heißt A^k die k-**te Potenz** der quadratischen Matrix A. Es wird $A^0 := E_n$ gesetzt.

Ist A invertierbar, so ist auch $k \in \mathbb{Z}$ zugelassen.

Für die inverse Matrix gelten folgende Rechenregeln:

$A, B \in M(n \times n)$ seien invertierbar	
[I1] $A\,A^{-1} = A^{-1} A = E_n$	
[I2] A^{-1} eindeutig bestimmbar	
[I3] $(\lambda\,A)^{-1} = \frac{1}{\lambda}\,A^{-1}$	
[I4] $\left(A^T\right)^{-1} = (A^{-1})^T$	
[I5] $(A\,B)^{-1} = B^{-1}\,A^{-1}$	
[I6] $(A^{-1})^{-1} = A$	
[I7] $E_n^{-1} = E_n$	
[I8] $A^k A^l = A^{k+l}$	$k, l \in \mathbb{Z}$

Bemerkungen.

- [A1] (bzw. [M1]) besagt, daß das *Kommutativgesetz* im Fall der Matrizenaddition (bzw. der Matrizenmultiplikation) erfüllt (bzw. im Allgemeinen
  nicht erfüllt) ist.

- [A2] und [M2] besagen, daß das *Assoziativgesetz* sowohl im Fall der Matrizenaddition als auch im Fall der Matrizenmultiplikation erfüllt ist.

- [A3] (bzw. [M3]) besagt, daß die Nullmatrix (bzw. die n-te bzw. m-te
  Einheitsmatrix) das *neutrale Element* bzgl. der Matrizenaddition (bzw. der
  Matrizenmultiplikation von links bzw. von rechts) ist.

- [A4] (bzw. [I1]) besagt, daß die Matrix $-A$ (bzw. A^{-1}) das *inverse Element*
  bzgl. der Matrizenaddition (bzw. der Matrizenmultiplikation) ist.

- [M4] besagt, daß die *Distributivgesetze* erfüllt sind.

Für die transponierte Matrix und die Spur einer Matrix gelten folgende Rechenregeln:

$A \in M(m \times n), B \in M(q \times p), C \in M(r \times s)$		
[T1]	$(A + B)^T \;=\; A^T + B^T$	$m = q, n = p$
[T2]	$(\lambda\, A)^T \;=\; \lambda\, A^T$	
[T3]	$\left(A^T\right)^T \;=\; A$	
[T4]	$(A\, B)^T \;=\; B^T\, A^T$	$n = q$

$A, B, C \in M(n \times n)$

[S1]	$\mathrm{tr}\left(A^T\right) \;=\; \mathrm{tr}(A)$
[S2]	$\mathrm{tr}(\lambda\, A) \;=\; \lambda\; \mathrm{tr}(A)$
[S3]	$\mathrm{tr}(A + B) \;=\; \mathrm{tr}(A)+ \mathrm{tr}(B)$
[S4]	$\mathrm{tr}(A\,B) \;=\; \mathrm{tr}(B\,A)$
[S5]	$\mathrm{tr}(A\,B\,C) \;=\; \mathrm{tr}(B\,C\,A) \;=\; \mathrm{tr}(C\,A\,B)$

3.4   Eine Auswahl ökonomischer Beispiele

Beispiel 3.1 (Matrizenaddition). Die Verflechtungsstrukturen eines Wirtschaftssystems mit 3 endogenen Sektoren und einem exogenen Sektor ohne Primärfaktoren liegen für die einzelnen Quartale eines Jahres vor. Oft reicht es jedoch (beispielsweise für eine längerfristige Bertrachtung), eine *Input-Output-Analyse* nur
auf jährlicher Basis durchzuführen.
Folgende (3×4)-Matrizen repräsentieren die Verflechtungsstruktur für jedes Quar-
tal:

$$
Q_1 \;=\; \left(\begin{array}{ccc|c} 0 & 4 & 0 & 4 \\ 8 & 12 & 10 & 14 \\ 13 & 0 & 0 & 0 \end{array}\right), \qquad
Q_2 \;=\; \left(\begin{array}{ccc|c} 0 & 2 & 20 & 4 \\ 1 & 18 & 12 & 16 \\ 15 & 0 & 1 & 16 \end{array}\right),
$$

$$
Q_3 \;=\; \left(\begin{array}{ccc|c} 0 & 3 & 18 & 4 \\ 6 & 16 & 13 & 10 \\ 20 & 4 & 1 & 14 \end{array}\right), \qquad
Q_4 \;=\; \left(\begin{array}{ccc|c} 0 & 2 & 0 & 4 \\ 6 & 16 & 11 & 13 \\ 20 & 4 & 0 & 0 \end{array}\right).
$$

Die Verflechtungsstruktur für das ganze Jahr wird durch die Summe der Matrizen
wiedergegeben:

$$
Q_1 + Q_2 + Q_3 + Q_4 \;=\; Q \;=\; \left(\begin{array}{ccc|c} 0 & 11 & 38 & 16 \\ 21 & 62 & 46 & 53 \\ 68 & 8 & 2 & 30 \end{array}\right).
$$

Beispiel 3.2 (Multiplikation von Matrizen, Vektoren-Relation). Zwei Skifahrer möchten neue Alpinski kaufen, und ihnen stehen drei Marken zur Auswahl. Aus einem Testheft sind ihnen Noten von 1 (sehr gut) bis 5 (mangelhaft) über die technischen Eigenschaften der Alpinski, z.B. Griffigkeit G, Drehfreude D, Eignungen für Piste P oder Tiefschnee T und Lebensdauer L, bekannt, die in der folgenden Tabelle genannt sind:

		Skimarken		
		1	2	3
	G	4	3	2
technische	D	5	5	1
	P	2	3	2
Eigenschaften	T	4	1	2
	L	4	2	1

Werden die fünf Benotungen der drei Ski-Marken jeweils zu einem Zeilenvektor zusammengefaßt, so ergibt sich aus der Vektoren-Relation, daß Ski 1 sowohl von Ski 2 als auch von Ski 3 dominiert wird. Ski 2 jedoch wird weder von Ski 3 dominiert noch umgekehrt.

Der erste Fahrer ordnet den Noten der einzelnen technischen Eigenschaften Gewichtungsfaktoren ω_{1j} mit $\omega_{11} + \ldots + \omega_{15} = 1$ zu. Er fährt beispielsweise gerne Tiefschnee ($\omega_{14} = 0,7$), interessiert sich nicht für die Lebensdauer ($\omega_{15} = 0$), weil er sehr modebewußt ist, und legt nur geringen Wert auf die drei übrigen Eigenschaften ($\omega_{11} = \omega_{12} = \omega_{13} = 0,1$).

Der zweite Skifahrer nimmt eine Gleichgewichtung vor, d.h. er setzt: $\omega_{21} = \ldots = \omega_{25} = 0,2$.

Eine (2×5)-Matrix, die die oben genannten Gewichtungsfaktoren ω_{ij} als Komponenten enthält, kann mit der aus der Tabelle hervorgehenden (5×3)-Matrix multipliziert werden. Die resultierende (2×3)-Matrix gibt dann neue Bewertungsfaktoren der beiden Skifahrer an.

$$
\begin{pmatrix} 0,1 & 0,1 & 0,1 & 0,7 & 0 \\ 0,2 & 0,2 & 0,2 & 0,2 & 0,2 \end{pmatrix}
\begin{pmatrix} 4 & 3 & 2 \\ 5 & 5 & 1 \\ 2 & 3 & 2 \\ 4 & 1 & 2 \\ 4 & 2 & 1 \end{pmatrix}
= \begin{pmatrix} 3,9 & 1,8 & 1,9 \\ 3,8 & 2,8 & 1,6 \end{pmatrix} .
$$

Aufgrund der starken Neigung für das Tiefschneefahren würde der erste Skifahrer Ski 2 kaufen. Der zweite Fahrer allerdings würde sich für Ski 3 entscheiden.

Beispiel 3.3 (Vektormultiplikation). Als Anwendung der Vektormultiplikation sei die Bestimmung des Wertes eines Güterbündels $x = (x_i)_{1 \leq i \leq n}$ (in ME) in der Konsumtheorie angeführt, wobei die Güterpreise $p = (p_i)_{1 \leq i \leq n}$ (in GE) der n Güter vorgegeben sind. Wird der Vektor p der Güterpreise mit dem Güterbündel x multipliziert, so ergibt sich ein Gesamtgüterwert (in GE) von

$$
p^T x = (5; 10; 7,5; 1) \begin{pmatrix} 3 \\ 1 \\ 2 \\ 4 \end{pmatrix} = 44 .
$$

Beispiel 3.4 (Vektormultiplikation). Die eingangs erläuterte Vorstellung zustandsbedingter Wertpapiere (contingent claims) soll an einem einfachen Modell mit zwei Finanzaktiva V^1, V^2 und drei möglichen Zuständen s am Ende der Planungsperiode konkretisiert werden. Bezeichnen $s = 1, 2, 3$ drei Situationen zunehmend günstigerer wirtschaftlicher Entwicklung, deren Eintrittswahrscheinlichkeiten mit ω_s angenommen seien, so entspricht V^1 einem prozyklischen und V^2 einem festverzinslichen Wertpapier:

$$
V^1 = \begin{pmatrix} V^1_1 \\ V^1_2 \\ V^1_3 \end{pmatrix} = \begin{pmatrix} 100 \\ 110 \\ 150 \end{pmatrix}, \qquad
V^2 = \begin{pmatrix} V^2_1 \\ V^2_2 \\ V^2_3 \end{pmatrix} = \begin{pmatrix} 120 \\ 120 \\ 120 \end{pmatrix} .
$$

Zu gegebenen Eintrittswahrscheinlichkeiten

$$
\omega = \begin{pmatrix} \omega_1 \\ \omega_2 \\ \omega_3 \end{pmatrix} = \begin{pmatrix} 0,5 \\ 0,3 \\ 0,2 \end{pmatrix}
$$

lassen sich die Erwartungswerte der beiden Wetpapiere am Ende der Planungsperiode einfach berechnen:

$$\omega^T \cdot \left(V_s^1 \middle| V_s^2 \right) = \begin{pmatrix} 0,5 \\ 0,3 \\ 0,2 \end{pmatrix}^T \begin{pmatrix} 100 & 120 \\ 110 & 120 \\ 150 & 120 \end{pmatrix} = (113, 120) \ .$$

4 Vektorräume

Eine ökonomische Anwendung. Einem Vermögensanleger interessiert etwa die Möglichkeit nach Wertabsicherung seines Portfeuilles bei zustandsbedingten Wertpapieren (vgl. Einleitung zu Kapitel 3). Diese Frage soll anhand folgender dreier Zustände s einer Wirtschaft erläutert werden: $s = 1$ 'expansive Wirtschaftsentwicklung', $s = 2$ 'status quo' und $s = 3$ 'kontraktive Wirtschaftsentwicklung'. Auf dem Markt seien zwei Wertpapiere ('Aktien') erhältlich: $k = 1$ 'Bauindustrie' und $k = 2$ 'Bank'. Sie profitieren unterschiedlich von der wirtschaftlichen Entwicklung, wobei die Vektoren $V^k = \left(V_s^k \right)_{1 \leq s \leq 3}$ der zustandsbedingten Werte von der Aktie k wie folgt gegeben sind:

$$V^1 = \begin{pmatrix} 360 \\ 300 \\ 180 \end{pmatrix}, \quad V^2 = \begin{pmatrix} 750 \\ 600 \\ 420 \end{pmatrix}.$$

Folgende Fragen sind von Interesse (vgl. Beispiel 4.1 in Abschnitt 4.6):

- Welche zustandsbedingten 'Endauszahlungen' V^* lassen sich, unter Einbezug von Leerverkauf, mittels der beiden Wertpapiere erreichen ?

- Angenommen, es werden zwei 'Investmentfonds' $(k = 3, \ k = 4)$ mit zustandsbedingten Wertpapierkursen wie folgt angeboten:

$$V^3 = \begin{pmatrix} 122,50 \\ 100,00 \\ 65,00 \end{pmatrix}, \quad V^4 = \begin{pmatrix} 130 \\ 100 \\ 80 \end{pmatrix}.$$

Werden hierdurch die Handlungsmöglichkeiten erweitert, oder sind diese Investmentfonds 'redundant' (überflüssig) ?

- Wie muß ein zustandsbedingtes Wertpapier V^0 beschaffen sein, damit es zusammen mit den ersten beiden Wertpapieren ein beliebig vorgegebenes Auszahlungsprofil V^* (etwa das einer vorgegebenen konstanten Verzinsung) darzustellen gestattet ?

4.1 Grundbegriffe

Definition.   Ein **IR-Vektorraum** (oder Vektorraum über IR) mit $\lambda, \mu \in$ IR, besteht aus einer Menge V mit $u, v, w \in V$, einer Verknüpfung *Addition* mit $v + w \in V$ und einer Verknüpfung *Multiplikation mit Skalaren* mit $\lambda v \in V$. Dabei müssen folgende Eigenschaften, genannt **Vektorraumaxiome**, gelten:

[V1]	$u + (v + w) = (u + v) + w = u + v + w$
[V2]	$v + w = w + v$
[V3]	$v + 0 = v$
[V4]	$v + (-v) = 0$
[V5]	$(\lambda + \mu)\, v = \lambda\, v + \mu\, v$
[V6]	$\lambda\, (v + w) = \lambda\, v + \lambda\, w$
[V7]	$(\lambda\, \mu)\, v = \lambda\, (\mu\, v) = \lambda\, \mu\, v$
[V8]	$1 \cdot v = v$

Bemerkung.   Die Elemente des Vektorraumes werden auch *Vektoren* genannt.

Einige Beispiele.

a) Die Menge IR^n der geordneten n-Tupel mit

Addition: $(x_1, \ldots, x_n) + (y_1, \ldots, y_n) := (x_1 + y_1, \ldots, x_n + y_n),$

Skalarmultiplik.: $\lambda\, (x_1, \ldots, x_n) := (\lambda\, x_1, \ldots, \lambda\, x_n),$

neutrales Element: $(0, \ldots, 0),$

inverses Element: $(-x_1, \ldots, -x_n).$

b) Die Menge $M(m \times n)$ (vgl. Abschnitt 3.3) mit

    Addition: Matrizen-Addition,

    Skalarmultiplik.:   Multiplikation von Matrizen mit Skalaren,

    neutrales Element: $0 \in M(m \times n)$ (Nullmatrix),

    inverses Element: $-A \in M(m \times n)$ (neg. Matrix zu $A \in M(m \times n)$).

c) Die Menge $A(X, \mathbb{R})$ aller Funktionen $f : X \longrightarrow \mathbb{R}$, wobei X eine Menge ist, mit

    Addition: $(f + g)(x) \; := \; f(x) + g(x)$ $(g \in A(X, \mathbb{R}))$,

    Skalarmultiplik.: $(\lambda f)(x) \; := \; \lambda \cdot f(x)$ für alle $x \in X$,

    neutrales Element: $0(x) := 0$ (Nullabbildung),

    inverses Element: $(-f)(x) := -f(x)$ (negative Abbildung zu f).

Der Nachweis der Vektorraumaxiome erfolgt beispielsweise im Fall b) mit Hilfe der Rechenregeln [A1] - [A6], [S2] und [S3] aus Abschnitt 3.3.

Definition.   Sei V ein $\mathbb{R}$-Vektorraum. Eine Teilmenge $W \subset V$ heißt **$\mathbb{R}$-Untervektorraum** oder kurz **Untervektorraum** von V, wenn folgende Bedingungen erfüllt sind:

[U1]	$W \neq \emptyset$
[U2]	$v, w \in W \qquad \Longrightarrow \qquad v + w \in W$ W ist **abgeschlossen gegenüber der Addition.**
[U3]	$v \in W, \;\; \lambda \in \mathbb{R} \;\; \Longrightarrow \;\; \lambda v \in W$ W ist **abgeschlossen gegenüber der Multiplikation mit Skalaren.**

Einige Beispiele.

a) Im $\mathbb{R}^n$ sind Geraden und Ebenen (vgl. Abschnitt 1.3), die durch den Punkt 0 gehen, die Menge $\{x \in \mathbb{R} \mid x_1 + \ldots + x_n = 0\}$ und die Menge $\{\emptyset, \mathbb{R}^n\}$ jeweils Untervektorräume des $\mathbb{R}^n$.

b) Bei den $(m \times n)$-Matrizen sind etwa die Menge aller symmetrischen Matrizen, die Menge aller Matrizen mit verschwindenden Zeilen- und Spaltensummen und die Menge aller Diagonalmatrizen (vgl. Kapitel 3) Untervektorräume des $M(m \times n)$.

c) Bei den Funktionen sind etwa die Menge aller stetigen Funktionen (siehe Abschnitt 7.1), die Menge aller k-mal stetig differenzierbaren Funktionen (siehe Abschnitt 8.1) und die Menge aller Polynome (vgl. Abschnitt 2.2) Untervektorräume des $A(X, \mathbb{R})$.

4.2 Lineare Abbildungen

Definition. Seien V und W $\mathbb{R}$-Vektorräume. Eine Abbildung $f : V \longrightarrow W$ heißt **linear**, wenn für alle $v, w \in V$ und alle $\lambda \in \mathbb{R}$ gilt:

[L1]	$f(v + w)$	$=$	$f(v) + f(w)$
[L2]	$f(\lambda v)$	$=$	$\lambda \cdot f(v)$

Bemerkung. Jede lineare Abbildung $f : \mathbb{R}^n \longrightarrow \mathbb{R}^m$ kann durch eine $(m \times n)$-Matrix A wie folgt identifiziert werden:

$$
f(x) = A x = \begin{pmatrix} a_{11} & \cdots & a_{1j} & \cdots & a_{1n} \\ \vdots & & \vdots & & \vdots \\ a_{i1} & \cdots & a_{ij} & \cdots & a_{in} \\ \vdots & & \vdots & & \vdots \\ a_{m1} & \cdots & a_{mj} & \cdots & a_{mn} \end{pmatrix} \begin{pmatrix} x_1 \\ \vdots \\ x_j \\ \vdots \\ x_n \end{pmatrix} = \begin{pmatrix} y_1 \\ \vdots \\ y_i \\ \vdots \\ y_m \end{pmatrix},
$$

wobei die Bildelemente komponentenweise ermittelt werden:

$$
y_i = a_{i1} x_1 + \ldots + a_{ij} x_j + \ldots + a_{in} x_n.
$$

4.3   Lineare Abhängigkeit, Basis und Dimension

Definitionen.   Sei V ein $\mathbb{R}$-Vektorraum und $v_1 + \ldots + v_r \in V$. Ein Vektor $v \in V$ der Gestalt

$$v = \lambda_1 v_1 + \ldots + \lambda_r v_r \quad \text{mit } \lambda_1, \ldots, \lambda_r \in \mathbb{R}$$

heißt **Linearkombination** von $v_1, \ldots, v_r$. Der Vektor v läßt sich aus $v_1, \ldots, v_r$ **linear kombinieren.**
Sind die Elemente $v_1, \ldots, v_r \in V$ gegeben, so wird

$$\text{Span}(v_1, \ldots, v_r) \quad \text{oder} \quad \langle v_1, \ldots, v_r \rangle$$

als Menge aller Linearkombinationen von $v_1, \ldots, v_r$ definiert. $\text{Span}(v_1, \ldots, v_r)$ wird der von $v_1, \ldots, v_r$ **aufgespannte** Raum genannt. Es wird $\text{Span}(\emptyset) := \{0\}$ gesetzt.

Bemerkungen.   Ist V ein $\mathbb{R}$-Vektorraum und $v_1, \ldots, v_r \in V$,

- dann ist $\text{Span}(v_1, \ldots, v_r)$ ein Untervektorraum von V.

- dann gilt für jeden Untervektorraum W von V, für den $v_1, \ldots, v_r \in W$: $\text{Span}(v_1, \ldots, v_r) \subseteq W$.

Insgesamt ist $\text{Span}(v_1, \ldots, v_r)$ der kleinste Untervektorraum von V, der alle Elemente $v_1, \ldots, v_r$ enthält.

Definitionen.   Sei V ein $\mathbb{R}$-Vektorraum und $v_1, \ldots, v_r \in V$. Die Vektoren $v_1, \ldots, v_r$ heißen **linear unabhängig**, wenn aus

$$\lambda_1 v_1 + \ldots + \lambda_r v_r = 0$$

folgt

$$\lambda_1 = \ldots = \lambda_r = 0.$$

M.a.W. bedeutet dies, daß sich der Nullvektor nur **trivial** (d.h. nur mit Skalaren $\lambda_1 = \ldots = \lambda_r = 0$) durch die Vektoren $v_1, \ldots, v_r$ darstellen läßt. Zudem läßt sich in diesem Fall kein Vektor v_i als Linearkombination der übrigen Vektoren $v_1, \ldots, v_{i-1}, v_{i+1} \ldots v_r \in V$ darstellen.

Die Vektoren $v_1, \ldots, v_r$ heißen **linear abhängig**, wenn sie nicht linear unabhängig sind, d.h. es existiert mindestens ein $\lambda_i \neq 0$, um $\lambda_1 v_1 + \ldots + \lambda_r v_r = 0$ darstellen zu können.

In der Praxis ist es meist von Vorteil, zunächst Vektoren $v_1, \ldots, v_r$ auf lineare Abhängigigkeit zu untersuchen, um dann bei negativem Ergebnis auf lineare Unabhängigkeit zu schließen. Folgende Schlüsse lassen sich sofort ziehen.

Satz 4.1. *Sei V ein $\mathbb{R}$-Vektorraum, $v_1, \ldots, v_r \in V$ und $M := \{v_1, \ldots, v_r\}$, dann gilt:*

a) *Sind die Vektoren von M linear unabhängig, so sind die Vektoren jeder Teilmenge von M linear unabhängig.*

b) *Gilt $v_i = 0$ für einen Vektor $v_i \in M$, so sind die Vektoren jeder Teilmenge von M, die v_i enthält, linear abhängig.*

c) *Gilt $v_i = v_j$ mit $i \neq j$ für zwei Vektoren $v_i, v_j \in M$, so sind die Vektoren jeder Teilmenge von M, die v_i und v_j enthalten, linear abhängig.*

d) *Ein einzelner Vektor $v \in V$ ist genau dann linear unabhängig, wenn gilt: $v \neq 0$.*

e) *Sind die Vektoren von M linear abhängig und ist $r \geq 2$, dann gibt es mindestens ein $i \in \{1, \ldots, r\}$, so daß sich v_i aus $v_1, \ldots, v_{i-1}, v_{i+1} \ldots v_r \in V$ linear kombinieren läßt.*

f) *Sind die Vektoren $v_1, \ldots, v_r \in W$ linear abhängig und W ein Untervektorraum von V, dann sind die Vektoren $v_1, \ldots, v_r$ auch linear unabhängig in V.*

Definitionen. Sei V ein $\mathbb{R}$-Vektorraum (bzw. ein Untervektorraum) und $v_1, \ldots, v_r \in V$. Die Menge $\{v_1, \ldots, v_r\}$ heißt **Erzeugendensystem von V**, falls gilt:

$$V = \mathrm{Span}(v_1, \ldots, v_r).$$

Ein Erzeugendensystem von V heißt **Basis von V**, falls gilt:

Die Vektoren $v_1, \ldots, v_r$ sind linear unabhängig.

Besitzt V eine aus r Vektoren bestehende Basis, so wird durch

$$\dim(V) := r$$

die **Dimension** von V definiert.

Bemerkungen.

- Im m-dimensionalen Raum ist beispielsweise die sogenannte **kanonische Basis** $\{e_1, \ldots, e_i, \ldots, e_m\}$ eine Basis, wobei die e_i die Einheitsvektoren sind (vgl. Abschnitt 3.1). Neben der kanonischen Basis besitzt der $\mathbb{R}^m$ unendlich viele Basen.

- Für Untervektorräume V des $\mathbb{R}^m$ gilt $\dim(V) \leq m$.

- Der Raum $\{0\}$ enthält nur den Nullvektor. Hier gilt: $\dim(\{0\}) = 0$.

Liegt ein Erzeugendensystem aus n Vektoren eines Untervektorraums des $\mathbb{R}^m$ vor, so ist die Unabhängigkeit der Vektoren im Allgemeinen nicht auf den ersten Blick erkennbar. Soll aus dem Erzeugendensystem eine Basis abgeleitet werden, ist es oft zweckmäßig, die n Vektoren des Erzeugendensystems zu einer $(m \times n)$-Matrix zusammenzufassen und dann mittels *elementarer Zeilenumformungen* diese Matrix in eine obere Dreiecksmatrix umzugestalten. Hierauf wird in Abschnitt 5.2 eingegangen, da erst dort die dazu benötigten Algorithmen und Verfahren bekannt sind.

4.4   Rang einer Matrix

Die Relevanz der folgenden Definition wird erst in Abschnitt 5.1 deutlich.

Definition.   Sei A eine $(m \times n)$-Matrix, seien $(a_{i1}, \ldots, a_{in})$ mit $(1 \leq i \leq m)$ die Zeilenvektoren von A und sei $\lambda \in \mathbb{R}^*$, dann werden die folgenden vier Typen **elementarer Zeilenumformungen** der Matrix A unterschieden:

I   Multiplikation der i-ten Zeile mit λ:

$$
A = \begin{pmatrix} \vdots & & \vdots \\ a_{i1} & \ldots & a_{in} \\ \vdots & & \vdots \end{pmatrix} \longmapsto \begin{pmatrix} \vdots & & \vdots \\ \lambda\, a_{i1} & \ldots & \lambda\, a_{in} \\ \vdots & & \vdots \end{pmatrix}
$$

II   Addition der k-ten Zeile zur i-ten Zeile:

$$
A = \begin{pmatrix} \vdots & & \vdots \\ a_{i1} & \dots & a_{in} \\ \vdots & & \vdots \\ a_{k1} & \dots & a_{kn} \\ \vdots & & \vdots \end{pmatrix} \longmapsto \begin{pmatrix} \vdots & & \vdots \\ a_{i1}+a_{k1} & \dots & a_{in}+a_{kn} \\ \vdots & & \vdots \\ a_{k1} & \dots & a_{kn} \\ \vdots & & \vdots \end{pmatrix}
$$

III   Addition der λ-fachen k-ten Zeile zur i-ten Zeile:

$$
A = \begin{pmatrix} \vdots & & \vdots \\ a_{i1} & \dots & a_{in} \\ \vdots & & \vdots \\ a_{k1} & \dots & a_{kn} \\ \vdots & & \vdots \end{pmatrix} \longmapsto \begin{pmatrix} \vdots & & \vdots \\ a_{i1}+\lambda\,a_{k1} & \dots & a_{in}+\lambda\,a_{kn} \\ \vdots & & \vdots \\ a_{k1} & \dots & a_{kn} \\ \vdots & & \vdots \end{pmatrix}
$$

IV   Vertauschen der k-ten Zeile mit der i-ten Zeile:

$$
A = \begin{pmatrix} \vdots & & \vdots \\ a_{i1} & \dots & a_{in} \\ \vdots & & \vdots \\ a_{k1} & \dots & a_{kn} \\ \vdots & & \vdots \end{pmatrix} \longmapsto \begin{pmatrix} \vdots & & \vdots \\ a_{k1} & \dots & a_{kn} \\ \vdots & & \vdots \\ a_{i1} & \dots & a_{in} \\ \vdots & & \vdots \end{pmatrix}
$$

Definitionen.   Liegt eine $(m \times n)$-Matrix vor, so heißt der von den Zeilenvektoren aufgespannte Untervektorraum **Zeilenraum**, in Zeichen

$$
\mathrm{ZR}(A) := \Big\langle (a_{11}, \dots, a_{1n}), \dots, (a_{m1}, \dots, a_{mn}) \Big\rangle \subseteq \mathbb{R}^n
$$

und seine Dimension **Zeilenrang**, in Zeichen

$$
\mathrm{Zeilenrang}(A) := \dim\left(\mathrm{ZR}(A)\right).
$$

Ferner heißt der von den Spaltenvektoren aufgespannte Untervektorraum **Spaltenraum**, in Zeichen

$$\mathrm{SR}(A) \ := \ \left\langle \begin{pmatrix} a_{11} \\ \vdots \\ a_{i1} \\ \vdots \\ a_{m1} \end{pmatrix}, \ldots, \begin{pmatrix} a_{1n} \\ \vdots \\ a_{in} \\ \vdots \\ a_{mn} \end{pmatrix} \right\rangle \subseteq \mathbb{R}^m$$

und seine Dimension **Spaltenrang**, in Zeichen

$$\mathrm{Spaltenrang}(A) \ := \ \dim(\mathrm{SR}(A)).$$

Satz 4.2. *Entsteht eine $(m \times n)$-Matrix B aus einer $(m \times n)$-Matrix A durch endlich viele elementare Zeilenumformungen vor, so gilt*

$$ZR(A) \ = \ ZR(B) \quad bzw. \ SR(A) \ = \ SR(B).$$

Satz 4.3. *Für jede $(m \times n)$-Matrix A gilt*

$$Zeilenrang(A) \ := \ Spaltenrang(A).$$

Satz 4.3 regt folgende abkürzende Definition an:

Definition.   Der Zeilenrang oder Spaltenrang einer $(m \times n)$-Matrix A wird kurz **Rang** der Matrix A genannt, in Zeichen: $\mathrm{rg}(A)$.

Bemerkungen.   Nach den letzten beiden Definitionen gilt:

a) $\mathrm{rg}(A)$ = Maximalzahl linear unabhängiger Zeilenvektoren von A.

b) $\mathrm{rg}(A)$ = Maximalzahl linear unabhängiger Spaltenvektoren von A.

Satz 4.4. *Für den Rang von Matrizen gelten folgende Rechenregeln:*

$A \in M(m \times n)$	
[R1]	$\mathrm{rg}(A) \ \leq \ \min(n, m)$
[R2]	$\mathrm{rg}(S\,A\,T) \ = \ \mathrm{rg}(A), \quad \text{falls } S \in M(m \times m), T \in M(n \times n) \text{ invertierbar}$
[R3]	$\mathrm{rg}(A) \ = \ n \ = \ m, \quad \text{falls } A \text{ invertierbar}$
[R4]	$\mathrm{rg}(A\,B) \ \leq \ \mathrm{rg}(A) \quad \text{für alle } B \in M(n \times p)$
[R5]	$\mathrm{rg}(A) \ \leq \ \mathrm{rg}\left((a_{ij})_{\substack{1 \leq i \leq m \\ 1 \leq j \leq k}} \right) + \mathrm{rg}\left((a_{ij})_{\substack{1 \leq i \leq m \\ k+1 \leq j \leq n}} \right)$
[R6]	$\mathrm{rg}(A\,B) + \mathrm{rg}(B\,C) \ \leq \ \mathrm{rg}(B) + \mathrm{rg}(A\,B\,C), \quad B \in M(n \times p), C \in M(p \times r)$
[R7]	$\mathrm{rg}(A) \ = \ p \ \Longleftrightarrow \ A = B\,C \text{ mit } B \in M(m \times p), C \in M(p \times n)$
	und es existiert keine derartige Darstellung mit kleinerem p
[R8]	$\mathrm{rg}(A) \ = \ \mathrm{rg}(A^T A) \ = \ \mathrm{rg}(A\,A^T)$

4.5 Skalarprodukt, Norm eines Vektors

In der Geometrie ist das **Skalarprodukt**, welches nicht mit der **skalaren Multiplikation von Vektoren** (vgl. Abschnitt 3.3) zu verwechseln ist, ein Hilfsmittel zur Messung von Abständen und Winkeln von Vektoren.

Definition. Seien $x = \begin{pmatrix} x_1 \\ \vdots \\ x_m \end{pmatrix}$ und $y = \begin{pmatrix} y_1 \\ \vdots \\ y_m \end{pmatrix}$ Vektoren eines $\mathbb{R}$-Vektorraums V. Das **Skalarprodukt** $\langle x, y \rangle \in \mathbb{R}$ wird definiert durch

$$\langle x, y \rangle \ := \ x_1 y_1 + \ldots + x_m y_m.$$

Eigenschaften des Skalarprodukts. Seien $x, y, z \in V$ und $\lambda \in \mathbb{R}$, dann gilt:

1.) $\langle x + y, z \rangle = \langle x, z \rangle + \langle y, z \rangle$ (Distributivität),

2.) $\langle x, y \rangle = \langle y, x \rangle$ (Kommutativität),

3.) $\langle \lambda x, y \rangle = \lambda \langle x, y \rangle$ (Homogenität),

4.) $\langle x, x \rangle > 0$ für alle $x \neq 0$ (positive Definitheit).

Der Begriff **Norm** ist bereits in Abschnitt 1.3 eingeführt worden. Die **Norm eines Vektors** ist über das Skalarprodukt definiert und hat, wie leicht nachzuprüfen ist, die in Abschnitt 1.3 angegebenen Eigenschaften der Norm eines m-Tupels $x \in \mathbb{R}^m$.

Definition. V sei ein $\mathbb{R}$-Vektorraum. Die **Norm eines Vektors** $x \in V$ wird definiert durch

$$\|x\|_2 := \sqrt{\langle x, x \rangle} = \sqrt{x_1^2 + \ldots + x_m^2}.$$

Bemerkungen.

- Die Norm eines Vektors ist gleichzusetzen mit den Begriffen **Vektornorm**, **Betrag eines Vektors** oder **Länge eines Vektors**.

- Da nach der obigen Definition die Norm eines Vektors der euklidischen Norm entspricht, wird auch von einem **euklidischen Vektorraum** V gesprochen.

- Der Winkel φ zwischen den Vektoren $x \neq 0$ und $y \neq 0$ wird durch folgende Beziehung definiert

$$\cos(\varphi) = \frac{\langle x, y \rangle}{\|x\|_2 \cdot \|y\|_2} \quad \text{mit } 0 \leq \varphi \leq \pi.$$

Definition.   Ein Vektor $x \neq 0$ aus V mit der Norm $\|x\|_2 = 1$ heißt **normierter Vektor**.

Bemerkung. Sei $y \in V$, so ist der Vektor $\dfrac{y}{\|y\|_2}$ ein normierter Vektor.

Definitionen.   Zwei Vektoren x, y eines euklidischen Vektorraums V heißen (vgl. Abschnitt 5.7):

orthogonal,   wenn gilt: $\langle x, y \rangle = 0$,

orthonormal,   wenn gilt: $\langle x, y \rangle = 0$ und $\| x \|_2 = \| y \|_2 = 1$.

Der folgende Satz faßt einige wichtige Beziehungen, die das Skalarprodukt und die Vektornorm betreffen, zusammen.

Satz 4.5. *Sei V ein $\mathbb{R}$-Vektorraum und $x, y \in V$, dann gilt:*

a) $|\langle x, y \rangle| \leq \| x \|_2 \cdot \| y \|_2$ *(Cauchy-Schwarzsche Ungleichung),*

b) $\| x + y \|_2^2 = \| x \|_2^2 + \| y \|_2^2 + 2 \langle y, x \rangle$ *(Satz von Pythagoras),*

c) $\| x + y \|_2^2 + \| x - y \|_2^2 = 2 \| x \|_2^2 + 2 \| y \|_2^2$ *(Parallelogrammgleichung).*

4.6   Eine Auswahl ökonomischer Beispiele

Beispiel 4.1 (Lineare Unabhängigkeit). Es wird im folgenden das im Eingangsbeispiel des Kapitels beschriebene Modell zustandsbedingter Wertpapiere k aufgegriffen mit Auszahlungsvektoren $V^k = \left(V^k_s \right)_{1 \leq s \leq 3}$.

a) Unter Handlungsalternativen ist der Kauf (bzw. Leerverkauf) von λ_k Anteilen mit $\lambda_k \geq 0$ (bzw. $\lambda_k < 0$) eines Wertpapiers k zu verstehen. Stehen die beiden Wertpapiere $k = 1$ und $k = 2$ zur Verfügung, so resultiert bei Kauf (bzw. Leerverkauf) von λ_k Anteilen der Wertpapiere k gerade ein Portfolio mit zustandsbedingter Endauszahlung

$$\{\lambda_1 V^1 + \lambda_2 V^2 \mid \lambda_1, \lambda_2 \in \mathbb{R}\}.$$

Wie leicht zu sehen ist, sind V^1 und V^2 linear unabhängig: denn eine Nullauszahlung $V_s = 0$ im Zustand $s = 2$ erfordert $2\lambda_1 = -\lambda_2$, eine Nullauszahlung im Zustand $s = 3$ jedoch $14\lambda_1 = -6\lambda_2$, was $\lambda_1 = \lambda_2 = 0$ impliziert. Der Raum aller Endauszahlungen V ist damit der zweidimensionale Untervektorraum des $\mathbb{R}^3$:

$$U := \{\lambda_1 V^1 + \lambda_2 V^2 \mid \lambda_1, \lambda_2 \in \mathbb{R}\},$$

der trivialerweise die Eigenschaften [U1] – [U3] von Abschnitt 4.1 erfüllt.

b) Wird zusätzlich zu den ersten beiden Wertpapieren ein weiteres Wertpapier mit zustandsbedingter Endauszahlung V^0 angeboten, so erweitert dieses die Handlungsmöglichkeiten eines Anlegers nur dann, wenn die Vektoren V^0, V^1, V^2 linear unabhängig sind, also gilt: $V^0 \notin U$.

b1) Wie leicht zu sehen ist, lassen sich die Auszahlungsvektoren V^3 und V^4 der Wertpapiere $k = 3$ und $k = 4$ jeweils aus den ersten beiden Wertpapieren linear kombinieren:

$$V^3 \quad = \quad \tfrac{2}{12}\, V^1 + \tfrac{1}{12}\, V^2,$$

$$V^4 \quad = \quad -\tfrac{1}{3}\, V^1 + \tfrac{1}{3}\, V^2 \quad \text{(mit Leerverkauf von Wertpapier 1).}$$

Damit sind V^3 und V^4 im Untervektorraum U enthalten und sind keine Erweiterung von $\left\langle V^1, V^2 \right\rangle$, weshalb die Einführung der beiden Investmentpapiere als redundant bezeichnet wird.

b2) Ein contingent claim, für dessen Auszahlungsvektor $V^0 \notin U$ gilt, ist im vorliegenden Fall durch ein 'festverzinsliches Wertpapier' mit

$$V^0 \quad = \quad (1 + r) \cdot \begin{pmatrix} 100 \\ 100 \\ 100 \end{pmatrix}$$

gegeben, wobei $r > 0$ der Zinssatz ist. Für eine exakte Überprüfung der Eigenschaft $V^0 \notin U$ siehe Beispiel 5.1 in Abschnitt 5.8. In diesem Fall ist also

$$\left\langle V^0, V^1, V^2 \right\rangle \quad = \quad \mathbb{R}^3,$$

d.h. die genannten drei Finanzaktiva gestatten, durch geeignete Portfoliomischung jedes gewünschte Auszahlungsprofil $V^* \in \mathbb{R}^3$ darzustellen.

Das Wertpapiersystem $V = (V^0|V^1|V^2)$ heißt daher auch *vollständiges Wertpapiersystem* im $\mathbb{R}^3$.

Allgemein bestehe ein Wertpapiersystem V aus K Wertpapieren $(V^k)_{1 \le k \le K}$, wobei die V^k S-dimensionale Auszahlungsvektoren seien.

Das Wertpapiersystem V heißt *vollständig*, wenn $K \ge S$ und der Rang der Matrix $V = (V^0|\ldots|V^K)$ gleich S ist. Ist der Rang von V kleiner als S $(K < S)$, so wird das Wertpapiersystem V auch *unvollständig* genannt.

Mit anderen Worten: Das Wertpapiersystem $V = (V^0|\ldots|V^K)$ heißt genau dann vollständig, wenn sich jedes beliebige Auszahlungsprofil $V^* \in \mathbb{R}^S$ durch die Auszahlungsvektoren $V^0, \ldots, V^K$ linear kombinieren läßt.

Beispiel 4.2 (Lineare Unabhängigkeit). In Beispiel 4.1 wurden nur sogenannte *primäre Wertpapiere* V^k betrachtet. *Optionen* oder *sekundäre Wertpapiere* werden von den primären abgeleitet und werden *Calls* (Kaufoptionen) oder *Puts* (Verkaufoptionen) genannt. Formal gilt:

$$\text{Call:} \quad C(V^k, E) = \Big(\max(V_s^k - E, 0)\Big)_{1 \le s \le S} \ ,$$

$$\text{Put:} \quad P(V^k, E) = \Big(\max(E - V_s^k, 0)\Big)_{1 \le s \le S} \ ,$$

wobei der Wert E den Ausübungspreis angibt. Seien zwei primäre Wertpapiere V^1, V^2 wie folgt gegeben, so lassen sich auf ihnen beispielsweise Calls (jeweils mit dem Ausübungspreis $E = 1$) mit folgender Auszahlungsstruktur schreiben:

$$V^1 = \begin{pmatrix} 1 \\ 1 \\ 2 \\ 2 \end{pmatrix}, V^2 = \begin{pmatrix} 1 \\ 2 \\ 1 \\ 2 \end{pmatrix} \implies C(V^1, 1) = \begin{pmatrix} 0 \\ 0 \\ 1 \\ 1 \end{pmatrix}, C(V^2, 1) = \begin{pmatrix} 0 \\ 1 \\ 0 \\ 1 \end{pmatrix}.$$

Das Wertpapiersystem $V = \Big(V^1|V^2|C(V^1,1)|C(V^2,1)\Big)$ ist allerdings nicht vollständig, d.h. $\mathrm{rg}(V) < 4$, da wegen $V^1 - C(V^1,1) = V^2 - C(V^2,1))$ die Spaltenvektoren der Matrix V linear abhängig sind.

Von St. A. Ross stammt der folgende Satz: Lassen die Auszahlungsstrukturen der primären Wertpapiere $\Big(V_s^1 \ldots V_s^k \ldots V_s^K\Big)_{1 \le s \le S}$ jeden Zustand s eindeutig identifizieren, dann (und genau dann) gibt es ein Wertpapierportefeuille aus den K Wertpapieren, auf das Optionen zu schreiben den Markt vervollständigt.

Die Auszahlungsstrukturen jedes einzelnen Wertpapiers V^1 und V^2 lassen jeden Zustand s nicht eindeutig identifizieren, jedoch die Auszahlungsstruktur beider Wertpapiere zusammengenommen. Sei $V^3 := 2V^1 + V^2$ ein Wertpapierportefeuille, dann ist das Wertpapiersystem $W = \Big(V^3|C(V^3,1)|C(V^3,2)|C(V^3,3)\Big)$ vollständig, d.h. $\mathrm{rg}(W) = 4$.

5 Lineare Gleichungssysteme, Determinanten, Eigenwerte

Zwei ökonomische Anwendungen.

– In einem Wertpapiermarkt, in dem die Wertpapiere V^j eines vollständigen Wertpapiersystems V mit Preisen q_j bewertet seien, soll ein neues Wertpapier V^0 mit einem Preis q_0 eingeführt werden. Ist der Preis q_0 zu hoch, zu niedrig oder fair angesetzt? Eine Antwort läßt sich mit Hilfe der inversen Matrix V^{-1} oder mit Hilfe des *Gauß-Algorithmus* angeben (vgl. Beispiel 5.2 in Abschnitt 5.8).

– Die Verflechtungsstruktur eines Wirtschaftssystems sei in Tabellenform vorgegeben, wie im Eingangsbeispiel von Kapitel 3 erläutert. Es wird nun üblicherweise angenommen, daß jede Inputleistung x_{ij} von Sektor i an Sektor j in einem konstanten proportionalen Verhältnis a_{ij} zum Gesamtoutput von Sektor j steht:

$$x_{ij} = a_{ij} x_j.$$

Die Konstanten a_{ij} werden auch *technische Koeffizienten* und $A = (a_{ij})_{\substack{1 \le i \le m \\ 1 \le j \le n}}$ auch *Strukturmatrix* genannt.

Zu gegebenem Vektor der Gesamtausbringung $x = (x_i)_{1 \le i \le m}$ gibt der Vektor Ax gerade die an die endogenen Sektoren gelieferten Zwischenprodukte an, die von den endogenen Sektoren in der Produktion aufgebraucht werden. Daher stellt der Vektor

$$y = x - Ax$$

gerade diejenigen Gütermengen y_i dar, die im Sektor i für den Endverbrauch zur Verfügung stehen, wenn die Gesamtausbringungsmengen $(x_i)_{1 \le i \le m}$ betragen.

Folgende Fragen sind von Interesse (vgl. Beispiel 5.3 in Abschnitt 5.8):

- Unter welchen Umständen und wie kann umgekehrt von vorgegebenen sektoralen Endverbrauchen $(y_i)_{1 \le i \le m}$ auf die dafür benötigten Gesamtausbringungsmengen $(x_i)_{1 \le i \le m}$ geschlossen werden?

- Wie ist der Zusammenhang zwischen Endverbrauch und benötigten Primärfaktoren ("Resourcen") $(r_j)_{1 \le j \le n}$?

5.1 Lineare Gleichungssysteme

Definitionen. Sei A eine $(m \times n)$-Matrix, x ein Vektor aus dem $\mathbb{R}^n$, b ein Vektor aus dem $\mathbb{R}^m$ und $f : \mathbb{R}^n \longrightarrow \mathbb{R}^m$ eine lineare Abbildung, die durch die Matrixform

$$f(x) \;=\; A\,x \;=\; b$$

gegeben wird.

Sind die Matrix A und der Vektor b fest vorgegeben und der Vektor x unbekannt, so wird durch $A\,x = b$ ein **lineares Gleichungssystem** beschrieben, das aus den nachfolgenden m **linearen Gleichungen** besteht:

$$
\begin{array}{ccccccccc}
a_{11}x_1 & + & \ldots & + & a_{1j}x_j & + & \ldots & + & a_{1n}x_n & = & b_1 \\
\vdots & & & & \vdots & & & & \vdots & & \\
a_{i1}x_1 & + & \ldots & + & a_{ij}x_j & + & \ldots & + & a_{in}x_n & = & b_i \\
\vdots & & & & \vdots & & & & \vdots & & \\
a_{m1}x_1 & + & \ldots & + & a_{mj}x_j & + & \ldots & + & a_{mn}x_n & = & b_m & .
\end{array}
$$

Die Menge der Urbilder von b unter der linearen Abbildung f heißt **Lösungsmenge** des linearen Gleichungssystems:

$$\{x \mid A\,x \;=\; b\}.$$

Das Gleichungssystem heißt **homogen**, wenn $b = 0$, und **inhomogen**, wenn $b \neq 0$.

Bemerkung. In vektorieller Form lautet das System

$$
x_1 \begin{pmatrix} a_{11} \\ \vdots \\ a_{i1} \\ \vdots \\ a_{m1} \end{pmatrix} + \ldots + x_j \begin{pmatrix} a_{1j} \\ \vdots \\ a_{ij} \\ \vdots \\ a_{mj} \end{pmatrix} + \ldots + x_n \begin{pmatrix} a_{1n} \\ \vdots \\ a_{in} \\ \vdots \\ a_{mn} \end{pmatrix} = \begin{pmatrix} b_1 \\ \vdots \\ b_i \\ \vdots \\ b_m \end{pmatrix}.
$$

Zur Bestimmung der Lösungsmenge $\{x \mid A\,x = b\}$ eines linearen Gleichungssystems gibt es mehrere Verfahren. Ein Verfahren, welches sich auch als Grundlage für Computerprogramme eignet, ist der sogenannte *Gauß-Algorithmus* (oder das *Gaußsche Eliminationverfahren*):

Der Gauß-Algorithmus.   Der Gauß-Algorithmus überführt schrittweise ein lineares Gleichungssystem $A\,x = b$ in ein äquivalentes System, d.h. ein lineares Gleichungssystem, $A^{(p)}\,x = b^{(p)}$, mit identischer Lösungsmenge, welches aufgrund seiner 'besonderen Form' eine schnelle Bestimmung der Lösungsmenge zuläßt.

Hierzu wird zunächst eine $(m \times (n+1))$-Matrix $(A|b)$, die **erweiterte** Matrix, betrachtet, die sich aus der $(m \times n)$-Matrix A und dem Spaltenvektor $b \in \mathbb{R}^m$ des linearen Gleichungssystems $A\,x = b$ wie folgt zusammensetzt:

$$
(A|b) \;:=\; \left(\begin{array}{ccccc|c}
a_{11} & \cdots & a_{1j} & \cdots & a_{1n} & b_1 \\
\vdots & & \vdots & & \vdots & \vdots \\
a_{i1} & \cdots & a_{ij} & \cdots & a_{in} & b_i \\
\vdots & & \vdots & & \vdots & \vdots \\
a_{m1} & \cdots & a_{mj} & \cdots & a_{mn} & b_m
\end{array} \right) .
$$

1. Schritt:

a) Zuerst muß festgestellt werden, ob gilt: $a_{11} \neq 0$.

– Ist dies der Fall, so wird $(A|b) = (\overline{A}|\overline{b})$ gesetzt (für den Computer wäre $(\overline{A}|\overline{b})$ ein Zwischenspeicher) und es wird mit Teilschritt b) fortgefahren.

– Sonst muß unter den Komponenten des 1-ten Spaltenvektors von A ein $a_{k1} \neq 0$ gesucht werden. Die k-te Zeile der Matrix $(A|b)$ wird mit der 1-ten Zeile vertauscht und die resultierende Matrix wird mit $(\overline{A}|\overline{b})$ bezeichnet. Es wird mit Teilschritt b) fortgefahren.

– Existiert unter den Komponenten des 1-ten Spaltenvektors von A kein $a_{k1} \neq 0$, so wird Teilschritt a) mit dem nächsten j-ten Spaltenvektor von A wiederholt, welcher mindestens eine Komponente $a_{kj} \neq 0$ besitzt.

b) Gilt $\overline{A} = (\overline{a}_{ij})_{\substack{1 \leq i \leq m \\ 1 \leq j \leq n}}$ und $\overline{b} = (\overline{b}_1, \ldots, \overline{b}_i, \ldots, \overline{b}_m)^T$ und sei vorausgesetzt, daß $\overline{a}_{11} \neq 0$ ist, so wird für $2 \leq i \leq m$ das

$$
\frac{\overline{a}_{i1}}{\overline{a}_{11}}\text{-fache der 1-ten Zeile der Matrix } (\overline{A}|\overline{b})
$$

von der i-ten Zeile substrahiert. D.h. es werden elementare Zeilenumformungen vom Typ III und IV (vgl. Abschnitt 4.4) vorgenommen. Die resultierende Matrix wird mit $(A'|b')$ bezeichnet.

Der erste Schritt des Gauß-Algorithmus führt unter der Voraussetzung, daß unter den Komponenten des 1-ten Spaltenvektors von A mindestens ein $a_{i1} \neq 0$ existiert, zu einer $(m \times (n+1))$-Matrix der Form:

$$(A'|b') \quad := \quad \left(\begin{array}{cccccc|c} a'_{11} & a'_{12} & \cdots & a'_{1j} & \cdots & a'_{1n} & b'_1 \\ 0 & a'_{22} & \cdots & a'_{2j} & \cdots & a'_{2n} & b'_2 \\ \vdots & \vdots & & \vdots & & \vdots & \vdots \\ 0 & a'_{i2} & \cdots & a'_{ij} & \cdots & a'_{in} & b'_i \\ \vdots & \vdots & & \vdots & & \vdots & \vdots \\ 0 & a'_{m2} & \cdots & a'_{mj} & \cdots & a'_{mn} & b'_m \end{array} \right) .$$

Existiert jedoch unter den Komponenten der ersten $r-1$ Spaltenvektoren von A kein $a_{ij} \neq 0$, und wird Teilschritt b) analog durchgeführt, so resultiert eine $(m \times (n+1))$-Matrix der Form:

$$(A'|b') \quad := \quad \left(\begin{array}{cccccccc|c} 0 & \cdots & 0 & a'_{1r} & a'_{1(r+1)} & \cdots & a'_{1n} & b'_1 \\ 0 & \cdots & 0 & 0 & a'_{2(r+1)} & \cdots & a'_{2n} & b'_2 \\ \vdots & & \vdots & \vdots & \vdots & & \vdots & \vdots \\ 0 & \cdots & 0 & 0 & a'_{i(r+1)} & \cdots & a'_{in} & b'_i \\ \vdots & & \vdots & \vdots & \vdots & & \vdots & \vdots \\ 0 & \cdots & 0 & 0 & a'_{m(r+1)} & \cdots & a'_{mn} & b'_m \end{array} \right) .$$

2. Schritt: Im 2. Schritt wird mit der $((m-1) \times n)$-Matrix (bzw. $((m-1) \times (n-r+1))$-Matrix)

$$\left(\begin{array}{ccc|c} a'_{22} & \cdots & a'_{1n} & b'_2 \\ \vdots & & \vdots & \vdots \\ a'_{i2} & \cdots & a'_{in} & b'_i \\ \vdots & & \vdots & \vdots \\ a'_{m2} & \cdots & a'_{mn} & b'_m \end{array} \right) \quad \text{bzw.} \quad \left(\begin{array}{ccc|c} a'_{2(r+1)} & \cdots & a'_{1n} & b'_2 \\ \vdots & & \vdots & \vdots \\ a'_{i(r+1)} & \cdots & a'_{in} & b'_i \\ \vdots & & \vdots & \vdots \\ a'_{m(r+1)} & \cdots & a'_{mn} & b'_m \end{array} \right)$$

genauso verfahren, wie im 1. Schritt mit der $(m \times (n+1))$-Matrix $(A|b)$ verfahren wurde.

Alle Komponeneten der Matrix $(A'|b')$, welche bisher in Schritt 2 nicht berücksichtigt wurden, d.h. der Zeilenvektor $(a'_{11}, a'_{12}, \ldots, a'_{1j}, \ldots, a'_{1n})$ und die Nullkomponenten der 1-ten Spalte (bzw. der ersten r Spalten), werden mit denselben Indizes in die insgesamt resultierende $(m \times (n+1))$-Matrix $(A''|b'')$ übernommen.

i-ter Schritt: Im i-ten Schritt wird analog verfahren wie in Schritt 2 .

Nach $p \leq \min(m, n)$ Schritten resultiert die $(m \times (n + 1))$-Matrix $(A^{(p)}|b^{(p)})$, welche **Matrix in Zeilenstufenform** genannt wird.

Für $p = 4, m = 7, n = 9$ wird ein Beispiel für eine Matrix in Zeilenstufenform gegeben:

$$\begin{pmatrix} 0 & P & * & * & * & * & * & * & * & * \\ 0 & 0 & 0 & 0 & P & * & * & * & * & * \\ 0 & 0 & 0 & 0 & 0 & P & * & * & * & * \\ 0 & 0 & 0 & 0 & 0 & 0 & P & * & * & * \\ 0 & 0 & 0 & 0 & 0 & 0 & 0 & 0 & 0 & 0 \\ 0 & 0 & 0 & 0 & 0 & 0 & 0 & 0 & 0 & 0 \\ 0 & 0 & 0 & 0 & 0 & 0 & 0 & 0 & 0 & 0 \end{pmatrix}$$

Die **Pivots** P kennzeichnen die ersten Komponenten jeder Zeile, welche nicht gleich Null sind. Für die Komponenten, die mit '$*$' bezeichnet werden, werden keine Voraussetzungen gemacht.

Bemerkung.   *Jede* $(m \times (n + 1))$-*Matrix* $(A|b)$ kann durch endlich viele elementare Zeilenumformungen vom Typ III und IV (vgl. Abschnitt 4.4) in eine $(m \times (n + 1))$-Matrix $(A^{(p)}|b^{(p)})$ von Zeilenstufenform übergeführt werden. Im Fall einer quadratischen $(n \times n)$-Matrix A mit rg$(A) = n$ ist $A^{(p)}$ gerade eine obere Dreiecksmatrix.

Die Frage bleibt offen, ob und wieviele Elemente die Lösungsmenge eines linearen Gleichungssystems $A x = b$ besitzt. Hierauf gibt Abschnitt 5.2 eine Antwort.

5.2   Gauß-Algorithmus, Bestimmung von Rang und Basis

Der Gauß-Algorithmus kann nicht nur dazu verwendet werden, die Lösungsmenge eines Gleichungssystems zu errechnen, sondern auch dazu, den Rang einer Matrix oder eine Basis eines Vektorraums zu bestimmen. Mit Hilfe von Satz 4.2 gilt zunächst:

Satz 5.1. *Wird eine $(m \times n)$-Matrix A durch endlich viele elementare Zeilenumformungen in eine $(m \times n)$-Matrix in Zeilenstufenform C mit $C = (c_{ij})_{\substack{1 \leq i \leq m \\ 1 \leq j \leq n}}$ überführt,*

dann bilden diejenigen r Zeilenvektoren $\big((c_{11}, \ldots, c_{1n}), \ldots, (c_{r1}, \ldots, c_{rn})\big)$, welche von Null verschieden sind (d.h. sie besitzen ein Pivot), eine Basis des Zeilenraumes $ZR(C)$, wobei ferner gilt:

- *diese Zeilenvektoren bilden eine Basis des von den Zeilenvektoren der Matrix A aufgespannten Raumes $\big\langle (a_{11}, \ldots, a_{1n}), \ldots, (a_{m1}, \ldots, a_{mn}) \big\rangle$.*

- *$rg(A) = rg(C) = r$.*

Bemerkung. Satz 5.1 kann dazu angewendet werden, Basen des Zeilenraums $ZR(C) = ZR(A)$ als Untervektorraum des $\mathbb{R}^n$ bzw. Basen eines r-dimensionalen Untervektorraumes des $\mathbb{R}^n$ mit $r = rg(A)$ zu bilden. Insbesondere lassen sich also unter den Zeilenvektoren von A r unabhängige Vektoren des $\mathbb{R}^n$ finden, die $ZR(C)$ bzw. einen r-dimensionalen Untervektorraum des $\mathbb{R}^n$ aufspannen. Analog gelten die Aussagen das Satzes 5.1 und dieser Bemerkung auch für Spaltenvektoren. Sei beispielsweise eine (5×7)-Matrix A gegeben. Mit Hilfe des Gauß-Algorithmus kann A in eine Matrix C umgeformt werden, welche folgende Form hat:

$$C = \begin{pmatrix} c_{11} & c_{12} & c_{13} & c_{14} & c_{15} & c_{16} & c_{17} \\ 0 & 0 & c_{23} & c_{24} & c_{25} & c_{26} & c_{27} \\ 0 & 0 & 0 & 0 & 0 & 0 & 0 \\ 0 & 0 & 0 & 0 & c_{45} & c_{46} & c_{47} \\ 0 & 0 & 0 & 0 & 0 & 0 & 0 \end{pmatrix}.$$

Die Zeilenvektoren $(c_{11}, \ldots, c_{17})$, $(0, 0, c_{23}, \ldots, c_{27})$ und $(0, 0, 0, 0, c_{45}, \ldots, c_{47})$ bilden eine Basis des Zeilenraumes $ZR(C) = ZR(A)$ und eines 3-dimensionalen Untervektorraumes des $\mathbb{R}^7$.

Die Spaltenvektoren $\begin{pmatrix} c_{11} \\ 0 \\ 0 \\ 0 \\ 0 \end{pmatrix}$, $\begin{pmatrix} c_{13} \\ c_{23} \\ 0 \\ 0 \\ 0 \end{pmatrix}$ und $\begin{pmatrix} c_{15} \\ c_{25} \\ 0 \\ c_{45} \\ 0 \end{pmatrix}$ bilden eine Basis des Spaltenraumes $SR(C) = SR(A)$ und eines 3-dimensionalen Untervektorraumes des $\mathbb{R}^5$.

Rückschließend auf die Ausgangsmatrix A gilt dann analog:

Der 1-te, 2-te und 4-te Zeilenvektor von A bilden eine Basis des Zeilenraumes $\mathrm{ZR}(C) = \mathrm{ZR}(A)$ und eines 3-dimensionalen Untervektorraumes des $\mathbb{R}^7$.

Der 1-te, 3-te und 5-te Spaltenvektor von A bilden eine Basis des Spaltenraumes $\mathrm{SR}(C) = \mathrm{SR}(A)$ und eines 3-dimensionalen Untervektorraumes des $\mathbb{R}^5$.

Im folgenden wird davon ausgegangen, daß A und C $(m \times n)$-Matrizen sind, b und $\bar{b}$ Spaltenvektoren aus dem $\mathbb{R}^m$ sind und x ein Spaltenvektor aus dem $\mathbb{R}^n$ ist. Dabei sei die Matrix $C|\bar{b}$ in Zeilenstufenform durch endlich viele elementare Zeilenumformungen aus der erweiterten Matrix $A|b$ hervorgegangen.

Lösungsmengen   eines linearen Gleichungssystems.

Satz 5.2. *Die Lösungsmenge eines linearen Gleichungssystems* $A\,x = b$ *ist genau dann nichtleer (d.h. es gibt mindestens eine Lösung), wenn gilt:*

$$rg(A) \;=\; rg(A|b).$$

Es können drei Fälle auftreten:

– **eindeutige Lösung:**   Das lineare Gleichungssystem $A\,x = b$ ist genau dann eindeutig lösbar, wenn gilt:

$$\mathrm{rg}(A) \;=\; \mathrm{rg}(A|b) \;=\; n.$$

Im Fall eines homogenen linearen Gleichungssystems, d.h. $A\,x = 0$, ist $x = 0$ die einzige Lösung und wird **triviale Lösung** genannt.

Ist $m = n$ und C eine $(n \times n)$-Matrix in Zeilenstufenform mit $c_{ii} \neq O$ für alle $1 \leq i \leq n$, dann besitzt das zugehörige Gleichungssystem

$$
\begin{aligned}
c_{11}x_1 \;+\; \dots \;+\; c_{1i}x_i \;+\; \dots \;+\; c_{1n}x_n &= \bar{b}_1 \\
&\;\;\vdots \\
c_{ii}x_i \;+\; \dots \;+\; c_{in}x_n &= \bar{b}_i \\
&\;\;\vdots \\
c_{nn}x_n &= \bar{b}_n
\end{aligned}
$$

eine eindeutige Lösung, die sich durch rekursive Berechnung ergibt:

$$x_n = \frac{\overline{b}_n}{c_{nn}}$$

$$x_{n-1} = \frac{\overline{b}_{n-1} - c_{(n-1)n}\, x_n}{c_{(n-1)(n-1)}}$$

$$\vdots \qquad \vdots$$

$$x_i = \frac{\overline{b}_i - \sum_{k=i+1}^{n} c_{ik}\, x_k}{c_{ii}}$$

$$\vdots \qquad \vdots$$

$$x_1 = \frac{\overline{b}_1 - \sum_{k=2}^{n} c_{1k}\, x_k}{c_{11}},$$

– mehr als eine Lösung: Kann die erweiterte Matrix $A|b$ in eine zeilenstufenförmige Matrix $C|\overline{b}$ umgeformt werden, wobei nur die ersten r Zeilen der Matrix C Pivots besitzen und die Komponenten der restlichen $m - r$ Zeilen gleich Null sind, dann ist

$$\mathrm{rg}(A) = r.$$

Gilt zusätzlich

$$\overline{b}_{r+1} = \overline{b}_m = 0,$$

so folgt aufgrund von $\mathrm{rg}(A|b) = \mathrm{rg}(C|\overline{b})$ (vgl. Satz 5.1)

$$\mathrm{rg}(A) = \mathrm{rg}(A|b) = r,$$

was bedeutet, daß das lineare Gleichungssystem $A\,x = b$ mindestens eine Lösung besitzt. Im folgenden wird hierzu ein Beipiel betrachtet:

$$
\begin{aligned}
c_{11}x_1 + \ldots + c_{1r}x_r + c_{1(r+1)}x_{r+1} + \ldots + c_{1n}x_n &= \overline{b}_1 \\
\vdots \qquad\qquad \vdots \qquad\qquad \vdots \qquad\qquad \vdots \\
c_{rr}x_r + c_{r(r+1)}x_{r+1} + \ldots + c_{rn}x_n &= \overline{b}_r \\
0 \cdot x_{r+1} + \ldots + 0 \cdot x_n &= 0 \\
\vdots \qquad\qquad \vdots \qquad\qquad \vdots \\
0 \cdot x_{r+1} + \ldots + 0 \cdot x_n &= 0.
\end{aligned}
$$

Hier sind die Komponenten $x_{r+1}, \ldots, x_n$ **frei wählbar**, während die Komponenten $x_1, \ldots, x_r$ analog dem Fall der eindeutigen Lösung durch Rückeinsetzen berechnet werden können, wenn die Werte für die frei wählbaren Komponenten vorgegeben sind. Insgesamt ergibt sich eine Lösungsmenge mit unendlich vielen Elementen:

$$
U = \left\{ \begin{pmatrix} x_1 \\ \vdots \\ x_r \\ x_{r+1} \\ \vdots \\ x_n \end{pmatrix} \in \mathbb{R}^n \;\middle|\; x_{r+1}, \ldots, x_n \text{ frei wählbar} \right\} \subset \mathbb{R}^{n-r-1},
$$

U ist allerdings *nur* im Fall $b = \bar{b} = 0$ ein Untervektorraum mit

$$
\dim U = n - \mathrm{rg}(A) = n - r.
$$

Im Fall $b = \bar{b} \neq 0$ wird U **affiner Untervektorraum** genannt und ist kein Untervektorraum, da U kein neutrales Element enthält und damit [V4] nicht gültig ist.

– keine Lösungen: Das lineare Gleichungssystem $A\,x = b$ besitzt genau dann keine Lösung, wenn gilt:

$$
\mathrm{rg}(A) < \mathrm{rg}(A|b).
$$

Die Nichtexistenz einer Lösung für diesen Fall sei anhand eines Beispiels verdeutlicht: Der Fall $\mathrm{rg}(A) < \mathrm{rg}(A|b)$ ist etwa dann erfüllt, wenn nach endlich vielen elementaren Zeilenumformungen ein Gleichungssystem

$$
\begin{aligned}
c_{11}x_1 + \ldots + c_{1r}x_r + c_{1(r+1)}x_{r+1} + \ldots + c_{1n}x_n &= \bar{b}_1 \\
&\;\;\vdots \\
c_{rr}x_r + c_{r(r+1)}x_{r+1} + \ldots + c_{rn}x_n &= \bar{b}_r \\
0 \cdot x_{r+1} + \ldots + 0 \cdot x_n &= \bar{b}_{r+1} \\
0 \cdot x_{r+1} + \ldots + 0 \cdot x_n &= 0 \\
&\;\;\vdots \\
0 \cdot x_{r+1} + \ldots + 0 \cdot x_n &= 0.
\end{aligned}
$$

mit $\bar{b}_1, \ldots, \bar{b}_{r+1} \neq 0$ resultiert. Dieses lineare Gleichungssystem, und damit das Ausgangssystem $A\,x = b$, besitzt aber keine Lösung x, da andernfalls gelten müßte:

$$
0 \cdot x_{r+1} + \ldots + 0 \cdot x_n = \bar{b}_{r+1} \neq 0,
$$

was einen Widerspruch ergibt.

5.3   Determinanten

Die Abbildung det ordnet jeder $(n \times n)$-Matrix A eine reellen Zahl zu, welche die Determinante von A genannt wird und einige nützliche Informationen über A liefert. Die folgende axiomatische Definition der Determinante geht auf K. Weierstraß (1815 - 1897) zurück. In der Literatur werden auch andere Definitionen verwendet, die allerdings alle zu dieser äquivalent sind.

Definition.   Eine Abbildung
$$\det: \quad M(n \times n) \quad \longrightarrow \quad \mathbb{R}$$
$$A \quad \longmapsto \quad \det(A) \;\; \text{oder} \;\; \det A$$
heißt **Determinante**, falls die Abbildung folgende Eigenschaften besitzt:

[D1]   Die Abbildung det ist *linear in jeder Zeile*, d.h.

a) Für $a_i = a_i' + a_i''$ und $1 \leq i \leq n$ gilt:

$$\det \begin{pmatrix} \vdots & & \vdots \\ a_{(i-1)1} & \cdots & a_{(i-1)n} \\ a_{i1} & \cdots & a_{in} \\ a_{(i+1)1} & \cdots & a_{(i+1)n} \\ \vdots & & \vdots \end{pmatrix}$$

$$= \det \begin{pmatrix} \vdots & & \vdots \\ a_{(i-1)1} & \cdots & a_{(i-1)n} \\ a_{i1}' & \cdots & a_{in}' \\ a_{(i+1)1} & \cdots & a_{(i+1)n} \\ \vdots & & \vdots \end{pmatrix} + \det \begin{pmatrix} \vdots & & \vdots \\ a_{(i-1)1} & \cdots & a_{(i-1)n} \\ a_{i1}'' & \cdots & a_{in}'' \\ a_{(i+1)1} & \cdots & a_{(i+1)n} \\ \vdots & & \vdots \end{pmatrix}.$$

b) Für $a_i = \lambda\, a_i'$ und $1 \le i \le n$ gilt:

$$
\det
\begin{pmatrix}
\vdots & & \vdots \\
a_{(i-1)1} & \cdots & a_{(i-1)n} \\
a_{i1} & \cdots & a_{in} \\
a_{(i+1)1} & \cdots & a_{(i+1)n} \\
\vdots & & \vdots
\end{pmatrix}
= \lambda \det
\begin{pmatrix}
\vdots & & \vdots \\
a_{(i-1)1} & \cdots & a_{(i-1)n} \\
a_{i1}' & \cdots & a_{in}' \\
a_{(i+1)1} & \cdots & a_{(i+1)n} \\
\vdots & & \vdots
\end{pmatrix}.
$$

[D2] Die Abbildung det ist *alternierend*, d.h.
wenn zwei Zeilenvektoren der Matrix A identisch sind, gilt:

$$\det A \;=\; 0.$$

[D3] Die Abbildung det ist *normiert*, d.h. es gilt:

$$\det E_n \;=\; 1.$$

Schreibweise.   Statt $\det A$ wird oft kurz $|A|$ geschrieben, und es wird dann auch folgende Bezeichnung verwendet:

$$
\det
\begin{pmatrix}
a_{11} & \cdots & a_{1n} \\
\vdots & & \vdots \\
a_{n1} & \cdots & a_{nn}
\end{pmatrix}
=
\begin{vmatrix}
a_{11} & \cdots & a_{1n} \\
\vdots & & \vdots \\
a_{n1} & \cdots & a_{nn}
\end{vmatrix}.
$$

Weitere Eigenschaften.   Aus den grundlegenden Eigenschaften [D1], [D2] und [D3] können für eine $(n \times n)$-Matrix A weitere Eigenschaften hergeleitet werden.

[D4] Es gilt:

$$\det(\lambda \cdot A) \;=\; \lambda^n \cdot \det A \quad \text{für alle } \lambda \in \mathbb{R}.$$

[D5] Gilt für mindestens einen Zeilenvektor: $a_{i1}, \ldots, a_{in} = 0$, dann folgt:

$$\det A \;=\; 0.$$

[D6] Entsteht eine $(n \times n)$-Matrix $\overline{A}$ aus A durch eine elementare Zeilenumformung vom Typ IV (Vertauschen der k-ten Zeile mit der i-ten Zeile), dann unterscheiden sich die Determinanten der beiden Matrizen nur durch ihr Vorzeichen, d.h. es gilt:

$$\det \overline{A} \;=\; -\det A \quad \text{oder genauer:}$$

$$\det \begin{pmatrix} & \vdots & & \vdots & \\ a_{i1} & \cdots & a_{in} \\ & \vdots & & \vdots & \\ a_{k1} & \cdots & a_{kn} \\ & \vdots & & \vdots & \end{pmatrix} = -\det \begin{pmatrix} & \vdots & & \vdots & \\ a_{k1} & \cdots & a_{kn} \\ & \vdots & & \vdots & \\ a_{i1} & \cdots & a_{in} \\ & \vdots & & \vdots & \end{pmatrix}.$$

[D7] Ist $\lambda \in \mathbb{R}$ und entsteht eine $(n \times n)$-Matrix $\overline{A}$ aus A durch eine elementare Zeilenumformung vom Typ III (Addition der λ-fachen k-ten Zeile zur i-ten Zeile, wobei $i \neq k$), dann gilt:

$\det \overline{A} = \det A$ oder genauer:

$$\det \begin{pmatrix} & \vdots & & \vdots & \\ a_{i1} + \lambda\,a_{k1} & \cdots & a_{in} + \lambda\,a_{kn} \\ & \vdots & & \vdots & \\ a_{k1} & \cdots & a_{kn} \\ & \vdots & & \vdots & \end{pmatrix} = \det \begin{pmatrix} & \vdots & & \vdots & \\ a_{i1} & \cdots & a_{in} \\ & \vdots & & \vdots & \\ a_{k1} & \cdots & a_{kn} \\ & \vdots & & \vdots & \end{pmatrix}.$$

[D8] Die $(n \times n)$-Matrix D sei eine obere Dreiecksmatrix bzw. Diagonalmatrix mit den Komponenten $d_{11}, \ldots, d_{nn}$ der Hauptdiagonalen. Dann gilt

$\det D = d_{11} \cdot \ldots \cdot d_{nn}.$

[D9] Die Zeilenvektoren von A sind genau dann linear abhängig, wenn gilt:

$\det A = 0.$

[D10] A ist genau dann invertierbar, wenn gilt:

$\det A \neq 0.$

[D11] Ist B eine $(n \times n)$-Matrix, dann gilt der *Determinantenmultiplikationssatz*:

$\det(A\,B) = (\det A) \cdot (\det B).$

Ist A invertierbar, so folgt hieraus:

$\det A^{-1} = \dfrac{1}{\det A}.$

[D12] Es gilt:

$$\det A^T = \det A.$$

[D13] Im Allgemeinen gilt nicht:

$$\det(A + B) = \det A + \det B.$$

[D14] Sind A, B, C und D $(n \times n)$-Matrizen mit

$$A = \begin{pmatrix} a_{11} & \cdots & a_{1n} \\ \vdots & & \vdots \\ a_{m1} & \cdots & a_{mn} \end{pmatrix}, \quad B = \begin{pmatrix} a_{1(n+1)} & \cdots & a_{1(n+n)} \\ \vdots & & \vdots \\ a_{m(n+1)} & \cdots & a_{m(n+n)} \end{pmatrix},$$

$$C = \begin{pmatrix} a_{(m+1)1} & \cdots & a_{(m+1)n} \\ \vdots & & \vdots \\ a_{(m+m)1} & \cdots & a_{(m+m)n} \end{pmatrix}, \quad D = \begin{pmatrix} a_{(m+1)(n+1)} & \cdots & a_{(m+1)(n+n)} \\ \vdots & & \vdots \\ a_{(m+m)(n+1)} & \cdots & a_{(m+m)(n+n)} \end{pmatrix}$$

und A invertierbar, dann gilt:

$$\det \begin{pmatrix} A & B \\ C & D \end{pmatrix} = \det A \cdot \det(D - C\,A^{-1}\,B).$$

5.4   Berechnung von Determinanten

Die Berechnung von Determinanten kann auf verschiedene Weise geschehen. Der Aufwand kann jedoch für Matrizen mit hoher Zeilen- und Spaltenzahl teilweise sehr groß sein.

Für $(n \times n)$-Matrizen mit $n \leq 3$ gilt:

$n = 1:$ $\det(a_{11}) = a_{11},$

$n = 2:$ $\det \begin{pmatrix} a_{11} & a_{12} \\ a_{21} & a_{22} \end{pmatrix} = a_{11}\,a_{22} - a_{12}\,a_{21},$

$$n = 3: \quad \det \begin{pmatrix} a_{11} & a_{12} & a_{13} \\ a_{21} & a_{22} & a_{23} \\ a_{31} & a_{32} & a_{33} \end{pmatrix}$$

$$\begin{aligned} = \quad & a_{11}\,a_{22}\,a_{33} \;+\; a_{12}\,a_{23}\,a_{31} \;+\; a_{13}\,a_{21}\,a_{32} \\ - \; & a_{11}\,a_{23}\,a_{32} \;-\; a_{12}\,a_{21}\,a_{33} \;-\; a_{13}\,a_{22}\,a_{31} \quad . \end{aligned}$$

Die obige Determinante einer (3×3)-Matrix kann leicht mit der *Regel von Sarrus* berechnet werden. Die 1-te und 2-te Spalte der Matrix wird rechts in dieser Reihenfolge neben die Matrix geschrieben.

Dann werden die Produkte der drei Komponenten der Hauptdiagonalen und ihrer beiden Parallelen miteinander addiert und die Produkte der drei Komponenten der Nebendiagonalen und ihrer beiden Parallelen davon substrahiert.

Die Berechung größerer Determinanten kann mit dem Gauß-Algorithmus erfolgen. Wird eine $(n \times n)$-Matrix in eine obere Dreiecksmatrix D umgeformt und treten bereits während der Umformung Zeilen auf, die nur Nullen als Komponenten besitzen, so kann nach [D5] sofort geschlossen werden, daß gilt: $\det A = 0$. Damit ist A wegen [D10] nicht invertierbar.
Da keine Zeilenvertauschungen (vgl. [D6]), sondern nur Zeilenumformungen vom Typ IV vorgenommen werden müssen, gilt wegen [D7] und [D8] für invertierbare Matrizen:

$$\det A \;=\; \det D \;=\; d_{11} \cdot \ldots \cdot d_{nn}.$$

Definition.   Sei A eine $(n \times n)$-Matrix.   Mit A_{ij} wird   die $((n-1) \times (n-1))$-Matrix bezeichnet, welche durch Streichen der i-ten Zeile und

j-ten Spalte aus A entsteht.

$$A_{ij} := \begin{pmatrix} a_{11} & \cdots & a_{1(j-1)} & a_{1j} & a_{1(j+1)} & \cdots & a_{1n} \\ \vdots & & \vdots & \vdots & \vdots & & \vdots \\ a_{(i-1)1} & \cdots & a_{(i-1)(j-1)} & a_{(i-1)j} & a_{(i-1)(j+1)} & \cdots & a_{(i-1)n} \\ a_{\overline{i1}} & \cdots & a_{\overline{i(j-1)}} & a_{\overline{ij}} & a_{\overline{i(j+1)}} & \cdots & a_{\overline{in}} \\ a_{(i+1)1} & \cdots & a_{(i+1)(j-1)} & a_{(i+1)j} & a_{(i+1)(j+1)} & \cdots & a_{(i+1)n} \\ \vdots & & \vdots & \vdots & \vdots & & \vdots \\ a_{n1} & \cdots & a_{n(j-1)} & a_{nj} & a_{n(j+1)} & \cdots & a_{nn} \end{pmatrix}.$$

A_{ij} heißt **Streichungsmatrix** und det A_{ij} heißt $(n-1)$-**reihige Unterdeterminante** von A.

Eine weitere Methode zur Berechnung von Determinanten stellt der *Entwicklungssatz von Laplace* dar.

Satz 5.3 (Entwicklungssatz von Laplace). *Ist A eine $(n \times n)$-Matrix mit $n \geq 2$, so kann die Determinante
entweder nach der Methode 'Entwicklung nach der i-ten Zeile':*

$$\det A \ = \ \sum_{j=1}^{n} (-1)^{i+j} \cdot a_{ij} \cdot \det A_{ij}$$

oder nach der Methode 'Entwicklung nach der j-ten Spalte':

$$\det A \ = \ \sum_{i=1}^{n} (-1)^{i+j} \cdot a_{ij} \cdot \det A_{ij}$$

berechnet werden.

Die Determinanten der Streichungsmatrizen A_{ij} können dann erneut mit Hilfe des Entwicklungssatzes berechnet werden.

Am häufigsten wird nach der 1-ten Spalte entwickelt:

$$\det A \ = \ a_{11} \cdot \det A_{11} - a_{21} \cdot \det A_{21} \pm \ \ldots \ + (-1)^{n+1} \cdot a_{n1} \cdot \det A_{n1}.$$

Folgende Tabelle zeigt, mit welchem Vorzeichen $(-1)^{i+j}$ die einzelnen Komponenten a_{ij} der (7×7)-Matrix A multipliziert werden müssen, wenn Satz 5.3 angewendet wird. Es ergibt sich ein *Schachbrettmuster*.

		Spalte						
		1	2	3	4	5	6	7
	1	$+$	$-$	$+$	$-$	$+$	$-$	$+$
	2	$-$	$+$	$-$	$+$	$-$	$+$	$-$
	3	$+$	$-$	$+$	$-$	$+$	$-$	$+$
Zeile	4	$-$	$+$	$-$	$+$	$-$	$+$	$-$
	5	$+$	$-$	$+$	$-$	$+$	$-$	$+$
	6	$-$	$+$	$-$	$+$	$-$	$+$	$-$
	7	$+$	$-$	$+$	$-$	$+$	$-$	$+$

5.5 Berechnung von inversen Matrizen und Cramersche Regel

Eine Methode, die Inverse einer $(n \times n)$-Matrix A zu berechnen, wird durch den Gauß-Algorithmus gegeben. Denn existiert eine Matrix X mit $A \cdot X = E_n$, so ist X die Inverse A^{-1}.

Für den Fall $n = 2$ wird beispielsweise die Inverse wie folgt berechnet. Aus

$$\begin{pmatrix} a_{11} & a_{12} \\ a_{21} & a_{22} \end{pmatrix} \cdot \begin{pmatrix} x_{11} & x_{12} \\ x_{21} & x_{22} \end{pmatrix} = \begin{pmatrix} 1 & 0 \\ 0 & 1 \end{pmatrix}$$

ergibt sich das lineares Gleichungssystem

$$
\begin{array}{rcl}
a_{11}\,x_{11} + a_{12}\,x_{21} & = & 1 \\
a_{11}\,x_{12} + a_{12}\,x_{22} & = & 0 \\
a_{21}\,x_{11} + a_{22}\,x_{21} & = & 0 \\
a_{21}\,x_{12} + a_{22}\,x_{22} & = & 1,
\end{array}
$$

welches bei Invertierbarkeit von A genau eine Lösung $(x_{11}, x_{12}, x_{21}, x_{22})$, die Inverse, besitzt.

Eine weitere Methode zur Berechnung der inversen Matrix erfolgt mit Hilfe der sogenannten adjungierten Matrix.

Definition.   Die **adjungierte Matrix** oder **Adjungierte** adj(A) hat die folgende Form:

$$\text{adj}(A) \;=\; \left((-1)^{i+j} \det A_{ij}\right)^T_{\substack{1\le i\le n \\ 1\le j\le n}}$$

$$= \begin{pmatrix} \det A_{11} & -\det A_{12} & \ldots & (-1)^{1+n}\det A_{1n} \\ -\det A_{21} & \det A_{22} & \ldots & (-1)^{2+n}\det A_{2n} \\ \vdots & \vdots & & \vdots \\ (-1)^{n+1}\det A_{n1} & (-1)^{n+2}\det A_{n2} & \ldots & (-1)^{n+n}\det A_{nn} \end{pmatrix}^T.$$

Die Vorzeichen der Komponenten adjungierten Matrix bilden also ein Schachbrettmuster.

Ist $\det A \neq 0$, so ergibt sich hieraus eine weitere Methode, die Inverse A^{-1} zu berechnen:

$$A^{-1} \;=\; \frac{1}{\det A} \cdot \text{adj}(A).$$

Cramersche Regel.   Die Lösung von linearen Gleichungssystemen ist Gegenstand der Abschnitte 5.1 und 5.2. Sei $A\,x = b$ ein spezielles lineares Gleichungssystem mit einer invertierbaren $(n \times n)$-Matrix A und Vektoren $x, b \in \mathbb{R}^n$. Dann gilt auch: $\text{rg}(A) = \text{rg}(A|b) = n$,   weshalb die Lösungsmenge

$$x \;=\; A^{-1} b$$

eindeutig ist. Der Vektor x kann mit Hilfe der sogenannten Cramerschen Regel wie folgt bestimmt werden.

Bezeichnen $a^1, \ldots, a^j, \ldots, a^n$ die Spaltenvektoren von A, so folgt dann für die j-te Komponente des Vektors x als Cramersche Regel:

$$x_j = \frac{\det(\ a^1 \mid \ldots \mid a^{j-1} \mid b \mid a^{j+1} \mid \ldots \mid a^n\ )}{\det A}.$$

Eine Anwendung der Cramerschen Regel liefert in Abschnitt 11.3 die *komparative Statik* (vgl. Bemerkung nach Satz 11.5 und auch Beispiel 11.3 in Abschnitt 11.4).

Beispiel: Unter Nutzung der oben angeführten Verfahren lassen sich die Inversen kleiner Matrizen A der Form $(n \times n)$ wie folgt bestimmen. Die Determinante der jeweiligen Matrix wird dabei mit Hilfe der in Abschnitt 5.4 gegebenen Formeln berechnet.

n	Inverse Matrix A^{-1}
1	a^{-1}
2	$(\det A)^{-1} \cdot \begin{pmatrix} +a_{22} & -a_{21} \\ -a_{12} & +a_{11} \end{pmatrix}^T$ $= (\det A)^{-1} \cdot \begin{pmatrix} a_{22} & -a_{12} \\ -a_{21} & a_{11} \end{pmatrix}$
3	$(\det A)^{-1} \cdot \begin{pmatrix} +\det A_{11} & -\det A_{12} & +\det A_{13} \\ -\det A_{21} & +\det A_{22} & -\det A_{23} \\ +\det A_{31} & -\det A_{32} & +\det A_{33} \end{pmatrix}^T$ $= (\det A)^{-1} \cdot \begin{pmatrix} a_{22}a_{33}-a_{32}a_{23} & a_{32}a_{13}-a_{12}a_{33} & a_{12}a_{23}-a_{22}a_{13} \\ a_{31}a_{23}-a_{21}a_{33} & a_{11}a_{33}-a_{31}a_{13} & a_{21}a_{13}-a_{11}a_{23} \\ a_{21}a_{32}-a_{31}a_{22} & a_{31}a_{12}-a_{11}a_{32} & a_{11}a_{22}-a_{21}a_{12} \end{pmatrix}$

5.6　Quadratische Formen

Die quadratische Form ist eine Abbildung, die bei Vorliegen einer symmetrischen $(n \times n)$-Matrix A einem Vektor $x \in \mathbb{R}^n$ eine reellen Zahl zuordnet.

Definitionen. Sei A eine symmetrische $(n \times n)$-Matrix. Eine Abbildung

$$f: \quad R^n \longrightarrow \mathbb{R}$$

$$x \longmapsto x^T A x = \sum_{i=1}^{n} \sum_{j=1}^{n} x_i \, a_{ij} \, x_j$$

heißt **quadratische Form** in x mit *Formatmatrix A*.

Eine symmetrische Matrix A heißt		
positiv definit,	wenn $x^T A x > 0$	für alle $x \neq 0$
positiv semidefinit,	wenn $x^T A x \geq 0$	für alle $x \neq 0$
negativ definit,	wenn $x^T A x < 0$	für alle $x \neq 0$
negativ semidefinit,	wenn $x^T A x \leq 0$	für alle $x \neq 0$
indefinit,	wenn sowohl $v^T A v < 0$	für mindestens ein $v \neq 0$
	als auch $w^T A w > 0$	für mindestens ein $w \neq 0$

Bemerkung. Eine Matrix A ist genau dann negativ (semi-)definit, wenn $-A$ positiv (semi-)definit ist (vgl. auch Satz 5.8 und Satz 5.9).

Eine wichtige Anwendung der positiven (bzw. negativen) (Semi-)Definitheit findet sich in den Abschnitten 12.1 und 12.5 im Zusammenhang mit der Hesse-Matrix. Folgende Eigenschaften werden dort ebenfalls benötigt.

Definition. Die Determinanten der n Untermatrizen einer $(n \times n)$-Matrix A

$$\det A_1 := |a_{11}|, \quad \det A_2 := \begin{vmatrix} a_{11} & a_{12} \\ a_{21} & a_{22} \end{vmatrix}, \quad \det A_3 := \begin{vmatrix} a_{11} & a_{12} & a_{13} \\ a_{21} & a_{22} & a_{23} \\ a_{31} & a_{32} & a_{33} \end{vmatrix}, \quad \ldots$$

$$\det A_k := \begin{vmatrix} a_{11} & \ldots & a_{1k} \\ \vdots & & \vdots \\ a_{k1} & \ldots & a_{kk} \end{vmatrix}, \quad \ldots, \quad \det A_n := A = \begin{vmatrix} a_{11} & \ldots & a_{1n} \\ \vdots & & \vdots \\ a_{n1} & \ldots & a_{nn} \end{vmatrix}$$

heißen **Hauptminoren** (successive principal minors) der Matrix A.

Satz 5.4. *Eine $(n \times n)$-Matrix A ist genau dann positiv definit, wenn für die n Hauptminoren gilt:*

$$\det A_1 > 0, \ \ldots, \ \det A_n > 0.$$

Wird in den Ungleichungen statt '>' '$\geq$' zugelassen, so ist A positiv semidefinit.

Haben die Hauptminoren alternierende Vorzeichen, d.h.

$$\det A_1 < 0, \ \det A_2 > 0, \ \det A_3 < 0, \ \ldots, \ (-1)^n \cdot \det A_n > 0,$$

so ist A entsprechend negativ (semi-)definit.

5.7 Eigenwerte und Eigenvektoren

In vielen mathematischen Teilgebieten tritt das sogenannten *Eigenwertproblem* auf:

- Transformation einer Matrix auf Diagonalgestalt,
- quadratische Formen (vgl. Abschnitt 5.6),
- lineare Systeme von Differentialgleichungen (vgl. Kapitel 15).

Folgende Begriffe werden zur Beschreibung des Problems eingeführt:

Definitionen. Seien A eine quadratische $(n \times n)$-Matrix und $\lambda \in \mathbb{R}$. Der Wert λ heißt dann **Eigenwert** (eigen value) von A, wenn ein Vektor $v \neq 0$ aus dem $\mathbb{R}^n$ existiert, der die folgende Gleichung erfüllt:

$$A\,v \;=\; \lambda\,v.$$

λ wird auch der zu v gehörende Eigenwert von A genannt. Umgekehrt heißt v der zu λ gehörende **Eigenvektor** (eigen vector) von A.

Die Menge

$$\mathrm{Eig}(A;\lambda) \;:=\; \{v \in \mathrm{I\!R}^n \mid A\,v \;=\; \lambda\,v\}$$

wird **Eigenraum** von A bezüglich λ genannt.

Bemerkungen.

– Die Menge der zu λ gehörenden Eigenvektoren von A wird durch $\mathrm{Eig}(A;\lambda) \setminus \{0\}$ dargestellt.

– λ ist genau dann ein Eigenwert von A, wenn gilt: $\mathrm{Eig}(A;\lambda) \neq \{0\}$.

Zur Berechnung der Eigenwerte und Eigenvektoren einer quadratischen Matrix A muß zunächst die Matrizengleichung $A\,v = \lambda\,v$ mittels elementarer Matrizenoperationen in eine äquivalente Matrizengleichung umgeformt werden:

$$(A - \lambda\,E_n)\,v \;=\; 0.$$

Die nichttrivialen Lösungen, d.h. die Lösungen mit $v \neq 0$, dieses linearen homogenen Gleichungssystems sind die gesuchten Eigenvektoren von A. Die $(n \times n)$-Matrix $(A - \lambda\,E_n)$ wird auch **charakteristische Matrix** von A genannt.

Bemerkung. Die Existenz nichttrivialer Lösungen $v \neq 0$ setzt voraus, daß $\mathrm{rg}(A - \lambda\,E_n) < n$ gilt. Denn wäre der Rang der Matrix $(A - \lambda\,E_n)$ gleich n, so folgte nach Satz 5.2, daß $v = 0$ die einzige Lösung wäre. Bei Existenz einer nichttrivialen Lösung muß also eine Spalte von $(A - \lambda\,E_n)$ Linearkombination der übrigen Spalten sein, d.h. es gilt $\det(A - \lambda\,E_n) = 0$.

Satz 5.5. λ *ist genau dann ein Eigenwert der* $(n \times n)$-*Matrix* A, *wenn gilt:*

$$\det(A - \lambda\,E_n) \;=\; 0.$$

Die Lösung des Eigenwertproblems führt also zur Nullstellenbestimmung des dazugehörigen Polynoms n-ten Grades $p(\lambda) = \det(A - \lambda\,E_n) = 0$, das auch **charakteristisches Polynom** heißt. $p(\lambda)$ hat höchstens n reellwertige Nullstellen

$\lambda_1, ..., \lambda_n,$ welche damit Eigenwerte von A sind. Diese müssen nicht notwendigerweise verschieden sein. Tritt derselbe Eigenwert von A k mal auf, so wird dieser **k-facher Eigenwert** von A genannt. Der zu einem λ_i zugehörige Eigenvektor v^i ist dann Lösungsvektor des homogenen Gleichungssystems $(A - \lambda_i\, E_n)\, v^i = 0$.

Beispiel.   Sei $A = \begin{pmatrix} 1 & 0 & 1 \\ 0 & 1 & 1 \\ -2 & 1 & 3 \end{pmatrix}$. Die Eigenwerte und Eigenvektoren dieser Matrix werden wie folgt berechnet:

$$p(\lambda) \;=\; \det{(A - \lambda\, E_n)} \;=\; \det \begin{pmatrix} 1-\lambda & 0 & 1 \\[2mm] 0 & 1-\lambda & 1 \\[2mm] -2 & 1 & 3-\lambda \end{pmatrix}$$

$$= \;(1-\lambda)(1-\lambda)(3-\lambda) - (1-\lambda) + 2(1-\lambda)$$

$$= \;(1-\lambda)(\lambda^2 - 4\lambda + 4) \;=\; (1-\lambda)(2-\lambda)(2-\lambda).$$

Das charakteristisches Polynom $p(\lambda)$ besitzt danach 2 Nullstellen $\lambda_1 = 1$ und $\lambda_2 = 2$, wobei λ_2 zweifach auftritt. Zur Bestimmung der zum Eigenwert λ_1 und zum 2-fachen Eigenwert λ_2 gehörenden Eigenvektoren von A müssen jeweils folgende linearen Gleichungssysteme gelöst werden.

$$\lambda_1 = 1: \quad \begin{pmatrix} 0 & 0 & 1 \\ 0 & 0 & 1 \\ -2 & 1 & 2 \end{pmatrix} \begin{pmatrix} v_1 \\ v_2 \\ v_3 \end{pmatrix} = \begin{pmatrix} 0 \\ 0 \\ 0 \end{pmatrix}.$$

Zum Eigenwert $\lambda_1 = 1$ gehören alle Eigenvektoren $v^1 = \alpha \begin{pmatrix} 1 \\ 2 \\ 0 \end{pmatrix}$ mit $\alpha \in \mathbb{R}^*$.

$$\lambda_2 = 2: \quad \begin{pmatrix} -1 & 0 & 1 \\ 0 & -1 & 1 \\ -2 & 1 & 1 \end{pmatrix} \begin{pmatrix} v_1 \\ v_2 \\ v_3 \end{pmatrix} = \begin{pmatrix} 0 \\ 0 \\ 0 \end{pmatrix}.$$

Zum Eigenwert $\lambda_2 = 2$ gehören alle Eigenvektoren $v^2 = \alpha \begin{pmatrix} 1 \\ 1 \\ 1 \end{pmatrix}$ mit $\alpha \in \mathbb{R}^*$.

Das bedeutet, daß beide Eigenräume 1-dimensional sind (vgl. Abschnitt 4.3).

Einige Eigenschaften von Eigenwerten, Eigenvektoren und Eigenräumen werden in Satz 5.6 zusammengefaßt.

Satz 5.6. *Sei A eine $(n \times n)$-Matrix mit Eigenwerten $\lambda_1, ..., \lambda_n$.*

a) *Für die Spur gilt:* $tr(A) = \sum_{i=1}^{n} \lambda_i$.

b) *Für die Determinante gilt:* $\det A = \prod_{i=1}^{n} \lambda_i$.

c) *Gibt es genau m von Null verschiedene Eigenwerte, so gilt:* $rg(A) = m$.

d) *Ist A invertierbar, so sind $\frac{1}{\lambda_1}, ..., \frac{1}{\lambda_n}$ die Eigenwerte der Matrix A^{-1}.*

e) *λ_i und λ_j verschieden, so gilt für die zugehörigen Eigenvektoren:*
$Eig(A; \lambda_i) \setminus \{0\} \cap Eig(A; \lambda_j) \setminus \{0\} = \emptyset$.

f) *Ist λ_i ein k-facher Eigenwert von A, dann gilt:* $k \geq dim\ Eig(A; \lambda_i)$.

g) *Sind die $(n \times n)$-Matrix B und A **ähnliche Matrixen**, d.h. es existiert eine invertierbare $(n \times n)$-Matrix S mit*
$B = S^{-1}AS$,
dann stimmen die Eigenwerte von A und B überein.

Das vorgenannte Beispiel untermauert die Aussagen von Satz 5.6 . Denn mit den Eigenwerten $\lambda_1 = 1$ und $\lambda_2 = \lambda_3 = 2$ von A folgt für die einzelnen Aussagen:

zu a) $tr(A) = 5 = 1 + 2 + 2 = \lambda_1 + \lambda_2 + \lambda_3$.

zu b) $\det A = 4 = 1 \cdot 2 \cdot 2 = \lambda_1 \cdot \lambda_2 \cdot \lambda_3$.

zu c) $rg(A) = 3$ und $\lambda_1, \lambda_2, \lambda_3 \neq 0$.

zu d) $A^{-1} = \begin{pmatrix} \frac{2}{4} & \frac{1}{4} & -\frac{1}{4} \\ -\frac{2}{4} & \frac{5}{4} & -\frac{1}{4} \\ \frac{2}{4} & -\frac{1}{4} & \frac{1}{4} \end{pmatrix}$ mit den Eigenwerten $\lambda_1' = 1$ und $\lambda_2' = \lambda_3' = \frac{1}{2}$.

zu e) gilt, da für alle $\alpha \neq 0$ $\alpha \begin{pmatrix} 1 \\ 2 \\ 0 \end{pmatrix} \neq \alpha \begin{pmatrix} 1 \\ 1 \\ 1 \end{pmatrix}$ ist.

zu f) ergibt sich unmittelbar.

zu g) Die Matrizen A und B besitzen dasselbe charakteristische Polynom, denn es gilt $\det(B - \lambda E_n) = \det(A - \lambda E_n) = 0$, da (vgl. Abschnitt 5.3 [D11]) $\det(B - \lambda E_n) = \det(S^{-1}AS - \lambda S^{-1}E_n S) = \det(S^{-1})\det(A - \lambda E_n)\det(S)$.

Bemerkung. Die Aussage d) gilt natürlich nur, wenn alle n Eigenwerte von A von Null verschieden sind, was jedoch durch Aussage c) sichergestellt ist, da eine invertierbare $(n \times n)$-Matrix den Rang n besitzt.

Definitionen. Die Vektoren $v, w \in \mathbb{R}^n$ heißen (vgl. Abschnitt 4.5):

orthogonal, wenn gilt: $v^T w = 0$,

orthonormal, wenn gilt: $v^T w = 0$ und $\|v\|_2 = \|w\|_2 = 1$.

Satz 5.7. *Sei A eine symmetrische $(n \times n)$-Matrix mit Eigenwerten $\lambda_1, ..., \lambda_n$. Dann gilt:*

a) *Für alle $1 \leq i \leq n$ gilt: $\lambda_i \in \mathbb{R}$.*

b) *Sind die Eigenwerte $\lambda_i \neq \lambda_j$, so sind die zu λ_i und λ_j gehörenden Eigenvektoren v^i und v^j orthogonal.*

c) *Ist λ_i ein k-facher Eigenwert, dann gilt $k = \dim Eig(A; \lambda_i)$ und es gibt k zu λ_i gehörende orthogonale Eigenvektoren $v^{i_1}, ..., v^{i_k}$.*

Bemerkung. Bei einer nichtsymmetrischen Matrix A gilt im Allgemeinen die Aussage c) nicht, wie das Beispiel vor Satz 5.6 zeigt.

Satz 5.8. *Sei A eine symmetrische $(n \times n)$-Matrix mit Eigenwerten $\lambda_1, ..., \lambda_n$. Dann ist A in folgendem Sinn* **diagonalisierbar***: es existiert eine $(n \times n)$-Matrix S, bestehend aus n verschiedenen othonormalen Eigenvektoren zu den Eigenwerten $\lambda_1, ..., \lambda_n$, mit der Eigenschaft*

$$S^T A S = \begin{pmatrix} \lambda_1 & 0 & \cdots & 0 & 0 \\ 0 & \lambda_2 & \cdots & 0 & 0 \\ \vdots & \vdots & \ddots & \vdots & \vdots \\ 0 & 0 & \cdots & \lambda_{n-1} & 0 \\ 0 & 0 & \cdots & 0 & \lambda_n \end{pmatrix}$$

Satz 5.9. *Sei A eine symmetrische $(n \times n)$-Matrix mit Eigenwerten $\lambda_1, ..., \lambda_n$. A ist genau dann*

positiv definit,	*wenn* $\lambda_i > 0$ *für alle* $1 \leq i \leq n$,
positiv semidefinit,	*wenn* $\lambda_i \geq 0$ *für alle* $1 \leq i \leq n$,
negativ definit,	*wenn* $\lambda_i < 0$ *für alle* $1 \leq i \leq n$,
negativ semidefinit,	*wenn* $\lambda_i \leq 0$ *für alle* $1 \leq i \leq n$,
indefinit,	*wenn* λ_i, λ_j *existieren mit* $\lambda_i > 0$ *und* $\lambda_j < 0$.

Vergleiche auch Abschnitt 5.6.

5.8   Eine Auswahl ökonomischer Beispiele

Beispiel 5.1 (Gauß-Algorithmus). Die folgende Ausführung schließt sich an das zweite Einführungsbeispiel von Kapitel 3 und das Beispiel 4.1 b1) aus Abschnitt 4.6 an. Ein Vermögensanleger agiert auf einem Markt, auf dem zwei Wertpapiere V^1 und V^2 gehandelt werden. Mit Hilfe des Gauß-Algorithmus läßt sich eine allgemeine Aussage darüber machen, wie ein neu eingeführtes zustandsbedingtes Wertpapier V^0 beschaffen sein muß, damit sich die Handlungsmöglichkeiten des Vermögensanlegers auf diesem Markt vergrößern. Es muß festgestellt werden, ob die Vektoren

$$\begin{pmatrix} 360 \\ 300 \\ 180 \end{pmatrix}, \qquad \begin{pmatrix} 750 \\ 600 \\ 420 \end{pmatrix} \qquad \text{und} \qquad \begin{pmatrix} V_1^0 \\ V_2^0 \\ V_3^0 \end{pmatrix}$$

linear unabhängig sind. Nach der Bemerkung im Anschluß an Satz 5.1 ist hierfür nachzuprüfen, ob für die Matrix $V := \left(V^1 | V^2 | V^3 \right)$ gilt $\mathrm{rg}(V) = 3$, was mit Hilfe des Gauß-Algorithmus überprüft werden kann.

In der folgenden Ausführung des Gauß-Algorithmus wird beispielsweise das $-\frac{5}{6}$-fache der Zeile I durch $-\frac{5}{6} * \mathrm{I}$ ausgedrückt.

$$\begin{array}{l} \mathrm{I} \\ \mathrm{II} \\ \mathrm{III} \end{array} \begin{pmatrix} 360 & 750 & V_1^0 \\ 300 & 600 & V_2^0 \\ 180 & 420 & V_3^0 \end{pmatrix} \quad \begin{array}{l} \\ -\frac{5}{6} * \mathrm{I} \\ -\frac{1}{2} * \mathrm{I} \end{array},$$

$$\begin{array}{l} \mathrm{I}' \\ \mathrm{II}' \\ \mathrm{III}' \end{array} \begin{pmatrix} 360 & 750 & V_1^0 \\ 0 & -25 & V_2^0 - \frac{5}{6} V_1^0 \\ 0 & 45 & V_3^0 - \frac{1}{2} V_1^0 \end{pmatrix} \quad -\left(-\frac{9}{5} \right) * \mathrm{II}',$$

$$\begin{array}{l} \mathrm{I}'' \\ \mathrm{II}'' \\ \mathrm{III}'' \end{array} \begin{pmatrix} 360 & 750 & V_1^0 \\ 0 & -25 & V_2^0 - \frac{5}{6} V_1^0 \\ 0 & 0 & V_3^0 + \frac{9}{5} V_2^0 - 2 V_1^0 \end{pmatrix}.$$

Die Vektoren V^1, V^2 und V^0 sind also genau dann linear unabhängig (d.h. ökonomisch: V^0 erweitert den Handlungsraum des vorherigen Marktes), wenn die letzte Zeile ungleich null ist, d.h. wenn gilt:

$$V_3^0 + \frac{9}{5} V_2^0 - 2 V_1^0 \;\neq\; 0 \,.$$

Für das Beispiel des festverzinslichen Wertpapieres (vgl. Beispiel 4.1 in Abschnitt 4.6) ist dies wegen $V_1^0 = V_2^0 = V_3^0 = (r + 1) \cdot 100$ gegeben.

Beispiel 5.2 (Determinante, adjungierte Matrix, inverse Matrix). Folgende drei zustandsbedingte Wertpapiere werden auf dem Markt gehandelt:

$$V^1 = \begin{pmatrix} 2 \\ 3 \\ 1 \end{pmatrix}, \quad V^2 = \begin{pmatrix} 0 \\ 0 \\ 4 \end{pmatrix}, \quad V^3 = \begin{pmatrix} 0 \\ 1 \\ a \end{pmatrix},$$

wobei zunächst nur die Auszahlung $a \in \mathbb{R}_+$ unbekannt ist. Das zugehörige Wertpapiersystem lautet dann:

$$V = \left(V^1 | V^2 | V^3 \right) = \begin{pmatrix} 2 & 0 & 0 \\ 3 & 0 & 1 \\ 1 & 4 & a \end{pmatrix} \quad \text{mit} \quad V^T = \begin{pmatrix} 2 & 3 & 1 \\ 0 & 0 & 4 \\ 0 & 1 & a \end{pmatrix}.$$

Ferner bezeichnet $\quad q = \begin{pmatrix} q_1 \\ q_2 \\ q_3 \end{pmatrix} = \begin{pmatrix} 2,1 \\ 0,8 \\ 0,5 \end{pmatrix} \quad$ den Vektor der jeweiligen Preise der Wertpapiere V^1, V^2 und V^3 .

Jedes zustandsbedingte Wertpapier läßt sich als Linearkombination der Einheitsvektoren e_s ($1 \leq s \leq 3$) im $\mathbb{R}^3$ (vgl. Abschnitt 3.2) eindeutig darstellen (z.B. $V^1 = 2e_1 + 3e_2 + 1e_3$). Zustandsbedingte Wertpapiere, die durch die Einheitsvektoren e_s repräsentiert werden, werden *reine Wertpapiere* (*pure securities*) genannt, da genau bei Eintritt des Zustandes s die Auszahlung von 1 Geldeinheit garantiert ist und bei Eintritt anderer Zustände keine Auszahlung erfolgt. Der Preis dieses Wertpapiers wird mit λ_s ($1 \leq s \leq 3$) bezeichnet und auch Preis für *zustandsbedingtes Geld* (*contingent money*) genannt. Der Wert $\frac{\lambda_s}{\lambda_1+\lambda_2+\lambda_3}$, der sich über alle Zustände ($1 \leq s \leq 3$) zu 1 summiert, kann auch als *subjektive Wahrscheinlichkeit* für das Eintreffen von Zustand s interpretiert werden. Aufgrund der eindeutigen Darstellung jedes Wertpapiers k ($1 \leq k \leq 3$) durch reine Wertpapiere kann jeder Wertpapierpreis q_k als Linearkombination der Preise λ_s wiedergegeben werden (z.B. $q_1 = 2\lambda_1 + 3\lambda_2 + 1\lambda_3$). Insgesamt resultiert folgendes Gleichungssystem

$$V^T \lambda = q, \qquad \text{wobei} \quad \lambda = \begin{pmatrix} \lambda_1 \\ \lambda_2 \\ \lambda_3 \end{pmatrix}.$$

Da das Wertpapiersystem V vollständig ist (vgl. Beispiel 4.1), existiert eine eindeutige Lösung für den Preisvektor λ.

Wird an diesem Markt ein Wertpapier $\quad V^0 = \begin{pmatrix} 2 \\ 1 \\ 1 \end{pmatrix} \quad$ zum Preis $\ q_0 = 1,5\ $ angeboten, so kann es über den Preisvektor λ der reinen Wertpapiere fair bewertet werden, genauer $q_0^{fair} = 2\lambda_1 + \lambda_2 + \lambda_3$, und anschließend mit dem Angebotspreis q_0 verglichen werden (siehe unten).

Im folgenden soll der Preisvektor λ in zwei Varianten berechnet werden:

a) Der Vektor λ kann mit Hilfe der inversen Matrix von V^T bestimmt werden, da das Gleichungssystem $\ V^T\lambda = q\ $ in das System

$$\lambda = (V^T)^{-1} q$$

übergeführt werden kann (vgl. Rechenregel [M4] Abschnitt 3.3). Für die adjungierte Matrix $\mathrm{adj}(V^T)$ gilt zunächst:

$$\mathrm{adj}(V^T) \;=\; \begin{pmatrix} \begin{vmatrix} 0 & 1 \\ 4 & a \end{vmatrix} & -\begin{vmatrix} 3 & 1 \\ 1 & a \end{vmatrix} & \begin{vmatrix} 3 & 0 \\ 1 & 4 \end{vmatrix} \\[2ex] -\begin{vmatrix} 0 & 0 \\ 4 & a \end{vmatrix} & \begin{vmatrix} 2 & 0 \\ 1 & a \end{vmatrix} & -\begin{vmatrix} 2 & 0 \\ 1 & 4 \end{vmatrix} \\[2ex] \begin{vmatrix} 0 & 0 \\ 0 & 1 \end{vmatrix} & -\begin{vmatrix} 2 & 0 \\ 3 & 1 \end{vmatrix} & \begin{vmatrix} 2 & 0 \\ 3 & 0 \end{vmatrix} \end{pmatrix} .$$

Da die ersten Komponenten der 2. und 3. Zeile der Matrix V^T gleich null sind, ist leicht zu sehen, daß gilt: $\det(V^T) = -8$. Schließlich kann die Inverse $(V^T)^{-1}$ berechnet werden:

$$(V^T)^{-1} \;=\; \frac{1}{\det(V^T)} \cdot \mathrm{adj}(V^T) \;=\; -\frac{1}{8}\begin{pmatrix} -4 & -3a+1 & 12 \\ 0 & 2a & -8 \\ 0 & -2 & 0 \end{pmatrix} .$$

Die Multiplikation der Matrix $(V^T)^{-1}$ mit dem Vektor q ergibt den Vektor λ:

$$\lambda_1 \;=\; -\tfrac{1}{8}\cdot((-4)\cdot 2,1+(-3a+1)\cdot 0,8+12\cdot 0,5) \;=\; 0,2+0,3\,a$$

$$\lambda_2 \;=\; -\tfrac{1}{8}\cdot(2a\cdot 0,8+(-8)\cdot 0,5) \;\qquad\qquad=\; 0,5-0,2\,a$$

$$\lambda_3 \;=\; -\tfrac{1}{8}\cdot(-2)\cdot 0,8 \;\qquad\qquad\qquad\qquad=\; 0,2\,.$$

b) Die zweite Variante erfordert erheblich weniger Rechenaufwand. Werden die 2. mit der 3. Zeile der Matrix V^T (d.h. die 2. mit der 3. Spalte der Matrix V), und die 2. mit der 3. Zeile des Vektors q vertauscht (Komponenten des Vektors λ dürfen nicht vertauscht werden), so geht das Gleichungssystem $V^T \lambda = q$ über in die Beziehung:

$$\begin{pmatrix} 2 & 3 & 1 \\ 0 & 1 & a \\ 0 & 0 & 4 \end{pmatrix} \begin{pmatrix} \lambda_1 \\ \lambda_2 \\ \lambda_3 \end{pmatrix} = \begin{pmatrix} 2,1 \\ 0,5 \\ 0,8 \end{pmatrix}.$$

In diesem Fall erübrigt sich der Gauß-Algorithmus, da die Gestalt einer oberen Dreiecksmatrix schon vorliegt. Die Preise der reinen Wertpapiere berechnen sich wie folgt:

$$\lambda_3 = \frac{0,8}{4} \qquad\qquad\qquad = 0,2$$

$$\lambda_2 = \frac{0,5 - a\,\lambda_3}{1} = \frac{0,5 - 0,2\,a}{1} = 0,5 - 0,2\,a$$

$$\lambda_1 = \frac{2,1 - 3\,\lambda_2 - \lambda_3}{2} = \frac{0,4 + 0,6\,a}{2} = 0,2 + 0,3\,a .$$

Da $V^0 = 2\,e_1 + e_2 + e_3$ und λ_s der Preis für das reine Wertpapier e_s ist, ergibt sich damit der faire Preis $q_0{}^{fair}$ von Wertpapier V^0:

$$q_0{}^{fair} = 2\lambda_1 + \lambda_2 + \lambda_3 = 1,1 + 0,4\,a.$$

Die folgende Tabelle gibt an, in welchen Fällen der Preis q_0 zu hoch, fair oder zu niedrig angesetzt ist.

$a < 1$	$a = 1$	$a > 1$
$q_0{}^{fair} < q_0$	$q_0{}^{fair} = q_0$	$q_0{}^{fair} > q_0$
q_0 ist zu hoch	q_0 ist fair	q_0 ist zu niedrig

Ein besonderer Fall tritt ein, wenn $a \geq 2,5$, da dann der Preis λ_2 für kontingentes Geld im Zustand $s = 2$ negativ oder gleich null ist. Der Käufer des reinen

Wertpapiers e_2 würde dann – statt Geld zu bezahlen – beim Wertpapierkauf Geld erhalten und zusätzlich bei Eintritt von Zustand $s = 2$ eine Geldeinheit ausgezahlt bekommen.

Im ökonomischen Sinn wäre das Wertpapiersystem V dann nicht mehr *arbitragefrei*. Ist z.B. $a = 4$, dann dominiert nicht nur das Wertpapier V^3 das Wertpapier V^2 (vgl. Abschnitt 3.1 und Beispiel 3.2), sondern sein Preis $q_3 = 0,5$ liegt auch unter $q_2 = 0,8$. Jeder Wertpapierkäufer würde statt des Wertpapiers V^2 das Wertpapier V^3 erwerben.

Im Falle $a = 1$ hätte ein Wertpapier $V^4 = \begin{pmatrix} 1 \\ 1 \\ 1 \end{pmatrix} (= e_1 + e_2 + e_3)$ den fairen

Preis $q_4^{fair} = 0,5 + 0,3 + 0,2 = 1$. In der ökonomischen Interpretation würde dies einer *Bargeldhaltung* gleichkommen.

Im Falle $a < 1$ hätte V^4 den fairen Preis $q_4^{fair} = 0,9 + 0,1\,a < 1$, d.h. der Anleger erhält eine risikolose Auszahlung $1 - 0,9 - 0,1\,a = 0,1(1 - a)$. Diese Auszahlung entpräche einer Rendite $r = \dfrac{1}{0,9 - 0,1\,a} - 1$. Beispielsweise für $a = 0,1$ würde gelten: $r = 12,35\ldots\%$. Im ökonomischen Sinn würde V^4 einem *festverzinslichen Wertpapier* entsprechen.

Beispiel 5.3 (Determinante, adjungierte Matrix, inverse Matrix). In Fortsetzung des Eingangsbeispiels sei die Verflechtungsstruktur eines Wirtschaftssystems wie folgt gegeben:

Input-Output-Tabelle						Gesamt-
von	an	endogene Sektoren			exogene	output
		1	2	3	Sektoren	
endogene	1	39	30	40	21	130
Sektoren	2	13	60	16	61	150
	3	26	15	32	7	80
exogener Sektor		9	17	17		

Wird in der (3×3)-Matrix $(x_{ij})_{\substack{1 \leq i \leq 3 \\ 1 \leq j \leq 3}}$ der Inputleistungen jeder Spaltenvektor durch den Gesamtoutput dividiert, d.h.

$$a_{ij} := \frac{x_{ij}}{x_j} \, ,$$

so ergibt sich die Strukturmatrix $A = (a_{ij})_{\substack{1 \leq i \leq 3 \\ 1 \leq j \leq 3}}$ mit

$$A = \begin{pmatrix} \frac{39}{130} & \frac{30}{150} & \frac{40}{80} \\ \frac{13}{130} & \frac{60}{150} & \frac{16}{80} \\ \frac{26}{130} & \frac{15}{150} & \frac{32}{80} \end{pmatrix} = \begin{pmatrix} 0,3 & 0,2 & 0,5 \\ 0,1 & 0,4 & 0,2 \\ 0,2 & 0,1 & 0,4 \end{pmatrix} .$$

Der Zusammenhang zwischen Gesamtproduktivität $x = (x_i)_{1 \leq i \leq 3}$ und Endverbrauch $y = (y_i)_{1 \leq i \leq 3}$ ist durch

$$y = (E_3 - A)\, x$$

gegeben (vgl. auch Eingangsbeispiel zu Kapitel 3). Um x bei bekanntem y aus

$$x = (E_3 - A)^{-1}\, y$$

bestimmen zu können, ist zunächst die sogenannte **Leontief-Inverse** $(E_3 - A)^{-1}$ zu berechnen, was mittels des Gauß-Algorithmus oder mit Hilfe der adjungierten Matrix geschehen kann. Letzterer Weg sei kurz skizziert. Zunächst gilt:

$$(E_3 - A) = \frac{1}{10} \begin{pmatrix} 7 & -2 & -5 \\ -1 & 6 & -2 \\ -2 & -1 & 6 \end{pmatrix} .$$

Mit Hilfe der Regel von Sarrus und Eigenschaft [D4] wird berechnet:

$$\begin{aligned}
\det (E_3 - A) \\
= \tfrac{1}{1000} \Big(\quad & 7 \cdot 6 \cdot 6 \; + \; (-2) \cdot (-2) \cdot (-2) \; + \; (-5) \cdot (-1) \cdot (-1) \\
& - (-5) \cdot 6 \cdot (-2) \; - \; 7 \cdot (-2) \cdot (-1) \; - \; (-2) \cdot (-1) \cdot 6 \Big) \\
= \tfrac{153}{1000} \; . &
\end{aligned}$$

Für die adjungierte Matrix adj $(E_3 - A)$ gilt (unter Berücksichtigung von Eigenschaft [D4]):

$$
\mathrm{adj}\,(E_3 - A) = \frac{1}{100}
\begin{pmatrix}
\begin{vmatrix} 6 & -2 \\ -1 & 6 \end{vmatrix} & -\begin{vmatrix} -2 & -5 \\ -1 & 6 \end{vmatrix} & \begin{vmatrix} -2 & -5 \\ 6 & -2 \end{vmatrix} \\[2ex]
-\begin{vmatrix} -1 & -2 \\ -2 & 6 \end{vmatrix} & \begin{vmatrix} 7 & -5 \\ -2 & 6 \end{vmatrix} & -\begin{vmatrix} 7 & -5 \\ -1 & -2 \end{vmatrix} \\[2ex]
\begin{vmatrix} -1 & 6 \\ -2 & -1 \end{vmatrix} & -\begin{vmatrix} 7 & -2 \\ -2 & -1 \end{vmatrix} & \begin{vmatrix} 7 & -2 \\ -1 & 6 \end{vmatrix}
\end{pmatrix}.
$$

Schließlich wird die Inverse $(E_3 - A)^{-1}$ berechnet:

$$
(E_3 - A)^{-1} = \frac{1}{\det(E_3 - A)} \cdot \mathrm{adj}\,(E_3 - A) = \frac{10}{153}
\begin{pmatrix}
34 & 17 & 34 \\
10 & 32 & 19 \\
13 & 11 & 40
\end{pmatrix}.
$$

Damit kann jedem Endverbrauch y der dazu benötigte Gesamtverbrauch x zugerechnet werden. Für $y = \begin{pmatrix} 2 \\ 2 \\ 8 \end{pmatrix}$ folgt etwa $x = \begin{pmatrix} 24,44\ldots \\ 15,42\ldots \\ 24,05\ldots \end{pmatrix}$. Der zur Gesamtproduktion benötigte Ressourcenaufwand ist dann gegeben als

$$
r \cdot x = (9,17,17) \begin{pmatrix} 24,44\ldots \\ 15,42\ldots \\ 24,05\ldots \end{pmatrix} = 891,11\ldots\ .
$$

6 Lineare Optimierung

Zwei ökonomische Anwendungen.

– Ein Anleger will sich ein Portefeuille aus Finanztiteln im Wert von höchstens 1 Mill. Geldeinheiten GE zusammenstellen, welches festverzinsliche Anleihen eines Unternehmens im Wert von x_1 GE sowie Aktien desselben Unternehmens im Wert von x_2 GE enthält, d.h. es gilt $x_1 + x_2 \leq 1$ Mill. Eine Anleihe kostet 100 GE und wird mit 5 % p.a. verzinst, und eine Aktie wird zum Kurs von 200 GE gehandelt und schüttet innerhalb des nächsten Jahres eine Dividende in Höhe von 20 GE aus. Kursschwankungen der Anleihe und Aktie, Transaktionskosten, Steuern usw. werden nicht berücksichtigt und die Möglichkeit eines Konkurses wird ausgeschlossen.

Das Unternehmen gibt jedoch nur 8.000 Anleihen heraus, was $x_1 \leq 0,8$ Mill. impliziert. Ferner wird angenommen, daß der Anleger nicht mehr als 2.000 Aktien halten will, d.h. es gilt $x_2 \leq 0,4$ Mill. Es wird davon ausgegangen, daß der Anleger vor der Zusammenstellung des Wertpapierpaketes noch keine Finanzartikel besessen hat und nur die Anleihen oder Aktien verkaufen kann, die er besitzt. Mit anderen Worten: Leerverkäufe sind nicht zugelassen, so daß stets $x_1, x_2 \geq 0$ sind.

Welches Portefeuille verspricht im Zeitraum eines Jahres unter Berücksichtigung der oben genannten Einschränkungen den höchsten Renditeertrag, d.h. für welche restringierten Werte x_1 und x_2 nimmt die lineare Funktion $f(x_1, x_2) = 0,05\,x_1 + 0,1\,x_2$ ihren maximalen Wert an (vgl. Beispiel 6.1 in Abschnitt 6.5) ?

– Das folgende lineare Optimierungsproblem ist in der Literatur unter dem Stichwort *Diätplan* bekannt.

Ein Menü soll zusammengestellt werden, welches aus Nahrungsmitteln (z.B. Brot, Gemüse, Fleisch, Obst, Milchprodukte, ...) besteht und Mindestgehalte der lebenswichtigsten Nährstoffe (z.B. Kohlehydrate, Eiweiß, Fett, Vitamine, ...) enthält. Jeder Mengeneinheit eines Nahrungsmittels wird ein Preis zugeordnet und jedes Nahrungsmittel enthält unterschiedliche Mengenanteile der Nährstoffe.

Welche Nahrungsmittelzusammenstellung gewährleistet einerseits eine ausreichende Versorgung mit Nährstoffen und weist sich andererseits durch minimale Kosten aus (vgl. Beispiel 6.2 in Abschnitt 6.5) ?

6.1 Allgemeine Aufgabenstellung

Bei der Planung von wirtschaftlichen Aktivitäten besteht ein Grundprinzip rationalen Handelns darin, entweder mit gegebenen Mitteln das größtmögliche Resultat oder ein angestrebtes Resultat mit möglichst geringen Mitteln zu erzielen. Hieraus resultieren Optimierungsaufgaben (vgl. auch Kapitel 12), die häufig nur mit komplexen mathematischen Methoden zu lösen sind. In diesem Kapitel werden speziell lineare Optimierungsaufgaben betrachtet.

Zur Einführung des Begriffes *lineare Optimierung* wird folgende Definition benötigt, die in Abschnitt 12.1 für offene Mengen und nichtlineare Funktionen verallgemeinert wird.

Definitionen. Sei $X \subseteq \mathbb{R}^n$ eine abgeschlossene, konvexe Menge und $f : X \longrightarrow \mathbb{R}$ eine lineare Funktion. f besitzt im Punkt $x^* \in X$ ein **Maximum** (bzw. **Minimum**), wenn gilt:
$$f(x^*) \geq f(x) \quad (\text{bzw. } f(x^*) \leq f(x)) \quad \text{für alle } x \in X \ .$$

Optimum bzw. **Extremum** sind Oberbegriffe für Maximum und Minimum.

Definitionen. Sei $X \subseteq \mathbb{R}^n$. Die Aufgabe der **linearen Optimierung** – auch **lineare Programierung** (linear programming) genannt – besteht darin, das Maximum oder das Minimum einer linearen Funktion $f : X \longrightarrow \mathbb{R}$ (**Zielfunktion**) zu ermitteln, wobei der Definitionsbereich X der Variablen x durch endlich viele lineare Gleichungen oder Ungleichungen (**Nebenbedingungen**) und sogenannten **Vorzeichenbedingungen** für die Variablen x auf den Bereich der Menge $M \subseteq X \cap \mathbb{R}^n_+$ eingeschränkt wird.
Dieser Modellansatz wird auch **lineare Optimierungsaufgabe** genannt und kann speziell als *lineares Minimierungsproblem* in folgender Form dargestellt werden.

Seien a_{ij}, b_i, und c_j ($1 \leq i \leq n$, $1 \leq j \leq m$) reelle Zahlen. Es sollen Kombinationen von Werten $x_1^*, \ldots, x_j^*, \ldots, x_n^*$ bestimmt werden, so daß die Zielfunktion

$$f(x_1, \ldots, x_j, \ldots, x_n) \ = \ c_1 x_1 + \ldots + c_j x_j + \ldots + c_n x_n$$

ihr Minimum annimmt (in Zeichen $\overset{!}{=} Min$), wobei die ersten m nachstehenden Nebenbedingungen und die darauffolgenden n Vorzeichenbedingungen für die Komponenten von x, d.h. $m + n$ **Restriktionen**, eingehalten werden müssen:

$$a_{11}x_1 \;+\; \ldots \;+\; a_{1j}x_j \;+\; \ldots \;+\; a_{1n}x_n \;\geq\; b_1$$

$$\vdots \qquad\qquad\qquad \vdots \qquad\qquad\qquad \vdots$$

$$a_{i1}x_1 \;+\; \ldots \;+\; a_{ij}x_j \;+\; \ldots \;+\; a_{in}x_n \;\geq\; b_i$$

$$\vdots \qquad\qquad\qquad \vdots \qquad\qquad\qquad \vdots$$

$$a_{m1}x_1 \;+\; \ldots \;+\; a_{mj}x_j \;+\; \ldots \;+\; a_{mn}x_n \;\geq\; b_m$$

$$x_1 \qquad\qquad\qquad\qquad\qquad\qquad\qquad \geq\; 0$$

$$\ddots$$

$$x_j \qquad\qquad\qquad\qquad \geq\; 0$$

$$\ddots$$

$$x_n \;\geq\; 0 \;\;.$$

Sei A eine $(m \times n)$-Matrix, x und c Vektoren aus dem $\mathbb{R}^n$, und b ein Vektor aus dem $\mathbb{R}^m$, dann erhält die lineare Optimierungsaufgabe folgende formale Gestalt:

$$f(x) \;=\; c^T x \;\overset{!}{=}\; Min$$

$$\text{unter} \qquad A\,x \;\geq\; b$$

$$x \;\geq\; 0\;.$$

Eine Variable x heißt **zulässige Lösung** der linearen Optimierungsaufgabe, wenn sie die Nebenbedingungen erfüllt. Die Menge der zulässige Lösungen wird im weiteren stets mit M bezeichnet. Gilt $f(x^*) = c^T x^* = Min$, dann heißt x^* **optimal**.

Satz 6.1. *Die Menge der zulässigen Lösungen und die Menge der optimalen Lösungen sind konvex.*

Bemerkungen. Oben wurde nur eine spezielle Schreibweise einer linearen Optimierungsaufgabe angegeben. Je nach Aufgabenstellung können auch abweichende Schreibweisen auftreten, die sich allerdings alle in die dargestellte Schreibweise überführen lassen.

a) Wird die Zielfunktion einer Maximierungsaufgabe mit -1 multipliziert, so resultiert eine Minimierungsaufgabe und umgekehrt. Die Nebenbedingungen bleiben davon unberührt. Formal gilt:

$$f(x) \;=\; c^T x \;\overset{!}{=}\; Max \quad \Longleftrightarrow \quad -f(x) \;=\; -c^T x \;\overset{!}{=}\; Min.$$

Diese Umformung erzeugt allerdings nicht die am Ende des Abschnittes dargestellte duale lineare Optimierungsaufgabe.

b) Die i-te "$\geq$"–Ungleichung (bzw. "$\leq$"–Ungleichung) kann durch Subtraktion (bzw. Addition) einer **Schlupfvariablen** $y_i \geq 0$ auf der linken Seite der Ungleichung in eine Gleichung umgewandelt werden. Formal gilt:

$$a_{i1}x_1 + \ldots + a_{ij}x_j + \ldots + a_{in}x_n \ \geq \ b_i$$
$$\Longleftrightarrow \quad a_{i1}x_1 + \ldots + a_{ij}x_j + \ldots + a_{in}x_n - y_i \ = \ b_i,$$

bzw.

$$a_{i1}x_1 + \ldots + a_{ij}x_j + \ldots + a_{in}x_n \ \leq \ b_i$$
$$\Longleftrightarrow \quad a_{i1}x_1 + \ldots + a_{ij}x_j + \ldots + a_{in}x_n + y_i \ = \ b_i.$$

Die Schlupfvariable y_1 kann bezogen auf das erste Eingangsbeispiel wie folgt interpretiert werden. Ausgehend von der Restriktion $x_1 \leq 0,8$ Mill. gibt die Schlupfvariable y_1 genau den unausgenützten Geldbetrag an, der aufzubringen wäre, um Anleihen in Höhe der Kapazitätsgrenze von 0,8 Mill. GE zu halten.
Im zweiten Eingangsbeispiel gibt die Schlupfvariable y_i an, wie weit eine Nahrungsmittelzusammenstellung in bezug auf den i-ten Nährstoffgehalt noch vermindert werden könnte, um eine ausreichende Versorgung mit dem i-ten Nährstoff gerade noch zu gewährleisten.

Der Vektor c der Zielfunktion muß bei Einführung einer Schlupfvariablen y_i durch eine zusätzliche Komponente mit dem Wert null erweitert werden, d.h. die Schlupfvariablen haben keinen Einfluß auf die Zielfunktion.

c) Eine "$\geq$"–Ungleichung kann durch Multiplikation mit -1 beider Seiten in eine "$\leq$"–Ungleichung übergeführt werden. Formal gilt:

$$a_{i1}x_1 + \ldots + a_{ij}x_j + \ldots + a_{in}x_n \ \geq \ b_i$$
$$\Longleftrightarrow \quad -a_{i1}x_1 - \ldots - a_{ij}x_j - \ldots - a_{in}x_n \ \leq \ -b_i.$$

d) Eine Gleichung kann durch zwei Ungleichungen ersetzt werden, indem "$=$" durch "$\geq$" und "$\leq$" ersetzt wird. Formal gilt:

$$a_{i1}x_1 + \ldots + a_{ij}x_j + \ldots + a_{in}x_n = b_i$$
$$\Longleftrightarrow \qquad a_{i1}x_1 + \ldots + a_{ij}x_j + \ldots + a_{in}x_n \geq b_i$$
$$\text{und} \quad a_{i1}x_1 + \ldots + a_{ij}x_j + \ldots + a_{in}x_n \leq b_i.$$

e) Wird für eine Komponente x_j keine Vorzeichenbedingung angegeben, d.h. es ist sowohl $x_j \geq 0$ als auch $x_j \leq 0$ zulässig, so kann x_j durch einen Ausdruck ersetzt werden, welcher sich aus zwei Variablen mit Vorzeichenbedingungen zusammensetzt. Formal gilt:

$$x_j = x_j^+ - x_j^- \qquad \text{mit } x_j^+ \geq 0, \ x_j^- \geq 0.$$

Wären in unserem ersten Eingangsbeispiel Leerverkäufe von Anleihen zugelassen (dies kann mit der Situation gleichgesetzt werden, in der der Anleger von dem Unternehmen einen Kredit mit Kreditzins von $5\ \%$ p.a. aufnehmen würde), so wäre x_1 nicht vorzeichenbeschränkt. Sei aber $x_1 = x_1^+ - x_1^-$ mit $x_1^+ \geq 0$, $x_1^- \geq 0$, so kann x_1^+ als Geldbetrag zum Kauf von Anleihen und x_1^+ als Geldbetrag zum Leerverkauf von Anleihen (oder Kreditsumme) interpretiert werden.

Der Vektor c der Zielfunktion muß bei Fehlen von Vorzeichenbedingungen wegen $c_j x_j = c_j x_j^+ - c_j x_j^-$ durch eine zusätzliche Komponente mit dem Wert $-c_j$ erweitert werden. Im Zusammenhang mit dem Eingangsbeispiel würde dies bedeuten, daß der Anleger die Rendite der leerverkauften Anleihen auszahlen (oder Zinsen für Kredite aufbringen) müßte, was einen negativen Einfluß auf die Gesamtrendite hätte.

Zu jeder linearen Minimierungsaufgabe gibt es eine korrespondierende lineare Maximierungsaufgabe und umgekehrt, die duale lineare Optimierungsaufgabe genannt wird. Der Zusammenhang wird durch folgende Definition wiedergegeben.

Definitionen. Sei A eine $(m \times n)$-Matrix, x und c Vektoren aus dem $\mathbb{R}^n$ und z und b Vektoren aus dem $\mathbb{R}^m$, dann korrespondiert eine gegebene **primale** lineare Minimierungsaufgabe (bzw. Maximierungsaufgabe) mit einer **dualen** linearen Maximierungsaufgabe (bzw. Minimierungsaufgabe) wie folgt:

primale Aufgabe   **duale** Aufgabe

$$
\left.
\begin{aligned}
f(x) \;=\; c^T x \;&\overset{!}{=}\; Min \\
\text{unter} \qquad A\,x \;&\geq\; b \\
x \;&\geq\; 0\,.
\end{aligned}
\right\}
\quad \Longleftrightarrow \quad
\left\{
\begin{aligned}
g(z) \;=\; b^T z \;&\overset{!}{=}\; Max \\
\text{unter} \qquad A^T z \;&\leq\; c \\
z \;&\geq\; 0\,.
\end{aligned}
\right.
$$

primale Aufgabe   **duale** Aufgabe

$$
\left.
\begin{aligned}
f(x) \;=\; c^T x \;&\overset{!}{=}\; Max \\
\text{unter} \qquad A\,x \;&\leq\; b \\
x \;&\geq\; 0\,.
\end{aligned}
\right\}
\quad \Longleftrightarrow \quad
\left\{
\begin{aligned}
g(z) \;=\; b^T z \;&\overset{!}{=}\; Min \\
\text{unter} \qquad A^T z \;&\geq\; c \\
z \;&\geq\; 0\,.
\end{aligned}
\right.
$$

Die Überführung einer primalen zu einer dualen linearen Optimierungsaufgabe wird **Dualisieren** genannt.

Bemerkung.   Die Anzahl der zu optimierenden Variablen ist – bis auf den Fall $m = n$ – in beiden Optimierungsaufgaben verschieden, jedoch sind die Anzahl der Nebenbedingungen in der primalen (bzw. dualen) Aufgabe und die Anzahl der Vorzeichenbedingungen in der dualen (bzw. primalen) Aufgabe gleich m (bzw. n), da $b, z \in \mathbb{R}^m$ (bzw. $c, x \in \mathbb{R}^n$).

Satz 6.2. *Eine primale lineare Minimierungsaufgabe (bzw. Maximierungsaufgabe) liege vor.*

a) Die Dualisierung der dualen Aufgabe führt wieder zu derselben primalen Aufgabe.

b) Besitzt sie keine zulässige Lösung x, so besitzt entweder die duale Aufgabe keine zulässige Lösung z oder die Zielfunktion $g(z)$ ist nicht nach oben (bzw. unten) beschränkt.

c) Besitzt sie mindestens eine zulässige Lösung x, so besitzt auch die duale Aufgabe eine zulässige Lösung z. Ferner stimmen die optimalen Werte der Zielfunktionen überein. D.h. es gilt:

$$f(x) \geq f(x^*) = g(z^*) \geq g(z) \quad mit \; f(z^*) = Min \; und \; g(z^*) = Max$$

$$(bzw. \quad f(x) \leq f(x^*) = g(z^*) \leq g(x) \quad mit \; f(z^*) = Max \; und \; g(z^*) = Min)$$

d) Gilt für eine zulässige Lösung x der primalen und für eine zulässige Lösung z der dualen Aufgabe $f(x) = g(z)$, so sind diese zulässigen Lösungen der jeweiligen Aufgabe optimal.

Bemerkungen.

- In Satz 6.2 folgt d) direkt aus c).

- Eine primale lineare Minimierungsaufgabe (bzw. Maximierungsaufgabe) sei gegeben. Ist x^* eine optimale zulässige Lösung dieser Aufgabe, dann wird für jedes j $(1 \leq j \leq n)$ die Komponente x_j^* *Schattenpreis* für eine Einheit von c_j genannt, da der Wert c_j die j-te Nebenbedingung der dualen Aufgabe nach oben (bzw. unten) beschränkt: x_j^* gibt an, um wieviel Einheiten der Wert des Maximums (bzw. Minimums) $g(z^*)$ steigen (bzw. sinken) würde, wenn c_j um 1 Einheit erhöht (vermindert) wird. Veranschaulicht wird dies mit Hilfe von Satz 6.2 c): $[f(x^*) =] c_1 x_1^* + \ldots + c_j x_j^* + \ldots + c_n x_n^* = g(z^*)$.

In Beispiel 6.2 wird die duale Aufgabe des Diätproblems untersucht. Die duale Aufgabe des Problems der Renditeertragsmaximierung läßt sich ökonomisch nur schwer interpretieren.

6.2   Basislösungen

Die theoretischen Überlegungen in diesem und den folgenden Abschnitten basieren auf linearen Optimierungsaufgaben, bei denen die Nebenbedingungen in Form von Gleichungen vorliegen. Auf diese Form kann, wie gezeigt, jede lineare Optimierungsaufgabe gebracht werden:

$$f(x) = c^T x \overset{!}{=} Min$$
$$\text{unter} \quad A\,x = b$$
$$x \geq 0\,.$$

wobei A eine $(m \times n)$-Matrix, x und c Vektoren aus dem $\mathbb{R}^n$, und b einen Vektor aus dem $\mathbb{R}^m$ darstellen.

Bemerkungen.

 – Soll ausgeschlossen werden, daß das Gleichungssystem unlösbar ist oder
   überflüssige Nebenbedingungen existieren, so muß $\mathrm{rg}(A|b) = \mathrm{rg}(A) = m$
   und $m \leq n$ vorausgesetzt werden. Ausführlich wird dies unten in den
   Sonderfällen 1 und 3 dargestellt (vgl. auch Satz 5.2, 3. Fall).

 – Ist die obere Form der linearen Optimierungsaufgabe beispielsweise durch
   Einführung von m Schlupfvariablen $y_1, \ldots, y_m$ entstanden, so sind diese
   als Komponenten im Vektor $x \in \mathbb{R}^n$ mitenthalten. Besaß der zu optimie-
   rende Vektor in der Ausgangsform der linearen Optimierungsaufgabe die
   $q = n - m$ Komponenten $x_1, \ldots, x_q$, so wird er durch die Komponenten
   $x_{q+1} = y_1, \ldots, x_{q+m} = y_m$ erweitert.

Definitionen. Sei $x \in M$, d.h. $a^1 x_1 + \ldots + a^n x_n = b$ mit $(a^1 | \ldots | a^n) = A$.
$x = (x_j)_{1 \leq j \leq n}$ heißt **Basislösung**, wenn die zu positiven Komponenten x_j
gehörenden Spaltenvektoren a^j, etwa $a^{j_1}, \ldots, a^{j_r}$ mit $r \leq m$ und
$\{j_1, \ldots, j_r\} \subseteq \{1, \ldots, n\}$, linear unabhängig sind.
Sei eine Basis von A gegeben, die $a^{j_1}, \ldots, a^{j_r}$ umfaßt, dann heißen die m Komponenten x_j, die zur Basis gehören, **Basisvariable** und alle übrigen $n - m$ Komponenten **Nichtbasisvariable**.
Ist $r = m$, dann heißt die Basislösung **nichtentartet**, und ist $r < m$, dann
heißt die Basislösung **entartet** (vgl. unten Sonderfall 4 und Beispiel 6.2).

Der folgende Satz beschreibt die Existenz und maximale Anzahl von Basislösungen. Eine geometrische Interpretation der Aussagen dieses Satzes wird in einer
Bemerkung im Anschluß an Satz 6.4 gegeben.

Satz 6.3. *Eine lineare Optimierungsaufgabe sei in der oben dargestellten Form
gegeben. Dann gelten folgende Aussagen:*

*a) Besitzt die lineare Optimierungsaufgabe mindestens eine zulässige Lösung, dann
besitzt sie auch eine Basislösung.*

*b) Besitzt die lineare Optimierungsaufgabe eine optimale Lösung, dann besitzt sie
auch eine Basislösung, die optimal ist.*

*c) Ist $m = n$ und besitzt die lineare Optimierungsaufgabe eine zulässige Lösung,
dann gibt es nur eine einzige Basislösung.*

*d) Besitzt die lineare Optimierungsaufgabe mindestens eine zulässige Lösung und
ist $m \neq n$, dann gibt es unendlich viele zulässige Lösungen.*

e) Die lineare Optimierungsaufgabe besitzt höchstens $\quad \dbinom{n}{m} = \dfrac{n!}{m! \, (n-m)!}$
Basislösungen.

f) Besitzt die lineare Optimierungsaufgabe mindestens eine zulässige Lösung und ist die Menge der zulässigen Lösungen beschränkt, dann besitzt sie auch eine Basislösung, die optimal ist.

Bemerkung. Die Aussage e) des Satzes 6.3 begründet sich darin, daß die Matrix A höchstens $\dbinom{n}{m}$ Basen besitzt, jedoch nicht alle Lösungen des Gleichungssystems $A\,x = b$ die Vorzeichenbedingungen erfüllen (vgl. Beispiel 6.1 und 6.2). Außerdem können zu einer Basislösung mehrere Basen gehören (vgl. unten Sonderfall 4).

Satz 6.4. $x \in M$ *ist genau dann eine Ecke von* M, *wenn* x *eine Basislösung der linearen Optimierungsaufgabe ist.*

Bemerkung. Die Aussagen von Satz 6.3 können geometrisch wie folgt interpretiert werden:
zu a) Ist $M \neq \emptyset$, dann besitzt M eine Ecke.
zu b) Besitzt M eine optimale Lösung, dann besitzt M auch eine Ecke, die optimale Lösung ist.
zu c) Ist $n = m$ und $M \neq \emptyset$, dann besteht M nur aus einem Punkt.
zu d) Ist $n \neq m$ und $M \neq \emptyset$, dann besteht M aus unendlich vielen Punkten.
zu e) M besitzt höchstens $\dbinom{n}{m}$ Ecken.
zu f) Ist $M \neq \emptyset$ und beschränkt, dann ist M ein Polyeder mit einer Ecke, die optimale Lösung ist.

Für eine lineare Optimierungsaufgabe gilt im Normalfall: Die Menge der zulässigen Lösungen M ist beschränkt, $M \neq \emptyset$, keine Nebenbedingung ist überflüssig und es existiert nur eine einzige optimale Lösung x^*, die dann eine Ecke von M ist. Folgende Sonderfälle können jedoch auftreten.

Sonderfälle einer linearen Optimierungsaufgabe.

1. Ist $M = \emptyset$, dann besitzt die lineare Optimierungsaufgabe keine zulässige Lösung, so daß kein optimaler Wert der Zielfunktion gefunden werden kann. In diesem Fall existieren unter den Nebenbedingungen zwei oder mehrere Gleichungen, für die kein gemeinsamer Vektor x gefunden werden kann, der die Gleichungen erfüllt. Zwei mögliche Ursachen werden im folgenden genannt:

   Beispielsweise zieht der Lösungsversuch des durch Nebenbedingungen gegebenen Gleichungssystems

   $$\begin{aligned} x_1 &+ x_2 &= 1 \\ x_1 &+ x_2 &= 2 \end{aligned}$$

   den Widerspruch $1 = 2$ nach sich. Die zu den Gleichungen gehörenden Geraden besitzen keinen Schnittpunkt. Der durch das Beispiel beschriebene Fall tritt ein, wenn $\mathrm{rg}(A) < m$ und keine Nebenbedingung überflüssig ist.

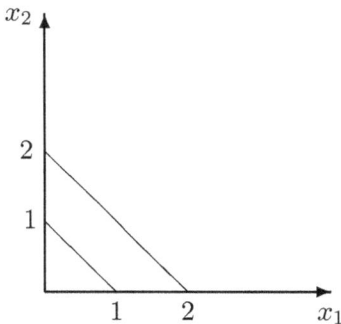

Abb. 6.1. Zwei parallele Geraden.

Für das Gleichungssystem

$$\begin{aligned} x_1 &+ x_2 &= 1 \\ x_1 &+ 2x_2 &= 2 \\ 2x_1 &+ x_2 &= 2 \end{aligned}$$

kann ebenfalls kein Lösungsvektor gefunden werden. Die zu den Gleichungen gehörenden Geraden besitzen nur paarweise einen Schnittpunkt, jedoch nicht gemeinsam. Der durch das Beispiel beschriebene Fall tritt ein, falls $n < m$ ist, selbst wenn überflüssige Nebenbedingungen weggelassen werden.

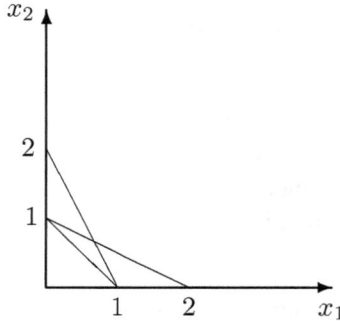

Abb. 6.2. Drei Geraden ohne gemeinsamen Schnittpunkt.

2. Ist die Menge M nicht beschränkt, so ist die Existenz eines Optimums nicht gesichert.

Liegt beispielsweise eine Zielfunktion $f(x_1, x_2) = -x_1 - x_2 \overset{!}{=} Min$ mit nur einer Nebenbedingung $x_1 - x_2 = 0$ vor, so können die Variablen x_1 und x_2 unendlich groß werden.

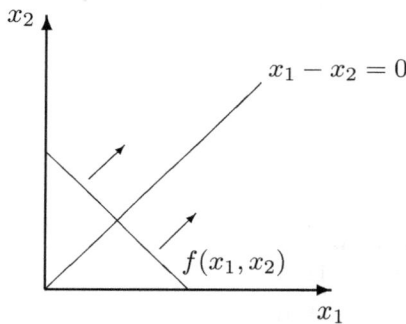

Abb. 6.3. Unbeschränkte Lösungsmenge.

3. Nebenbedingungen sind überflüssig, d.h. einige der Gleichungen folgen aus den übrigen.

Gibt beispielsweise das Gleichungssystem

$$\begin{aligned} x_1 &+ x_2 &= 1 \\ 2x_1 &+ 2x_2 &= 2 \end{aligned}$$

die Nebenbedingungen vor, so kann eine Gleichung durch Multiplikation eines Faktors in die andere übergeführt werden. Der durch das Beispiel beschriebene Fall tritt ein, wenn $\text{rg}(A) < m$ und $M \neq \emptyset$ ist.

4. Zu einer entarteten Basislösung gehören im allgemeinen mehrere Basen, wogegen eine nichtentartete Basislösung eine eindeutig bestimmte Basis besitzt. Welchen Einfluß entartete Basislösungen auf den Simplex-Algorithmus haben, wird zum Ende von Abschnitt 6.4 angesprochen (vgl. Beispiel 6.2).

Beispielsweise besitzt das durch Nebenbedingungen gegebene Gleichungssystem

$$
\begin{array}{ccccccccc}
x_1 & + & x_2 & + & x_3 & & & & = & 1 \\
x_1 & + & 5x_2 & & & + & x_4 & & = & 3 \\
5x_1 & + & x_2 & & & & & + & x_5 & = & 3
\end{array}
$$

die Lösung $x_1 = \frac{1}{2}, x_2 = \frac{1}{2}, x_3 = 0, x_4 = 0, x_5 = 0$, die eine entartete Basislösung von M darstellt. Da jeweils die Spaltenvektoren 1, 2 und 3 bzw. 1, 2 und 4 bzw. 1, 2 und 5 der zugehörigen Matrix linear unabhängig sind, gibt es zu dieser Basislösung drei Basen.

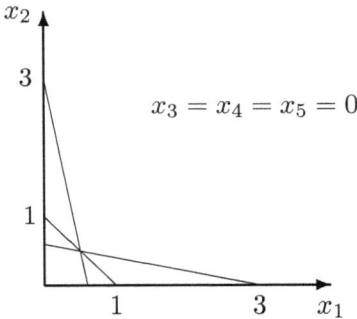

Abb. 6.4. Entartete Basislösung.

5. Besitzt die lineare Optimierungsaufgabe unendlich viele optimale Lösungen, dann enthält die Menge der optimalen Lösungen mindestens zwei Ecken.

6.3 Austauschschritt

Liegt eine lineare Optimierungsaufgabe vor, bei der noch keine Basislösung bekannt ist, so eignen sich sogenannte *Austauschschritte* dazu, eine Anfangsbasislösung zu finden. Wie anschließend zu sehen ist, ist ein Austauschschritt eine Verallgemeinerung eines Schrittes des Gauß-Algorithmus. Der Gauß-Algorithmus wurde u.a. in Abschnitt 5.2 dazu verwendet, linear unabhängige Spaltenvektoren einer Matrix zu ermitteln, was grundlegend bei der Bestimmung einer Basislösung ist.

Austauschschritte sind auch in leicht veränderter Form ein Grundbestandteil des Simplex-Algorithmus (vgl. Abschnitt 6.4).

Bevor die Rechenregeln des Austauschschrittes und deren Wirkungen angegeben werden, wird zunächst das lineare Gleichungssystem aus Abschnitt 5.1 verallgemeinert:

Sei A eine $(m \times n)$-Matrix, b ein Vektor aus dem $\mathbb{R}^m$ x ein Vektor aus dem $\mathbb{R}^n$, dessen Komponenten die exogenen Variablen angeben, w ein Vektor aus dem $\mathbb{R}^m$, dessen Komponenten die endogenen Variablen angeben, und $g : \mathbb{R}^n \longrightarrow \mathbb{R}^m$ eine lineare Abbildung, die durch die Matrixform

$$g(x) \;=\; w \;=\; A\,x - b$$

gegeben ist. Hiermit ist ein *lineares Gleichungssystem* festgelegt, das aus den nachfolgenden m *linearen Gleichungen* besteht:

$$
\begin{aligned}
w_1 &= a_{11}x_1 + \ldots + a_{1t}x_t + \ldots + a_{1n}x_n - b_1 \\
&\;\;\vdots \\
w_s &= a_{s1}x_1 + \ldots + a_{st}x_t + \ldots + a_{sn}x_n - b_s \\
&\;\;\vdots \\
w_m &= a_{m1}x_1 + \ldots + a_{mt}x_t + \ldots + a_{mn}x_n - b_m \;\;.
\end{aligned}
$$

Schematisch kann das lineare Gleichungssystem wie folgt dargestellt werden:

	x_1	$\cdots$	x_{t-1}	x_t	x_{t+1}	$\cdots$	x_n	1
w_1	a_{11}	$\cdots$	$a_{1(t-1)}$	a_{1t}	$a_{1(t+1)}$	$\cdots$	a_{1n}	$-b_1$
$\vdots$	$\vdots$		$\vdots$	$\vdots$	$\vdots$		$\vdots$	$\vdots$
w_{s-1}	$a_{(s-1)1}$	$\cdots$	$a_{(s-1)(t-1)}$	$a_{(s-1)t}$	$a_{(s-1)(t+1)}$	$\cdots$	$a_{(s-1)n}$	$-b_{s-1}$
w_s	a_{s1}	$\cdots$	$a_{s(t-1)}$	a_{st}	$a_{s(t+1)}$	$\cdots$	a_{sn}	$-b_s$
w_{s+1}	$a_{(s+1)1}$	$\cdots$	$a_{(s+1)(t-1)}$	$a_{(s+1)t}$	$a_{(s+1)(t+1)}$	$\cdots$	$a_{(s+1)n}$	$-b_{s+1}$
$\vdots$	$\vdots$		$\vdots$	$\vdots$	$\vdots$		$\vdots$	$\vdots$
w_m	a_{m1}	$\cdots$	$a_{m(t-1)}$	a_{mt}	$a_{m(t+1)}$	$\cdots$	a_{mn}	$-b_m$

Dem Austauschschritt liegen sogenannte Austauschregeln zugrunde, die die Komponenten der Matrix $A = (a_{ij})_{\substack{1 \leq i \leq m \\ 1 \leq j \leq n}}$ und die Komponenten des Vektors $b = (b_i)_{1 \leq i \leq m}$ in die Komponenten der neuen Matrix $A' := \left(a'_{ij}\right)_{\substack{1 \leq i \leq m \\ 1 \leq j \leq n}}$ und die Komponenten des neuen Vektors $b' := (b'_i)_{1 \leq i \leq m}$ so überführen, daß im obigen Schema eine exogene Variable x_t des Vektors x und eine endogene Variable w_s des Vektors w die Plätze tauschen, alle übrigen Variablen jedoch ihre Plätze behalten. Im unteren neu entstandenen Schema ist dann aus x_t eine endogene Variable und aus w_s eine exogene Variable geworden. Der neue Vektor der endogenen Variablen lautet $w' := (w_1, \ldots, w_{s-1}, x_t, w_{s+1}, \ldots, w_m)^T$, der neue Vektor der exogenen Variablen lautet $x' := (x_1, \ldots, x_{t-1}, w_s, x_{t+1}, \ldots, x_n)^T$, und das dem neuen Schema zugrundeliegende lineare Gleichungssystem lautet $w' = A'x' - b'$.

Ein Platztausch kommt nur für solche Variablen x_t und w_s in Frage, bei denen $a_{st} \neq 0$ ist, da in den unten angegebenen Austauschregeln durch diese Komponenete geteilt werden muß.

Definition. Eine Komponente $a_{st} \neq 0$ von A heißt **Pivotelement** oder einfach **Pivot** (auf deutsch Drehzapfen oder Angel), die s-te Spalte von A heißt **Pivotspalte** und die t-te Zeile von A heißt **Pivotzeile**.

	x_1	$\cdots$	x_{t-1}	w_s	x_{t+1}	$\cdots$	x_n	1
w_1	a'_{11}	$\cdots$	$a'_{1(t-1)}$	a'_{1t}	$a'_{1(t+1)}$	$\cdots$	a'_{1n}	$-b'_1$
$\vdots$	$\vdots$		$\vdots$	$\vdots$	$\vdots$		$\vdots$	$\vdots$
w_{s-1}	$a'_{(s-1)1}$	$\cdots$	$a'_{(s-1)(t-1)}$	$a'_{(s-1)t}$	$a'_{(s-1)(t+1)}$	$\cdots$	$a'_{(s-1)n}$	$-b'_{s-1}$
x_t	a'_{s1}	$\cdots$	$a'_{s(t-1)}$	a'_{st}	$a'_{s(t+1)}$	$\cdots$	a'_{sn}	$-b'_s$
w_{s+1}	$a'_{(s+1)1}$	$\cdots$	$a'_{(s+1)(t-1)}$	$a'_{(s+1)t}$	$a'_{(s+1)(t+1)}$	$\cdots$	$a'_{(s+1)n}$	$-b'_{s+1}$
$\vdots$	$\vdots$		$\vdots$	$\vdots$	$\vdots$		$\vdots$	$\vdots$
w_m	a'_{m1}	$\cdots$	$a'_{m(t-1)}$	a'_{mt}	$a'_{m(t+1)}$	$\cdots$	a'_{mn}	$-b'_m$

Die **Austauschregeln** lauten:

Das Pivot
[AR1] $\quad a'_{st} = \dfrac{1}{a_{st}}$

Die Pivotzeile außer dem Pivot
[AR2] $\quad a'_{sj} = \dfrac{a_{sj}}{-a_{st}} \qquad$ für alle $j \in \{1, \dots, n\} \backslash \{t\}$ $\qquad b'_{s} \;= \dfrac{b_s}{-a_{st}}$

Die Pivotspalte außer dem Pivot
[AR3] $\quad a'_{it} = \dfrac{a_{it}}{a_{st}} \qquad$ für alle $i \in \{1, \dots, m\} \backslash \{s\}$

Alle Komponenten außer der Pivotzeile und der Pivotspalte
[AR4] $\quad a'_{ij} = (a_{ij} + a_{it} a'_{sj}) \quad$ für alle $i \in \{1, \dots, m\} \backslash \{s\}$ und $j \in \{1, \dots, n\} \backslash \{t\}$ $\qquad b'_{i} \;= (b_i + a_{it} b'_s) \qquad$ für alle $i \in \{1, \dots, m\} \backslash \{s\}$

Die Wirkungsweise der Austauschregeln kann wie folgt gezeigt werden.

Die s-te Zeile des Gleichungssystems $\quad w = A x - b \quad$ lautet zunächst:

$$w_s = a_{s1} x_1 + \dots + a_{s(t-1)} x_{t-1} + \boxed{a_{st} x_t} + a_{s(t+1)} x_{t+1} + \dots + a_{sn} x_n - b_s \,.$$

Da nach Voraussetzung $a_{st} \neq 0$ ist, kann die obere Gleichung nach x_t aufgelöst werden, woraus sich die nachfolgende erste Gleichung ergibt.

Eine Anwendung der Austauschregeln [AR1] und [AR2] auf die s-te Zeile des alten Gleichungssystems ergibt also gerade die s-te Zeile des neuen Gleichungssystems $w' = A'x' - b'$. Letzteres wird durch Vergleich der Faktoren, die in den beiden unteren Gleichungen mit derselben exogenen Variablen multipliziert werden, verdeutlicht.

$$x_t = \frac{a_{s1}}{-a_{st}}x_1 + \ldots + \frac{a_{s(t-1)}}{-a_{st}}x_{t-1} + \boxed{\frac{1}{a_{st}}w_s} + \frac{a_{s(t+1)}}{-a_{st}}x_{t+1} + \ldots + \frac{a_{sn}}{-a_{st}}x_n - \frac{b_s}{-a_{st}}$$

$$x_t = a'_{s1}x_1 + \ldots + a'_{s(t-1)}x_{t-1} + \boxed{a'_{st}w_s} + a'_{s(t+1)}x_{t+1} + \ldots + a'_{sn}\ x_n - b'_s$$

| [AR2] | ... | [AR2] | [AR1] | [AR2] | ... | [AR2] | [AR2] |

Ist $i \in \{1,\ldots,m\}\backslash\{s\}$, so lautet die i-te Zeile des Gleichungssystems $w = A\,x - b$:

$$w_i = a_{i1}x_1 + \ldots + a_{i(t-1)}x_{t-1} + \boxed{a_{it}x_t} + a_{i(t+1)}x_{t+1} + \ldots + a_{in}x_n - b_i\,.$$

Wird die Variable x_t in dieser Gleichung durch die s-te Zeile des Gleichungssystems $w' = A'x' - b'$ substituiert und wird nach den verbliebenen Variablen $x_1,\ldots,x_{t-1},w_s,x_{t+1},\ldots,x_n$ neu geordnet, so ergibt sich für $i \neq s$ die nachfolgende Gleichung in der linken Spalte.

Eine Anwendung der Austauschregeln [AR3] und [AR4] auf die i-te Zeile des alten Gleichungssystems ergibt also gerade die i-te Zeile des neuen Gleichungssystems. Letzteres wird durch Vergleich der Faktoren, die in den beiden unteren Gleichungen mit derselben exogenen Variablen multipliziert werden, zunächst nur für [AR4] verdeutlicht. Wird allerdings in der vorläufigen Austauschregel [AR3'] die Komponente a'_{st} mittels [AR1] durch die Komponente $\dfrac{1}{a_{st}}$ ersetzt, ergibt sich die endgültige Austauschregel [AR3].

$$w_i = (a_{i1} + a_{it}a'_{s1})x_1$$

$$+ \quad \ldots$$

$$+ (a_{i(t-1)} + a_{it}a'_{s(t-1)})x_{t-1}$$

$$+ \boxed{a_{it}a'_{st}w_s}$$

$$+ (a_{i(t+1)} + a_{it}a'_{s(t+1)})x_{t+1}$$

$$+ \quad \ldots$$

$$+ (a_{in} + a_{it}a'_{sn})x_n$$

$$- (b_i + a_{it}b'_s)$$

$$w_i = a'_{i1}x_1$$

$$+ \quad \ldots$$

$$+ a'_{i(t-1)}x_{t-1}$$

$$+ \boxed{a'_{it}w_s}$$

$$+ a'_{i(t+1)}x_{t+1}$$

$$+ \quad \ldots$$

$$+ a'_{in}x_n$$

$$- b'_i$$

[AR4]

$\vdots$

[AR4]

[AR3']

[AR4]

$\vdots$

[AR4]

[AR4]

Hintereinanderschaltung von Austauschschritten.   Die Durchführung von mehrfach hintereinander ausgeführten Austauschschritten, d.h. die Mehrfachanwendung der Austauschregeln auf eine Matrix A bzw. einen Vektor b, kann wie folgt beschrieben werden:

Ausgehend von einer Matrix $A^{(0)} := A$ bzw. einem Vektor $b^{(0)} := b$ resultiere, unter der Voraussetzung, daß bei jedem Austauschschritt ein Pivot existiert, die Matrix $A^{(p)} = \left(a_{ij}^{(p)}\right)_{\substack{1 \le i \le m \\ 1 \le j \le n}}$ bzw. der Vektor $b^{(p)} = \left(b_i^{(p)}\right)_{1 \le i \le m}$, die mit dem p-ten Austauschschritt aus einer Matrix $A^{(p-1)}$ bzw. einem Vektor $b^{(p-1)}$ überführt worden sind $(1 \le p \le m)$. Im Falle $p = 1$ gilt beispielsweise $A^{(1)} := A'$ bzw. $b^{(1)} := b'$. In der folgenden Darstellung gibt $\xrightarrow{p\text{-ter}}$ den p-ten Austauschschritt an:

$$A^{(0)} \xrightarrow{1.} A^{(1)} \xrightarrow{2.} A^{(2)} \xrightarrow{3.} \ldots \xrightarrow{(p-1)\text{-ter}} A^{(p-1)} \xrightarrow{p\text{-ter}} A^{(p)} \ldots$$

$$b^{(0)} \xrightarrow{1.} b^{(1)} \xrightarrow{2.} b^{(2)} \xrightarrow{3.} \ldots \xrightarrow{(p-1)\text{-ter}} b^{(p-1)} \xrightarrow{p\text{-ter}} b^{(p)} \ldots$$

Wird von einem Gleichungssystem $w = Ax - b$ ausgegangen, so kann bei diesem Prozeß nach $p = m$ Schritten folgendes spezielle Schema auftauchen, das unmittelbar gestattet, eine Basislösung abzulesen.

	w_1	$\ldots$	w_m	x_{m+1}	$\ldots$	x_n	1
x_1	$a_{11}{}^{(m)}$	$\ldots$	$a_{1m}{}^{(m)}$	$a_{1(m+1)}{}^{(m)}$	$\ldots$	$a_{1n}{}^{(m)}$	$-b_1{}^{(m)}$
$\vdots$	$\vdots$		$\vdots$	$\vdots$		$\vdots$	$\vdots$
x_m	$a_{m1}{}^{(m)}$	$\ldots$	$a_{mm}{}^{(m)}$	$a_{m(m+1)}{}^{(m)}$	$\ldots$	$a_{mn}{}^{(m)}$	$-b_m{}^{(m)}$

Werden jetzt $w_1 = 0, \ldots, w_n = 0$ gesetzt, so folgt als Basislösung $x_1 = -b_1{}^{(m)}, \ldots, x_m = -b_m{}^{(m)}$, $x_{m+1} = 0, \ldots, x_n = 0$, wenn die Vorzeichenbedingungen eingehalten werden, d.h. $-b_1{}^{(m)} \geq 0, \ldots, -b_m{}^{(m)} \geq 0$.

6.4 Simplex-Algorithmus

Es liege eine lineare Minimierungsaufgabe in der Form vor, wie sie zu Beginn von Abschnitt 6.2 dargestellt wurde, und es gelte $\mathrm{rg}(A|b) = \mathrm{rg}(A) = m$ und $m \leq n$.

Der Simplex-Algorithmus setzt sich aus mehreren Austauschschritten zusammen, die sich aus den Austauschregeln [AR1] – [AR4] ergeben (vgl. unten und Abschnitt 6.3). Statt endogene und exogene Variable werden in diesen Auschschritten Basisvariable und Nichtbasisvariable vertauscht. Der Simplex-Algorithmus durchläuft mehrere Schritte, wobei jedesmal eine neue Basislösung bzw. Ecke der Menge M nach einer noch zu beschreibenden Methode berechnet wird, so daß der Zielfunktionswert $f(x)$ verkleinert wird. Läßt es die Aufgabenstellung zu, wird ausgehend von einer Anfangsbasislösung $x^{(0)}$ nach endlich vielen Schritten das Minimum x^* erreicht.

Ermittlung einer Anfangsbasislösung. Im allgemeinen kann einer linearen Minimierunsaufgabe nicht von vornherein angesehen werden, welche Kombination von Werten $x_1^{(0)}, \ldots, x_n^{(0)}$ eine Basislösung ist. Zwei Möglichkeiten, eine Anfangsbasislösung zu ermitteln, sollen kurz skizziert werden.

a) Seien Nebenbedingungen durch ein Unleichunssystem $\overline{A}\,\overline{x} \leq b$ mit $b \geq 0$ formuliert, wobei $\overline{A}$ eine $(m \times q)$-Matrix und $\overline{x} = (x_j)_{1 \leq j \leq q}$ sei. Werden Schlupfvariable $x_{q+1}, \ldots, x_{q+m}$ $(q + m = n)$ eingeführt, dann ist $A = (\overline{A}|E_m)$ eine $(m \times n)$-Matrix und $x = (x_j)_{1 \leq j \leq n}$.
Die Nebenbedingungen werden jetzt durch folgendes Gleichungssystem formuliert:

$$
\begin{pmatrix}
a_{11} & \cdots & a_{1q} & 1 & 0 & \cdots & \cdots & 0 \\
a_{21} & \cdots & a_{2q} & 0 & \ddots & \ddots & & \vdots \\
\vdots & & \vdots & \vdots & \ddots & \ddots & \ddots & \vdots \\
a_{(m-1)1} & \cdots & a_{(m-1)q} & \vdots & & \ddots & \ddots & 0 \\
a_{m1} & \cdots & a_{mq} & 0 & \cdots & \cdots & 0 & 1
\end{pmatrix}
\begin{pmatrix}
x_1 \\ \vdots \\ x_q \\ x_{q+1} \\ \vdots \\ x_{q+m}
\end{pmatrix}
=
\begin{pmatrix}
b_1 \\ b_2 \\ \vdots \\ b_{m-1} \\ b_m
\end{pmatrix}
$$

Hieraus ergibt sich unmittelbar die Basislösung mit den Komponenten $x_1^{(0)} = 0, \ldots, x_q^{(0)} = 0, x_{q+1}^{(0)} = b_1, \ldots, x_{q+m}^{(0)} = b_m$ (vgl. auch Beispiel 6.1).

b) Werden Nebenbedingungen durch ein Gleichunssystem $Ax = b$ formuliert, kann durch Hintereinanderschalten von m Austauschschritten stets eine Basislösung ermittelt werden, sofern eine Basislösung existiert (vgl. Ende von Abschnitt 6.3 und Beispiel 6.2).

Vorbereitungen für den Simplex-Algorithmus.   Eine nichtentartete Anfangsbasislösung $x^{(0)} \in M$ sei bekannt. Damit sind genau m Komponeneten von $x^{(0)}$ positiv, also gelte für die Basisvariablen bzw. Nichtbasisvariablen: $x_{k_1}^{(0)} > 0, \ldots, x_{k_m}^{(0)} > 0$ bzw. $x_{k_{m+1}}^{(0)} = 0, \ldots, x_{k_n}^{(0)} = 0$ mit $I := \{k_1, \ldots, k_m\} \subseteq \{1, \ldots, n\}$ bzw. $\{k_{m+1}, \ldots, k_n\} = \{1, \ldots, n\} \backslash I$. Ist ein Index j aus der letztgenannten Indexmenge, so wird im folgenden einfach $j \notin I$ geschrieben.

Die Spaltenvektoren $a^{k_1}, \ldots, a^{k_m}$ bilden eine Basis von $A = (a^1 | \ldots | a^n)$ und es gilt:

$$
\sum_{i \in I} a^i x_i^{(0)} = a^{k_1} x_{k_1}^{(0)} + \ldots + a^{k_m} x_{k_m}^{(0)} = b.
$$

Jeder Spaltenvektor der Matrix A kann durch die linear unabhängigen Vektoren $a^{k_1}, \ldots, a^{k_m}$ wie folgt dargestellt werden:

$$
a^j = d_{k_1 j} a^{k_1} + \ldots + d_{k_m j} a^{k_m} = \sum_{i \in I} d_{ij} a^i \quad \text{mit } j \in \{1, \ldots, n\}.
$$

Für die auf diese Weise neu entstandene $(m \times n)$-Matrix $\quad D = (d_{ij})_{\substack{i \in I \\ 1 \leq j \leq n}}\quad$ gilt im Fall

- $j \in I$: d_{ij} ist gleich dem Kroneckersymbol δ_{ij}, d.h. es gilt:

$$d_{ij} := \begin{cases} 1, & \text{falls } i = j, \\ 0, & \text{falls } i \neq j. \end{cases}$$

Mit anderen Worten: Die Vektoren $\begin{pmatrix} d_{k_1 j} \\ \vdots \\ d_{k_m j} \end{pmatrix}$ stellen die Einheitsvektoren $e_1, \ldots, e_m$ dar.

- $j \notin I$: d_{ij} kann jeden beliebigen Wert annehmen.

Zwei Beispiele für die Matrix D werden in einer Bemerkung im Anschluß von Satz 6.6 gegeben.

Satz 6.5. *Sei $x \in M$. Der Zielfunktionswert $f(x) = c^T x$ ist genau dann kleiner als $f(x^{(0)}) = c^T x^{(0)}$, wenn gilt:*

$$\sum_{j \notin I} x_j \left(c_j - \sum_{i \in I} d_{ij} c_i \right) < 0.$$

Bemerkung. Nach Satz 6.5 ist $x^{(0)}$ bereits optimal, wenn gilt:

$$v_j := c_j - \sum_{i \in I} d_{ij} c_i \geq 0 \quad \text{für alle } j \notin I.$$

Um entscheiden zu können, ob eine durch den Simplex-Algorithmus neuberechnete Basislösung $x^{(1)}$ wirklich den Zielfunktionswert vermindert, müssen somit alle $n - m$ Zahlen v_j berechnet werden.

Die anschließende Beweisskizze des Satzes kann übersprungen werden, falls der Leser nur an der praktischen Ausführung des Simplex-Algorithmus interessiert ist.

Es gilt für $x^{(0)}$ und alle $x \in M$:

$$\sum_{i \in I} a^i x_i^{(0)} \; = \; b \; = \; \sum_{j=1}^{n} a^j x_j \; = \; \sum_{j=1}^{n} \left(\sum_{i \in I} d_{ij} a^i \right) x_j \; = \; \sum_{i \in I} \left(\sum_{j=1}^{n} d_{ij} x_j \right) a^i.$$

Werden die zu den a^i gehörenden Faktoren verglichen und dann die spezielle Gestalt von D berücksichtigt, dann ergibt sich:

$$x_i^{(0)} = \sum_{j=1}^{n} d_{ij}x_j = x_i + \sum_{j \notin I} d_{ij}x_j, \qquad \text{also} \qquad x_i = x_i^{(0)} - \sum_{j \notin I} d_{ij}x_j.$$

Der Zusammenhang der beiden Zielfunktionswerte $c^T x$ und $c^T x^{(0)}$ wird wie folgt hergestellt:

$$\underbrace{\sum_{k=1}^{n} c_k x_k}_{= c^T x} = \sum_{i \in I} c_i x_i \qquad\qquad + \sum_{j \notin I} c_j x_j$$

$$= \sum_{i \in I} c_i \left(x_i^{(0)} - \sum_{j \notin I} d_{ij}x_j \right) + \sum_{j \notin I} c_j x_j$$

$$= \sum_{i \in I} c_i x_i^{(0)} - \sum_{i \in I} c_i \sum_{j \notin I} d_{ij}x_j + \sum_{j \notin I} c_j x_j$$

$$= \underbrace{\sum_{i \in I} c_i x_i^{(0)}}_{= c^T x^{(0)}} + \sum_{j \notin I} x_j \underbrace{\left(c_j - \sum_{i \in I} d_{ij}c_i \right)}_{= v_j}$$

Satz 6.6. *Sei* $x \in M$. *Ist für ein* $j \notin I$ $c_j - \sum_{i \in I} d_{ij}c_i < 0$ *und gilt:* $d_{ij} \leq 0$ *für alle* $i \in I$, *dann ist* M *nicht beschränkt, und es existiert keine optimale Lösung* x^*.

Bemerkung.

– Ist die gestellte lineare Optimierungsaufgabe beispielsweise durch Einführung von Schlupfvariablen (wie in *Ermittlung einer Anfangsbasislösung a)*) entstanden, dann stellen die Spaltenvektoren $a^{k_1}, \ldots, a^{k_m}$ schon die Einheitsvektoren $e_1, \ldots, e_m$ dar, und es gilt trivialerweise $D = A$ (vgl. Beispiel 6.1).

– Mußte die Anfangsbasislösung $x^{(0)}$ erst ermittelt werden und sind nach m Austauschschritten die Komponenten $a_{ij}^{(m)}$ entstanden, so gilt $d_{ij} = -a_{ij}^{(m)}$ für $j > m$ und $d_{ij} = \delta_{ij}$ für $j \leq m$ (vgl. Schema zum Ende von Abschnitt 6.3 und Beispiel 6.2).

Das Simplex-Tableau ist eine schematische Anordnung von Zahlen, die in jedem Durchlauf des Simplex-Algorithmus benötigt werden.

- Die linke Spalte (bzw. die oberste Zeile) enthält die Komponenten eines Vektors $x \in \mathbb{R}^n$, deren Indizes zur Menge I (bzw. nicht zur Menge I) gehören, entsprechend den Basisvariablen (bzw. den Nichtbasisvariablen).

- Der mittlere Teil enthält nur die $n - m$ Spaltenvektoren der Matrix D, für deren Spaltenindizes gilt: $j \notin I$. Die restlichen entsprechen den Einheitsvektoren und sind für das Tableau entbehrlich.

- Die unterste Spalte enthält die Werte v_j.

- Die zweite Spalte von rechts zeigt die Werte der Basisvariablen der Basislösung $x^{(0)}$. Die Werte der Nichtbasisvariablen sind gleich Null und für das Tableau entbehrlich.

- Gilt für einen Index $t \notin I$ $v_t < 0$, dann stehen in der rechten Spalte die Zahlen $\dfrac{x_i^{(0)}}{d_{it}}$ mit $i \in I$, wobei diese nur dann eingetragen werden, wenn gilt: $d_{it} > 0$.

- Unten rechts wird der Wert der Zielfunktion $f(x)$ angegeben, den sie an der Stelle der Basislösung $x^{(0)}$ annimmt.

Das Simplex-Tableau für $\{k_1, \ldots, k_m\} = I$ und $k_{m+1}, \ldots, k_n \notin I$ lautet:

	$x_{k_{m+1}}$	$\cdots$	x_{k_n}		
x_{k_1}	$d_{k_1 k_{m+1}}$	$\cdots$	$d_{k_1 k_n}$	$x_{k_1}^{(0)}$	$\dfrac{x_{k_1}^{(0)}}{d_{k_1 t}}$
$\vdots$	$\vdots$		$\vdots$	$\vdots$	$\vdots$
x_{k_m}	$d_{k_m k_{m+1}}$	$\cdots$	$d_{k_m k_n}$	$x_{k_m}^{(0)}$	$\dfrac{x_{k_m}^{(0)}}{d_{k_m t}}$
	$v_{k_{m+1}}$	$\cdots$	v_{k_n}	$f\left(x^{(0)}\right)$	

Die Austauschregeln für Basis- und Nichtbasisvariable.   Die folgende Gleichung zeigt für alle $i \in I$ den Zusammenhang der i-ten Basisvariablen mit den Nichtbasisvariablen und der i-ten Komponente der Basislösung $x^{(0)}$ (vgl. Beweisskizze zu Satz 6.5):

$$x_i \;=\; \sum_{j \notin I} (-d_{ij}) \, x_j + x_i^{(0)}.$$

Soll eine Basisvariable mit einer Nichtbasisvariable den Platz tauschen, so geschieht dies analog dem Platztausch von endogenen und exogenen Variablen (vgl. Abschnitt 6.3). Die auszutauschende Basisvariable (bzw. Nichtbasisvariable) wird mit dem Index s (bzw. t) versehen. Das Pivot des ersten Tableaus ist extra eingerahmt.

Da die Berechnungen des Simplex-Algorithmus mit positiven statt mit negativen Vorzeichen der Matrix D durchgeführt werden sollen, müssen die Austauschregeln [AR1] – [AR4] wie folgt umgeformt werden:

Werden für alle $i \in I$ und $j \notin I$ [AR1] – [AR4] statt auf a_{ij} bzw. $-b_i$ auf $(-d_{ij})$ bzw. $x_i^{(0)}$ angewendet und werden die so entstandenen vier Gleichungen mit -1 multipliziert, so folgen die Austauschregeln für Basis- und Nichtbasisvariable. Die hergeleiteten Austauschregeln werden durch eine Gegenüberstellung der folgenden beiden Simplex-Tableaus dargestellt. Dabei gilt jetzt $i, s \in I$ mit $i \neq s$ und $j, t \notin I$ mit $j \neq t$, und es zu beachten, daß die Basisvariablen im ersten Tableau mit der Indexmenge I und aufgrund des Platztausches im zweiten Tableau mit der Indexmenge $I \cup \{t\} \setminus \{s\}$ gekennzeichnet werden.

	...	x_j	...	x_t	...		
	$\vdots$	$\vdots$		$\vdots$		$\vdots$	$\vdots$
x_i	...	d_{ij}	...	d_{it}	...	$x_i^{(0)}$	$\dfrac{x_i^{(0)}}{d_{it}}$
	$\vdots$	$\vdots$		$\vdots$		$\vdots$	$\vdots$
x_s	...	d_{sj}	...	$\boxed{d_{st}}$	...	$x_s^{(0)}$	$\dfrac{x_s^{(0)}}{d_{st}}$
	$\vdots$	$\vdots$		$\vdots$		$\vdots$	$\vdots$
	...	v_j	...	v_t	...	$f\left(x^{(0)}\right)$	

	...	x_j	...	x_s	...		
	$\vdots$	$\vdots$		$\vdots$		$\vdots$	
x_i	...	$d_{ij} - d_{it}\dfrac{d_{sj}}{d_{st}}$	...	$-\dfrac{d_{it}}{d_{st}}$	...	$x_i^{(0)} - d_{it}\dfrac{x_s^{(0)}}{d_{st}}$	
	$\vdots$	$\vdots$		$\vdots$		$\vdots$	
x_t	...	$\dfrac{d_{sj}}{d_{st}}$	...	$\dfrac{1}{d_{st}}$	...	$\dfrac{x_s^{(0)}}{d_{st}}$	
	$\vdots$	$\vdots$		$\vdots$		$\vdots$	
	...	$v_j - v_t\dfrac{d_{sj}}{d_{st}}$	...	$-\dfrac{v_t}{d_{st}}$	...	$f\left(x^{(0)}\right) + v_t\dfrac{x_s^{(0)}}{d_{st}}$	

Die Werte der rechten Spalte des zweiten Tableaus können erst eingetragen werden, wenn die neue Pivotspalte ausgewählt ist.

Der Übergang der untersten Zeile des ersten in die des zweiten Tableaus wird nachfolgend bewiesen, kann jedoch von dem Leser übersprungen werden, der nur an der praktischen Durchführung des Simplex-Algorithmus interessiert ist. Die Werte v_j', v_s' und $f\left(x^{(1)}\right)$ der untersten Zeile des zweiten Tableaus ergeben sich wie folgt:

$$v'_j \; := \; c_j - \left(\sum_{i \in I \setminus \{s\}} \left(d_{ij} - d_{it} \frac{d_{sj}}{d_{st}} \right) c_i + \frac{d_{sj}}{d_{st}} c_t \right)$$

$$= \; c_j - \left(\sum_{i \in I} \left(d_{ij} - d_{it} \frac{d_{sj}}{d_{st}} \right) c_i - \underbrace{\left(d_{sj} - d_{st} \frac{d_{sj}}{d_{st}} \right)}_{=\,0} c_s + \frac{d_{sj}}{d_{st}} c_t \right)$$

$$= \; \underbrace{\left(c_j - \sum_{i \in I} d_{ij} c_i \right)}_{=\,v_j} - \underbrace{\left(c_t - \sum_{i \in I} d_{it} c_i \right)}_{=\,v_t} \frac{d_{sj}}{d_{st}}$$

$$v'_s \; := \; c_s - \left(\sum_{i \in I \setminus \{s\}} \left(-\frac{d_{it}}{d_{st}} \right) c_i + \frac{1}{d_{st}} c_t \right)$$

$$= \; c_s - \left(\sum_{i \in I} \left(-\frac{d_{it}}{d_{st}} \right) c_i - \underbrace{\left(-\frac{d_{st}}{d_{st}} \right)}_{=\,-1} c_s + \frac{1}{d_{st}} c_t \right)$$

$$= \; -\underbrace{\left(c_t - \sum_{i \in I} d_{it} c_i \right)}_{=\,v_t} \frac{1}{d_{st}}$$

$$f\left(x^{(1)} \right) \; := \; \sum_{i \in I \setminus \{s\}} \left(x_i^{(0)} - d_{it} \frac{x_s^{(0)}}{d_{st}} \right) c_i + \frac{x_s^{(0)}}{d_{st}} c_t$$

$$= \; \sum_{i \in I} \left(x_i^{(0)} - d_{it} \frac{x_s^{(0)}}{d_{st}} \right) c_i - \underbrace{\left(x_s^{(0)} - d_{st} \frac{x_s^{(0)}}{d_{st}} \right)}_{=\,0} c_s + \frac{x_s^{(0)}}{d_{st}} c_t$$

$$= \; \underbrace{\left(\sum_{i \in I} x_i^{(0)} c_i \right)}_{=\,f\left(x^{(0)} \right)} + \underbrace{\left(c_t - \sum_{i \in I} d_{it} c_i \right)}_{=\,v_t} \frac{x_s^{(0)}}{d_{st}}$$

Der Simplex-Algorithmus.

Da $m \leq n$ ist, kann es mehrere Basislösungen geben (vgl. Aussage e) in Satz 6.3). Ein Verfahren, die optimale Basislösung zu ermitteln, ist der Simplex-Algorithmus, der sich aus mehrfach zu durchlaufenden Schritten zusammensetzt. Jeder Schritt beinhaltet eine Verfahrensvorschrift, die vorgibt, wie Zahlen berechnet, Basen ausgetauscht oder Abbruchkriterien überprüft werden. Der Simplex-Algorithmus wird wie folgt durchgeführt:

$x^{(p)}$ bezeichne für $p = 0$ die Anfangsbasislösung und für $p = 1, 2, 3, \ldots$ eine Basislösung, die im p-ten Durchlauf des Simplex-Algorithmus ermittelt wurde. Entsprechendes gelte für die restlichen Zahlen mit dem Superskript (p). $I^{(p)}$ sei dabei die Indexmenge der Basisvariablen von $x^{(p)}$.

1) Bestimme eine Anfangsbasislösung $x^{(0)}$.
   Notiere die Indexmenge $I^{(0)} := \{k_1, \ldots, k_m\}$ der Basisvariablen von $x^{(0)}$ und die Indexmenge $\{k_{m+1}, \ldots, k_n\}$ der Nichtbasisvariablen.

2) Bestimme die Matrix $\left(d_{ij}^{(0)}\right)_{\substack{i \in I^{(0)} \\ j \notin I^{(0)}}}$ aus

$$a^j = d_{k_1 j}^{(0)} a^{k_1} + \ldots + d_{k_m j}^{(0)} a^{k_m}.$$

3) Es sei $p \geq 0$: Berechne die Zahlen

$$v_j^{(p)} := c_j - \sum_{i \in I^{(p)}} d_{ij}^{(p)} c_i \quad \text{für alle} \quad j \notin I^{(p)}.$$

   Gilt $v_j^{(p)} \geq 0$ für alle $j \notin I$, dann ist $x^{(p)}$ optimal (vgl. Satz 6.5). Andernfalls:

4) Wähle ein $t \notin I^{(p)}$ für das gilt: $v_t^{(p)} < 0$.
   Gilt $d_{it}^{(p)} \leq 0$ für alle $i \in I^{(p)}$, dann existiert kein Optimum (vgl. Satz 6.6). Andernfalls:

5) Bestimme das Minimum der Zahlen $\dfrac{x_i^{(p)}}{d_{it}^{(p)}}$ mit $i \in I^{(p)}$, bei denen $d_{it}^{(p)} > 0$ ist. Dieses werde für $s \in I^{(p)}$ angenommen.

6) Berechne nach den Austauschregeln für Basis- und Nichtbasisvariable die neue Matrix $\left(d_{ij}^{(p+1)}\right)_{\substack{i \in I^{(p+1)} \\ j \notin I^{(p+1)}}}$ und die neue Basislösung $x^{(p+1)}$.
   Setze dabei $I^{(p+1)} = I^{(p)} \cup \{t\} \setminus \{s\}$.

7) Starte den nächsten Durchlauf in 3) mit $p + 1$ statt p.

Bemerkung. Für die s-te (bzw. t-te) Komponente der Basislösung $x^{(p)}$ gilt:

$$x_s^{(p)} > 0 \quad (\text{bzw. } x_t^{(p)} = 0).$$

Nach einem Durchlauf des Simplex-Algorithmus gilt für die s-te (bzw. t-te) Komponente der Basislösung $x^{(p+1)}$:

$$x_s^{(p+1)} = x_s^{(p)} - d_{st}\frac{x_s^{(p)}}{d_{st}} = 0 \quad (\text{bzw. } x_t^{(p+1)} = \frac{x_s^{(p)}}{d_{st}} > 0).$$

Somit ist für nichtentartete Basislösungen nach jedem Durchlauf gesichert, daß ihre Basisvariablen positiv und ihre Nichtbasisvariablen gleich Null sind.
Gilt jedoch für mindestens ein $i \in I^{(p)} \backslash \{s\}$:

$$x_i^{(p+1)} = x_i^{(p)} - d_{it}\frac{x_s^{(p)}}{d_{st}} = 0, \quad \text{d.h.} \quad \frac{x_i^{(p)}}{d_{it}} = \frac{x_s^{(p)}}{d_{st}},$$

dann ist $x^{(p+1)}$ eine entartete Basislösung, da eine ihrer Basisvariablen gleich Null ist. Tritt in einem Durchlauf des Simplex-Algorithmus eine entartete Basislösung auf, dann kann der Algorithmus sie mehrfach durchlaufen und dabei in einer Endlosschleife verharren. Andernfalls findet er das Optimum oder stellt die Nichtlösbarkeit fest.

6.5   Eine Auswahl ökonomischer Beispiele

Beispiel 6.1 (Lineare Maximierungsaufgabe). Das erste Eingangsbeispiel, welches als lineares Maximierungsproblem gegeben wurde, lautet umgeformt zu einem linearen Minimierungsproblem:

$$-f(x_1, x_2) \; = \; -0,05\,x_1 \; - \; 0,1\,x_2 \; \overset{!}{=} \; Min$$

$$
\begin{array}{rrcl}
\text{unter} \quad & x_1 & & \le \; 0,8 \\[4pt]
& x_1 & x_2 & \le \; 0,4 \\[4pt]
& x_1 \; + & x_2 & \le \; 1 \\[4pt]
& x_1 & & \ge \; 0 \\[4pt]
& & x_2 & \ge \; 0 \,.
\end{array}
$$

Die Abbildung 6.5 zeigt die graphische Lösung der linearen Optimierungsaufgabe.

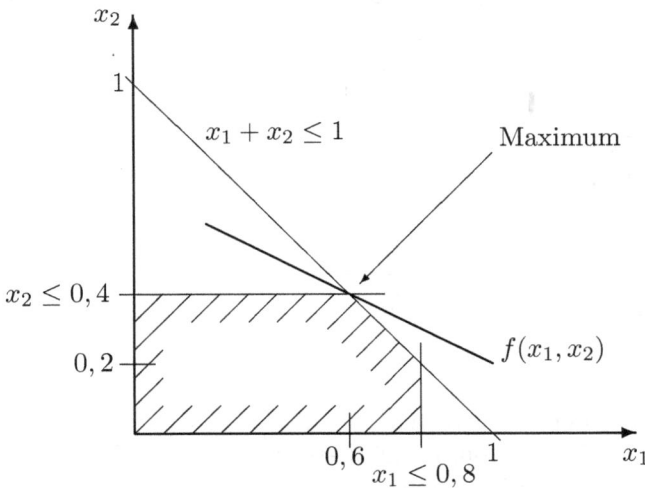

Abb. 6.5. Menge der zulässigen Lösungen.

Werden Schlupfvariable $x_3 \geq 0$, $x_4 \geq 0$ und $x_5 \geq 0$ eingeführt, so gilt für die Nebenbedingungen:

$$
\begin{array}{rcrcrcrcr}
x_1 & & + & x_3 & & & & = & 0,8 \\
& x_2 & & & + & x_4 & & = & 0,4 \\
x_1 & + & x_2 & & & & + & x_5 & = & 1 \,.
\end{array}
$$

Das bedeutet, daß es für die lineare Optimierungsaufgabe höchstens $\binom{5}{3} = 10$ Basislösungen geben kann, tatsächlich werden nur für die folgenden 5 Lösungen, die leicht dem obigen Gleichungssystem bzw. der Abbildung 6.5 zu entnehmen sind, die Vorzeichenbedingungen eingehalten. Anhand der zugehörigen Zielfunktionswerte ist zu erkennen, daß die 3. Lösung (vgl. untere Tabelle) optimal ist.

	x_1	x_2	x_3	x_4	x_5	$-f(x)$
1.	0	0	0,8	0,4	1	0
2.	0	0,4	0,8	0	0,6	$-0,04$
3.	0,6	0,4	0,2	0	0	$-0,07$
4.	0,8	0,2	0	0,2	0	$-0,06$
5.	0,8	0	0	0,4	0,2	$-0,04$

Anstatt alle 5 Basislösungen zu überprüfen, findet – ausgehend von der 1. Basislösung der obigen Tabelle – der im folgende durchgeführte Simplex-Algorithmus das Optimum schon im 2. Durchlauf, d.h. nach Überprüfung von 3 Basislösungen. Mit größeren Werten von n und m steigt der Nutzen des Simplex-Algorithmus vehement, da dann die Anzahl der Basislösungen sehr groß sein kann. Bei der Anwendung der Austauschregeln für Basis- und Nichtbasisvariable aus Abschnitt 6.4 ist in diesem Beispiel zu beachten, daß bei der Neuberechnung des Zielfunktionswertes $-f(x^{(p)})$ der Vektor c mit -1 multipliziert werden muß.

I.	x_1	x_2	$x^{(0)}$	$t = 2$
x_3	1	0	0,8	
x_4	0	1	0,4	0,4
x_5	1	1	1	1
	$-0,05$	$-0,1$	0	

II.	x_1	x_4	$x^{(1)}$	$t = 1$
x_3	1	0	0,8	0,8
x_2	0	1	0,4	
x_5	1	-1	0,6	0,6
	$-0,05$	0,1	$-0,04$	

III.	x_5	x_4	$x^{(2)}$	
x_3	-1	1	0,2	
x_2	0	1	0,4	
x_1	1	-1	0,6	
	0,05	0,05	$-0,07$	

Die optimale Lösung der linearen Optimierungsaufgabe lautet also: $\quad x^* = (x_1^*, x_2^*, x_3^*, x_4^*, x_5^*) = (0,6; 0,4; 0,2; 0; 0)$ mit $-f(x^*) = -0,07$.

Auf das erste Eingangsbeispiel bezogen bedeutet dies, daß der Anleger Anleihen im Wert von 0,6 Mill. GE und Aktien im Wert von 0,4 Mill. GE kauft, um nach 1 Jahr den maximalen Renditeertrag in Höhe von 0,07 Mill. GE zu erhalten. Anleihen im Wert von $x_3^* = 0,2$ Mill. GE verbleiben beim Wertpapierverkäufer. Die Zahl $x_4^* = 0$ gibt an, daß alle vorhandenen Aktien gekauft werden, und $x_5^* = 0$ bedeutet, daß der Anleger über den gesamten geplanten Anlagebetrag verfügt.

Beispiel 6.2 (Lineare Minimierungsaufgabe). Ein Menü, bestehend aus 2 Nahrungsmitteln $i = 1, 2$, soll jeden Tag für eine Bevölkerungsgruppe zusammengestellt werden, wobei x_i die Anzahl der Mengeneinheiten ME des i-ten Nahrungsmittels angibt. Eine ME des 1. Nahrungsmittels kostet 4 Geldeinheiten und eine ME des 2. Nahrungsmittels 1 Geldeinheit.

Die Kosten des Menüs sollen pro Tag unter den Bedingungen minimiert werden, daß Mindestgehalte an den j Grundsubstanzen ($j = 1, 2, 3, 4$) Kohlehydrate (180 ME), Eiweiß (72 ME), Fett (60 ME) und Mineralstoffe (7,2 ME) eingehalten werden. Im anschließenden Ungleichungssystem geben die Faktoren der Variablen x_1 und x_2 den prozentualen Anteil der j-ten Grundsubstanz am i-ten Nahrungsmittel an.

Mathematisch wird die Aufgabe wie folgt formuliert:

$$f(x_1, x_2) = 4\,x_1 + 1\,x_2 \overset{!}{=} Min$$

$$
\begin{array}{rcrclll}
\text{unter} & 0,6\,x_1 & + & 0,1\,x_2 & \geq & 180 & \text{(Kohlehydrate)} \\
& 0,06\,x_1 & + & 0,18\,x_2 & \geq & 72 & \text{(Eiweiß)} \\
& 0,1\,x_1 & + & 0,1\,x_2 & \geq & 60 & \text{(Fett)} \\
& 0,018\,x_1 & + & 0,006\,x_2 & \geq & 7,2 & \text{(Mineralstoffe)} \\
& x_1 & & & \geq & 0 & \\
& & & x_2 & \geq & 0 & .
\end{array}
$$

Die Abbildung 6.6 zeigt die graphische Lösung der linearen Optimierungsaufgabe. Sie zeigt, daß die Menge der zulässigen Lösungen nicht beschränkt ist und dennoch ein Minimum existiert.

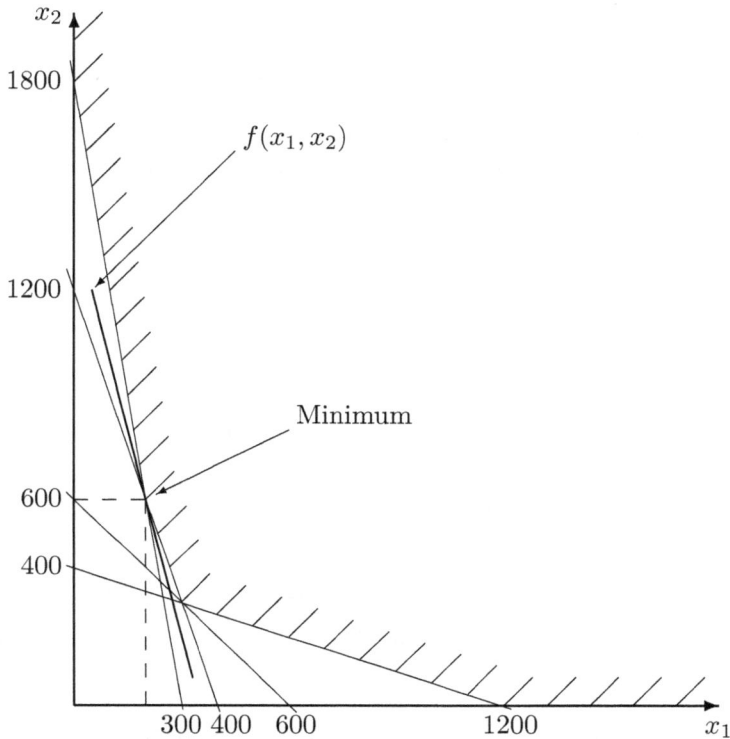

Abb. 6.6. Menge der zulässigen Lösungen.

Werden die Nebenbedingungen mit 100 multipliziert und dann Schlupfvariable $x_3 \geq 0$, $x_4 \geq 0$, $x_5 \geq 0$ und $x_6 \geq 0$ eingeführt, so gilt für die Nebenbedingungen:

$$
\begin{aligned}
60\,x_1 &+ 10\,x_2 &- x_3 & & & & &= 18000 \\
6\,x_1 &+ 18\,x_2 & &- x_4 & & & &= 7200 \\
10\,x_1 &+ 10\,x_2 & & &- x_5 & & &= 6000 \\
1,8\,x_1 &+ 0,6\,x_2 & & & &- x_6 &&= 720 \quad .
\end{aligned}
$$

Das bedeutet, daß es für die lineare Optimierungsaufgabe höchstens $\binom{6}{3} = 20$ Basislösungen geben kann, tatsächlich existieren nur die 4 unten angegebenen Basislösungen, die leicht dem obigen Gleichungssystem bzw. der Abbildung 6.6 zu entnehmen sind. Das liegt daran, daß zum einen einige Lösungen des obigen Gleichungssystems nicht die Vorzeichenbedingungen einhalten und daß zum anderen eine entartete Basislösung vorliegt. Anhand der zugehörigen Zielfunktionswerte ist zu erkennen, daß die 3. Lösung (vgl. untere Tabelle) optimal ist.

	x_1	x_2	x_3	x_4	x_5	x_6	$f(x)$
1.	1200	0	54000	0	6000	1440	4800
2.	300	300	3000	0	0	0	1500
3.	200	600	0	4800	2000	0	1400
4.	0	1800	0	25200	12000	360	1800

Ausgehend von der 1. Basislösung der obigen Tabelle soll der Simplex-Algorithmus das Optimum finden. Die obige Tabelle (vgl. auch Abbildung 6.6) zeigt jedoch, daß die 2. Basislösung entartet ist. Wie der Simplex-Algorithmus darauf reagiert, soll im folgenden gezeigt werden.

Werden in obigem Gleichungssystem endogene Variable w_1, w_2, w_3 und w_4 eingeführt, so ergibt sich folgendes Schema:

	x_1	x_2	x_3	x_4	x_5	x_6	1
w_1	60	10	-1	0	0	0	-18000
w_2	6	18	0	-1	0	0	-7200
w_3	10	10	0	0	-1	0	-6000
w_4	1,8	0,6	0	0	0	-1	-720

Mittels der Austauschregeln [AR1] – [AR4] kann in 4 Schritten das erste Simplex-Tableau erstellt werden, wobei die 2. Bemerkung nach Satz 6.6 zu beachten ist. Dabei werden die endogenen und exogenen Variablen $w_1 \longleftrightarrow x_3$, $w_3 \longleftrightarrow x_5$, $w_4 \longleftrightarrow x_6$ und $w_2 \longleftrightarrow x_1$ vertauscht. Außerdem werden die Variablen w_1, w_2, w_3 und w_4 Null gesetzt. Mittels der Austauschregeln für Basis- und Nichtbasisvariable aus Abschnitt 6.4 können die Simplex-Tableaus II bis IV erstellt werden.

I.	x_2	x_4	$x^{(0)}$	$t=2$
x_3	170	-10	54000	$317,6$
x_1	3	$-\frac{1}{6}$	1200	400
x_5	$\boxed{20}$	$-\frac{10}{6}$	6000	300
x_6	$\frac{48}{10}$	$-\frac{3}{10}$	1440	300
	-11	$\frac{2}{3}$	4800	

II.	x_5	x_4	$x^{(1)}$	$t=4$
x_3	$-\frac{17}{2}$	$\frac{50}{12}$	3000	720
x_1	$-\frac{3}{20}$	$\frac{1}{12}$	300	3600
x_2	$\frac{1}{20}$	$-\frac{1}{12}$	300	
x_6	$-\frac{24}{100}$	$\boxed{\frac{1}{10}}$	0	0
	$\frac{11}{20}$	$-\frac{1}{4}$	1500	

III.	x_5	x_6	$x^{(2)}$	$t=5$
x_3	$\boxed{\frac{3}{2}}$	$-\frac{250}{6}$	3000	2000
x_1	$\frac{1}{20}$	$-\frac{5}{6}$	300	6000
x_2	$-\frac{3}{20}$	$\frac{5}{6}$	300	
x_4	$-\frac{24}{10}$	10	0	
	$-\frac{1}{20}$	$\frac{5}{2}$	1500	

IV.	x_3	x_6	$x^{(3)}$	
x_5	$\frac{2}{3}$	$-\frac{250}{9}$	2000	
x_1	$-\frac{1}{30}$	$\frac{5}{9}$	200	
x_2	$\frac{1}{10}$	$-\frac{10}{3}$	600	
x_4	$\frac{16}{10}$	$-\frac{170}{3}$	4800	
	$\frac{1}{30}$	$\frac{10}{9}$	1400	

Trotz Vorliegen einer entarteten Lösung verharrt in diesem Beispiel der Simplex-Algorithmus nicht in einer Endlosschleife, sondern findet die optimale Lösung der linearen Optimierungsaufgabe.

Diese lautet: $x^* = (x_1^*, x_2^*, x_3^*, x_4^*, x_5^*, x_6^*) = (200, 600, 0, 4800, 2000, 0)$ mit
$f(x^*) = 1400$.

Das heißt, daß bei der Nahrungsmittelzusammenstellung $x_1 = 200$ ME   und
$x_2 = 600$ ME   einerseits pro Tag die oben geforderte Mindestversorgung der
Bevölkerung mit Grundsubstanzen gesichert ist und andererseits der dafür mi-
nimale Betrag in Höhe von   1400 GE   aufgewendet werden muß.

Kohlehydrate und Mineralstoffe werden dabei in der geforderten Mindestmenge
verabreicht, jedoch enthält das Menü   48 ME Eiweiß   und   20 ME Fett   mehr als
verlangt.

Die duale lineare Optimierungsaufgabe lautet wie folgt:

$$f(z_1, z_2, z_3, z_4) \; = \; 180\,z_1 \; + \; 72\,z_2 \; + \; 60\,z_3 \; + \; 7,2\,z_4 \; \overset{!}{=} \; Max$$

$$\text{unter} \qquad 0,6\,z_1 \; + \; 0,06\,z_2 \; + \; 0,1\,z_3 \; + \; 0,018\,z_4 \; \leq \; 4$$

$$0,1\,z_1 \; + \; 0,18\,z_2 \; + \; 0,1\,z_3 \; + \; 0,006\,z_4 \; \leq \; 1$$

$$z_1 \qquad\qquad\qquad\qquad\qquad\qquad\qquad \geq \; 0$$

$$z_2 \qquad\qquad\qquad\qquad\qquad \geq \; 0$$

$$z_3 \qquad\qquad\qquad \geq \; 0$$

$$z_4 \; \geq \; 0 \; .$$

Die Variable z_j $(j = 1, 2, 3, 4)$ gibt dabei die   GE pro ME   an, die für die j-te
Grundsubstanz (Kohlehydrate, Eiweiß, Fett und Mineralstoffe) bezahlt werden
muß. Dabei ist zu beachten, daß eine ME der j-ten Grundsubstanz nicht in reiner
Form, sondern nur als Bestandteil eines der beiden Nahrungsmittel erhältlich ist.

Das   Ziel   eines   Anbieters   ist,   seinen   Erlös,   d.h.   die
Funktion $f(z_1, z_2, z_3, z_4) = 180z_1 + 72z_2 + 60z_3 + 7,2z_4$,   zu maximieren. Nach
Satz 6.2 erzielt er einen maximalen Erlös in Höhe von 1400 GE.

7 Folgen, Stetigkeit von Funktionen, Reihen und Konvergenzkriterien

Drei ökonomische Anwendungen.

– Ein häufig verwendeter Begriff ist der der *Sättigungsgrenze*. Bezogen auf das Beispiel *Nutzenfunktion* ist der Sättigungswert (bzgl. eines Gutes aus den n Güteralternativen) derjenige Grad der Bedürfnisbefriedigung, der erreicht wird, wenn der Konsum x_i des Gutes i über alle Grenzen wächst (vgl. Beispiel 7.4 in Abschnitt 7.4). Formal ist dies der Grenzwert

$$\lim_{x_i \to \infty} U(x_1, \ldots, x_i, \ldots, x_n) \ .$$

– Bei der Betrachtung der Steuerbelastung von Wirtschaftsteilnehmern (jedenfalls soweit sie steuerehrlich sind) spielt ökonomisch die Frage eine Rolle, ob die Zunahme der Steuerlast mit steigendem Einkommen sprunghaft oder gleichmäßig ist.

In Deutschland wird der *Steuersatz* durch eine Steuerformel ausgedrückt, die bei zu versteuerndem Einkommen Y die Abgabenhöhe $T = T(Y)$ angibt. Beispielsweise gilt nach dem im Jahre 2002 gültigen Steuertarif (Beträge in EUR) vereinfacht:

Tarifliche Einkommensteuer	zu versteuerndes Einkommen Y
$T(Y) = 0$	$0 \ \leq \ Y \ < \ 7236$
$T(Y) = (768,85 \cdot f(Y) + 1990) \cdot f(Y)$ mit $f(Y) = \frac{Y - 7200}{10000}$	$7236 \ \leq \ Y \ < \ 9252$
$T(Y) = (278,65 \cdot f(Y) + 2300) \cdot f(Y) + 432$ mit $f(Y) = \frac{Y - 9216}{10000}$	$9252 \ \leq \ Y \ < \ 55008$
$T(Y) = 0,485 \cdot Y - 9872$	$55008 \ \leq Y \ < \ \infty$

Es stellt sich die Frage, ob der Steuertarif T in den *Steuerästen* bzw. an den jeweiligen Übergängen, also an den Stellen $Y = 7236$, $Y = 9252$ oder $Y = 55008$, stetig verläuft (vgl. Beispiel 7.5 in Abschnitt 7.4).

– In einer Volkswirtschaft heutigen Entwicklungsstandes wird der Umfang des Geld- und Kreditangebotes entscheidend von der Notenbank (Zentralbank) und den Kreditinstituten (Geschäftsbanken) bestimmt. Die Notenbank schafft *Zentralbankgeld* (d.h. Sichtguthaben der Kreditinstitute bei der Notenbank und Bargeld) und die Kreditinstitute schaffen *Geschäftsbankengeld* (d.h. Sichtguthaben der privaten Nichtbanken bei den Kreditinstituten).

Es wird im weiteren davon ausgegangen, daß die Kreditinstitute stets in der Lage sind, Zentralbankgeld-Guthaben BR, über die sie frei verfügen können, gegen Kreditforderungen an private Nichtbanken zu tauschen. Einen Anteil der Kredite in Höhe von c Prozent halten die privaten Nichtbanken in Form von Bargeld, während sie den übrigen Teil der Kredite in Form von Überweisungen an dritte in Anspruch nehmen, deren Gegenwert letztere in Form von Sichtguthaben bei Kreditinstituten halten. Es ergibt sich die Frage nach der maximalen Höhe des Geld- und des Kreditvolumens, das auf diese Weise durch Wiederholung des genannten Prozesses zustandekommt, wenn die Kreditinstitute einen Anteil ihrer Zentralbankgeld-Guthaben in Höhe von r Prozent der neu enstandenen Sichtguthaben von privaten Nichtbanken als sogenannte Mindestreserve bei der Notenbank halten müssen. Die Antwort kann mit Hilfe des *Geldmengenmultiplikators* gegeben werden, zu dessen Berechnung die *Summenformel der geometrischen Reihe* herangezogen wird (vgl. Beispiel 7.6 in Abschnitt 7.4).

7.1 Grundbegriffe

Die nachfolgenden Begriffe beziehen sich in diesem Abschnitt ausschließlich auf den 1-dimensionalen reellen Raum.

Definition. Die Abbildung

$$f : \quad \mathbb{N} \longrightarrow \mathbb{R}$$
$$k \longmapsto x_k$$

heißt **Folge** (sequence) reeller Zahlen.
D.h. jedem $k \in \mathbb{N}$ ist ein $x_k \in \mathbb{R}$ zugeordnet.

Schreibweisen.
$$(x_k)_{k \in \mathbb{N}}, \ (x_0, x_1, x_2, \ldots) \ \text{ oder } \ (x_k) \ ;$$
allgemeiner:
$$(x_k)_{k \geq k_0} \ \text{ oder } \ (x_{k_0}, x_{k_0+1}, x_{k_0+2}, \ldots) \ , \text{ wobei } \ k_0 \in \mathbb{Z} \ .$$

Definitionen.   Sei $(x_k)_{k \in \mathbb{N}}$ eine Folge reeller Zahlen. Die Folge heißt **konvergent** (convergent) gegen $a \in \mathbb{R}$, falls gilt:
zu jedem $\epsilon > 0$ gibt es eine natürliche Zahl $K(\epsilon) \in \mathbb{N}$, so daß

$$| x_k - a | < \epsilon \quad \text{für alle } k \geq K(\epsilon) .$$

a heißt auch der **Grenzwert** oder **Limes** der Folge $(x_k)_{k \in \mathbb{N}}$.

Schreibweisen.
$$\lim_{k \to \infty} x_k = a, \quad \lim x_k = a \quad \text{oder} \quad x_k \to a .$$

Mit anderen Worten.   Wenn für unbeschränkt wachsendes $k \in \mathbb{N}$ (d.h. $k \to \infty$) die entsprechenden Glieder der Folge $x_k \in \mathbb{R}$ dem Zahlenwert $a \in \mathbb{R}$ beliebig nahe kommen, so heißt die Folge (x_k) *konvergent* gegen a.

Bemerkung.   Ist $a = 0$, so wird (x_k) auch **Nullfolge** genannt.

Definition.   Eine Folge (x_k) reeller Zahlen heißt **divergent** (divergent), wenn sie gegen keine reelle Zahl konvergiert.

Bemerkung.   Entsprechend den Definitionen in Abschnitt 2.2 für Funktionen heißt eine Folge (x_k) reeller Zahlen

monoton wachsend (bzw. *fallend*), wenn für alle Folgenglieder x_k gilt:
$$x_k \leq x_{k+1} \quad \left(\text{bzw. } x_k \geq x_{k+1}\right) ;$$

streng monoton wachsend (bzw. *fallend*), wenn für alle Folgenglieder x_k gilt:
$$x_k < x_{k+1} \quad \left(\text{bzw. } x_k > x_{k+1}\right) ;$$

beschränkt, wenn N und $M \in \mathbb{R}$ existieren mit:
$$N \leq x_k \leq M \quad \text{für alle } k \in \mathbb{N}.$$

Allgemeiner wird der Grenzwert bei einer Funktion wie folgt definiert:

Definition.   Die Funktion $f : X \to \mathbb{R}$ mit $X \subseteq \mathbb{R}$ hat an der Stelle $a \in \mathbb{R}$, die nicht notwendigerweise im Definitionsbereich X enthalten sein muß, genau dann einen **Grenzwert** c, in Zeichen

$$\lim_{x \to a} f(x) = c ,$$

wenn es Zahlenfolgen $(x_k)_{k \in \mathbb{N}}$ mit $x_k \in X$, $x_k \neq a$ und $\lim x_k = a$ gibt und für alle solche Folgen gilt:

$$\lim_{k \to \infty} f(x_k) = c \, .$$

Weitere Bezeichnungen.   Wenn für jede Folge (x_k) mit $x_k \in X$, $x_k > a$ (bzw. $x_k < a$) und $\lim x_k = a$ gilt: $\lim f(x_k) = c$, dann wird c **linksseitiger** (bzw. **rechtsseitiger**) **Limes** genannt und folgende Schreibweise verwendet:

$$\lim_{x \searrow a} f(x) = c \quad (\text{bzw. } \lim_{x \nearrow a} f(x) = c).$$

Wenn für jede Folge (x_k) mit $x_k \in X$, und $\lim x_k = \infty$ (bzw. $\lim x_k = -\infty$) gilt: $\lim f(x_k) = c$, dann wird folgende Schreibweise verwendet:

$$\lim_{x \to \infty} f(x) = c \quad (\text{bzw. } \lim_{x \to -\infty} f(x) = c).$$

Die Stetigkeit von Funktionen wird wie folgt definiert:

Definition.   Sei $f : X \to \mathbb{R}$ mit $X \subseteq \mathbb{R}$ eine Funktion und $a \in X$. Die Funktion f heißt **stetig** (continuous) im Punkt a, falls

$$\lim_{x \to a} f(x) = f(a) \, .$$

f heißt stetig in X, falls f in jedem Punkt von X stetig ist.

Beispiele für stetige Funktionen (vgl. Abschnitt 2.2) sind etwa die Identität, konstante Funktionen, der Absolutbetrag, Polynome, die Quadratwurzel, die Exponentialfunktion, die Logarithmusfunktion und trigonometrische Funktionen.
Die Treppenfunktion jedoch besitzt in den Unterteilungspunkten und die Entier-Funktion in jeder ganzen Zahl eine Unstetigkeits- bzw. Sprungstellen.

Satz 7.1 (Rechenregeln für Grenzwerte von Folgen und Funktionen). *Die beiden Funktionen f und g seien in einer Umgebung der Stelle x_0 definiert. Für gegen a konvergente Folgen (x_k) besitzen beide Funktionen einen Grenzwert, und es gelte:*

$$\lim f := \lim_{x \to a} f(x) = c_1 \, , \quad \lim g := \lim_{x \to a} g(x) = c_2 \quad \text{mit } c_1, c_2 \in \mathbb{R} \, .$$

Dann gelten folgende Rechenregeln:

[G1]	$\lim d = d$	$d = const. \in \mathbb{R}$
[G2]	$\lim(\lambda_1 f \pm \lambda_2 g) = \lambda_1 \lim f \pm \lambda_2 \lim g = \lambda_1 c_1 \pm \lambda_2 c_2$	$\lambda_1, \lambda_2 \in \mathbb{R}$
[G3]	$\lim(f \cdot g) = \lim f \cdot \lim g = c_1 \cdot c_2$	
[G4]	$\lim \frac{f}{g} = \frac{\lim f}{\lim g} = \frac{c_1}{c_2}$	$c_2 \neq 0$
[G5]	$\lim(g \circ f) = \lim\left(g(f)\right) = g\left(\lim(f)\right) = g(c_1)$	
[G6]	$\lim f^k = (\lim f)^k = c_1{}^k$	$k \in \mathbb{N}$
[G7]	$\lim \sqrt[k]{f} = \sqrt[k]{\lim f} = \sqrt[k]{c_1}$	$k \in \mathbb{N};\ f, c_1 \geq 0$
[G8]	$\lim e^f = e^{\lim f} = e^{c_1}$	
[G9]	$\lim(\ln f) = \ln(\lim f) = \ln c_1$	$f, c_1 > 0$

Die *l'Hospitalsche Regel* wird in Abschnitt 9.1 Satz 9.5 vorgestellt.

Satz 7.2. *Sind die Funktionen f und g in $X \subseteq \mathbb{R}$ stetig, dann sind auch folgende Funktionen stetig:*

1. $f \pm g$,

2. $f \cdot g$,

3. $\dfrac{f}{g}$ *(für $g(x) \neq 0, x \in X$).*

Satz 7.3. *Seien $f : X \longrightarrow \mathbb{R}$ und $g : Y \longrightarrow \mathbb{R}$ Funktionen mit $X, Y \subseteq \mathbb{R}$ und $f(X) \subseteq Y$. f sei in X und g in Y stetig. Dann ist die verkettete Funktion*

$$g \circ f : X \longrightarrow \mathbb{R}$$

stetig in X.

Satz 7.4. *Sei* $f : X \longrightarrow \mathbb{R}$ *mit* $X \subseteq \mathbb{R}$ *streng monoton und stetig in* X, *dann existiert die Umkehrfunktion* f^{-1} *und ist ebenfalls streng monoton und stetig.*

Definition.   Eine Zahl s heißt **kleinste obere Schranke** (least upper bound) oder **Supremum** (supremum) (bzw. **größte untere Schranke** (greatest lower bound) oder **Infimum** (infimum)) von $X \subseteq \mathbb{R}$, falls die beiden Bedingungen gelten:

1. s ist obere (bzw. untere) Schranke von X.

2. Gilt $t < s$ (bzw. $t > s$), so ist t keine obere (bzw. untere) Schranke von X.

Bemerkungen.   Existiert ein *Supremum* (bzw. *Infimum*), so ist es eindeutig bestimmt und wird mit $\sup(X)$ (bzw. $\inf(X)$) bezeichnet.
Existiert keine Zahl s (s.o.), d.h. X ist nicht nach oben (bzw. unten) beschränkt, so wird $\sup(X) = +\infty$ (bzw. $\inf(X) = -\infty$) geschrieben.
$\sup(X)$ (bzw. $\inf(X)$) brauchen nicht unbedingt in X zu liegen. Beispielsweise gilt für $X := \,]0,1[$: $\inf(X) = 0$ und $\sup(X) = 1$.

Definition. $\sup(X)$ (bzw. $\inf(X)$) heißt **Maximum** (maximum) (bzw. **Minimum** (minimum)) von $X \in \mathbb{R}$, falls gilt $\sup(X) \in X$ (bzw. $\inf(X) \in X$).

Satz 7.5. *Sei* X *ein abgeschlossenes Intervall in* $\mathbb{R}$ *und* $f : X \longrightarrow \mathbb{R}$ *stetig, dann gilt:*

1. f *ist beschränkt.*

2. f *nimmt in* X *ihr Maximum und Minimum an.*

3. f *nimmt in* X *jeden* Zwischenwert *zwischen ihrem Maximum und Minimum (mindestens einmal) an.*

7.2 Grenzwerte und Stetigkeit im n-dimensionalen reellen Raum

Die vorangegangenen Betrachtungen sollen nun auf den mehrdimemsionalen reellen Raum übertragen werden.

Definition. Sei (x_k) mit $x_k = (x_{k_1}, x_{k_2}, \ldots, x_{k_n})$ eine Folge von Punkten im $\mathbb{R}^n$. (x_k) heißt **konvergent** gegen den Punkt $a = (a_1, a_2, \ldots, a_n) \in \mathbb{R}^n$, wenn zu jeder beliebig kleinen Umgebung U von a, beispielsweise zu jedem Quader, der a enthält (vgl. Abschnitt 1.3), ein $K \in \mathbb{N}$ existiert, so daß gilt:

$$x_k \in U \quad \text{für alle } k \geq K \ .$$

Schreibweise.

$$\lim_{k \to \infty} x_k = a \ .$$

Offensichtlich ist die Konvergenz von Punktfolgen im $\mathbb{R}^n$ eine Verallgemeinerung der Konvergenz von Folgen reeller Zahlen. Der folgende Satz stellt den Zusammenhang dar.

Satz 7.6. *Eine Folge (x_k) von Punkten im $\mathbb{R}^n$ konvergiert genau dann gegen den Punkt $a \in \mathbb{R}^n$, wenn für jedes $i = 1, 2, \cdots, n$ gilt:*

$$\lim_{k \to \infty} x_{i_k} = a_i \ .$$

Mit anderen Worten erfolgt die Konvergenz im $\mathbb{R}^n$ also komponentenweise.

Die Stetigkeit einer Funktion ist analog für Funktionen $f : \mathbb{R}^n \longrightarrow \mathbb{R}^m$ definiert.

Satz 7.7. *Eine Abbildung $f = (f_1, f_2, \ldots, f_m) : \mathbb{R}^n \longrightarrow \mathbb{R}^m$ ist genau dann stetig, wenn alle Komponenten $f_i : \mathbb{R}^n \longrightarrow \mathbb{R}$ mit $i = 1, 2, \cdots, m$ stetig sind.*

Satz 7.6 und Satz 7.7 stellen sicher, daß Satz 7.1, Satz 7.2 und Satz 7.3 analog auch im $\mathbb{R}^n$ gelten.

Der folgende Satz ist das Gegenstück zu Satz 7.5. Allerdings kann die Aussage über den Zwischenwert nicht in den $\mathbb{R}^n$ übertragen werden. Dies kann der Leser sich leicht im 3-dimensionalen Raum klarmachen.

Satz 7.8. *Sei X eine kompakte Teilmenge des $\mathbb{R}^n$ und $f : X \longrightarrow \mathbb{R}$ stetig, dann gilt:*

1. *f ist beschränkt.*

2. *f nimmt in X ihr Maximum und Minimum an.*

7.3 Reihen und Konvergenzkriterien

In der Mathmatik werden spezielle Folgen, genannt Reihen, betrachtet, die zum Beispiel bei der Lösung von Differenzengleichungen (siehe Satz 13.2) eine Rolle spielen. Reihen werden ferner auch bei der Darstellung von Funktionen benutzt (siehe Abschnitt 8.2 Taylor-Reihen). Anhand einiger einfacher Kriterien läßt sich die Konvergenz von Reihen überprüfen.

Definitionen. Sei $(x_k)_{k\in\mathbb{N}}$ eine Folge reeller Zahlen, so heißt die **Folge der Partialsummen** (partial sums)

$$(s_n)_{n\in\mathbb{N}} := \left(\sum_{k=0}^{n} x_k\right)_{n\in\mathbb{N}}$$

unendliche Reihe oder einfach **Reihe** (series) und wird mit $\sum_{k=0}^{\infty} x_k$ bezeichnet. Eine Reihe heißt

konvergent, wenn die Folge der Partialsummen $(s_n)_{n\in\mathbb{N}}$ einen Grenzwert

$$s := \lim_{n\to\infty} s_n = \lim_{n\to\infty} \sum_{k=0}^{n} x_k = \sum_{k=0}^{\infty} x_k \text{ besitzt;}$$

divergent, wenn sie keinen Grenzwert besitzt;

absolut konvergent, wenn die Reihe $\sum_{k=0}^{\infty} |x_k|$ konvergiert;

beschränkt, wenn die Folge der Partialsummen (s_n) beschränkt ist.

Zur Lösung wirtschaftswissenschaftlicher Probleme, bei denen ökonomische Größen aufeinanderfolgender Perioden aufsummiert werden müssen, ist die *Summenformel für die geometrische Reihe* ein wichtiges Hilfsmittel. In Beispiel 7.6, Satz 13.2 und Beispiel 13.2 werden nur einige Anwendungen gezeigt.

Satz 7.9 (Summenformel für die geometrische Reihe).

a) Sei $q \in \mathbb{R}$ und $n \in \mathbb{N}$, dann gilt für die endliche geometrische Reihe

$$\sum_{k=1}^{n} q^{k-1} = \begin{cases} \dfrac{1-q^n}{1-q} & \text{für } q \neq 1\,, \\[2mm] n & \text{für } q = 1\,. \end{cases}$$

b) Die Folge der Partialsummen $s_n := \sum_{k=1}^{n} q^{k-1}$ konvergiert nur für $|q| \leq 1$. Für die unendliche geometrische Reihe ergibt sich dann:

$$\sum_{k=0}^{\infty} q^k = \frac{1}{1-q}\,.$$

Die Aussagen des folgenden Satzes werden auch **Hauptsätze über die Konvergenz von Reihen** genannt.

Satz 7.10. $(x_k)_{k \in I\!N}$ *sei eine Folge reeller Zahlen.*

a) Das Konvergenzverhalten einer Reihe $\sum\limits_{k=0}^{\infty} x_k$ *wird durch Hinzufügen oder Entfernen einer endlichen Anzahl von Folgengliedern* x_k *nicht beeinflußt.*

b) Konvergiert die Reihe $\sum\limits_{k=0}^{\infty} x_k$ *gegen* s, *dann konvergiert für jedes* $\lambda \in I\!R$ *auch die Reihe* $\sum\limits_{k=0}^{\infty} \lambda \, x_k$ *gegen* $\lambda \, s$.

c) Konvergieren die Reihen $\sum\limits_{k=0}^{\infty} x_k$ *gegen* s *und* $\sum\limits_{k=0}^{\infty} y_k$ *gegen* t, *dann konvergiert auch die Reihe* $\sum\limits_{k=0}^{\infty} (x_k + y_k)$ *gegen* $s + t$.

Durch folgende Sätze werden die wichtigsten Konvergenzkriterien als notwendige oder hinreichende Bedingungen dargestellt (vgl. Abschnitt 1.1).

Satz 7.11 (Konvergenz der Reihen). $(x_k)_{k \in I\!N}$ *sei eine Folge reeller Zahlen.*

Cauchysches Konvergenzkriterium *(notwendig und hinreichend).*

Die Reihe $\sum\limits_{k=0}^{\infty} x_k$ *konvergiert genau dann, wenn zu jedem* $\epsilon > 0$ *ein* $N \in I\!N$ *existiert, so daß*

$$\left| \sum_{k=m}^{n} x_k \right| < \epsilon \quad \text{für alle } n \geq m \geq N.$$

Nullfolgen-Bedingung *(notwendig).*

Die Reihe $\sum\limits_{k=0}^{\infty} x_k$ *konvergiert nur dann, wenn sie eine Nullfolge ist, d.h. wenn* $\lim\limits_{k \to \infty} x_k = 0$ *ist.*

Beschränkte Reihe *(notwendig und hinreichend).*
Sind ab einem Folgenindex k_0 alle Folgenglieder $x_k \geq 0$, dann gilt:
Die Reihe $\sum\limits_{k=0}^{\infty} x_k$ konvergiert genau dann, wenn die Reihe $\sum\limits_{k=0}^{\infty} x_k$ beschränkt ist.

Bemerkung. Ein häufig verwendetes Beispiel dafür, daß die Nullfolgen-Bedingung kein hinreichendes Konvergenzkriterium ist, ist die *harmonische Reihe* $\sum\limits_{k=1}^{\infty} \frac{1}{k}$. Sie divergiert, obwohl die Folge der Reihenglieder $\left(\frac{1}{k}\right)$ gegen null konvergiert, denn es gilt:

$$
\begin{aligned}
\lim_{n\to\infty} \sum_{k=1}^{2^{n+1}} \frac{1}{k} &= \lim_{n\to\infty} \left(1 + \frac{1}{2} + \left(\frac{1}{3} + \frac{1}{4}\right) + \left(\frac{1}{5} + \frac{1}{6} + \frac{1}{7} + \frac{1}{8}\right)\right.\\
&\qquad \left. + ... + \left(\frac{1}{2^n + 1} + ... + \frac{1}{2^{n+1}}\right)\right)\\
&> \lim_{n\to\infty} \left(1 + \frac{1}{2} + 2\frac{1}{4} + 4\frac{1}{8} + ... + 2^n \frac{1}{2^{n+1}}\right)\\
&= \lim_{n\to\infty} \left(1 + (n+1)\frac{1}{2}\right) = \infty
\end{aligned}
$$

Für natürliche Zahlen $m > 1$ konvergiert dagegen die Reihe $\sum\limits_{k=1}^{\infty} \frac{1}{k^m}$.

Satz 7.12 (Alternierende Reihe). $(x_k)_{k \in I\!N}$ *sei eine Folge reeller Zahlen.*

Leibnitzsches Konvergenzkriterium *(hinreichend).*
Ist die Folge (x_k) monoton fallend und $\lim\limits_{n\to\infty} x_k = 0$, dann konvergiert die Reihe
$$\sum_{k=0}^{\infty} (-1)^n x_k \ .$$

Satz 7.13 (Absolute Konvergenz). $(x_k)_{k \in I\!N}$ *sei eine Folge reeller Zahlen.*

Absolut Konvergente Reihe.

Wenn die Reihe $\sum\limits_{k=0}^{\infty} |x_k|$ *konvergiert, dann konvergiert auch die Reihe* $\sum\limits_{k=0}^{\infty} x_k$.

Majorantenkriterium *(hinreichend).*

Wenn die Reihe $\sum\limits_{k=0}^{\infty} y_k$ *konvergiert und* $|x_k| \leq y_k$ *für alle* $k \in I\!N$ *gilt, dann*

konvergiert die Reihe $\sum\limits_{k=0}^{\infty} |x_k|$.

Quotientenkriterium *(hinreichend).*
Sind ab einem Folgenindex x_0 *alle Folgenglieder* $x_k \neq 0$, *dann gilt:*
Gibt es ein c mit $0 < c < 1$, *so daß* $\left| \frac{x_{k+1}}{x_k} \right| \leq c \;\; \forall k \geq k_0$, *dann konvergiert die*

Reihe $\sum\limits_{k=0}^{\infty} |x_k|$.

7.4 Eine Auswahl ökonomischer Beispiele

In der Ökonomie gibt es eine Vielzahl von Grenzwertaufgaben, die die Anwendung der in Satz 7.1 vorgestellten Rechenregeln erfordern.

Beispiel 7.1 (Grenzwerte). Gegeben sei die Preis-Absatz-Funktion p(x) mit

$$p(x) \;=\; \frac{1}{e^{(x^3 - 64)} - 1} \qquad \text{(p: Preis, x: Menge).}$$

Gesucht ist der Wert a, gegen den die nachgefragte Menge x strebt, wenn der Preis über alle Grenzen wächst. Zur Ermittlung des Grenzwertes a wird zunächst die Umkehrfunktion von p(x), d.h. die Nachfragefunktion $x^N(p)$, gebildet:

$$\lim_{p \to \infty} x^N(p) \;=\; \lim_{p \to \infty} \sqrt[3]{64 + \ln\left(\frac{1}{p} + 1 \right)} \;=\; \sqrt[3]{64 + \ln(0 + 1)} \;=\; 4 \; .$$

Der Minimalkonsum a beträgt also 4 ME.

Beispiel 7.2 (Grenzwerte). Aus steuerlichen Gründen darf - ausgehend von einem Zeitpunkt $t = 2$ (in Jahren) - die Tochterfirma eines Unternehmens nur mit Verlust produzieren. Für das Gesamteinkommen Y (in GE/Jahr) wird eine Entwicklung prognostiziert, die gemäß nachfolgender Funktion $Y(t)$ verläuft. Gesucht ist der Grenzwert des Verlustes, wenn die Zeit über alle Grenzen wächst.

$$\lim_{t \to \infty} Y(t) \;=\; \lim_{t \to \infty} \frac{4t^3 - 2t^2 + 1}{-t^3 + t^2 + 1} \;=\; \lim_{t \to \infty} \frac{4 - \frac{2}{t} + \frac{1}{t^3}}{-1 + \frac{1}{t} + \frac{1}{t^3}} \;=\; -4 \;.$$

Das Einkommen, d.h. der Verlust, nähert sich im Zeitablauf immer mehr der Sättigungsgrenze -4 GE/Jahr.

Beispiel 7.3 (Grenzwerte). Eine rationale Funktion, bei der als Lösungsmethode Ausklammern verwendet wird, sei wie folgt gegeben:

$$\lim_{x \to 5} f(x) \;=\; \lim_{x \to 5} \frac{x^2 - 4t - 5}{x - 5} \;=\; \lim_{x \to 5} \frac{(x + 1)(x - 5)}{x - 5} \;=\; 6 \;.$$

Zur Lösung kann jedoch auch das Verfahren von *l'Hospital* (vgl. Abschnitt 9.1 Satz 9.5) herangezogen werden.

Beispiel 7.4 (Grenzwerte). Die nachfolgende Nutzenfunktion bezieht sich auf Güterbündel (x_1, x_2).

$$U(x_1, x_2) \;=\; x_1 \cdot e^{-\frac{1}{x_2}} \;.$$

Sie hat die Eigenschaft, daß bei konstantem Verbrauch des 1. Gutes sich der Nutzen einem bestimmten Sättigungswert nähert, wenn der Konsum des 2. Gutes über alle Grenzen steigt, denn

$$\lim_{x_2 \to \infty} U(x_1, x_2) \;=\; \lim_{x_2 \to \infty} x_1 \cdot e^{-\frac{1}{x_2}} \;=\; x_1 \;=\; const.$$

Im umgekehrten Fall, d.h. bei Konstanz von Gut 2 und Anstieg von Gut 1, wächst der Nutzen jedoch über alle Grenzen.

Beispiel 7.5 (Stetigkeit). Der im Eingangsbeispiel dieses Kapitels definierte Steuertarif $T(Y)$ ist in seinen Steuerästen stetig, da er durch Polynomfunktionen beschrieben wird. Die anschließende Aufstellung zeigt jedoch, daß der Übergang von einem Steuerast zum nächsten Unstetigkeitsstellen aufweist:

$$\lim_{Y \nearrow 7236} T(Y) \;=\; 0 \qquad \neq \qquad \lim_{Y \searrow 7236} T(Y) \;=\; 7{,}173\ldots$$

$$\lim_{Y \nearrow 9252} T(Y) \;=\; 440{,}721\ldots \qquad \neq \qquad \lim_{Y \searrow 9252} T(Y) \;=\; 440{,}283\ldots$$

$$\lim_{Y \nearrow 55008} T(Y) \;=\; 16807{,}192\ldots \qquad \neq \qquad \lim_{Y \searrow 55008} T(Y) \;=\; 16806{,}88$$

Da in der Einkommenssteuerpraxis jedoch anstelle von $T(Y)$ die Funktion $T\big(\text{entier}(Y)\big)$ (vgl. Abbildung 2.15 in Abschnitt 2.2) bei der Steuerberechnung verwendet wird, weist die tatsächlich benutzte Steuerfunktion also bei jedem ganzen EUR-Betrag Y eine Unstetigkeitsstelle auf, denn die Entier-Funktion besitzt in jeder natürlichen Zahl eine Sprungstelle. Die Steuerfunktion $T(Y)$ ist mit Ausnahme der Stellen $Y_1 = 9252$ und $Y_2 = 55008$ monoton steigend, die tatsächlich verwendete Steuerfunktion $T\big(\text{entier}(Y)\big)$ ist schließlich auf dem gesamten Definitionsbereich monoton steigend, wie der Leser leicht nachprüfen kann.

Beispiel 7.6 (Geometrische Reihe). Die im dritten Eingangsbeispiel des Kapitels gestellte Frage nach der Zunahme des Kreditvolumens, des Bargeldumlaufs und der Sichtguthaben der privaten Nichtbanken, die diese bei den Kreditinstituten halten, soll im folgenden Fall diskutiert werden.

Eine private Nichtbank verkauft Gold im Wert G an ein Kreditinstitut A, läßt sich einen Teil $\triangle C_0 := cG$ des Gegenwertes bar auszahlen ($0 \leq c \leq 1$ bezeichnet die *Barabzugsquote*) und hält den restlichen Betrag $\triangle D_0 := (1-c)G$ als Sichtguthaben (Giralgeld). Das Kreditinstitut A verkauft daraufhin das Gold an die Notenbank weiter und besitzt auf diese Weise eine Reserve an Zentralbankgeld, auch *Barreserve* $BR = G$ genannt, womit der Anspruch der privaten Nichtbank auf Umwandlung seiner Sichtguthaben in Zentralbankgeld jederzeit gewährleistet wird. Das Kreditinstitut A ist nun verpflichtet, einen festen Anteil dieser Sichtguthaben der privaten Nichtbank $\triangle Z_0 := r(1-c)BR$, die sog. *Mindestreserve*, bei der Notenbank als Sichtguthaben zu unterhalten (die Quote $0 \leq r \leq 1$ wird *Mindestreservesatz* genannt).

Das Kreditinstitut A kann nun einen Kredit $\triangle K_1$ in Höhe der *Überschußreserve* $\triangle K_1 := \ddot{U}_0 := (1-r)(1-c)BR$, d.h. in Höhe der Sichtguthaben der privaten Nichtbank abzüglich der Mindestreserve, an einen Kunden vergeben. Dieser Kunde zieht wieder einen Teil des Kredites $\triangle C_1 := c\triangle K_1$ bar ab und überweist den restlichen Betrag $\triangle D_1 := (1-c)\triangle K_1$ auf ein Konto bei einem anderen Kreditinstitut B, welches eine Mindestreserve $\triangle Z_1 := r(1-c)\triangle K_1$ bei der Notenbank unterhalten muß. In Höhe der verbleibenden Überschußreserve $\ddot{U}_1 := (1-r)(1-c)\triangle K_1$, kann das Kreditinstitut wieder einen Kredit $\triangle K_2$ vergeben.

Dieser Vorgang wiederholt sich so lange, bis die anfangs vorhandene Barreserve aufgebraucht ist. Das so entstandene Kreditvolumen $\triangle K := \sum_{t=1}^{\infty} \triangle K_t$, die Zunahme des Bargeldumlaufes $\triangle C := \sum_{t=0}^{\infty} \triangle C_t$ und das insgesamt zusätzlich geschaffene Geschäftsbankengeld $\triangle D := \sum_{t=0}^{\infty} \triangle D_t$ läßt sich tabellarisch wie folgt berechnen. Dabei werden mit GB die Kreditinstitute und mit NB die privaten Nichtbanken bezeichnet.

Barabzugsquote	c
Mindestreservesatz	r

Zeitpunkt $t = 0$				
Barreserve	BR			
Barabzug	$\triangle C_0$	$=$	cBR	
Guthaben von NB bei GB	$\triangle D_0$	$=$	$(1-c)BR$	$= BR - \triangle C_0$
Mindestreserveabzug	$\triangle Z_0$	$=$	$r(1-c)BR$	$= r \triangle D_0$
Überschußreserve	$\ddot{U}_0$	$=$	$(1-r)(1-c)BR$	$= \triangle D_0 - \triangle Z_0$

Zeitpunkt $t \geq 1$				
Kredite von GB an NB	$\triangle K_t$	$=$	$\ddot{U}_{t-1}$	
Barabzug	$\triangle C_t$	$=$	$c \triangle K_t$	
Guthaben von NB bei GB	$\triangle D_t$	$=$	$(1-c) \triangle K_t$	$= \triangle K_t - \triangle C_t$
Mindestreserveabzug	$\triangle Z_t$	$=$	$r(1-c) \triangle K_t$	$= r \triangle D_t$
Überschußreserve	$\ddot{U}_t$	$=$	$(1-r)(1-c) \triangle K_t$	$= \triangle D_t - \triangle Z_t$

gesamter Barabzug	$\triangle C$	$= \sum_{t=0}^{\infty} \triangle C_t$
gesamte zusätzliche Sichtguthaben	$\triangle D$	$= \sum_{t=0}^{\infty} \triangle D_t$
gesamter Mindestreserveabzug	$\triangle Z$	$= \sum_{t=0}^{\infty} \triangle Z_t$
gesamtes zusätzliches Kreditvolumen	$\triangle K$	$= \sum_{t=1}^{\infty} \triangle K_t$

Ferner wird die Zunahme der Geldmenge $\triangle M_1 = \sum\limits_{t=0}^{\infty} \triangle M_{1t}$, definiert über $\triangle M_{1t} := \triangle C_t + \triangle D_t$, betrachtet.

t							
0	BR	0	0	$\triangle C_0$	$\triangle D_0$	$\triangle M_{10}$	$\triangle Z_0$
1	0	$\ddot{U}_0$	$\triangle K_1$	$\triangle C_1$	$\triangle D_1$	$\triangle M_{11}$	$\triangle Z_1$
2	0	$\ddot{U}_1$	$\triangle K_2$	$\triangle C_2$	$\triangle D_2$	$\triangle M_{12}$	$\triangle Z_2$
$\vdots$	$\vdots$	$\vdots$	$\vdots$	$\vdots$	$\vdots$	$\vdots$	$\vdots$
t	0	$\ddot{U}_{t-1}$	$\triangle K_t$	$\triangle C_t$	$\triangle D_t$	$\triangle M_{1t}$	$\triangle Z_t$
$\vdots$	$\vdots$	$\vdots$	$\vdots$	$\vdots$	$\vdots$	$\vdots$	$\vdots$
∞	0	0	0	0	0	0	0
$\sum\limits_{t=0}^{\infty}$	BR		$\triangle K$	$\triangle C$	$\triangle D$	$\triangle M_1$	$\triangle Z$

Aus den vorangegangenen Tabellen ergibt sich für alle Zeitpunkte $t \geq 0$:

$$\triangle K_{t+1} \;=\; \ddot{U}_t \;=\; (1-r)(1-c)\,\triangle K_t.$$

Rekursives Einsetzen ergibt:

$$\triangle K_{t+1} \;=\; ((1-r)(1-c))^t\,\triangle K_1.$$

Mit Hilfe der geometrischen Reihe (vgl. Satz 7.9) kann das zusätzliche gesamte Kreditvolumen aus der Überschußreserve $\ddot{U}_0$ berechnet werden:

$$\triangle K \;=\; \sum\limits_{t=1}^{\infty} \triangle K_t \;=\; \sum\limits_{t=0}^{\infty} \triangle K_{t+1} \;=\; \sum\limits_{t=0}^{\infty} ((1-r)(1-c))^t\,\ddot{U}_0 \;=\; m\,\ddot{U}_0,$$

mit $\;m := \dfrac{1}{1-(1-r)(1-c)}\;$, dem *Geldmengenmultiplikator*. Insgesamt gilt:

$$\triangle M_1 \quad = \quad \sum_{t=0}^{\infty} \triangle M_{1t} \quad = \quad m\,BR\ ,$$

$$\triangle C \quad = \quad \sum_{t=0}^{\infty} \triangle C_t \quad = \quad m\,c\,BR\ ,$$

$$\triangle D \quad = \quad \sum_{t=0}^{\infty} \triangle D_t \quad = \quad m(1-c)BR\ ,$$

$$\triangle Z \quad = \quad \sum_{t=0}^{\infty} \triangle Z_t \quad = \quad m\,r(1-c)BR\ ,$$

$$\triangle K \quad = \quad \sum_{t=1}^{\infty} \triangle K_t \quad = \quad m(1-r)(1-c)BR\ .$$

Der Faktor $m(1-r)(1-c) := \dfrac{(1-r)(1-c)}{1-(1-r)(1-c)}$ wird auch *Kreditmengenmulti-plikator* genannt.

Beispiel 7.7 (Geometrische Reihe, Multiplikation von Matrizen, inverse Matrix). Eine alternative Berechnung der in Beispiel 7.6 hergeleiteten Multiplikatoren wird durch den folgenden *Portfolioansatz* gegeben. Dieser Ansatz unterscheidet sich von der zu Beginn von Kapitel 3 vorgestellten *Input-Output-Analyse* nur dadurch, daß statt der Vorleistung von Gütern die Bereitstellung von Geld betrachtet wird. Ausgehend von den Bilanzen der endogenen Sektoren: *private Nichtbanken* (NB), *Sichteinlagen* (SIN), *Geschäftsbanken* (Kreditinstitute) (GB) und der Bilanz des enxogenen Sektors: *Zentralbank* (ZB) (vgl. Abbildung 7.1) kann die dort angebene monetäre Verpflechtung durch ein *Bilanz-Schema* von finanziellen Forderungen (bzw. Kreditverpflechtungen) zwischen den Sektoren wiedergegeben werden (vgl. Abbildung 7.2).

Die Abkürzungen c, r, C, D, K, $\ddot{U}$ und Z werden aus Beispiel 7.6 übernommen. Deweiteren wird definiert:

N_0:   Nettogeldvermögen der NB,

B_0:   Nettogeldvermögen der GB,

N_∞:   Bruttogeldvermögen der NB,

S_∞:   Sichteinlagenvolumen,

B_∞:   Bruttogeldvermögen der GB.

W: Bruttoforderungen der ZB.

NB		SIN		GB		ZB	
D	K	Z	D	K	$\ddot{U}$	W	C
C	N_0	$\ddot{U}$			B_0		Z

Summen: N_∞ Z_∞ B_∞

Abb. 7.1. Bilanzen der endogenen Sektoren und des exogenen Sektors.

Saldenmechanisch gilt, daß die Summe der Nettovermögen N_0 und B_0 den gesamten Bruttoforderungen W der Zentralbank entspricht, d.h. insgesamt gilt: $N_0 + B_0 = W = C + Z$. $C + Z$ wird auch als *Geldbasis* bezeichnet.

Forderungen von	NB	SIN	GB
an			
NB	0	0	K
SIN	D	0	0
GB	0	$\ddot{U}$	0
ZB	C	Z	0

Abb. 7.2. Bilanz-Schema: Kreditverpflechtungen zwischen den Sektoren.

Werden dieselben Annahmen über das zweistufigen Mischgeldsystem, die Mindestreservepflicht, die Bargeldhaltung und das Kreditvergabeverhalten wie in Beispiel 7.6 getroffen, so können die Vorgänge des multiplen Geld-, Buchgeld- und Kreditschöpfungsprozesses durch das in Abbildung 7.3 dargestellte Kreislaufschema verdeutlicht werden.

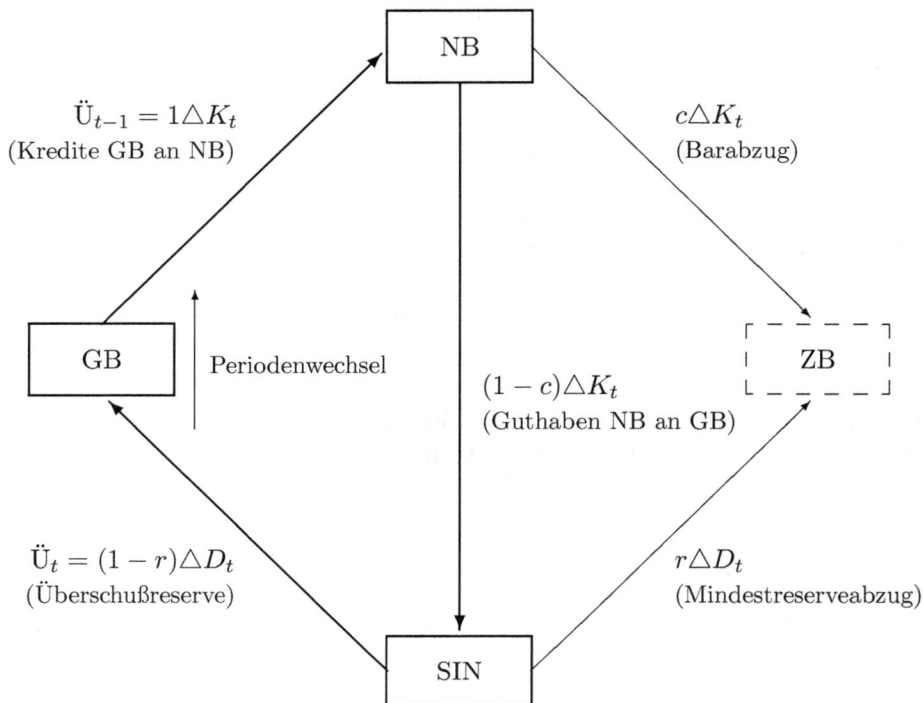

Diagram:

NB (top box)

Left upper edge: $\ddot{U}_{t-1} = 1\triangle K_t$
(Kredite GB an NB)

Right upper edge: $c\triangle K_t$
(Barabzug)

GB (left box) — Periodenwechsel

$(1 - c)\triangle K_t$
(Guthaben NB an GB)

ZB (right dashed box)

Left lower edge: $\ddot{U}_t = (1 - r)\triangle D_t$
(Überschußreserve)

Right lower edge: $r\triangle D_t$
(Mindestreserveabzug)

SIN (bottom box)

Abb. 7.3. Kreislauf-Schema.

In jeder Periode t fließen die Geldbeträge $c\triangle K_t$ und $r\triangle D_t$ unwiederbringlich zur Zentralbank, haben also keinen Einfluß mehr auf den Geldschöpfungsprozeß der Folgeperioden. Aus dem Kreislaufschema der endogenen Sektoren läßt sich die sogenannte *Portfolio-Koeffizientenmatrix* ableiten:

$$
A \;:=\; \begin{array}{ccc} \text{NB} & \text{SIN} & \text{GB} \end{array}
$$

$$
A \;:=\; \begin{pmatrix} 0 & 0 & 1 \\ 1-c & 0 & 0 \\ 0 & 1-r & 0 \end{pmatrix} \begin{array}{l} \text{NB} \\ \text{SIN} \\ \text{GB} \end{array}
$$

Das Kreislaufschema der Abbildung 7.3 führt implizit in einer Periode t drei Matrixmultiplikationen durch:

$$
\begin{pmatrix} 0 & 0 & 1 \\ 1-c & 0 & 0 \\ 0 & 1-r & 0 \end{pmatrix}
\begin{pmatrix} 0 \\ 0 \\ \ddot{U}_{t-1} \end{pmatrix}
=
\begin{pmatrix} \ddot{U}_{t-1} \\ 0 \\ 0 \end{pmatrix}
=
\begin{pmatrix} \triangle K_t \\ 0 \\ 0 \end{pmatrix},
$$

$$
\begin{pmatrix} 0 & 0 & 1 \\ 1-c & 0 & 0 \\ 0 & 1-r & 0 \end{pmatrix}
\begin{pmatrix} \triangle K_t \\ 0 \\ 0 \end{pmatrix}
=
\begin{pmatrix} 0 \\ (1-c)\triangle K_t \\ 0 \end{pmatrix}
=
\begin{pmatrix} 0 \\ \triangle D_t \\ 0 \end{pmatrix},
$$

$$
\begin{pmatrix} 0 & 0 & 1 \\ 1-c & 0 & 0 \\ 0 & 1-r & 0 \end{pmatrix}
\begin{pmatrix} 0 \\ \triangle D_t \\ 0 \end{pmatrix}
=
\begin{pmatrix} 0 \\ 0 \\ (1-r)\triangle D_t \end{pmatrix}
=
\begin{pmatrix} 0 \\ 0 \\ \ddot{U}_t \end{pmatrix}.
$$

Um den Geld-, Buchgeld- und Kreditmultiplikator zu bestimmen, bietet es sich an, die sogenannte **Leontief-Inverse** $L := (E_3 - A)^{-1}$ zu berechnen (E_3 ist dabei die (3×3)-Einheitsmatrix). L ist das resultat der unendlichen geometrischen Reihe für Matrizen, denn es gilt (3 mal i entspricht einer Periode t):

$$
L = (E_3 - A)^{-1} = \sum_{i=0}^{\infty} A^i = A^0 + A^1 + A^2 + A^3 + \dots
$$

Aus der Beziehung $E_3 - A = \begin{pmatrix} 1 & 0 & -1 \\ -(1-c) & 1 & 0 \\ 0 & -(1-r) & 1 \end{pmatrix}$ folgt:

$$
(E_3 - A)^{-1} = \frac{1}{1-(1-r)(1-c)} \begin{pmatrix} 1 & 1-r & 1 \\ 1-c & 1 & 1-c \\ (1-r)(1-c) & 1-r & 1 \end{pmatrix}.
$$

Der Kehrwert der Determinante der Matrix $(E_3 - A)$, $\quad m = \dfrac{1}{1-(1-r)(1-c)}$, ist der bereits bekannte Geldmultiplikator.

Beweisskizze.   Es gilt: $A^0 = E_3$, $A^1 = A$, $A^2 = \begin{pmatrix} 0 & 1-r & 0 \\ 0 & 0 & 1-c \\ 1 & 0 & 0 \end{pmatrix}$,

$A^3 = (1-r)(1-c)A^0$, $A^4 = (1-r)(1-c)A^1$, $A^5 = (1-r)(1-c)A^2$, $\dots$.

D.h. für $t = 0, 1, 2, 3, \dots$ gilt:

$$A^{3t} + A^{3t+1} + A^{3t+2} = \big((1-r)(1-c)\big)^t \begin{pmatrix} 1 & 0 & -1 \\ -(1-c) & 1 & 0 \\ 0 & -(1-r) & 1 \end{pmatrix}.$$

Mit Hilfe der geometrischen Reihe folgt das Ergebnis (vgl. Beispiel 7.6).

Zwei Ansätze zur Bestimmumg des Geldmultiplikators werden in der Geldlehre am häufigsten verwendet, welche jedoch unterschiedliche Kreditmultiplikatoren ermitteln:

a) Besitzt wie in Beispiel 7.6 eine NB zum Anfang des multiplen Geldschöpfungsprozesses Geldvermögen in Höhe von BR, dann gilt:

$$m \begin{pmatrix} 1 & 1-r & 1 \\ 1-c & 1 & 1-c \\ (1-r)(1-c) & 1-r & 1 \end{pmatrix} \begin{pmatrix} BR \\ 0 \\ 0 \end{pmatrix} = \begin{pmatrix} mBR \\ m(1-c)BR \\ m(1-r)(1-c)BR \end{pmatrix}$$

$$= \begin{pmatrix} \triangle M_1 \\ \triangle D \\ \triangle K \end{pmatrix} \qquad \begin{array}{ll} m: & \text{Geldmultiplikator,} \\ m(1-c): & \text{Buchgeldmultiplikator,} \\ m(1-r)(1-c): & \text{Kreditmultiplikator.} \end{array}$$

b) Besitzt eine GB zum Anfang des multiplen Geldschöpfungsprozesses Geldvermögen in Höhe von BR, dann gilt:

$$m \begin{pmatrix} 1 & 1-r & 1 \\ 1-c & 1 & 1-c \\ (1-r)(1-c) & 1-r & 1 \end{pmatrix} \begin{pmatrix} 0 \\ 0 \\ BR \end{pmatrix} = \begin{pmatrix} mBR \\ m(1-c)BR \\ mBR \end{pmatrix}$$

$$= \begin{pmatrix} \triangle M_1 \\ \triangle D \\ \triangle K \end{pmatrix} \qquad \begin{array}{ll} m: & \text{Geldmultiplikator,} \\ m(1-c): & \text{Buchgeldmultiplikator,} \\ m: & \text{Kreditmultiplikator.} \end{array}$$

8 Differentialrechnung einer Veränderlichen

Eine ökonomische Anwendung. In der ökonomischen Diskussion kommt dem *Marginalbegriff* (Differentialbegriff) eine besondere Bedeutung zu, der einen funktionalen Zusammenhang f zwischen exogenen Größen x und endogenen Größen $y = f(x)$ näher charakterisiert. Der Marginalwert, oder auch das Differential genannt, gibt an, um wieviele Einheiten df sich (näherungsweise) die endogene Variable ändert, wenn die exogene Variable x an der Stelle $x = x_0$ um dx Einheiten geändert wird, formal:

$$df(x_0) \approx f'(x_0) \cdot dx \; .$$

Auf dem Marginalbegriff basiert der Elastizitätsbegriff. Die Elastizität ϵ_{f,x_0} gibt an, um wieviele Prozent sich die endogene Variable $y = f(x)$ bei einer einprozentigen Veränderung der exogenen Variablen an der Stelle $x = x_0$ verändert, formal:

$$\epsilon_{f,x_0} = \frac{\dfrac{df(x_0)}{f(x_0)}}{\dfrac{dx}{x_0}} \quad \text{oder} \quad \epsilon_{f,x_0} = \frac{f'(x_0)}{f(x_0)} \cdot x_0 \; .$$

Sie ist also eine dimensionslose Größe (vgl. Beispiel 8.1 in Abschnitt 8.4).

Ein konkretes Beispiel für den Marginalbegriff ist der Grenzsteuersatz $T'(Y_0)$, der (näherungsweise) die Zunahme dT der Steuerbelastung angibt, wenn das zu versteuernde Einkommen von $Y = Y_0$ auf $Y_0 + dY$ steigt (für ein Rechenbeispiel vgl. Beispiel 8.2 in Abschnitt 8.4 und außerdem Beispiel 8.3 und Beispiel 8.4).

8.1 Grundbegriffe

Definitionen. Sei $X \subseteq \mathbb{R}$ und $f : X \longrightarrow \mathbb{R}$ eine Funktion. f heißt im Punkt $x \in X$ **differenzierbar** (differentiable), wenn folgender Grenzwert existiert:

$$f'(x) := \lim_{\xi \to x} \frac{f(\xi) - f(x)}{\xi - x} = \lim_{\triangle x \to 0} \frac{f(x + \triangle x) - f(x)}{\triangle x}$$

mit der Zusatzannahme $\xi \in X \setminus \{x\}$ oder $\triangle x \neq 0$ und $x + \triangle x \in X$. Ferner wird die Existenz mindestens einer Folge (ξ_k) mit $\xi_k \in X \setminus \{x\}$ und $\lim\limits_{k \to \infty} \xi_k = x$

bzw. einer Null-Folge $(\triangle x_k)$ mit $\lim\limits_{k\to\infty} \triangle x_k = 0$, $\quad \triangle x_k \neq 0$ und $\quad x + \triangle x_k \in X$
für alle k vorausgesetzt. Sonst müßte X als offene Menge vorausgesetzt werden.
Im folgenden werden diese Zusatzannahmen nicht mehr extra erwähnt.
Die Funktion f heißt **differenzierbar** in X, wenn f in *jedem* Punkt $x \in X$ differenzierbar ist.

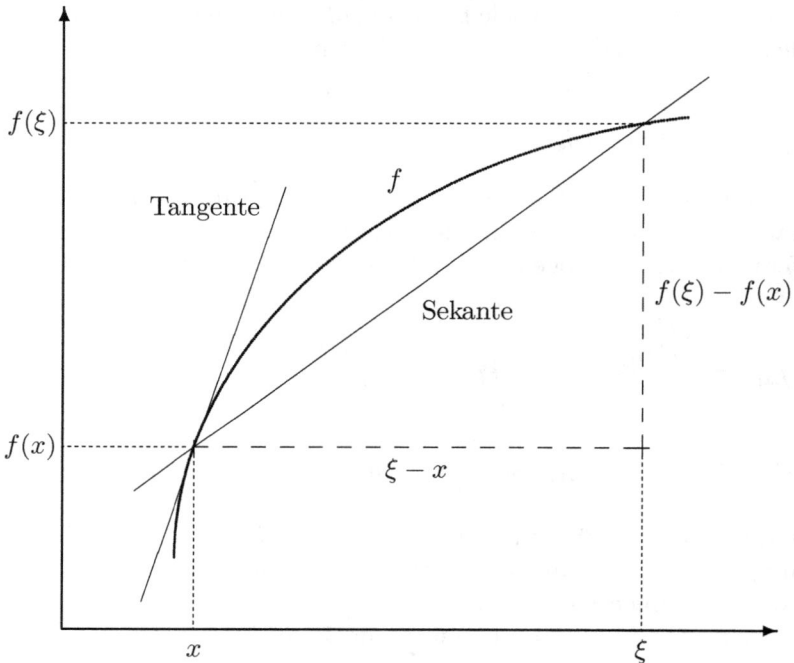

Abb. 8.1. Differentialquotient.

Geometrische Deutung.

– Der **Differenzenquotient** $\dfrac{\triangle f(x)}{\triangle x} := \dfrac{f(\xi) - f(x)}{\xi - x}$ beschreibt die Steigung der Sekante des Graphen $\Gamma(f)$ von f durch die Punkte $(x, f(x))$ und $(\xi, f(\xi))$.

– Der **Differentialquotient** oder die **Ableitung** (derivative) $\dfrac{\mathrm{d}f(x)}{\mathrm{d}x} := f'(x)$ von f in x beschreibt (im Falle der Existenz) die Steigung der Tangente an $\Gamma(f)$ in $(x, f(x))$, welche beim Grenzübergang $\triangle x \to 0$ aus der Sekante hervorgeht.

Bemerkung. Bei einer affin-linearen Funktion $f(x) = a + bx$, $x \in X \subseteq \mathbb{R}$, ist der Graph $\Gamma(f)$ eine Gerade, so daß in diesem Fall der Marginalwert (Steigung der Tangente) mit der Steigung der Sekante zusammenfällt, formal: $f'(x) = b$ für alle $x \in X$. Die aus der Definition der Differenzierbarkeit nahegelegte Approximation

$$f(x + \triangle x) \approx f'(x)\triangle x + f(x) \quad \text{für } \triangle x \neq 0 \ (x \in X)$$

gilt hier also exakt.

Einige Beispiele.

$f : \mathbb{R} \longrightarrow \mathbb{R}$, $f(x) = c$:

$$f'(x) = \lim_{\triangle x \to 0} \frac{f(x + \triangle x) - f(x)}{\triangle x} = \lim_{\triangle x \to 0} \frac{c - c}{\triangle x} = 0 \,.$$

$f : \mathbb{R} \longrightarrow \mathbb{R}$, $f(x) = x$:

$$f'(x) = \lim_{\triangle x \to 0} \frac{f(x + \triangle x) - f(x)}{\triangle x} = \lim_{\triangle x \to 0} \frac{x + \triangle x - x}{\triangle x} = 1 \,.$$

$f : \mathbb{R} \longrightarrow \mathbb{R}$, $f(x) = x^2$:

$$f'(x) = \lim_{\triangle x \to 0} \frac{f(x + \triangle x) - f(x)}{\triangle x} = \lim_{\triangle x \to 0} \frac{(x + \triangle x)^2 - x^2}{\triangle x}$$

$$= \lim_{\triangle x \to 0} \frac{2x\triangle x + \triangle x^2}{\triangle x} = 2x + \lim_{\triangle x \to 0} \triangle x = 2x \,.$$

$f : \mathbb{R} \longrightarrow \mathbb{R}$, $f(x) = \exp(x)$ (vgl. Kapitel 2):

$$\exp'(x) = \lim_{\triangle x \to 0} \frac{\exp(x + \triangle x) - \exp(x)}{\triangle x} = \lim_{\triangle x \to 0} \left(\exp(x) \frac{\exp(\triangle x) - 1}{\triangle x} \right)$$

$$= \exp(x) \lim_{\triangle x \to 0} \frac{\exp(\triangle x) - 1}{\triangle x} = \exp(x) \,.$$

g und h seien differenzierbare Funktionen, $\lambda \in \mathbb{R}$ eine Konstante und es gelte $f(x) = g(x) + \lambda h(x)$. Dann gilt:

$$f'(x) \;=\; \lim_{\triangle x \to 0} \frac{g(x + \triangle x) + \lambda h(x + \triangle x) - g(x) - \lambda h(x)}{\triangle x}$$

$$=\; \lim_{\triangle x \to 0} \frac{g(x + \triangle x) - g(x)}{\triangle x} \;+\; \lambda \lim_{\triangle x \to 0} \frac{h(x + \triangle x) - h(x)}{\triangle x}$$

$$=\; g'(x) + \lambda h'(x) \;.$$

Definition.   Sei $X \subseteq \mathbb{R}$ und $f : X \longrightarrow \mathbb{R}$ eine Funktion. f heißt im Punkt $x \in X$ **von rechts differenzierbar** (bzw. **von links differenzierbar**), wenn folgender Grenzwert existiert:

$$f'_+(x) \;:=\; \lim_{\xi \searrow x} \frac{f(\xi) - f(x)}{\xi - x} \qquad \left(\text{bzw.} f'_-(x) \;:=\; \lim_{\xi \nearrow x} \frac{f(\xi) - f(x)}{\xi - x} \right) \;.$$

Bemerkung.   Im Nullpunkt ist die Funktion   abs   sowohl von rechts $(\mathrm{abs}'_+(0) = 1)$ als auch von links $(\mathrm{abs}'_-(0) = -1)$ differenzierbar, jedoch nicht differenzierbar (vgl. Abschnitt 2.2).

Definition.   Sind die Funktion $f : X \longrightarrow \mathbb{R}$ in $X \subseteq \mathbb{R}$ und die Ableitung $f' : X \longrightarrow \mathbb{R}$ in $x \in X$ differenzierbar, dann heißt f **2-mal differenzierbar** in $x \in X$, und die Ableitung der Ableitung von f in x wird **Ableitung zweiter Ordnung** oder **zweite Ableitung** von f in x genannt. Schreibweise:

$$\frac{\mathrm{d}^2 f(x)}{\mathrm{d}x^2} \;:=\; f''(x) \;:=\; (f')'(x) \;.$$

Ist entsprechend f **k-mal differenzierbar**, so wird von der **Ableitung k-ter Ordnung** oder **k-ten Ableitung** von f in x gesprochen. Schreibweise:

$$f^{(k)}(x) \;:=\; \frac{\mathrm{d}^k f(x)}{\mathrm{d}x^k} \;:=\; \left(\frac{\mathrm{d}}{\mathrm{d}x} \right)^k f(x) \;:=\; \frac{\mathrm{d}}{\mathrm{d}x} \left(\frac{\mathrm{d}^{k-1} f(x)}{\mathrm{d}x^{k-1}} \right) \;.$$

Ist $f^{(k)} : X \longrightarrow \mathbb{R}$ stetig, so heißt f **k-mal stetig differenzierbar**.

Bemerkung.   Der Vollständigkeit halber wird die Ableitung von f in x k-ter Ordnung auch für $k = 0$ definiert. Es gilt: $f^{(0)}(x) := f(x)$.

8.2 Taylor-Reihen

Eine Anwendung von Ableitungen höherer Ordnung sind die **Taylor-Reihen**. Die Taylor-Reihen-Entwicklung kann zur Approximation (Annäherung) von Funktionen dienen, wobei gilt: je kleiner das nachfolgend definierte Restglied ist, desto besser ist die Approximation.

Satz 8.1. *Ist eine Funktion $f : X \longrightarrow \mathbb{R}$ im Intervall $X \subseteq \mathbb{R}$ $(k+1)$-mal stetig differenzierbar, $a \in X$ und $x \in X$, so gilt die Taylor-Reihen-Entwicklung*

$$f(x) = f(a) + \frac{f'(a)}{1!}(x-a) + \ldots + \frac{f^{(k)}(a)}{k!}(x-a)^k + R_{k+1}(x) \ ,$$

wobei

$$R_{k+1}(x) := \frac{f^{(k+1)}(a + \vartheta(x-a))}{k!}(x-a)^{k+1} \quad mit \ \vartheta \in \ ]0,1[\ .$$

Definition. $R_{k+1}(x)$ heißt **Restglied $(k+1)$-ter Ordnung (der Lagrangeschen Form)** der Taylor-Reihen-Entwicklung von f.

Bemerkung. Verschwindet das Restglied $(k+1)$-ter Ordnung, d.h. gilt: $f^{(k+1)}(x) = 0$ für alle $x \in X$, so ist f ein Polynom k-ten Grades. Umgekehrt verschwindet bei einem Polynom p k-ten Grades auch das Restglied $(k+1)$-ter Ordnung.

Definition. Ist eine Funktion $f : X \longrightarrow \mathbb{R}$ im Punkt $x \in X \subseteq \mathbb{R}$ beliebig oft differenzierbar und $a \in X$, so heißt

$$f(x) = \sum_{k=0}^{\infty} \frac{f^{(k)}(a)}{k!}(x-a)^k$$

die **Taylor-Reihe** von f im Punkt x mit **Entwicklungspunkt** a.

Definition. Die Taylor-Reihe in x **konvergiert** nur dann gegen $f(x)$, wenn gilt: $\lim\limits_{k \to \infty} R_k(x) = 0$.

Bemerkung. Wird in einer Taylor-Reihe der Faktor $\dfrac{f^{(k)}(a)}{k!}$ durch $c_k \in \mathbb{R}$ ersetzt, so wird sichtbar, daß jede Taylor-Reihe auch eine **Potenzreihe** $\sum\limits_{k=0}^{\infty} c_k(x-a)^k$ ist.

Nachfolgend werden die Taylor-Reihen-Darstellungen einiger Funktionen aufgelistet.

Taylor-Reihe der Funktion		Konvergenzbereich
$\sin(x)$	$= \displaystyle\sum_{k=0}^{\infty} (-1)^k \frac{x^{2k+1}}{(2k+1)!}$	$x \in \mathbb{R}$
$\cos(x)$	$= \displaystyle\sum_{k=0}^{\infty} (-1)^k \frac{x^{2k}}{(2k)!}$	$x \in \mathbb{R}$
$\exp(x)$	$= \displaystyle\sum_{k=0}^{\infty} \frac{x^k}{k!}$	$x \in \mathbb{R}$
$b^x = \exp(x\ln(b))$	$= \displaystyle\sum_{k=0}^{\infty} \frac{(x\ln(b))^k}{k!}$	$x \in \mathbb{R}$
$\ln(x)$	$= 2\displaystyle\sum_{k=0}^{\infty} \frac{(x-1)^{2k+1}}{(2k+1)(x+1)^{2k+1}}$	$x \in \mathbb{R}_+$
$\ln(1+x)$	$= \displaystyle\sum_{k=1}^{\infty} (-1)^{k-1} \frac{x^k}{k}$	$x \in \{t \in \mathbb{R} \mid -1 < t \leq 1\}$
$\ln(1-x)$	$= -\displaystyle\sum_{k=1}^{\infty} \frac{x^k}{k}$	$x \in \{t \in \mathbb{R} \mid -1 \leq t < 1\}$

8.3   Ableitungsregeln

Satz 8.2. *Ist eine Funktion $f : X \longrightarrow \mathbb{R}$ im Punkt $x \in X \subseteq \mathbb{R}$ differenzierbar, so ist sie dort auch stetig.*

Die ersten beiden Aussagen des folgenden Satzes stellen sicher, daß die Menge aller differenzierbaren Funktionen einen Vektorraum bilden (vgl. Kapitel 4).

Satz 8.3. *Sind die Funktionen $f, g : X \longrightarrow \mathbb{R}$ in $x \in X \subseteq \mathbb{R}$, differenzierbar und $\lambda \in \mathbb{R}$ eine Konstante, so sind auch die auf X definierten Funktionen:*

$$f + g, \quad \lambda f, \quad f \cdot g \quad und,$$

falls zusätzlich gilt $g(\xi) \neq 0$ für alle ξ in einer Umgebung U von x, $\quad \dfrac{f}{g}$

in x differenzierbar.

Satz 8.4. *Die Funktionen* $f : X \longrightarrow \mathbb{R}$ *sei stetig und streng monoton, wobei* $Y = f(X)$ *gilt.*
Ist f *in* $x \in X$ *differenzierbar und* $f'(x) \neq 0$, *so ist auch die Umkehrfunktion* f^{-1} *in* $y := f(x)$ *differenzierbar.*

Satz 8.5. *Seien* $f : X \longrightarrow \mathbb{R}$ *und* $g : Z \longrightarrow \mathbb{R}$ *Funktionen mit* $f(X) \subseteq Z$. *Ist* f *in* $x \in X$ *und* g *in* $z := f(x) \in Z$ *differenzierbar, so ist auch die verkettete Funktion* $g \circ f : X \longrightarrow \mathbb{R}$ *in* x *differenzierbar.*

Mit den vorangegangenen Sätzen sind folgende **Ableitungsregeln** verbunden, die ebenfalls nicht bewiesen werden:

$(f + g)'(x) = f'(x) + g'(x)$	Summenregel
$(\lambda f)'(x) = \lambda f'(x)$	konstanter Faktor bleibt erhalten
$(fg)'(x) = f'(x)g(x) + f(x)g'(x)$	Produktregel
$\left(\dfrac{f}{g}\right)'(x) = \dfrac{f'(x)g(x) - f(x)g'(x)}{g(x)^2}$	Quotientenregel
$(f^{-1})'(y) = \dfrac{1}{f'(x)} = \dfrac{1}{f'(f^{-1}(y))}$	Ableitung der Umkehrfunktion
$(g \circ f)'(x) = g'(f(x))f'(x)$	Kettenregel

Ableitungen einiger spezieller Funktionen:

Funktion $f(x)$	Ableitung $f'(x)$	Definitionsbereich
x^n	nx^{n-1}	$x \in \mathbb{R}, n \in \mathbb{N}$
x^a	ax^{a-1}	$x \in \mathbb{R}_+^*, a \in \mathbb{R}$
$\dfrac{1}{x^n} = x^{-n}$	$-n\dfrac{1}{x^{n+1}} = -nx^{-n-1}$	$x \in \mathbb{R}^*, n \in \mathbb{N}_0$
$\exp(x)$	$\exp(x)$	$x \in \mathbb{R}$
$\exp_a(x) = \exp(\ln(a)x) = a^x$	$\ln(a)\exp_a(x)$	$x \in \mathbb{R}$
$\ln(x)$	$\dfrac{1}{\exp(\ln(x))} = \dfrac{1}{x}$	$x \in \mathbb{R}_+$
$\ln_a(x) = \dfrac{1}{\ln(a)}\ln(x)$	$\dfrac{1}{\ln(a)} \cdot \dfrac{1}{x}$	$x \in \mathbb{R}^*$
$\sin(x)$	$\cos(x)$	$x \in \mathbb{R}$
$\cos(x)$	$-\sin(x)$	$x \in \mathbb{R}$
$\tan(x) = \dfrac{\sin(x)}{\cos(x)}$	$\dfrac{1}{\cos^2(x)}$	$x \in \mathbb{R} \setminus \{\frac{\pi}{2} + k\pi \mid k \in \mathbb{Z}\}$

8.4   Eine Auswahl ökonomischer Beispiele

Die *Grenzfunktion* einer ökonomischen Funktion gibt ihre Änderungstendenz wieder. Nachfolgend sollen zunächst die Grenzfunktionen einiger in Abschnitt 2.4 aufgeführten ökonomischen Relationen bestimmt werden, daran anschließend wird anhand einiger Beispiele die Anwendung der Ableitungsregeln demonstriert.

Grenzertrag:
$$Y'(r) \,,$$
$Y(r)$: Produktionsfunktion, r: Input.

Grenzerlös   (Grenzumsatz oder Grenzausgaben):
$$E'(x) \; = \; p'(x)x + p(x) \;,$$
$E(x) = p(x)x$: Erlösfunktion.

Grenzkosten:
$$K'(x) \; = \; K_v'(x) \;,$$
$K(x) = K_v(x) + K_f$: Kostenfunktion.

Grenzstückkosten:
$$k'(x) \; = \; \frac{K_v'(x) \cdot x - K_v(x) - K_f}{x^2} = \frac{K_v'(x) - k(x)}{x} \;,$$
$$k(x) := \frac{K(x)}{x} = \frac{K_v(x) + K_f}{x} \; : \; \text{Stückkostenfunktion.}$$

Grenzgewinn:
$$G'(x) \; = \; E'(x) - K'(x) \;,$$
$G(x) = E(x) - K(x)$: Gewinnfunktion.

Grenzstückgewinn:
$$g'(x) \; = \; \frac{(E'(x) - K_v'(x))x - (E(x) - K(x))}{x^2} \; = \; \frac{G'(x) - g(x)}{x} \;,$$
$$g(x) := \frac{G(x)}{x} := \frac{E(x) - K(x)}{x} \; : \; \text{Stückgewinnfunktion.}$$
Ist $K_f = 0$, so gilt: $g'(x) := p'(x) - k'(x)$.

Marginale Konsumquote:
$$C'(Y) \;,$$
$C = C(Y)$: Konsumfunktion.

Marginale Sparquote:
$$S'(Y) \; = \; 1 - C'(Y) \;,$$
$S(Y) = Y - C(Y)$: Sparfunktion.

Multiplikator:
$$m \; = \; Y'(I) \; = \; \frac{1}{1 - C'(Y(I))} \;,$$
$Y = Y(I) = I + C(Y(I))$: Sozialprodukt,
I : Investitionen.
Unter Anwengung der Kettenregel folgt aus obiger Gleichung zum Sozialprodukt:
$Y'(I) = I + C'(Y(I))Y'(I)$.

Wird speziell $C(Y) = a + bY$ gesetzt, so folgt: $m = \dfrac{1}{1 - b}$.

Beispiel 8.1 (Elastizität). Stehen zwei ökonomische Größen x, y miteinander im funktionalen Zusammenhang $f(x)$, so liefert das Verhältnis der relativen (oder prozentualen) Änderung der Größe y zur relativen (oder prozentualen) Änderung der Größe x einen Wert, der **Elastizität** von $f(x)$ bzgl. x oder x-**Elastizität** von $f(x)$ genannt wird.

Dabei wird zwischen Bogen- und Punkt-Elastizität von $f(x)$ bzgl. x unterschieden:

$$\epsilon_{f,x} \; := \; \frac{\dfrac{\triangle f(x)}{f(x)}}{\dfrac{\triangle x}{x}} \; = \; \frac{\dfrac{f(\xi)-f(x)}{f(x)}}{\dfrac{\xi-x}{x}} \qquad \textbf{Bogen-Elastizität,}$$

$$\epsilon_{f,x} \; := \; \frac{\dfrac{df(x)}{f(x)}}{\dfrac{dx}{x}} \; = \; \frac{f'(x)}{f(x)}x \qquad \textbf{Punkt-Elastizität.}$$

Ist $\triangle x = 1$, so gibt die Bogen-Elastizität näherungsweise an, um wieviele Einheiten sich $f(x)$ ändert, wenn sich x um eine Einheit ändert.

Die Bogen-Elastizität wird in die Punkt-Elastizität übergeführt, indem $\triangle x$ sich dem Grenzwert 0 nähert. Der analoge Fall wird in Abbildung 8.1 veranschaulicht, in der der Differenzen- in den Differentialquotienten übergeführt wird.

In der anschließenden Tabelle werden die Elastizitäten einiger ökonomischer Funktionen aus Abschnitt 2.4 dargestellt.

$\epsilon_{f,x}$	Bezeichnung der Elastitizität
$\epsilon_{x^N,p}$	Preiselastizität der Güternachfrage
$\epsilon_{x^A,p}$	Preiselastizität des Güterangebots
$\epsilon_{Y,K}$	Elastizität des Outputs bzgl. des Produktionsfaktors Kapital
$\epsilon_{C,Y}$	Einkommenselastizität des Konsums
$\epsilon_{I,i}$	Zinselastizität der Investition

In der folgenden Tabelle wird für mögliche Wertebereiche der Elastizität $\epsilon_{f,x}$ die allgemein gebräuchliche Begriffsbildung aufgelistet.

Betragsmäßiger Wert von $\epsilon_{f,x}$	$f(x)$ ist	Die rel. Änderung von $f(x)$ bzgl. der rel. Änderung von x ist
$\|\epsilon_{f,x}\| \longrightarrow \infty$	vollkommen elastisch	unendlich stark
$\|\epsilon_{f,x}\| > 1$	elastisch	stärker
$\|\epsilon_{f,x}\| = 1$	proportional elastisch	gleich
$\|\epsilon_{f,x}\| < 1$	unelastisch	schwächer
$\epsilon_{f,x} = 0$	vollkommen unelastisch oder starr	null

Beispiel 8.2 (Summen- und Produktregel, Elastizität). Der **Grenzsteuersatz** $T'(Y)$ drückt aus, wie stark sich die Steuer in den jeweiligen Steuerästen mit zunehmendem Einkommen erhöht. Für den zu Beginn von Kapitel 7 gegebenen Steuertarif folgt:

Grenzsteuersatz	zu versteuerndes Einkommen
$T'(Y) = 0$	$0 \leq Y < 7236$
$T'(Y) = (1537,7 \cdot f(Y) + 1990) \cdot f'(Y)$ mit $f(Y) = \frac{Y-7200}{10000}$ und $f'(Y) = \frac{1}{10000}$	$7236 \leq Y < 9252$
$T'(Y) = (557,3 \cdot f(Y) + 2300) \cdot f'(Y)$ mit $f(Y) = \frac{Y-9216}{10000}$ und $f'(Y) = \frac{1}{10000}$	$9252 \leq Y < 55008$
$T'(Y) = 0,485$	$55008 \leq Y < \infty$

Eine Betrachtung des Definitionsbereiches des zweiten Steuerastes an den Rändern ergibt:

$$\lim_{Y \searrow 7236} T'(Y) = 0,19955\ldots \quad \text{und} \quad \lim_{Y \nearrow 9252} T'(Y) = 0,23055\ldots .$$

Eine Betrachtung des Definitionsbereiches des dritten Steuerastes an den Rändern ergibt:

$$\lim_{Y \searrow 9252} T'(Y) = 0,23020\ldots \quad \text{und} \quad \lim_{Y \nearrow 55008} T'(Y) = 0,48519\ldots .$$

Die Funktion $T'(Y)$ besitzt also in den Übergängen von einem Steuerast zum anderen ungleiche einseitige Limiten. Der Grenzsteuersatz $T'(Y)$ ist - wie schon der Steuersatz $T(Y)$ - dort unstetig, außerdem ist er nicht monoton steigend in den Übergängen. Die Funktion $T'(\text{entier}(Y))$ allerdings ist wiederum monoton steigend sowie unstetig bei jedem ganzen zu versteuernden EUR-Betrag Y.

Die nachfolgende Tabelle stellt die Elastizität $\quad \epsilon_{T,Y_0} = \frac{dT'(Y_0)}{dT(Y_0)} Y_0 \quad$ für einige Einkommen Y_0 dar.

Einkommen	Steuerast	Elastizität
$Y \quad < \quad 7236$	1	$\epsilon_{T,Y}$ ist nicht definiert
$Y_0 \quad = \quad 7236$	2	$\epsilon_{T,Y_0} \quad = \quad 201{,}27917\ldots$
$Y_0 \quad = \quad 9252$	2	$\epsilon_{T,Y_0} \quad = \quad 4{,}83997\ldots$
$Y_0 \quad = \quad 9252$	3	$\epsilon_{T,Y_0} \quad = \quad 4{,}83737\ldots$
$Y_0 \quad = \quad 55008$	3	$\epsilon_{T,Y_0} \quad = \quad 1{,}58799\ldots$
$Y_0 \quad = \quad 55008$	4	$\epsilon_{T,Y_0} \quad = \quad 1{,}58737\ldots$
$Y \quad \to \quad \infty$	4	$\epsilon_{T,Y} \quad = \quad 1{,}0$

Der Tabelle kann für einige Einkommensbeispiele Y_0 entnommen werden, um wieviele Prozent ϵ_{T,Y_0} die Steuerbelastung zunimmt, wenn das Einkommen um 1 Prozent steigt. Desweiteren läßt sich ablesen, daß für alle Einkommen $Y \geq 7236$ gilt: $\epsilon_{T,Y} > 1$, was im ökonomischen Sinn bedeutet, daß der Steuertarif $T(Y)$

dort *elastisch* ist. Im Grenzfall $Y \to \infty$ ist $T(Y)$ *proportional elastisch*, d.h. die Steuerlast steigt im selben prozentualen Umfang wie das Einkommen.

Beispiel 8.3 (Quotientenregel, Elastizität). Es sei die Stückkostenfunktion

$$k(x) = \frac{K_v(x) + K_f}{x} = \frac{\ln(x+1) + 10}{x}$$

gegeben. Für die Grenzstückkosten folgt dann:

$$
\begin{aligned}
k'(x) &= \frac{K_v'(x) \cdot x - K_v(x) - K_f}{x^2} = \frac{K_v'(x) - k(x)}{x} \\
&= \frac{\frac{1}{x+1} \cdot x - \ln(x+1) - 10}{x^2} = \frac{\frac{1}{x+1} - k(x)}{x}.
\end{aligned}
$$

Für die Elastizität ergibt sich:

$$\epsilon_{k,x} = \frac{k'(x)}{k(x)} \cdot x = \frac{\frac{1}{x+1} - k(x)}{x} \cdot \frac{1}{k(x)} \cdot x = \frac{1}{\frac{x+1}{x}(\ln(x+1) + 10)} - 1.$$

Auf Grund von $-1 < \epsilon_{k,x} < 0$ ist im ökonomischen Sinn die Stückkostenfunktion $k(x)$ *unelastisch*.

Beispiel 8.4 (Ableitung der Umkehrfunktion, Elastizität). Die Angebotsfunktion $x^A(p) = \ln(p)$ ist monoton steigend und differenzierbar. Für das Grenzangebot gilt nach den Ableitungsregeln von Abschnitt 8.3:

$$\ln'(p) = \frac{1}{\exp'(\ln(p))} = \frac{1}{\exp(\ln(p))} = \frac{1}{p}.$$

Ferner gilt für die Preiselastizität des Güterangebots:

$$\epsilon_{x^A,p} = \frac{\frac{1}{p}}{\ln(p)} p = \frac{1}{\ln(p)},$$

woraus folgt:

$1 < p < \exp(1)$	$\epsilon_{x^A,p} > 1$	x^A ist elastisch
$p = \exp(1)$	$\epsilon_{x^A,p} = 1$	x^A ist proportional elastisch
$p > \exp(1)$	$0 < \epsilon_{x^A,p} < 1$	x^A ist unelastisch
$p \to \infty$	$\epsilon_{x^A,p} = 0$	x^A ist vollkommen unelastisch

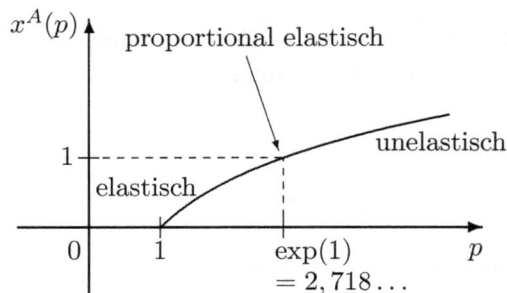

Abb. 8.2. Angebotsfunktion $x^A(p) = \ln(p)$ $(p \geq 1)$.

Beispiel 8.5 (Kettenregel). Bei ökonomischen Größen, die im Zeitablauf exponentiell wachsen, werden häufig statt der ursprünglichen Werte die logarithmierten Größen betrachtet. Gilt beispielsweise für das Volkseinkommen

$$Y(t) \;=\; a \cdot e^{ct} \quad \text{und} \quad y(t) \;:=\; \ln(Y(t)) \;=\; \ln(a) + ct \;,$$

so folgt: $\dfrac{dy(t)}{dt} \;=\; \ln'\,(Y(t)) \cdot Y'(t) \;=\; \dfrac{Y'(t)}{Y(t)} \;=\; c \;.$

Die Größe $\dfrac{Y'(t)}{Y(t)}$ wird allgemein auch *Wachstumsrate* (vgl.   Kapitel 13 und Abschnitt 16.3) von Y genannt.

9 Kurvendiskussion

Ökonomische Prozesse, die durch Funktionen beschrieben werden, können durch Untersuchung der zugrundeliegenden Funktionen analysiert werden. Die Kurvendiskussion bezieht sich auf die Betrachtung des Graphen der jeweiligen Funktion und umfaßt insbesondere folgende Punkte: Definitionsbereich, Symmetrie, Nullstellen, Stetigkeit, asymptotisches Verhalten, Extremwerte, Monotonieverhalten, Wendepunkte, Krümmungsverhalten.

Eine ökonomische Anwendung. Der ökonomische Zusammenhang zwischen Mitteleinsatz (Input) und Ausstoß (Output) wird durch eine Produktionsfunktion dargestellt. Der durch die Produktionsfunktion beschriebene Kurvenverlauf wird auch *Ertragsgesetz* genannt. Nachfolgend werden für ein agrarisches Produkt unterschiedliche Technologien definiert, die den Zusammenhang zwischen Düngemitteleinsatz r (in ME/ha) und Ernteertrag q (in ME/ha) wiedergeben:

$$q_1(r) \;=\; a + c\sqrt{r} \quad \text{mit } c > 0 \;,$$

$$q_2(r) \;=\; \frac{\ln(r-1)}{(r-1)^2} \;,$$

$$q_3(r) \;=\; -\frac{1}{8}x^3 + \frac{3}{4}x^2 + \frac{15}{8}x + 1 \;,$$

Die hier interessierenden Fragen lauten etwa:

- Gibt es Bereiche zunehmender bzw. abnehmender *Skalenerträge*, d.h. positiver zunehmender bzw. positiver abnehmender Grenzerträge, oder allgemeiner: folgt die Produktionsfunktion einem ertragsgesetzlichen Verlauf ?

- Gibt es Überdüngungsphänomene, d.h. den Fall negativer Grenzerträge ?

- Gibt es einen - möglicherweise asymptotischen - Sättigungsertrag, der die maximal erzielte Ausbringungsmenge darstellt ?

- Wie ist das Verhalten für große Mitteleinsätze ?

Dabei wird unter einem ertragsgesetzlichen Verlauf verstanden, daß die Produktionsfunktion zunächst positive zunehmende Grenzerträge des Inputs (konvexer Verlauf), danach positive abnehmende Grenzerträge des Inputs (konkaver Verlauf)

aufweist. Dem kann sich schließlich ein Bereich negativer abnehmender Grenzerträge des Inputs anschließen. In Abschnitt 9.2 wird gezeigt, daß die Produktionsfunktion q_1 mit zunehmender Inputquantität streng monoton wächst, während
q_2 und q_3 einem ertragsgesetzlichen Verlauf folgen. Während bei der Produktionsfunktion q_2 der Output für große Inputs schließlich gegen 0 geht, wird bei
der Produktionsfunktion q_3 der Zustand der Nichtproduktion ($q_3 = 0$) bereits bei
einem endlichen Inputniveau erreicht.

9.1   Grundlagen

Definitionsbereich.   Punkte oder Intervalle, in denen eine Funktion nicht
definiert ist, können u.a. sein:

- Nullstellen des Nenners rationaler und algebraischer Funktionen,

- das Intervall $]-\infty, 0]$ bei Vorliegen der Logarithmusfunktion,

- das Intervall $]-\infty, 0[$ bei Vorliegen einer quadratischen Wurzelfunktion.

Symmetrie.   Es gibt verschiedene Arten von Symmetrien.

Achsensymmetrie zur Ordinate	$f(x) = f(-x)$
Achsensymmetrie zu einer Vertikalen	$f(x + a) = f(-x + a)$
Punktsymmetrie zum Ursprung	$-f(x) = f(-x)$
Punktsymmetrie zum Punkt $(a, b) \in \mathbb{R}^2$	$-f(x + a) + b = f(-x + a) + b$

Nullstellen.   Die Menge $\{x \in \mathbb{R} \mid f(x) = 0\}$ enthält gerade die Nullstellen
der Funktion $f(x)$.
Bei Nullstellen des Nenners rationaler und algebraischer Funktionen sind Stetig-
keitsuntersuchungen notwendig.

Stetigkeit.

Unstetigkeitsstellen können in Punkten des Definitionsbereichs auftreten, in denen die Funktion eine Sprungstelle besitzt, d.h. in denen gilt (vgl. Kapitel 7):

$$\lim_{x \to a} f(x) \neq f(a) \, .$$

Asymptotisches Verhalten.

Nähert sich beispielsweise eine Kurve bei immer größer werdender Entfernung vom Koordinatenursprung beliebig einer Geraden an, dann heißt diese Gerade **Asymptote** der Kurve.

Eine Funktion kann sich in Nullstellen des Nenners rationaler und algebraischer Funktionen asymptotisch verhalten. In diesem Fall ist die Asymptote eine Vertikale durch die Nullstelle. Allgemeiner wird definiert:

Definition. Die Funktion f verhält sich **asymptotisch gleich** wie die Funktion g, wenn gilt:

$$\lim_{x \to +\infty} (f(x) - g(x)) \; = \; 0 \quad \text{oder} \quad \lim_{x \to -\infty} (f(x) - g(x)) \; = \; 0 \, .$$

Ist g eine affin-lineare Funktion, so ist g Asymptote von f.
Gilt beispielsweise $f(x) = \exp(x)$ und $g(x) = 0$, so verhalten sich die Funktionen für $x \to -\infty$ asymptotisch gleich, und g ist Asymptote von exp.

Extremwerte.

Definitionen. Sei $f : [a, b] \longrightarrow \mathbb{R}$ eine Funktion.

f besitzt im Punkt $x \in \,]a, b[$ ein **lokales** oder **relatives Maximum** (bzw. **Minimum**), wenn eine ϵ-Umgebung von x mit $\epsilon > 0$ existiert, für die gilt:
$$f(x) \; \geq \; f(\xi) \quad (\text{bzw.} \quad f(x) \; \leq \; f(\xi)) \quad \text{für alle} \; \xi \; \text{mit} \; |x - \xi| < 0 \, .$$

f besitzt in x ein **isoliertes** lokales Maximum (bzw. Minimum), wenn in obiger Bedingung $f(x) = f(\xi)$ nur für $x = \xi$ eintritt.

f besitzt im Punkt $x \in [a, b]$ ein **globales Maximum** (bzw. **Minimum**), wenn gilt:

$$f(x) \geq f(\xi) \quad (\text{bzw.} \quad f(x) \leq f(\xi)) \text{ für alle } \xi \in [a, b] \ .$$

Extremum ist der Oberbegriff für Maximum und Minimum.

Bemerkung. Ein lokales Extremum kann auch gleichzeitig ein globales Extremum sein. Besitzt jedoch f ein globales Extremum auf dem *Rand* des Definitionsbereiches – beispielsweise in a oder b – , so wird von einem **Randextremum** gesprochen, welches dann nach Definition kein lokales Extremum sein kann.

Satz 9.1 (Fermat). *Die Funktion $f :]a, b[\longrightarrow \mathbb{R}$ besitze im Punkt $x \in]a, b[$ ein lokales Extremum und sei in einer Umgebung von x differenzierbar. Dann gilt:* $f'(x) = 0$.

Bemerkung. $f'(x) = 0$ ist nur eine notwendige, aber keine hinreichende Bedingung für ein lokales Extremum, d.h. im allgemeinen folgt aus $f'(x) = 0$ nicht, daß f in x ein lokales Extremum besitzt (Gegenbeispiel: $f(x) = x^3$: $f'(0) = 0$, aber an der Stelle $x = 0$ liegt ein Wendepunkt (s.u.) vor).

Satz 9.2 (Satz von Rolle). *Sei $a < b$ und $f : [a, b] \longrightarrow \mathbb{R}$ eine stetige Funktion mit $f(a) = f(b)$, welche in $]a, b[$ differenzierbar ist. Dann existiert ein $\xi \in]a, b[$ mit $f'(\xi) = 0$.*

Bemerkungen.

- Aus dem Satz von Rolle folgt, daß zwischen zwei Nullstellen einer differenzierbaren Funktion ein lokales Extremum liegt.

- Gilt zusätzlich $f'(x) = 0$ für alle $x \in]a, b[$, dann ist die Funktion f konstant.

Eine weitere Folgerung aus Satz 9.1 ist der Mittelwertsatz.

Satz 9.3 (Mittelwertsatz). *Sei $a < b$ und $f : [a, b] \longrightarrow \mathbb{R}$ eine stetige Funktion, welche in $]a, b[$ differenzierbar ist. Dann existiert ein $\xi \in]a, b[$ mit*

$$\frac{f(b) - f(a)}{b - a} = f'(\xi) \ .$$

Wendepunkte, Monotonieverhalten und Krümmungsverhalten.

Definition. Die Extrema der 1. Ableitung heißen **Wendepunkte**.

Definition. Ein Punkt x, für den $f'(x) = 0$, $f''(x) = 0$ und $f'''(x) \neq 0$ gilt, heißt **Sattelpunkt**.

Satz 9.4. *Sei $f : [a, b] \longrightarrow \mathbb{R}$ eine stetige Funktion, welche in $]a, b[$ differenzierbar und gegebenenfalls auch zweimal differenzierbar ist.*

Gelte für Punkte $x \in]a, b[$			Dann folgt: f
$f'(x) \geq 0$		für alle x	ist in $[a, b]$ monoton wachsend
$f'(x) > 0$		für alle x	ist in $[a, b]$ streng monoton wachsend
$f'(x) \leq 0$		für alle x	ist in $[a, b]$ monoton fallend
$f'(x) < 0$		für alle x	ist in $[a, b]$ streng monoton fallend
$f'(x) = 0$	$f''(x) < 0$	im Pkt. x	besitzt in x ein isoliertes Maximum
$f'(x) = 0$	$f''(x) > 0$	im Pkt. x	besitzt in x ein isoliertes Minimum
$f'(x) = 0$	$f''(x) = 0$	im Pkt. x	besitzt in x einen Sattelpunkt, wenn $f'''(x) \neq 0$
	$f''(x) \geq 0$	für alle x	ist in $[a, b]$ konvex
	$f''(x) > 0$	für alle x	ist in $[a, b]$ streng konvex
	$f''(x) \leq 0$	für alle x	ist in $[a, b]$ konkav
	$f''(x) < 0$	für alle x	ist in $[a, b]$ streng konkav

Da in Kapitel 7 die Differentialrechnung noch nicht bekannt war, soll die *l'Hospitalsche Regel* erst an dieser Stelle vorgestellt werden. Für eine Funktion, die aus dem Quotienten zweier Funktionen gebildet wird, gestattet die l'Hospitalsche Regel, den Funktionswert an einer Stelle zu berechnen, an der sowohl Zähler wie Nenner gleich Null sind.

Satz 9.5. *Eine Funktion* $f(x) = \dfrac{g(x)}{h(x)}$ *mit* $x \in X \subseteq \mathbb{R}$ *besitze die beiden Eigenschaften:*
$h^{(k)}(x) \neq 0$ *in einer Umgebung* $x_0 \in \mathbb{R}$, *wobei diese Eigenschaft nicht für* x_0 *zu gelten braucht, und* $g^{(i)}(x_0) = h^{(i)}(x_0) = 0$ *mit* $0 \leq i \leq k-1$.

Dann lassen sich die folgenden Fälle unterscheiden:

$$\text{Gilt} \quad \lim_{x \to x_0} \frac{g^{(k)}(x)}{h^{(k)}(x)} = c \, , \quad \text{mit } c \in \mathbb{R}, \text{ so gilt auch} \quad \lim_{x \to x_0} \frac{g(x)}{h(x)} = c \, .$$

$$\text{Gilt} \quad \lim_{x \to x_0} \frac{g^{(k)}(x)}{h^{(k)}(x)} = \pm\infty \, , \quad \text{so gilt auch} \quad \lim_{x \to x_0} \frac{g(x)}{h(x)} = \pm\infty \, .$$

9.2   Eine Auswahl ökonomischer Beispiele

Die ersten drei Beispiele untersuchen die Graphen der Funktionen des Eingangsbeispiels.

Beispiel 9.1 (Kurvendiskussion).

Funktion: $q_1(r) = a + c\sqrt{r}$ mit $c > 0$.

Definitionsbereich: $r \in \mathbb{R}_+ =: X$ für alle $a \in \mathbb{R}$,
da die reellwertige Funktion $\sqrt{r}$ nicht für $r < 0$ definiert ist.

Nullstellen: $a + c\sqrt{r} = 0. \iff \sqrt{r} = -\dfrac{a}{c}$

$$\iff \begin{cases} q_1(r) \text{ besitzt keine Nullstelle,} & \text{falls } a > 0 \, , \\ r = \left(\dfrac{-a}{c}\right)^2 \text{ ist eine Nullstelle von } q_1(r), & \text{falls } a \leq 0 \, . \end{cases}$$

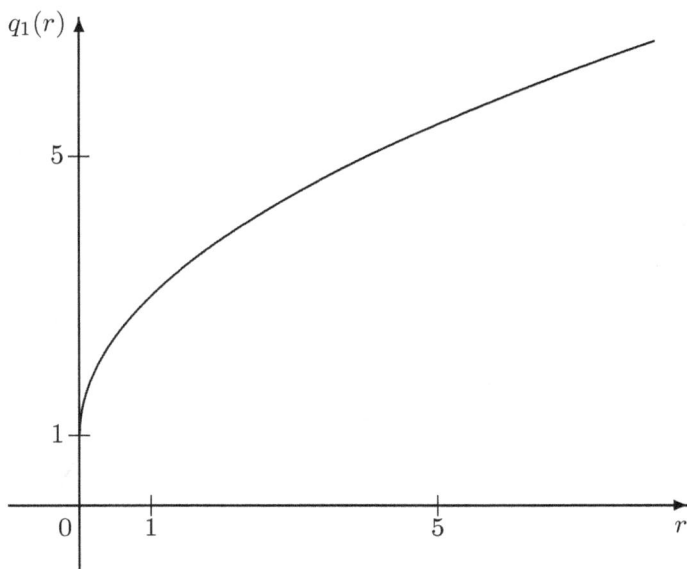

Abb. 9.1. Die Funktion $q_1(r)$ für $a = 1$ und $c = 2$.

Stetigkeit: $\sqrt{r}$ ist stetig in X, und damit auch $q_1(r)$ (vgl. Satz 7.2).

Asymptoten: $q_1(r)$ besitzt keine Asymptote in Form einer Geraden,

denn $\left\{ \begin{array}{l} q_1(r) \text{ ist stetig in } X \text{ ,} \\ \text{es gilt: } \lim\limits_{r \to +\infty} q_1(r) = +\infty \text{ ,} \\ \text{es gilt: } q_1(0) = 0 \text{ .} \end{array} \right.$

Extrema und Monotonie: $q_1'(r) = \dfrac{c}{2} \dfrac{1}{\sqrt{r}} > 0$ für alle $r \in X$

$\Longrightarrow$ $\left\{ \begin{array}{l} q_1(r) \text{ besitzt keine lokalen Extrema,} \\ q_1(r) \text{ ist streng monoton wachsend,} \\ \text{in } r = 0 \text{ besitzt } q_1(r) \text{ ein Randextremum und globales Minimum.} \end{array} \right.$

Wendepunkte und Krümmungsverhalten: $q_1''(r) = -\dfrac{c}{4} \cdot \dfrac{1}{(\sqrt{r})^3} < 0$ für

alle $r \in X$ $\Longrightarrow$ $\left\{ \begin{array}{l} q_1(r) \text{ besitzt keine Wendepunkte,} \\ q_1(r) \text{ ist streng konkav.} \end{array} \right.$

Beispiel 9.2 (Kurvendiskussion).

Funktion: $q_2(r) = \dfrac{\ln(r-1)}{(r-1)^2}$.

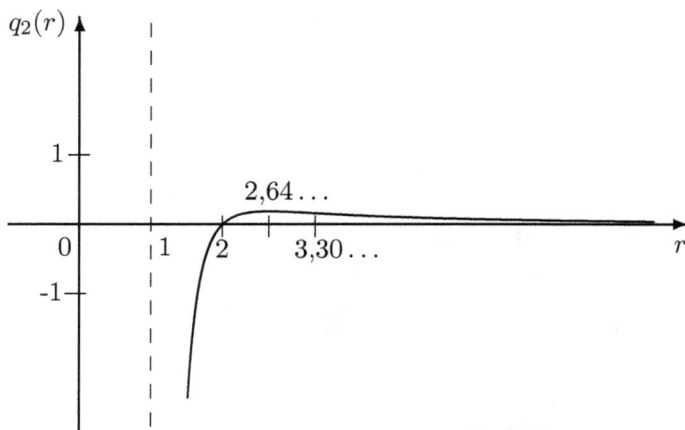

Abb. 9.2. Die Funktion $q_2(r)$.

Definitionsbereich: $r \in \,]1, +\infty[\;=: X$.

Nullstellen: $\dfrac{\ln(r-1)}{(r-1)^2} = 0 \quad \Longrightarrow \quad r = \exp(0) + 1 = 2$ ist die einzige Nullstelle von $q_2(r)$.

Stetigkeit: $\ln(r-1)$ und $\dfrac{1}{(r-1)^2}$ sind stetig in X und damit auch $q_2(r)$
(vgl. Satz 7.2).

Asymptoten: $q_2(r)$ besitzt zwei Asymptoten:
– die Vertikale durch den Punkt 1, da gilt: $\lim\limits_{r \searrow 1} q_2(r) = -\infty$.
– die x-Achse, da gilt: $\lim\limits_{r \to +\infty} q_2(r) = 0$.
Weitere Asymptoten existieren nicht, da $q_2(r)$ in X stetig ist.

Extrema und Monotonie: $q_2'(r) = \dfrac{1 - 2\ln(r-1)}{(r-1)^3}$.

Es folgt

- $q_2'(r) \overset{!}{=} 0$

  $\implies$ $r = e^{\frac{1}{2}} + 1 = 2,6487\ldots$

  kann ein isoliertes lokales Extremum von $q_2(r)$ sein (siehe unten).
- $q_2'(r) > 0$ für alle $r \in \;]1, e^{\frac{1}{2}} + 1]$.

  $\implies$ $q_2(r)$ ist streng monoton wachsend in $]1, e^{\frac{1}{2}} + 1]$.
- $q_2'(r) < 0$ für alle $r \in [e^{\frac{1}{2}} + 1, +\infty[$.

  $\implies$ $q_2(r)$ ist streng monoton fallend in $[e^{\frac{1}{2}} + 1, +\infty[$.

Wendepunkte und Krümmungsverhalten: $q_2''(r) = \dfrac{-5 + 6\ln(r-1)}{(r-1)^4}$.

Es folgt

- $q_2''(r) \overset{!}{=} 0$

  $\implies$ $r = e^{\frac{5}{6}} + 1 = 3,3009\ldots$ ist der einzige Wendepunkt von $q_2(r)$.
- $q_2''(r) < 0$ für alle $r \in \;]1, e^{\frac{5}{6}} + 1]$.

  $\implies$ $q_2(r)$ ist streng konkav in $]1, e^{\frac{5}{6}} + 1]$.
- $q_2''(r) > 0$ für alle $r \in [e^{\frac{5}{6}} + 1, +\infty[$.

  $\implies$ $q_2(r)$ ist streng konvex in $[e^{\frac{5}{6}} + 1, +\infty[$.

- $q_2''(e^{\frac{1}{2}} + 1) < 0$

  $\implies$ Zusammen mit $q_2'(e^{\frac{1}{2}} + 1) = 0$ ergibt sich also,

  daß das lokale Extremum $e^{\frac{1}{2}} + 1$ ein Maximum von $q_2(r)$ ist.

Beispiel 9.3 (Kurvendiskussion). Ein Agrarökonom weiß, daß der Zusammenhang zwischen Düngemitteleinsatz r und Ernteertrag q_3 durch eine kubische *ertragsgesetzliche Produktionsfunktion* $q_3(r)$ beschrieben wird, wobei ihm folgende Informationen zur Verfügung stehen:

- Ohne Düngemitteleinsatz beträgt der Ernteertrag $q_3(0) = 1$ ME/ha, wodurch das Absolutglied d der kubischen Produktionsfunktion mit $d = 1$ festgelegt ist.

- Die *Schwelle des Ertragsgesetzes*, d.h. der Übergang von zunehmenden zu abnehmenden Grenzerträgen, liegt bei einem Düngemitteleinsatz von $r_w = 2$ ME/ha und entspricht dem Wendepunkt von $q_3(r)$.

– Die *Sättigungsgrenze*, d.h. der Punkt maximalen Ernteertrags, liegt bei einem Düngemitteleinsatz von $r_m = 5$ ME/ha und wird durch das Maximum $q_3(r_m)$ gekennzeichnet.

– Bei einem Düngemitteleinsatz von $r_0 = 8$ ME/ha wird kein Ertrag mehr erzielt, d.h. es gilt $q_3(8) = 0$.

Zur Bestimmung der Produktionsfunktion muß ein Gleichungssystem gelöst werden:

$$q_3(r_0) \;=\; a{\cdot}r_0^3 \;+\; b{\cdot}r_0^2 \;+\; c{\cdot}r_0 \;+\; 1 \;=\; 0$$

$$q_3'(r_m) \;=\; 3a{\cdot}r_m^2 \;+\; 2b{\cdot}r_m \;+\; c \;\;\;\;\;\;\;\;\;\;=\; 0$$

$$q_3''(r_w) \;=\; 6a{\cdot}r_w \;+\; 2b \;\;\;\;\;\;\;\;\;\;\;\;\;\;\;=\; 0 \; .$$

Werden die bekannten Werte für r_0, r_m und r_w eingesetzt und der Gauß-Algorithmus (vgl. Kapitel 5.1) verwendet, so folgt:

$$
\begin{aligned}
512a \;+\; 64b \;+\; 8c &= -1 \\
88a \;+\; 16b \;\;\;\;\;\;\;\; &= \;\;\;1 \\
8a \;\;\;\;\;\;\;\;\;\;\;\;\;\;\; &= -1 \;\; .
\end{aligned}
$$

Die gesuchte Produktionsfunktion lautet also:

$$q_3(r) \;=\; -\frac{1}{8}x^3 + \frac{3}{4}x^2 + \frac{15}{8}x + 1 \; .$$

Die anschließende Tabelle gibt eine Übersicht über Extrema, Monotonie, Wendepunkte (W.-P.) und Krümmungsverhalten der Funktion $q_3(r)$ im Definitionsbereich $X := \mathbb{R}_+$.

$r=0$	$0 \le r < 2$	$r=2$	$2 < r < 5$	$r=5$	$5 < r < 8$	$r=8$	$r>8$
$q_3 = 1$			$q_3 > 0$			$q_3 = 0$	$q_3 < 0$
	$q_3' > 0$			$q_3' = 0$	$q_3' < 0$		
	streng monoton wachsend			Max.	streng monoton fallend		
$q_3'' > 0$		$q_3'' = 0$		$q_3'' < 0$			
streng konvex		W.-P.		streng konkav			

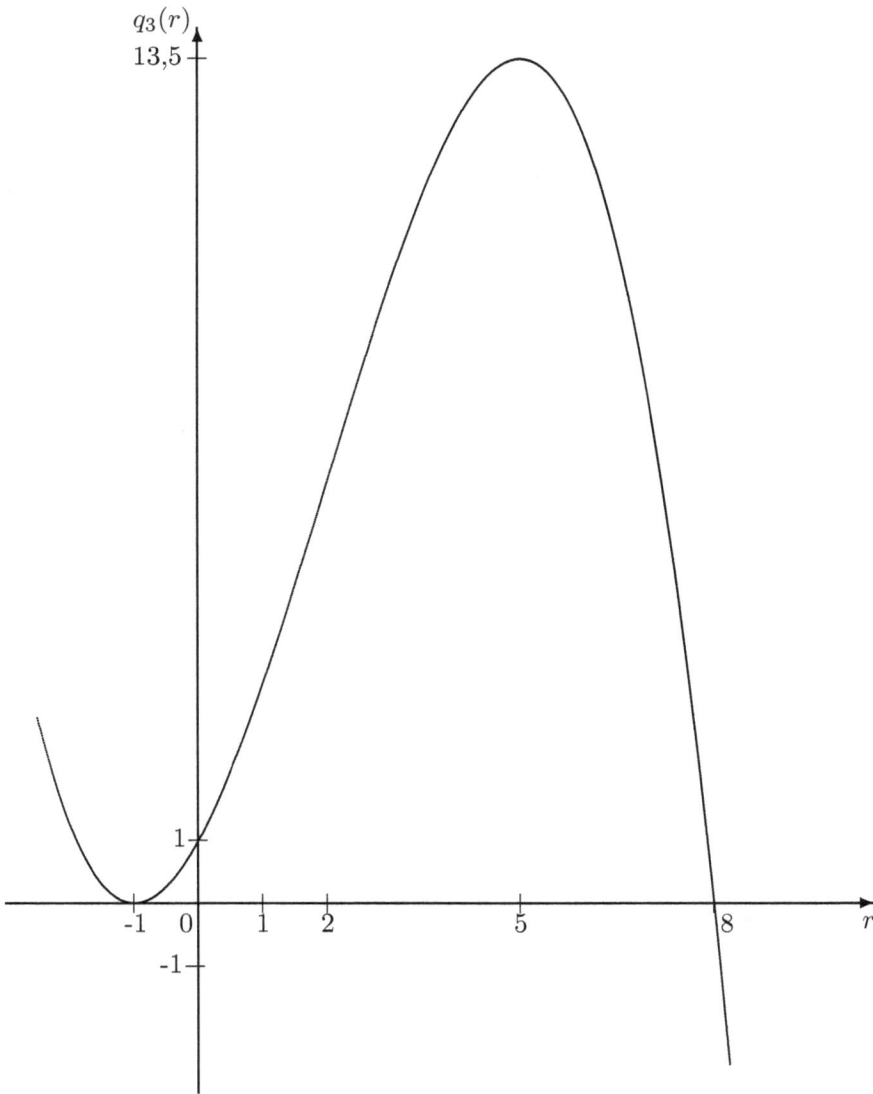

Abb. 9.3. Die Funktion $q_3(r)$.

Beispiel 9.4 (l'Hospitalsche Regel). Der Verlauf der Funktion

$$Y(t) = \frac{\ln(t^2)}{t} \quad \text{mit} \quad t > 0$$

beschreibe im Zeitablauf eine Prognose über die Entwicklung des Einkommens Y (in GE/Jahr) eines Unternehmens. Für den *Sättigungswert* des Einkommens in weiter Zukunft folgt aus der l'Hospitalschen Regel:

$$\lim_{t \to \infty} Y(t) \;=\; \lim_{t \to \infty} \frac{\ln(t^2)}{t} \;=\; \lim_{t \to \infty} \frac{\frac{2}{t}}{1} \;=\; 0 \; .$$

10 Integralrechnung

Zwei ökonomische Anwendungen.

– Das Problem der *Konsumentenrente* läßt sich wie folgt beschreiben:
Bei der Nachfrage nach einem Gut haben die Konsumenten unterschiedliche Zahlungsbereitschaften. Stellt sich auf dem Markt ein bestimmter Preis p für dieses Gut ein, so werden einige Konsumenten das Gut zu einem niedrigeren Preis erwerben als zu dem, den sie maximal zu zahlen bereit gewesen wären. Es stellt sich die Frage, wie groß der Geldbetrag ist, den die Käufer zu zahlen bereit gewesen wären, wenn jeder Konsument den von ihm höchstens akzeptierten Preis gezahlt hätte (vgl. Beispiel 10.1 in Abschnitt 10.4).

– In der Ökonomie wird oft der Zusammenhang zwischen *Bestandsgrößen* (z.B. gesamtwirtschaftlicher Kapitalstock; Ölvorkommen) und *Flußgrößen* (z.B. gesamtwirtschaftliche Nettoinvestitionen; Ölförderung) untersucht. Die Aggregation der Flußgröße bis zu einem bestimmten Zeitpunkt ergibt gerade die Bestandsgröße zu diesem Zeitpunkt (vgl. Beispiel 10.4 in Abschnitt 10.4).

10.1 Das bestimmte Integral

Der Definition des Integrals für Treppenfunktionen (vgl. Abschnitt 2.2) liegt nur der elementargeometrische Flächeninhalt von Rechtecken zugrunde, wobei jedoch zu beachten ist, daß Flächen unterhalb der x-Achse negativ zu bewerten sind. Im folgenden seien $a, b \in \mathbb{R}$ mit $a < b$ und $T[a, b]$ die Menge aller Treppenfunktionen $\varphi : [a, b] \longrightarrow \mathbb{R}$.

Definition.   Eine Treppenfunktion $\varphi(x)$ sei bzgl. der Unterteilung $a = x_0 < x_1 < \ldots < x_{n-1} < x_n = b$ definiert und es gelte auf den Unterteilungsintervallen $\varphi(x)|_{]x_{k-1}, x_k[} = c_k$ für k = 1,...,n. Dann wird das **Integral** (integral) **einer Treppenfunktion** wie folgt definiert:

$$\int_a^b \varphi(x)\, dx \; := \; \sum_{k=1}^n c_k (x_k - x_{k-1}) \; .$$

Je feiner die Unterteilung, d.h. je größer n gewählt wird, desto genauer kann eine reellwertige Funktion durch eine Treppenfunktion approximiert werden. Die nachfolgende Definition der Integrierbarkeit deutet an, daß die Integration - wie schon die Differentiation - eine Anwendung des Grenzwertbegriffs ist. Dies bedeutet insbesondere, daß die Länge der horizontalen Seite der oben erwähnten Rechtecke gegen Null strebt.

Definition. Sei $f : [a, b] \longrightarrow \mathbb{R}$ eine beschränkte Funktion. Dann heißt

$$\int_a^{b*} f(x)\, dx \ := \ \inf \left\{ \int_a^b \varphi(t)\, dt \mid \varphi \in T[a, b], \varphi(t) \geq f(t) \text{ für alle } t \in [a, b] \right\}$$

das **Oberintegral** (upper integral) von f und

$$\int_{a*}^{b} f(x)\, dx \ := \ \sup \left\{ \int_a^b \varphi(t)\, dt \mid \varphi \in T[a, b], \varphi(t) \leq f(t) \text{ für alle } t \in [a, b] \right\}$$

das **Unterintegral** (lower integral) von f.

Definition.   Eine beschränkte Funktion $f : [a, b] \longrightarrow \mathbb{R}$ heißt **Riemann-integrierbar** oder einfach **integrierbar**, wenn das Oberintegral und das Unterintegral von f übereinstimmen.

Schreibweise.

$$\int_a^b f(x)\, dx \ := \ \int_a^{b*} f(x)\, dx \ = \ \int_{a*}^b f(x)\, dx$$

f wird als **Integrand**, x als **Integrationsvariable** und a bzw. b als **untere** bzw. **obere Integrationsgrenze** bezeichnet.

Bemerkung.   Insbesondere ist jede Treppenfunktion integrierbar.

Mit anderen Worten.   Ein Integral mißt den Flächeninhalt, der von dem Graphen der Funktion, der x-Achse und den Vertikalen durch die Intervallgrenzen a und b eingeschlossen wird, wobei das Maß der Flächen, die unterhalb der x-Achse liegen, negativ eingeht. Der Flächeninhalt ist eindeutig bestimmt. Ein

bestimmtes Integral ordnet also (in Abhängigkeit eines abgeschlossenen Intervalls $[a, b]$) einer integrierbaren Funktion eine reelle Zahl zu und wird deshalb auch Maß genannt.

Aus der vorangegangenen Definition ist abzulesen: wenn eine Funktion beliebig genau durch eine Treppenfunktion approximiert werden kann, kann auch das Integral dieser Funktion mittels Flächeninhalten approximiert werden. Der anschließende Satz folgt direkt aus der Definition von inf und sup.

Satz 10.1. *Eine Funktion* $f : [a, b] \longrightarrow \mathbb{R}$ *ist genau dann integrierbar, wenn zu jedem* $\epsilon > 0$ *Treppenfunktionen* $\varphi, \psi \in T[a, b]$ *existieren mit* $\varphi(x) \leq f(x) \leq \psi(x)$ *für alle* $x \in [a, b]$ *und*

$$\int_a^b \psi(x)\, dx - \int_a^b \varphi(x)\, dx \ \leq \ \epsilon \,.$$

Die beiden Aussagen des nächsten Satzes sind Folgerungen aus Satz 10.1.

Satz 10.2. *Jede stetige Funktion und jede monotone Funktion* $f : [a, b] \longrightarrow \mathbb{R}$ *sind integrierbar.*

Die ersten beiden Aussagen des folgenden Satzes stellen sicher, daß die Menge aller integrierbaren Funktionen einen Vektorraum bildet (vgl. Abschnitt 4.1).

Satz 10.3. *Sind die Funktionen* $f, g : [a, b] \longrightarrow \mathbb{R}$ *integrierbar und* $\lambda \in \mathbb{R}$ *eine Konstante, so sind auch die auf* $[a, b]$ *definierten Funktionen*
$$f + g, \quad \lambda f \quad und \quad f \cdot g$$
integrierbar.

Es gelten folgende Regeln:

$$\int_a^a f(x)\,dx \quad = \quad 0$$

$$\int_a^b f(x)\,dx \quad = \quad -\int_b^a f(x)\,dx$$

$$\int_a^b f(x)\,dx \quad = \quad \int_a^c f(x)\,dx \;+\; \int_c^b f(x)\,dx$$

für jeden beliebigen Zwischenwert $c \in [a,b]$

$$\int_a^b (f(x)\,+\,g(x))\,dx \quad = \quad \int_a^b f(x)\,dx \;+\; \int_a^b g(x)\,dx$$

$$\int_a^b \lambda f(x)\,dx \quad = \quad \lambda \int_a^b f(x)\,dx$$

$$f \leq g \text{ auf } [a,b] \quad \Longrightarrow \quad \int_a^b f(x)\,dx \;\leq\; \int_a^b g(x)\,dx$$

Bemerkung. Im allgemeinen gilt jedoch:

$$\int_a^b f(x)g(x)\,dx \;\neq\; \int_a^b f(x)\,dx \int_a^b g(x)\,dx\;.$$

Aus $\displaystyle\int_a^b f(x)\,dx \;\leq\; \int_a^b g(x)\,dx$ folgt nicht notwendigerweise $f \leq g$.

10.2 Zusammenhang zwischen Integration und Differentiation

Während die Integration einerseits zur Maßtheorie gezählt werden kann, ist sie andererseits auch die Umkehrung der Differentiation. Die zeigt nachfolgender Satz, in dem eine der beiden Integrationsgrenzen als variabel angenommen wird. $X \subset \mathbb{R}$ sei in diesem Abschnitt ein (nicht notwendig abgeschlossenes) Intervall, das mehr als einen Punkt enthält.

Satz 10.4. *Sei die Funktion $f : X \longrightarrow \mathbb{R}$ stetig, $a \in X$, und es gelte*

$$F(x) := \int_a^x f(t)\,dt \quad \text{für } x \in X .$$

Dann ist die Funktion $F : X \longrightarrow \mathbb{R}$ differenzierbar, und es gilt $F' = f$.

Bemerkung. $F(x)$ in der Schreibweise von Satz 10.4 wird **unbestimmtes Integral** genannt und stellt eine Funktion in x dar.

Definition. Eine Funktion $F : X \longrightarrow \mathbb{R}$ heißt **Stammfunktion** einer Funktion $f : X \longrightarrow \mathbb{R}$, falls F differenzierbar ist und gilt: $F' = f$.

Insbesondere ist jede differenzierbare Funktion f also Stammfunktion ihrer Ableitung f'.

Satz 10.5. *Sei $F : X \longrightarrow \mathbb{R}$ eine Stammfunktion der Funktion $f : X \longrightarrow \mathbb{R}$. Genau dann ist eine Funktion G eine weitere Stammfunktion von f, wenn gilt: $F - G = const.$*

Bemerkung. Aufgrund von Satz 10.5 ist ein unbestimmtes Integral nur bis auf eine Konstante C eindeutig berechenbar. In der Kurzschreibweise werden die Integrationsgrenzen einfach weggelassen:

$$\int f(t)\,dt = F(x) + C .$$

Aus den Sätzen 10.4 und 10.5 folgt der zur Bestimmung von Integralen wichtige *Fundamentalsatz der Differential- und Integralrechnung:*

Satz 10.6. *Ist die Funktion $f : X \longrightarrow \mathbb{R}$ stetig und $F : X \longrightarrow \mathbb{R}$ eine Stammfunktion von f, so gilt:*

$$\int_a^b f(x)\,dx \;=\; F(b) - F(a) \;=:\; F(x)\Big|_a^b \quad \text{für alle } a,b \in X \;.$$

Die wichtigsten Integrationsregeln sind die *Substitutionsregel* und die *partielle Integration* (partial integration). Der Leser kann sich leicht klarmachen, daß die Substitutionsregel mit der Kettenregel der Differentiation und die partielle Integration mit der Produktregel zusammenhängen.

Satz 10.7. *Ist die Funktion $f : X \longrightarrow \mathbb{R}$ stetig und die Funktion $\varphi : [a,b] \longrightarrow \mathbb{R}$ mit $\varphi([a,b]) \subseteq X$ stetig differenzierbar, dann gilt folgende Integrationsregel:*

$$\int_a^b f(\varphi(t)) \cdot \varphi'(t)\,dt \;=\; \int_{\varphi(a)}^{\varphi(b)} f(x)\,dx \qquad\qquad \text{Substitutionsregel.}$$

Satz 10.8. *Sind die Funktionen $f,g : X \longrightarrow \mathbb{R}$ stetig differenzierbar, dann gilt folgende Integrationsregel:*

$$\int_a^b f(x)g'(x)\,dx \;=\; f(x)g(x)\Big|_a^b - \int_a^b f'(x)g(x)\,dx \qquad\qquad \text{Partielle Integration.}$$

Bemerkung. Oft muß zur Integration einer rationalen Funktion $r(x) = \dfrac{p(x)}{q(x)}$ mit grad $p \leq$ grad q zunächst eine *Partialbruchzerlegung* gefunden werden. Dies ist allerdings nicht immer möglich.

Um beispielsweise eine Partialbruchzerlegung für eine Funktion $r(x)$ mit $p(x) = 1$ und $q(x) = (x-a)(x-b)$ zu finden, müssen die Konstanten A und B in der Gleichung

$$r(x) \;=\; \frac{1}{(x-a)(x-b)} \;=\; \frac{A}{x-a} + \frac{B}{x-b} \;=\; \frac{A(x-b) + B(x-a)}{(x-a)(x-b)}$$

bestimmt werden, also $x - bA - aB = 1$. Diese Identität ist nur erfüllt, wenn gilt:

$$A + B = 0 \quad \text{und} \quad bA + aB = -1 \; .$$

Daraus folgt: $\quad A = \dfrac{1}{a - b} \quad$ und $\quad B = \dfrac{1}{b - a} \; .$

Ein Beispiel für die Partialbruchzerlegung und die Integration eines Partialbruches liefert Beispiel 10.4 in Abschnitt 10.4 .

Beispiele.   Die Integrationskonstante C, die zur Stammfunktion hinzuaddiert werden müßte, wurde nachfolgend weggelassen.

Funktion $f(x)$	Stammfunktion $F(x)$	Definitionsbereich
x^n	$\dfrac{1}{n+1}x^{n+1}$	$x \in \mathbb{R}, n \in \mathbb{R} \setminus \{-1\}$ $x \neq 0$, falls $n < 0$
$(ax+b)^n$	$\dfrac{1}{a} \cdot \dfrac{1}{n+1}(ax+b)^{n+1}$	$x \in \mathbb{R}, n \in \mathbb{R} \setminus \{-1\}, a \neq 0$ $x \neq -\dfrac{b}{a}$, falls $n < 0$
$\dfrac{1}{x} = x^{-1}$	$\ln(|x|)$	$x \in \mathbb{R}^*$
$\dfrac{1}{ax+b} = (ax+b)^{-1}$	$\dfrac{1}{a}\ln(|ax+b|)$	$x \in \mathbb{R} \setminus \{-\dfrac{b}{a}\}, a \neq 0$
$\exp(x)$	$\exp(x)$	$x \in \mathbb{R}$
$\ln(x)$	$x \cdot \ln(x) - x$	$x \in \mathbb{R}_+$
$\dfrac{\varphi'(x)}{\varphi(x)}$	$\ln(|\varphi(x)|)$	$\varphi(x) \in \mathbb{R}^*$
$\sin(x)$	$-\cos(x)$	$x \in \mathbb{R}$
$\cos(x)$	$\sin(x)$	$x \in \mathbb{R}$
$\tan(x) = \dfrac{\sin(x)}{\cos(x)}$	$-\ln(\cos(x))$	$x \in \mathbb{R} \setminus \{\frac{\pi}{2} + k\pi \mid k \in \mathbb{Z}\}$

10.3 Das uneigentliche Integral

Sind das Integrationsintervall oder die zu integrierende Funktion nicht beschränkt, so kann der oben eingeführte Integralbegriff in den folgenden drei Fällen verallgemeinert werden als Grenzwert bestimmter Integrale. Es wird dann auch von **uneigentlichen Integralen** gesprochen:

1. Eine Integrationsgrenze ist unendlich.

2. Für eine Integrationsgrenze ist der Integrand nicht definiert.

3. Nicht für eine Integrationsgrenze trifft Fall 1 oder 2 zu, sondern auch für die andere.

Der Grenzwert bestimmter Integrale braucht natürlich nicht immer zu existieren. Existiert er allerdings, so heißt das uneigentliche Integral *konvergent*.

Definition. Ist die Funktion $f : [a, \infty[\longrightarrow \mathbb{R}$ über jedem Intervall $[a, R]$ mit $R < \infty$ integrierbar und existiert der Grenzwert

$$\lim_{R \to \infty} \int_a^R f(x)\, dx \ =: \ \int_a^\infty f(x)\, dx \ ,$$

so heißt dieser **uneigentliches Integral** von f.

Bemerkung. Das Integral $\displaystyle\int_{-\infty}^b f(x)\, dx$ mit der Funktion $f : \,]-\infty, b] \longrightarrow \mathbb{R}$ wird analog definiert.

Definition. Die reellwertige Funktion f sei nur auf dem halboffenen Intevall $]a, b]$ definiert. Ist f über jedem Intervall $[a + \epsilon, b]$ mit $0 < \epsilon < b - a$ integrierbar und existiert der Grenzwert

$$\lim_{\epsilon \searrow 0} \int_{a+\epsilon}^b f(x)\, dx \ =: \ \int_a^b f(x)\, dx \ ,$$

so heißt dieser **uneigentliches Integral** von f.

Bemerkung.   Das uneigentliche Integral $\int\limits_a^b f(x)\,dx$ mit der Funktion

$f:[a,b[\longrightarrow \mathbb{R}$ (f ist in b nicht definiert) wird analog definiert.

Definition.   Die Funktion $f:]a,b[\longrightarrow \mathbb{R}$ sei über jedem Teilintervall $[u,v]\subset]a,b[$ integrierbar, wobei $a=-\infty$ oder $b=\infty$ sein kann oder f in a oder in b nicht definiert zu sein braucht. Falls für beliebiges $c\in]a,b[$ die uneigentlichen Integrale

$\int\limits_a^c f(x)\,dx$ und $\int\limits_c^b f(x)\,dx$ existieren, dann wird

$$\int\limits_a^b f(x)\,dx \;=\; \int\limits_a^c f(x)\,dx + \int\limits_c^b f(x)\,dx.$$

uneigentliches Integral von f genannt.

Bemerkung.   Wie leicht nachzuprüfen ist, ist das uneigentliche Integral von der Wahl des Zwischenpunktes c unabhängig.

10.4   Eine Auswahl ökonomischer Beispiele

Beispiel 10.1 (Integration). Auf dem Markt für ein Gut sei die *Angebotsfunktion* mit $x^A(p)=7p-8$ gegeben, wobei $p\geq 0$ der Preis des Gutes sei. Dies bedeutet, daß positive Güterangebote erst ab einem Mindestpreis, hier $p=\frac{8}{7}$, bestehen. Hierdurch wird die Existenz von Fixkosten in der Produktion ausgedrückt.
Die *Nachfragefunktion* sei mit $x^N(p)=64-\frac{1}{4}p^2$ gegeben.

Der   Marktpreis p^* ist   gegeben   durch $x^A(p^*)=x^N(p^*)$,   woraus   folgt $p^*=-14+\sqrt{484}=8$.

Keine Nachfrage existiert für den Preis p_0, für den $x^N(p_0)=0$ gilt, woraus folgt $p_0=+\sqrt{4\cdot 64}=16$.

Gesucht ist die in der Einleitung dieses Kapitels erläuterte *Konsumentenrente*:

$$K = \int_{p^*}^{p_0} x^N(p)\, dp = \int_8^{16} \left(64 - \frac{1}{4}p^2\right) dp = \left(64p - \frac{1}{12}p^3\right)\bigg|_8^{16} = 213 + \frac{1}{3} \, .$$

Bemerkung. In einigen ökonomischen Büchern wird die Konsumentenrente nicht durch Integration der Nachfragefunktion, sondern durch Integration der Preis-Absatz-Funktion bestimmt. In diesem Fall wird lediglich die Integration über Preise (siehe oben) durch eine Integration über Mengen ersetzt, was den ökonomischen Sachverhalt inhaltlich jedoch nicht verändert.

Beispiel 10.2 (Integration). Ein Unternehmen beteiligt sich an einem auf 8 Jahre anberaumten Projekt. Es wird – ausgehend von einem Zeitpunkt $t = 0$ – ein kontinuierlicher Ertragsrückfluß

$$R(t) = R \cdot e^{rt} \quad \text{(in EUR/ZE)}$$

erwartet, wobei der anfängliche Periodenertrag des Projektes $R = 9\,000$ EUR beträgt, r die prozentuale Netto-Steigerung des kontinuierlichen Ertragsrückflusses (unter Berücksichtigung der Wertdiskontierung) ist mit $r = 9\%$ p.a. und die Zeiteinheit ZE verschwindend klein ist.

Der Barwert K_T (in EUR) des Projektes in $T = 8$ Jahren beträgt:

$$\begin{aligned}
K_8 &= \int_0^T R \cdot e^{rt}\, dt = \int_0^8 9\,000 \cdot e^{0,09t}\, dt = \frac{9\,000}{0,09} \cdot e^{0,09t}\bigg|_0^8 \\
&= 100\,000 \left(e^{0,72} - 1\right) = 105\,443,32 \, .
\end{aligned}$$

Beispiel 10.3 (Partielle Integration, uneigentliches Integral). Die Funktion

$$G(p) = \int_0^{\infty} x^{p-2} e^{-x}\, dx$$

ist gegeben. Mit Hilfe der Rechenregeln für Grenzwerte (vgl. Satz 7.1) und der partiellen Integration gilt:

$$G(p+1) \;=\; \int_0^\infty x^{p-1} e^{-x}\, dx \;=\; \lim_{R\to\infty} \int_0^R x^{p-1} e^{-x}\, dx$$

$$=\; \lim_{R\to\infty} x^{p-1}(-e^{-x})\Big|_0^R - \lim_{R\to\infty} \int_0^R (p-1)x^{p-2}(-e^{-x})\, dx$$

$$=\; 0 + (p-1)G(p)\,.$$

Beispiel 10.4 (Substitutionsregel, uneigentliches Integral, Partialbruchzerlegung). Für den kontinuierlichen *Abbau* M (in ME pro Zeitpunkt) einer natürlichen Ressource werden im Zeitablauf drei Entwicklungen prognostiziert, die gemäß folgenden Funktionen verlaufen:

$$\textbf{a)}\; M_1(t) = \frac{100}{\sqrt[3]{t-1}}\,, \quad \textbf{b)}\; M_2(t) = \frac{100}{(t-1)^3}\,, \quad \textbf{c)}\; M_3(t) = \frac{100}{(t^2-6t+8)}\,.$$

Es sollen die Gesamtreserven dieser natürlichen Ressource zum Zeitpunkt $t=6$ ermittelt werden, welche nach der jeweiligen Prognose vorhanden sein müssen.

$$\int_6^{+\infty} M_1(t)\, dt \;=\; \lim_{R\to+\infty} \int_6^R \frac{100}{\sqrt[3]{t-1}}\, dt \;=\; 100 \lim_{R\to+\infty} \int_5^{R-1} \frac{1}{\sqrt[3]{x}}\, dx$$

$$=\; 100 \lim_{R\to+\infty} \frac{3}{2} x^{\frac{2}{3}} \Big|_5^{R-1} \;=\; +\infty$$

und

$$\int_6^{+\infty} M_2(t)\, dt \;=\; \lim_{R\to+\infty} \int_6^R \frac{100}{(t-1)^3}\, dt \;=\; 100 \lim_{R\to+\infty} \int_5^{R-1} \frac{1}{x^3}\, dx$$

$$=\; 100 \lim_{R\to+\infty} -\frac{1}{2}\cdot\frac{1}{x^2} \Big|_5^{R-1} \;=\; 2\,.$$

Mit Hilfe der Partialbruchzerlegung (vgl. Abschnitt 10.2) wird folgendes Integral berechnet:

$$
\begin{aligned}
\int\limits_{6}^{+\infty} M_3(t)\,dt \;&=\; \lim_{R\to+\infty} \int\limits_{6}^{R} \frac{100}{(t^2 - 6t + 8)}\,dt \;=\; 100 \lim_{R\to+\infty} \int\limits_{6}^{R} \frac{1}{(t-2)(t-4)}\,dt \\[2mm]
&=\; 100 \lim_{R\to+\infty} \int\limits_{6}^{R} \frac{A}{t-2} + \frac{B}{t-4}\,dt \quad \text{mit } A = -\frac{1}{2} \text{ und } B = \frac{1}{2} \\[2mm]
&=\; 50 \lim_{R\to+\infty} \left(-\ln(t-2)\Big|_6^R + \ln(t-4)\Big|_6^R \right) \\[2mm]
&=\; 50 \lim_{R\to+\infty} \left(-\ln(R-2) + \ln(4) + \ln(R-4) - \ln(2) \right) \\[2mm]
&=\; 50 \left(\ln(2) + \lim_{R\to+\infty} \ln\left(\frac{1 - \frac{4}{R}}{1 - \frac{2}{R}} \right) \right) \;=\; 34,657\ldots\; .
\end{aligned}
$$

Dies bedeutet, daß beim ersten Entwicklungsverlauf beliebig hohe natürliche Ressourcen zum Zeitpunkt $t = 6$ vorhanden sein müssen, beim zweiten Verlauf jedoch Ressourcen im Umfang von 2 ME und beim dritten Verlauf Ressourcen im Umfang von $34,657\ldots$ ME.

11 Differentialrechnung von mehreren Veränderlichen

Zwei ökonomische Anwendungen.

– In der Güterproduktion kommt der relativen *Grenzproduktivität* der eingesetzten Produktionsfaktoren eine zentrale Rolle bei der Frage der Faktoreinsätze zu. Es stellt sich die Frage, in welchem Verhältnis bei vorgegebener Produktionstechnologie die Inputfaktoren stehen, wenn die Preise bekannt sind (vgl. Beispiel 11.4 in Abschnitt 11.4).

– Ökonomische Modelle werden häufig durch Gleichungssysteme beschrieben, deren Lösungen *Gleichgewichtswerte* heißen:

$$F_i(x_1, \ldots, x_n, y_1, \ldots, y_m) = 0 \quad \text{mit } i = 1, \ldots, m$$

kurz

$$F(x, y) = 0,$$

wobei der Vektor $x = (x_1, \ldots, x_n)$ gewisse exogene Variablen des Modells enthält. Die Gleichgewichtswerte werden auch mit $y^* = (y_1^*, \ldots, y_m^*)$ bezeichnet. Insbesondere ist die funktionale Abhängigkeit der Lösung vom Parametervektor x

$$y^* = f(x)$$

von Interesse. Dieser durch f *explizit* gegebene Zusammenhang von Parametern und Gleichgewichten wird durch F *implizit* beschrieben. Er gibt gerade den Effekt wieder, den eine Veränderung einer oder mehrerer Shiftparameter $x_1, \ldots, x_n$ auf den Gleichgewichtswert von y hat; etwa die von y_k $(k = 1, \ldots, m)$ bzgl. einer Parameteränderung x_j $(j = 1, \ldots, n)$, also $\dfrac{\partial y_k}{\partial x_j}$. Die Analyse dieses Effekts wird in der Ökonomie *komparative Statik* (comparative statics) genannt (vgl. Beispiel 11.3 in Abschnitt 11.4).

11.1 Partielle Differenzierbarkeit

Im folgenden wird ein Differenzierbarkeitsbegriff für reellwertige Funktionen mehrerer Veränderlicher eingeführt.

Definitionen. Ist $X \subseteq \mathbb{R}^n$ eine offene Menge, $f : X \longrightarrow \mathbb{R}$ eine Funktion und $e_i = (0, \ldots, 0, 1, 0, \ldots, 0) \in \mathbb{R}^n$ der i-te Einheitsvektor, so heißt f im Punkt $x = (x_1, \ldots, x_n) \in X$ **partiell differenzierbar** (partially differentiable) bzgl. der i-ten Koordinatenrichtung, wenn folgender Grenzwert existiert:

$$D_i \, f(x) \ := \ \lim_{h \to 0} \frac{f(x + h \cdot e_i) - f(x)}{h} \quad \text{mit } h \in \mathbb{R}^* \text{ und } (x + h \cdot e_i) \in X.$$

$D_i \, f(x)$ wird die i-te **partielle Ableitung** von f in x (partial derivative of f at x) genannt. f heißt **partiell differenzierbar**, falls $D_i \, f(x)$ für alle $x \in X$ und $i \in \{1, \ldots, n\}$ existiert, und **stetig partiell differenzierbar**, falls die partiellen Ableitungen $D_i \, f(x) : X \longrightarrow \mathbb{R}$ für alle $i \in \{1, \ldots, n\}$ stetig sind.

Bemerkung. Repräsentiert $x = (x_1, \ldots, x_{i-1}, \xi, x_{i+1}, \ldots, x_n) \in X$ eine Variable, bei der alle Komponenten außer ξ festgehalten werden, dann wird durch

$$f_{(i)}(\xi) \ := \ f(x_1, \ldots, x_{i-1}, \xi, x_{i+1}, \ldots, x_n)$$

eine Funktion definiert, in der nur die i-te Komponente variabel ist. (Es sei darauf hingewiesen, daß die obige Definition der Funktionen $f_{(i)}$ mit $i \in \{1, \ldots, n\}$ nicht mit den Komponenten der Funktion $f = (f_1, \ldots, f_m)$ aus Satz 7.7 und Satz 11.2 zu verwechseln ist.)

Folgende Schreibweisen werden aufgrund dieser Anmerkung auch verwendet:

$$\begin{aligned} D_i \, f(x) \ &= \ \lim_{h \to 0} \frac{f_{(i)}(x_i + h) - f_{(i)}(x_i)}{h} \\ &= \ f'_{(i)}(x_i) \ = \ \frac{\partial f}{\partial x_i}(x) \ = \ \frac{\partial f(x)}{\partial x_i} \ = \ f_{x_i}(x). \end{aligned}$$

Ist die Funktion f nur von einer Variablen abhängig, so wird statt dem Symbol ∂ (wie bisher) der Buchstabe d verwendet.

Definition. Ist $X \subseteq \mathbb{R}^n$ eine offene Menge, $f : X \longrightarrow \mathbb{R}$ eine Funktion, die partiell differenzierbar ist, so wird mit

$$\operatorname{grad} f(x) \ := \ \left(\frac{\partial f}{\partial x_1}(x), \ldots, \frac{\partial f}{\partial x_n}(x) \right)$$

der **Gradient** (gradient) von f in $x \in X$ bezeichnet.

Bemerkung.   Für partiell differenzierbare Funktionen $f, g : X \longrightarrow \mathbb{R}$ ergibt sich zunächst mit Hilfe der Produktregel für Funktionen einer Variablen:

$$\frac{\partial (f(x) \cdot g(x))}{\partial x_i} \;=\; \frac{\partial f(x)}{\partial x_i} \cdot g(x) + f(x) \cdot \frac{\partial g(x)}{\partial x_i}.$$

Hieraus folgt für den Gradienten

$$\mathrm{grad}\,(f(x) \cdot g(x)) \;=\; g(x) \cdot \mathrm{grad}\, f(x) + f(x) \cdot \mathrm{grad}\, g(x).$$

Definition.   Sind die Funktion $f : X \longrightarrow \mathbb{R}$ in $X \subseteq \mathbb{R}$ und alle partiellen Ableitungen $D_i\, f : X \longrightarrow \mathbb{R}$ partiell differenzierbar, dann heißt f **2-mal partiell differenzierbar**. Die partiellen Ableitungen $D_j D_i\, f$ mit $j \in \{1, \dots, n\}$ sind also die partiellen Ableitungen der partiellen Ableitung $D_i\, f$.

Ist entsprechend f k-**mal partiell differenzierbar**, so wird von der **partiellen Ableitung** k-**ter Ordnung** gesprochen. Schreibweise:

$$D_{i_k} \dots D_{i_1}\, f : X \longrightarrow \mathbb{R}.$$

Ist eine Funktion $f : X \longrightarrow \mathbb{R}$ k-mal partiell differenzierbar, und sind alle partiellen Ableitungen mit einer Ordnung, die kleiner oder gleich k ist, stetig, so heißt f k-**mal stetig partiell differenzierbar**.

Bemerkung.   Folgende Schreibweisen werden auch verwendet:

$$D_j D_i\, f(x) \;=\; \frac{\partial^2 f}{\partial x_j\, \partial x_i}(x),$$

$$D_i D_i\, f(x) \;=\; \frac{\partial^2 f}{\partial x_i^2}(x),$$

$$D_{i_k} \dots D_{i_1}\, f(x) \;=\; \frac{\partial^k f}{\partial x_{i_k} \dots \partial x_{i_1}}(x).$$

Satz 11.1. *Ist* $f : X \longrightarrow \mathbb{R}$ *mit* $X \subseteq \mathbb{R}^n$ *eine 2-mal stetig partiell differenzierbare Funktion, so gilt für alle* $x \in X$ *und für alle* $i, j \in \{1, \dots, n\}$:

$$D_j D_i\, f(x) \;=\; D_i D_j\, f(x).$$

Dies bedeutet, daß unter den genannten Voraussetzungen die Reihenfolge der partiellen Differentiation keine Rolle spielt.

Bemerkung. Die Aussage des Satzes 11.1 kann analog auf k-mal stetig partiell differenzierbare Funktionen übertragen werden.

11.2 Totale Differenzierbarkeit

Der Differenzierbarkeitsbegriff wird nun auf den Allgemeinfall mehrdimensionaler Funktionen übertragen, bei denen also auch der Bildbereich ein mehrdimensionaler reeller Raum ist.

Definitionen. Ist $X \subseteq \mathbb{R}^n$ eine offene Menge und $f : X \longrightarrow \mathbb{R}^m$ eine Funktion, so heißt f im Punkt $x = (x_1, \ldots, x_n) \in X$ **total differenzierbar** (totally differentiable) oder kurz **differenzierbar**, wenn eine lineare Abbildung $A : \mathbb{R}^n \longrightarrow \mathbb{R}^m$ existiert, mit der in einer Umgebung von x gilt:

$$f(x + dx) \; = \; f(x) + A\,dx + \varphi(dx).$$

Dabei ist φ eine auf einer Null-Umgebung $U_0 \subset \mathbb{R}^n$ definierte Funktion in den $\mathbb{R}^m$, $\varphi : U_0 \longrightarrow \mathbb{R}^m$, für die gilt:

$$\lim_{dx \to 0} \frac{\varphi(dx)}{\| dx \|} \; = \; 0 \quad \text{mit } dx \neq 0.$$

f heißt **total differenzierbar** oder kurz **differenzierbar** in X, wenn f in jedem Punkt $x \in X$ total differenzierbar ist.

Die lineare Abbildung $A : \mathbb{R}^n \longrightarrow \mathbb{R}^m$ kann durch eine entsprechende Matrix repräsentiert werden (vgl. Abschnitt 4.2), o.B.d.A. $A \in M(m \times n)$. Sie wird auch **Jacobi-Matrix** (Jacobian matrix) oder **Funktional-Matrix** (functional matrix) von f im Punkt x genannt und mit $(Df)(x) := A$ oder $J_f(x) := A$ bezeichnet. Der Vektor $A\,dx$ wird **totales Differential** genannt und mit $(df)(x) := A\,dx$ bezeichnet.

Bemerkungen.

– Die Definition stimmt mit der aus Kapitel 8 überein, wenn gilt $n = m = 1$. Wird nämlich die Gleichung

$$f(x + dx) - f(x) \;=\; A\,dx + \varphi(dx)$$

durch dx dividiert, und geht dx gegen Null, so fällt auf der rechten Seite der letzte Term weg, der erste Term ist gerade gleich $A \in \mathbb{R}$. Somit ist A die Ableitung f' von f an der Stelle x.

– Gilt $n = 2$ und $m = 1$, so kann im $\mathbb{R}^2$ das totale Differential einer Funktion $f : X \longrightarrow \mathbb{R}$ mit $X \subseteq \mathbb{R}^2$ geometrisch wie folgt interpretiert werden.

Seien $x = \begin{pmatrix} x_1 \\ x_2 \end{pmatrix} \in X$ und $dx = \begin{pmatrix} dx_1 \\ dx_2 \end{pmatrix}$ und werde das additive Glied $\varphi(dx)$ vernachlässigt, so gilt gemäß der obigen Definition:

$$f(x + dx) \;\approx\; f(x) + A\,dx$$

mit $A = \left(\dfrac{\partial f(x)}{\partial x_1}, \dfrac{\partial f(x)}{\partial x_2} \right)$, d.h.

$$f(x + dx) - f(x) \;\approx\; (df)(x) \;:=\; \frac{\partial f(x)}{\partial x_1} dx_1 + \frac{\partial f(x)}{\partial x_2} dx_2.$$

Das *totale Differential* $(df)(x)$ gibt einen Näherungswert für den Funktionszuwachs $f(x + dx) - f(x)$ an. Dabei wird der Graph von f durch die Tangentialebene, die durch den Punkt x geht, ersetzt. Diese Approximation ist umso genauer, je näher dx an Null liegt.

– Wenn f selbst eine lineare Abbildung ist, welche durch eine Matrix M identifiziert wird, so stimmt diese Matrix M mit der Jacobi-Matrix $(Df)(x)$ von f für alle $x \in X$ überein.

Die folgenden beiden Sätze stellen Zusammenhänge zwischen partiell differenzierbaren und total differenzierbaren Funktionen her.

Satz 11.2. *Ist $X \subseteq I\!\!R^n$ eine offene Menge und $f : X \longrightarrow I\!\!R^m$ eine im Punkt $x \in X$ total differenzierbare Funktion, so gilt:*

f *ist in x stetig*

und alle Komponenten von $f = (f_1, \ldots, f_m)$ sind in x partiell differenzierbar und für die Jacobi-Matrix $(Df)(x)$, die eindeutig bestimmt ist, gilt

$$(Df)(x) = \begin{pmatrix} \dfrac{\partial f_1}{\partial x_1}(x) & \cdots & \dfrac{\partial f_1}{\partial x_n}(x) \\ \vdots & & \vdots \\ \dfrac{\partial f_m}{\partial x_1}(x) & \cdots & \dfrac{\partial f_m}{\partial x_n}(x) \end{pmatrix} = \left(\dfrac{\partial f_i}{\partial x_j}(x) \right)_{\substack{1 \le i \le m \\ 1 \le j \le n}}.$$

Die Berechnung einer Jacobi-Matrix kann also in der Weise geschehen, daß die m Komponenten $f_1, \ldots, f_m$ von f jeweils in allen n Koordinatenrichtungen von $x_1, \ldots, x_n$ partiell differenziert werden.

Satz 11.3. *Ist $X \subseteq I\!\!R^n$ eine offene Menge, $f : X \longrightarrow I\!\!R$ eine in X partiell differenzierbare Funktion und sind die partiellen Ableitungen $\dfrac{\partial f}{\partial x_1}, \ldots, \dfrac{\partial f}{\partial x_n}$ alle im Punkt $x \in X$ stetig, so ist f total differenzierbar.*

Der nächste Satz liefert die *Kettenregel im Mehrdimensionalen.*

Satz 11.4 (Mehrdimensionale Kettenregel). *Sind $X \subseteq I\!\!R^n$ und $Y \subseteq I\!\!R^m$ offene Mengen, $g : X \longrightarrow I\!\!R^m$ mit $g(X) \subseteq Y$ im Punkt $x \in X$ und $f : Y \longrightarrow I\!\!R^k$ im Punkt $y := g(x)$ total differenzierbare Funktionen, so ist auch die Komposition $f \circ g : X \longrightarrow I\!\!R^k$ in x total differenzierbar, und es gilt für die Jacobi-Matrix*

$$(D(f \circ g))(x) = (Df)(g(x)) \cdot (Dg)(x).$$

Einfache Anwendungen der mehrdimensionalen Kettenregel liefern die nächsten beiden Abschnitte.

11.3 Komparative Statik und implizites Funktionentheorem

Die Beantwortung der Frage der komparativen Statik (vgl. zweites Eingangsbeispiel dieses Kapitels) basiert auf dem impliziten Funktionentheorem, das in Satz 11.5 dargestellt wird.

Für eine in einem Gebiet G der (x, y)-Ebene definierte Funktion F soll die Gleichung $F(x, y) = 0$ gelöst werden. Insbesondere soll untersucht werden, ob ein funktionaler Zusammenhang f von x nach y besteht, $y = f(x)$, so daß gilt:

$$F(x, f(x)) \;=\; 0.$$

Durch diese Gleichung wird der funktionale Zusammenhang von x nach y *implizit* gegeben. Kann diese Gleichung nach f aufgelöst werden, stellt f den *expliziten* Zusammenhang dar. Dieses Problem soll zunächst für reelle Variablen $x, y \in \mathbb{R}$ untersucht und anschließend auf den mehrdimensionalen Fall verallgemeinert werden.

Sei $\quad F : X \times Y \longrightarrow \mathbb{R} \quad$ stetig differenzierbar mit der offenen Teilmenge $X \times Y \in \mathbb{R}^2$. Kann die implizite Beziehung $F(x, y) = 0$ von x nach y explizit nach einer differenzierbaren Funktion $f : X \longrightarrow \mathbb{R}$ aufgelöst werden,

$$F(x, f(x)) \;=\; 0,$$

und wird noch die Funktion $g = (g_1, g_2) := (x, f(x))$ definiert, dann gilt nach der mehrdimensionalen Kettenregel (vgl. Satz 11.4) für alle x:

$$
\begin{aligned}
(D(F \circ g))(x) &= \left(\frac{\partial F}{\partial x}(x, y), \frac{\partial F}{\partial y}(x, y) \right) \begin{pmatrix} 1 \\[2mm] \dfrac{df}{dx}(x) \end{pmatrix} \\[3mm]
&= \frac{\partial F}{\partial x}(x, y) + \frac{\partial F}{\partial y}(x, y) \cdot \frac{df}{dx}(x) \;=\; 0.
\end{aligned}
$$

Die Funktion f kann also durch die Gleichung

$$\frac{df}{dx} = -\frac{\dfrac{\partial F}{\partial x}}{\dfrac{\partial F}{\partial y}} = -\left(\frac{\partial F}{\partial y}\right)^{-1} \cdot \left(\frac{\partial F}{\partial x}\right)$$

charakterisiert werden.

Die eben unterstellte Existenz einer derartigen Funktion f ist unter gewissen Bedingungen gesichert, wie im nachfolgenden Satz 11.5 ausgeführt wird. Dieser Satz verallgemeinert die Fragestellung von Existenz und Charakterisierung einer Lösung f auf den mehrdimensionalen Fall. Eine solche Lösung ist allerdings nur lokal bestimmt.

Satz 11.5 (Implizites Funktionentheorem). *Es seien $X \subseteq I\!R^n$ und $Y \subseteq I\!R^m$ offene Mengen und*

$$\begin{aligned} F: \quad X \times Y &\longrightarrow I\!R^m \\ (x, y) &\longmapsto F(x, y) \end{aligned}$$

eine total differenzierbare Funktion mit

$$F(x^*, y^*) = 0$$

für einen Punkt $(x^*, y^*) \in X \times Y$. Ferner sei die Matrix $\left(\dfrac{\partial F_i}{\partial y_k}(x^*, y^*)\right)_{\substack{1 \le i \le m \\ 1 \le k \le m}}$
partieller Ableitungen invertierbar.
Weiter existieren offene Kugeln $U \subseteq X$ um x^* und $V \subseteq Y$ um y^* und eine stetige Funktion

$$f: U \longrightarrow V$$

mit $f(x^*) = y^*$ und $F(x, f(x)) = 0$ für alle $x \in U$.
Dann ist f in x^* differenzierbar und für ihre Jacobi-Matrix gilt folgende Berechnungsvorschrift:

$$(Df)(x^*) = \left(\frac{\partial f_k}{\partial x_j}(x^*)\right)_{\substack{1 \le k \le m \\ 1 \le j \le n}} = -\left(\frac{\partial F_i}{\partial y_k}(x^*, y^*)\right)_{\substack{1 \le i \le m \\ 1 \le k \le m}}^{-1} \left(\frac{\partial F_i}{\partial x_j}(x^*, y^*)\right)_{\substack{1 \le i \le m \\ 1 \le j \le n}},$$

wobei für die einzelnen Matrizen gelte:

$$\left(\frac{\partial f_k}{\partial x_j}\right)_{\substack{1 \le k \le m \\ 1 \le j \le n}} = \begin{pmatrix} \dfrac{\partial f_1}{\partial x_1} & \cdots & \dfrac{\partial f_1}{\partial x_j} & \cdots & \dfrac{\partial f_1}{\partial x_n} \\ \vdots & & \vdots & & \vdots \\ \dfrac{\partial f_k}{\partial x_1} & \cdots & \dfrac{\partial f_k}{\partial x_j} & \cdots & \dfrac{\partial f_k}{\partial x_n} \\ \vdots & & \vdots & & \vdots \\ \dfrac{\partial f_m}{\partial x_1} & \cdots & \dfrac{\partial f_m}{\partial x_j} & \cdots & \dfrac{\partial f_m}{\partial x_n} \end{pmatrix},$$

$$\left(\frac{\partial F_i}{\partial y_k}\right)_{\substack{1 \le i \le m \\ 1 \le k \le m}} = \begin{pmatrix} \dfrac{\partial F_1}{\partial y_1} & \cdots & \dfrac{\partial F_1}{\partial y_k} & \cdots & \dfrac{\partial F_1}{\partial y_m} \\ \vdots & & \vdots & & \vdots \\ \dfrac{\partial F_i}{\partial y_1} & \cdots & \dfrac{\partial F_i}{\partial y_k} & \cdots & \dfrac{\partial F_i}{\partial y_m} \\ \vdots & & \vdots & & \vdots \\ \dfrac{\partial F_m}{\partial y_1} & \cdots & \dfrac{\partial F_m}{\partial y_k} & \cdots & \dfrac{\partial F_m}{\partial y_m} \end{pmatrix},$$

$$\left(\frac{\partial F_i}{\partial x_j}\right)_{\substack{1 \le i \le m \\ 1 \le j \le n}} = \begin{pmatrix} \dfrac{\partial F_1}{\partial x_1} & \cdots & \dfrac{\partial F_1}{\partial x_j} & \cdots & \dfrac{\partial F_1}{\partial x_n} \\ \vdots & & \vdots & & \vdots \\ \dfrac{\partial F_i}{\partial x_1} & \cdots & \dfrac{\partial F_i}{\partial x_j} & \cdots & \dfrac{\partial F_i}{\partial x_n} \\ \vdots & & \vdots & & \vdots \\ \dfrac{\partial F_m}{\partial x_1} & \cdots & \dfrac{\partial F_m}{\partial x_j} & \cdots & \dfrac{\partial F_m}{\partial x_n} \end{pmatrix}.$$

Bemerkung. Falls nicht die gesamte Matrix $\left(\dfrac{\partial f_k}{\partial x_j}\right)_{\substack{1 \le k \le m \\ 1 \le j \le n}}$ benötigt wird, sondern nur der Effekt ermittelt werden soll, den die Veränderung lediglich einer Variablen x_j auf eine andere Variable y_k hat, kann dieser wie folgt mit Hilfe der Cramerschen Regel (vgl. Abschnitt 5.5) ermittelt werden:

Für die j-te Spalte der Matrix $(Df)(x^*)$ gilt zunächst:

$$\left(\frac{\partial f_k}{\partial x_j}(x^*)\right)_{1 \le k \le m} = -\left(\frac{\partial F_i}{\partial y_k}(x^*, y^*)\right)_{\substack{1 \le i \le m \\ 1 \le k \le m}}^{-1} \left(\frac{\partial F_i}{\partial x_j}(x^*, y^*)\right)_{1 \le i \le m}.$$

Sei die Matrix M, die entsteht, wenn die k-te Spalte der Matrix $\left(\dfrac{\partial F_i}{\partial y_k}\right)_{\substack{1\le i\le m \\ 1\le k\le m}}$ durch

die negative j-te Spalte der Matrix $\left(\dfrac{\partial F_i}{\partial x_j}\right)_{\substack{1\le i\le m \\ 1\le j\le n}}$ ersetzt wird, so gilt für M:

$$
M := \begin{pmatrix}
\dfrac{\partial F_1}{\partial y_1} & \cdots & \dfrac{\partial F_1}{\partial y_{k-1}} & -\dfrac{\partial F_1}{\partial x_j} & \dfrac{\partial F_1}{\partial y_{k+1}} & \cdots & \dfrac{\partial F_1}{\partial y_m} \\[2mm]
\vdots & & \vdots & \vdots & & & \\[1mm]
\dfrac{\partial F_i}{\partial y_1} & \cdots & \dfrac{\partial F_i}{\partial y_{k-1}} & -\dfrac{\partial F_i}{\partial x_j} & \dfrac{\partial F_i}{\partial y_{k+1}} & \cdots & \dfrac{\partial F_i}{\partial y_m} \\[2mm]
\vdots & & \vdots & \vdots & & & \\[1mm]
\dfrac{\partial F_m}{\partial y_1} & \cdots & \dfrac{\partial F_m}{\partial y_{k-1}} & -\dfrac{\partial F_m}{\partial x_j} & \dfrac{\partial F_m}{\partial y_{k+1}} & \cdots & \dfrac{\partial F_m}{\partial y_m}
\end{pmatrix}.
$$

Gemäß der *Cramerschen Regel* gilt dann (vgl. Abschnitt 5.5):

$$
\boxed{\;\frac{\partial f_k}{\partial x_j} = \frac{\det M}{\det \left(\dfrac{\partial F_i}{\partial y_k}\right)_{\substack{1\le i\le m \\ 1\le k\le m}}}\;}
$$

Eine Anwendung der *Cramerschen Regel* findet sich in Beispiel 11.3 in Abschnitt 11.4.

11.4   Eine Auswahl ökonomischer Beispiele

Beispiel 11.1 (Mehrdimensionale Kettenregel). Ein Chemie-Unternehmen stellt in einem einzigen Produktionsvorgang ('Kuppelproduktion') drei verschiedene Chemikalien her, wobei $Y = (Y_1, Y_2, Y_3)$ die Outputmenge der jeweiligen Chemikalie angibt. Der funktionale Zusammenhang zwischen Output Y und den Input-Faktoren Kapital $K > 0$ und Arbeit $N > 0$ (in ME) wird durch die folgenden Cobb-Douglas-Produktionsfunktionen beschrieben:

$$
\begin{aligned}
Y_1(K, N) &= K^{0,2} N^{0,8}, \\
Y_2(K, N) &= K^{0,8} N^{0,2}, \\
Y_3(K, N) &= K^{0,9} N^{0,1}.
\end{aligned}
$$

Diese drei Produkte gehen in die Herstellung eines Pestizides Z ein, was durch folgende Produktionsfunktion beschrieben wird:

$$Z(Y) \;=\; Y_1 + Y_1 Y_2^2 + Y_2 + \ln(Y_3).$$

Das Unternehmen interessiert sich dafür, in welchem Maße die Endproduktion steigt oder fällt, wenn die Größen Kapital oder Arbeit sich verändern. Dazu müssen zunächst die Jacobi-Matrizen der Funktionen $Y(K,N): \mathbb{R}_+^{*\,2} \longrightarrow \mathbb{R}_+^{*\,3}$ und $Z(Y): \mathbb{R}_+^{*\,3} \longrightarrow \mathbb{R}_+^{*}$ bestimmt werden (zur besseren Übersicht werden bei partiellen Ableitungen die Variablen Y oder (K,N) weggelassen).

$$(DY)(K,N) \;=\; \begin{pmatrix} \dfrac{\partial Y_1}{\partial K} & \dfrac{\partial Y_1}{\partial N} \\[2mm] \dfrac{\partial Y_2}{\partial K} & \dfrac{\partial Y_2}{\partial N} \\[2mm] \dfrac{\partial Y_3}{\partial K} & \dfrac{\partial Y_3}{\partial N} \end{pmatrix} \;=\; \begin{pmatrix} 0,2 \left(\dfrac{N}{K}\right)^{0,8} & 0,8 \left(\dfrac{K}{N}\right)^{0,2} \\[3mm] 0,8 \left(\dfrac{N}{K}\right)^{0,2} & 0,2 \left(\dfrac{K}{N}\right)^{0,8} \\[3mm] 0,9 \left(\dfrac{N}{K}\right)^{0,1} & 0,1 \left(\dfrac{K}{N}\right)^{0,9} \end{pmatrix},$$

$$\begin{aligned}
(DZ)(Y) \;&=\; \left(\dfrac{\partial Z}{\partial Y_1}, \;\; \dfrac{\partial Z}{\partial Y_2}, \;\; \dfrac{\partial Z}{\partial Y_3} \right) \;=\; \left(1 + Y_2^2, \;\; 2 Y_1 Y_2 + 1, \;\; \dfrac{1}{Y_3} \right) \\[3mm]
&=\; \left(1 + K^{1,6} N^{0,4}, \;\; 2\,K N + 1, \;\; \dfrac{1}{K^{0,9} N^{0,1}} \right).
\end{aligned}$$

In der letzten Zeile wurden für Y_1, Y_2 und Y_3 entsprechende Ausdrücke, die nur noch von K und N abhängen, eingesetzt.

Mit Satz 11.4 und einigen Vereinfachungen folgt:

$$(D(Z \circ Y))(K,N) \;=\; (DZ)((Y(K,N)) \cdot (DY)(K,N)$$

$$=\; \begin{pmatrix} 0,2 \left(\dfrac{N}{K}\right)^{0,8} + 1,8\,K^{0.8} N^{1,2} + 0,8 \left(\dfrac{N}{K}\right)^{0,2} + 0,9\,\dfrac{1}{K} \\[4mm] 0,8 \left(\dfrac{K}{N}\right)^{0,2} + 1,2\,K^{1.8} N^{0,2} + 0,2 \left(\dfrac{K}{N}\right)^{0,8} + 0,1\,\dfrac{1}{N} \end{pmatrix}^T.$$

Werden beispielsweise eine Einheit Kapital und eine Einheit Arbeit eingesetzt, so gilt:

$$(D(Z \circ Y))(1,1) \;=\; (3,7, \;\; 2,3).$$

Bei gleichen Preisen für Arbeit und Kapital würde daher ein gewinn-orientierter Unternehmer die Aufstockung des Kapitals der Einstellung neuer Arbeitskräfte vorziehen.

Beispiel 11.2 (Implizites Funktionentheorem). Der Nutzen eines Haushalts, der zwei Güter in den Mengen x_1 und x_2 konsumieren kann, sei durch die Nutzenfunktion $U : \mathbb{R}_+^2 \longrightarrow \mathbb{R}$ beschrieben:

$$U(x_1, x_2) = x_1^\alpha x_2^{1-\alpha} \quad \text{mit } 0 < \alpha < 1.$$

Es soll analysiert werden, in welchem Austauschverhältnis Gut 1 und Gut 2 ausgetauscht (*substituiert*) werden kann, ohne den Gesamtnutzen zu verändern.

Ausgehend von einem Güterbündel $(x_1, x_2) \neq 0$ mit Nutzen U^* kann das implizite Funktionentheorem (vgl. Satz 11.5) auf die *Indifferenzkurven*-Beziehung

$$F(x_1, x_2) := U(x_1, x_2) - U^* = 0$$

angewendet werden. Da gilt

$$\frac{\partial F}{\partial x_2} = \frac{\partial U}{\partial x_2} \neq 0 \quad \text{wegen } (x_1, x_2) \neq 0,$$

folgt die Existenz einer Funktion $y(x_1) = x_2$ mit

$$\frac{\partial x_2}{\partial x_1} = \frac{\partial y(x_1)}{\partial x_1} = -\frac{\dfrac{\partial F}{\partial x_1}}{\dfrac{\partial F}{\partial x_2}} = -\frac{\dfrac{\partial U}{\partial x_1}}{\dfrac{\partial U}{\partial x_2}} = -\frac{\alpha}{1-\alpha} \cdot \frac{x_2}{x_1}.$$

Für $\alpha = 1 - \alpha = \frac{1}{2}$ bedeutet dies etwa, daß Gut 1 gegen Gut 2 im umgekehrt proportionalen Verhältnis der Gütermengen substituiert werden kann, ohne das Nutzenniveau zu verändern.

Beispiel 11.3 (Totales Differential, komparative Statik, implizites Funktionentheorem). Die Fragestellung der *komparative Statik* soll auch am Beispiel des Keynesschen *IS-LM-Modells* erläutert werden. Die Gleichgewichtswerte von realem Volkseinkommen Y^r und Marktzinssatz i werden durch die beiden Gleichgewichtsbedingungen für Gütermarkt

$$F_1(G, M, p, Y^r, i) \; := \; S(Y^r) - I(i) - G \; = \; 0$$

und Geldmarkt

$$F_2(G, M, p, Y^r, i) \; := \; L(Y^r, i) - \frac{M}{p} \; = \; 0$$

gegeben. Dabei sind die Funktionen S, I und L bereits in Abschnitt 2.4 erläutert worden und die Werte für die exogenen Variablen G (Staatsausgaben), M (Geldmenge) und p (Preisniveau) fest vorgegeben.
Von Interesse ist etwa die Wirksamkeit wirtschaftspolitischer Maßnahmen.

a) Im Fall der Fiskalpolitik wird der Einfluß von G auf das Gleichgewicht (Y^r, i) untersucht, d.h. der funktionale Zusammenhang von G mit den Komponenten Y^r und i,

$$(Y^r, i) \; = \; (Y^r, i)(G).$$

b) Im Fall der Geldpolitik wird analog der Einfluß von M auf das Gleichgewicht (Y^r, i) untersucht, d.h.

$$(Y^r, i) \; = \; (Y^r, i)(M).$$

c) Eine andere Frage lautet: welchen Einfluß hat eine Veränderung des Preisniveaus p auf das reale Volkseinkommen Y^r ? Der entsprechende Zusammenhang $Y^r = Y^r(p)$ wird auch aggregierte Güternachfrage genannt.

Totales Differential: Ausgehend von einem IS-LM-Gleichgewicht (Y_1^{r*}, i_1^*) bewirkt beispielsweise im Fall b) eine Geldmengenerhöhung dM Ungleichgewichte in Höhe von $\frac{\partial F_1}{\partial M} dM$ auf dem Gütermarkt und $\frac{\partial F_2}{\partial M} dM$ auf dem Geldmarkt.[1] Diesen Ungleichgewichten stehen entgegengerichtete Anpassungen von Y^r (mit den Auswirkungen $\frac{\partial F_1}{\partial Y^r} dY^r$ und $\frac{\partial F_2}{\partial Y^r} dY^r$) und von i (mit den Auswirkungen $\frac{\partial F_1}{\partial i} di$ und

---

[1]Zur besseren Übersicht werden in dieser Darstellung nur die Funktionen ohne ihre Argumente angegeben.

$\frac{\partial F_2}{\partial i} di$) gegenüber, damit ein neues IS-LM-Gleichgewicht $(Y_2^{r\,*}, i_2^*)$ erreicht wird. Für eine formale Darstellung wird das folgende totale Differential von F_1 und F_2 unter Berücksichtigung der o.g. Gleichgewichtsbedingungen gebildet:[2]

$$\frac{\partial F_1}{\partial M} dM + \frac{\partial F_1}{\partial Y^r} dY^r + \frac{\partial F_1}{\partial i} di = 0 \qquad \frac{\partial F_1}{\partial M} = -\left(\frac{\partial F_1}{\partial Y^r} \frac{dY^r}{dM} + \frac{\partial F_1}{\partial i} \frac{di}{dM} \right)$$

$$\Longleftrightarrow$$

$$\frac{\partial F_2}{\partial M} dM + \frac{\partial F_2}{\partial Y^r} dY^r + \frac{\partial F_2}{\partial i} di = 0 \qquad \frac{\partial F_2}{\partial M} = -\left(\frac{\partial F_2}{\partial Y^r} \frac{dY^r}{dM} + \frac{\partial F_2}{\partial i} \frac{di}{dM} \right)$$

$$\Longleftrightarrow \qquad 0 = -\left(\frac{dS}{dY^r} \frac{dY^r}{dM} - \frac{dI}{di} \frac{di}{dM} \right)$$

$$-\frac{1}{p} = -\left(\frac{\partial L}{\partial Y^r} \frac{dY^r}{dM} + \frac{\partial L}{\partial i} \frac{di}{dM} \right).$$

Auflösen dieses linearen Gleichungssystems in den Variablen $\dfrac{dY^r}{dM}$ und $\dfrac{di}{dM}$ führt zu den *Geldmengenmultiplikatoren* bzgl. des Volkseinkommen und des Zinses

$$\frac{dY^r}{dM} = \frac{1}{p} \cdot \frac{\dfrac{dI}{di}}{\dfrac{dS}{dY^r} \cdot \dfrac{\partial L}{\partial i} + \dfrac{dI}{di} \cdot \dfrac{\partial L}{\partial Y^r}}, \qquad \frac{di}{dM} = \frac{1}{p} \cdot \frac{\dfrac{dS}{dY^r}}{\dfrac{dS}{dY^r} \cdot \dfrac{\partial L}{\partial i} + \dfrac{dI}{di} \cdot \dfrac{\partial L}{\partial Y^r}}.$$

Um die eingangs genannten drei Fragestellungen beantworten zu können, werden die Vorzeichen der (partiellen) Ableitungen von $S(Y^r)$, $I(i)$ und $L(Y^r, i)$ benötigt. Üblicherweise werden positive Zusammenhänge von realem Volkseinkommen Y^r und Ersparnis S bzw. Geldnachfrage L unterstellt sowie negative Zusammenhänge von Zinssätzen i und Investitionen I bzw. Geldnachfrage L, d.h.

$$\frac{dS}{dY^r}(Y^r) \geq 0, \quad \frac{\partial L}{\partial Y^r}(Y^r, i) \geq 0, \quad \frac{dI}{di}(i) \leq 0, \quad \frac{\partial L}{\partial i}(Y^r, i) \leq 0.$$

Hieraus folgt, daß Geldpolitik einen positiven Einfluß auf Y^r und einen negativen auf i hat (vgl. auch Abbildung 11.1), d.h.

$$\frac{dY^r}{dM} \geq 0 \qquad \text{und} \qquad \frac{di}{dM} \leq 0.$$

---

[2]Für die partiellen Ableitungen $\dfrac{\partial F_1}{\partial M}, \dfrac{\partial F_1}{\partial Y^r}, \dfrac{\partial L}{\partial i}, \ldots$ werden in der Literatur auch die Bezeichnungen $F_{1M}, F_{1Y^r}, L_i, \ldots$ oder $F'_{1M}, F'_{1Y^r}, L'_i, \ldots$ verwendet.

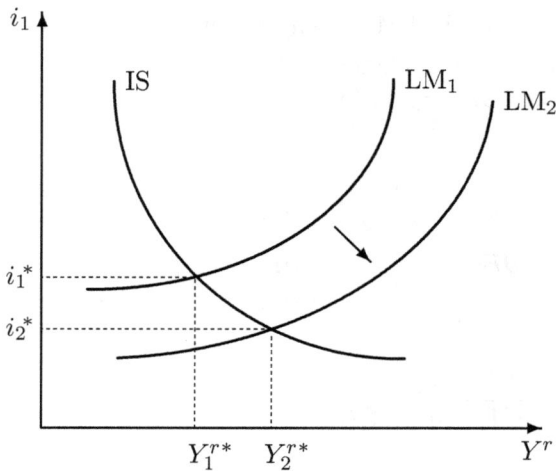

Abb. 11.1. Wirksamkeit der Geldpolitik im IS-LM-Modell.

Implizites Funktionentheorem: Mit Hilfe des impliziten Funktionentheorems können die Fragestellungen der Fälle a), b) und c) in einem Berechnungsvorgang beantwortet werden. Zunächst wird wieder das totale Differential von F_1 und F_2 unter Berücksichtigung der o.g. Gleichgewichtsbedingungen gebildet:[3]

$$\begin{pmatrix} \dfrac{\partial F_1}{\partial Y^r} & \dfrac{\partial F_1}{\partial i} \\[2ex] \dfrac{\partial F_2}{\partial Y^r} & \dfrac{\partial F_2}{\partial i} \end{pmatrix} \begin{pmatrix} \dfrac{\partial Y^r}{\partial G} & \dfrac{\partial Y^r}{\partial M} & \dfrac{\partial Y^r}{\partial p} \\[2ex] \dfrac{\partial i}{\partial G} & \dfrac{\partial i}{\partial M} & \dfrac{\partial i}{\partial p} \end{pmatrix} + \begin{pmatrix} \dfrac{\partial F_1}{\partial G} & \dfrac{\partial F_1}{\partial M} & \dfrac{\partial F_1}{\partial p} \\[2ex] \dfrac{\partial F_2}{\partial G} & \dfrac{\partial F_2}{\partial M} & \dfrac{\partial F_2}{\partial p} \end{pmatrix} = 0.$$

Gemäß Satz 11.5 sollen die partiellen Ableitungen von $(Y^r, i)(G, M, P)$ berechnet werden, wozu die obige Matrizengleichung nach der Matrix dieser Ableitungen aufgelöst wird. Die Determinante der zu invertierenden Matrix wird dabei gleich $\triangle$ mit

---

[3]Zur besseren Übersicht werden im folgenden bei den Komponenten der ersten Matrix die Variablen (G, M, p) und bei den Komponenten der zweiten und dritten Matrix die Variablen (G, M, p, Y^r, i) weggelassen.

$$\triangle \; := \; \frac{dS}{dY^r}(Y^r) \cdot \frac{\partial L}{\partial i}(Y^r, i) + \frac{dI}{di}(i) \cdot \frac{\partial L}{\partial Y^r}(Y^r, i)$$

gesetzt.

$$\begin{pmatrix} \dfrac{\partial Y^r}{\partial G} & \dfrac{\partial Y^r}{\partial M} & \dfrac{\partial Y^r}{\partial p} \\[2mm] \dfrac{\partial i}{\partial G} & \dfrac{\partial i}{\partial M} & \dfrac{\partial i}{\partial p} \end{pmatrix} = - \begin{pmatrix} \dfrac{\partial F_1}{\partial Y^r} & \dfrac{\partial F_1}{\partial i} \\[2mm] \dfrac{\partial F_2}{\partial Y^r} & \dfrac{\partial F_2}{\partial i} \end{pmatrix}^{-1} \begin{pmatrix} \dfrac{\partial F_1}{\partial G} & \dfrac{\partial F_1}{\partial M} & \dfrac{\partial F_1}{\partial p} \\[2mm] \dfrac{\partial F_2}{\partial G} & \dfrac{\partial F_2}{\partial M} & \dfrac{\partial F_2}{\partial p} \end{pmatrix}$$

$$= - \begin{pmatrix} \dfrac{dS}{dY^r}(Y^r) & -\dfrac{dI}{di}(i) \\[3mm] \dfrac{\partial L}{\partial Y^r}(Y^r, i) & \dfrac{\partial L}{\partial i}(Y^r, i) \end{pmatrix}^{-1} \begin{pmatrix} -1 & 0 & 0 \\[3mm] 0 & -\dfrac{1}{p} & \dfrac{M}{p^2} \end{pmatrix}$$

$$= -\frac{1}{\triangle} \begin{pmatrix} \dfrac{\partial L}{\partial i}(Y^r, i) & \dfrac{dI}{di}(i) \\[3mm] -\dfrac{\partial L}{\partial Y^r}(Y^r, i) & \dfrac{dS}{dY^r}(Y^r) \end{pmatrix} \begin{pmatrix} -1 & 0 & 0 \\[3mm] 0 & -\dfrac{1}{p} & \dfrac{M}{p^2} \end{pmatrix}$$

$$= -\frac{1}{\triangle} \begin{pmatrix} -\dfrac{\partial L}{\partial i}(Y^r, i) & -\dfrac{1}{p} \cdot \dfrac{dI}{di}(i) & \dfrac{M}{p^2} \cdot \dfrac{dI}{di}(i) \\[3mm] \dfrac{\partial L}{\partial Y^r}(Y^r, i) & -\dfrac{1}{p} \cdot \dfrac{dS}{dY^r}(Y^r) & \dfrac{M}{p^2} \cdot \dfrac{dS}{dY^r}(Y^r) \end{pmatrix}$$

$$=: \; -\frac{1}{\triangle} \cdot B$$

Unter Berücksichtigung der oben unterstellten Vorzeichen der (partiellen) Ableitungen von $S(Y^r)$, $I(i)$ und $L(Y^r, i)$ gilt $\triangle < 0$, womit die Wirkung der exogenen Größen G, M und p auf die endogenen Variablen Y^r und i durch die Vorzeichen der Matrix B wie folgt bestimmt wird:

$\dfrac{\partial Y^r}{\partial G}(G, M, p) \geq 0$	$\dfrac{\partial Y^r}{\partial M}(G, M, p) \geq 0$	$\dfrac{\partial Y^r}{\partial p}(G, M, p) \leq 0$
$\dfrac{\partial i}{\partial G}(G, M, p) \geq 0$	$\dfrac{\partial i}{\partial M}(G, M, p) \leq 0$	$\dfrac{\partial i}{\partial p}(G, M, p) \geq 0$

Alternativ können die partiellen Ableitungen von Y^r und i auch mit der Cramer-schen Regel berechnet werden (vgl. Bemerkung nach Satz 11.5):

$$\frac{\partial Y^r}{\partial G}(G,M,p) = \frac{1}{\triangle}\det\begin{pmatrix} 1 & -\dfrac{dI}{di}(i) \\[2ex] 0 & \dfrac{\partial L}{\partial i}(Y^r,i) \end{pmatrix} = \frac{1}{\triangle}\cdot\frac{\partial L}{\partial i}(Y^r,i),$$

$$\frac{\partial i}{\partial G}(G,M,p) = \frac{1}{\triangle}\det\begin{pmatrix} \dfrac{dS}{dY^r}(Y^r) & 1 \\[2ex] \dfrac{\partial L}{\partial Y^r}(Y^r,i) & 0 \end{pmatrix} = -\frac{1}{\triangle}\cdot\frac{\partial L}{\partial Y^r}(Y^r,i),$$

$$\frac{\partial Y^r}{\partial M}(G,M,p) = \frac{1}{\triangle}\det\begin{pmatrix} 0 & -\dfrac{dI}{di}(i) \\[2ex] \dfrac{1}{p} & \dfrac{\partial L}{\partial i}(Y^r,i) \end{pmatrix} = \frac{1}{\triangle}\cdot\frac{1}{p}\cdot\frac{dI}{di}(i),$$

$$\frac{\partial i}{\partial M}(G,M,p) = \frac{1}{\triangle}\det\begin{pmatrix} \dfrac{dS}{dY^r}(Y^r) & 0 \\[2ex] \dfrac{\partial L}{\partial Y^r}(Y^r,i) & \dfrac{1}{p} \end{pmatrix} = \frac{1}{\triangle}\cdot\frac{1}{p}\cdot\frac{dS}{dY^r}(Y^r),$$

$$\frac{\partial Y^r}{\partial p}(G,M,p) = \frac{1}{\triangle}\det\begin{pmatrix} 0 & -\dfrac{dI}{di}(i) \\[2ex] -\dfrac{M}{p^2} & \dfrac{\partial L}{\partial i}(Y^r,i) \end{pmatrix} = -\frac{1}{\triangle}\cdot\frac{M}{p^2}\cdot\frac{dI}{di}(i),$$

$$\frac{\partial i}{\partial p}(G,M,p) = \frac{1}{\triangle}\det\begin{pmatrix} \dfrac{dS}{dY^r}(Y^r) & 0 \\[2ex] \dfrac{\partial L}{\partial Y^r}(Y^r,i) & -\dfrac{M}{p^2} \end{pmatrix} = -\frac{1}{\triangle}\cdot\frac{M}{p^2}\cdot\frac{dS}{dY^r}(Y^r).$$

Beispiel 11.4 (Partielle Differentiation). Wird eine Cobb-Douglas-Produktionsfunktion mit den beiden Faktoren Arbeit A und Kapital K betrachtet, etwa

$$Y(A, K) \;=\; 10 \cdot A^{0,6} \cdot K^{0,4},$$

und sind p_A und p_K die entsprechenden Preise für Arbeit und Kapital, so ergibt sich hieraus das Verhältnis der Grenzproduktivitäten mit

$$\frac{p_A}{p_K} \;=\; \frac{\dfrac{\partial Y}{\partial A}}{\dfrac{\partial Y}{\partial K}} \;=\; \frac{6 \cdot A^{0,6-1} \cdot K^{0,4}}{4 \cdot A^{0,6} \cdot K^{0,4-1}} \;=\; 1,5 \cdot \frac{K}{A}.$$

Bei bekannten Preise $p_A = 30$ und $p_A = 20$ ergibt sich:

$$\frac{K}{A} \;=\; 1.$$

12 Ausgewählte Optimierungsprobleme im n-dimensionalen Raum

Als typisches Beispiel dieses Kapitels soll folgende Optimierungsaufgabe behandelt werden:

$$\max_{(x_1,\dots,x_n)\in X} f(x_1,\dots,x_n)$$

mit $X \subseteq \mathbb{R}^n$. Liegt jedoch ein Minimierungsproblem

$$\min_{(x_1,\dots,x_n)\in X} h(x_1,\dots,x_n)$$

vor, so läßt sich dieses formal auf den Typ des Maximierungsproblems überführen, wenn $f := -h$ gesetzt wird. Entsprechend kann jedes Maximierungsproblem auch in ein Minimierungsproblem umformuliert werden.

Die oben gewählte Beschreibung der Optimierungsaufgabe ist so allgemein gewählt, daß damit sowohl Optimierungsaufgaben ohne Nebenbedingungen dargestellt werden können, etwa $X = \mathbb{R}^n$, als auch solche mit Nebenbedingungen, welche durch Gleichungen definiert sind,

$$g_i(x_1,\dots,x_n) \;=\; 0,$$

bzw. mit Nebenbedingungen, welche durch Ungleichungen definiert sind,

$$g_i(x_1,\dots,x_n) \;\leq\; 0,$$

wobei $i \in \{1,\dots,m\}$. In diesem Fall schränken die Nebenbedingungen den Definitionsbereich der restringierenden Menge X weiter ein, z.B. auf X' mit $X' := \{x \in \mathbb{R}^n \mid g_i(x) \leq 0 \text{ mit } 1 \leq i \leq m\} \cap X$.

Zwei ökonomische Anwendungen.

– Gemäß dem ökonomischen Rationalitätsprinzip werden Wirtschaftssubjekte ihr Einkommen m so auf die zur Verfügung stehenden Konsumgüter $x_1,\dots,x_n$ mit Stückpreisen $p_1,\dots,p_n$ aufteilen, daß ihr aus dem Konsum entstehender Nutzen $U(x_1,\dots,x_n)$ maximal wird. Dies stellt eine Optimierungsaufgabe unter einer Nebenbedingung $\quad m = p_1 x_1 + \dots + p_n x_n \quad$ – der sogenannten *Budgetrestriktion* –

dar und kann nach der *Lagrange-Methode* gelöst werden (vgl. Beispiele 12.2 und 12.3 in Abschnitt 12.5).

– Einem Unternehmen sind für jede Betriebsgröße s die *kurzfristigen Kostenkurven* K_K bekannt. In der Produktionsplanung ist die *langfristige Kostenkurven K_L* von Interesse, welche die minimalen Produktionskosten angibt, wenn die Betriebsgröße der geplanten Güterproduktion angepaßt werden kann. Eine Charakterisierung des Verlaufs der langfristigen Kostenkurve über die kurzfristigen Kostenkurven ist mit Hilfe des *Einhüllenden-Satzes* möglich.

12.1 Lokale Extrema und Hesse-Matrix

Zur Behandlung von Optimierungsaufgaben ohne Nebenbedingungen dient dieser Abschnitt. Es werden notwendige und hinreichende Bedingungen für lokale Extrema, die direkte Verallgemeinerungen des Extremalbegriffs aus Kapitel 9 darstellen, geliefert.

Definitionen. Sei $X \subseteq \mathbb{R}^n$ eine offene Menge und $f : X \longrightarrow \mathbb{R}$ eine Funktion.

f besitzt im Punkt $x \in X$ ein **lokales** oder **relatives Maximum** (bzw. **Minimum**), wenn eine offene Umgebung U von x existiert, für die gilt:
$$f(x) \geq f(\xi) \ (\text{bzw.} \ f(x) \leq f(\xi)) \ \text{für alle} \ \xi \in U \ .$$

f besitzt in x ein **isoliertes** lokales Maximum (bzw. Minimum), wenn in obiger Bedingung $f(x) = f(\xi)$ nur für $x = \xi$ eintritt.

f besitzt im Punkt $x \in X$ ein **globales Maximum** (bzw. **Minimum**), wenn gilt:
$$f(x) \geq f(\xi) \ (\text{bzw.} \ f(x) \leq f(\xi)) \ \text{für alle} \ \xi \in X \ .$$

Extremum ist der Oberbegriff für Maximum und Minimum.

Bemerkung. *Monotone Transformationen T der Funktion f verändern zwar die Extremwerte der Funktion, nicht jedoch die Extremalstellen x, an der die Extrema angenommen werden. Genauer, ist T eine monotone Abbildung des Wertebereichs* von f auf sich, so sind die Extremalstellen von f in X identisch mit den Extremalstellen von $T \circ f$ in X. Sollen lediglich die Extremalstellen berechnet werden, so werden zur rechentechnischen Vereinfachung oft geeignete monotone Transformationen durchgeführt (vgl. Beispiel 12.2 in Abschnitt 12.5).

Satz 12.1. *Ist $X \subset I\!\!R^n$ eine offene Menge und $f : X \longrightarrow I\!\!R$ eine Funktion, die im Punkt $x \in X$ ein lokales Extremum besitzt und in X partiell differenzierbar ist, dann gilt: $\operatorname{grad} f(x) = 0$.*

Bemerkung. Wie im eindimensionalen Fall ist die Umkehrung von Satz 12.1 im allgemeinen nicht möglich. Satz 12.1 liefert nur eine notwendige Bedingung für ein lokales Extremum. Punkte $x \in X$ mit $\operatorname{grad} f(x) = 0$ werden auch **stationäre Punkte** genannt. Jedes lokale Extremum ist also auch ein stationärer Punkt.

Definition. Ist $X \subseteq I\!\!R^n$ eine offene Menge und $f : X \longrightarrow I\!\!R$ eine zweimal stetig partiell differenzierbare Funktion, dann wird durch

$$(\operatorname{Hess} f)(x) := \begin{pmatrix} D_1 D_1 f(x) & \ldots & D_1 D_n f(x) \\ \vdots & & \vdots \\ D_n D_1 f(x) & \ldots & D_n D_n f(x) \end{pmatrix} = (D_i D_j f(x))_{\substack{1 \leq i \leq n \\ 1 \leq j \leq n}}$$

die **Hesse-Matrix** (Hessian matrix) (aller partiellen Ableitungen 2. Ordnung) von f im Punkt $x \in X$ definiert.

Wie aus Satz 11.1 erkennbar, ist die Matrix $(\operatorname{Hess} f)(x)$ sogar symmetrisch.

Der nachfolgende Satz charakterisiert Kurvenverläufe und stationäre Punkte der Funktion f mit Hilfe der Hesse-Matrix. Er stellt eine Verallgemeinerung der entsprechenden Zusammenhänge aus Satz 9.4 dar, wenn beachtet wird, daß für reellwertige Funktionen einer Variablen gilt:
$$\operatorname{Hess} f(x) < 0 \Longleftrightarrow f''(x) < 0 \quad (\text{bzw. } \operatorname{Hess} f(x) > 0 \Longleftrightarrow f''(x) > 0).$$

Satz 12.2. *Sei $X \subseteq I\!\!R^n$ eine offene Menge und $f : X \longrightarrow I\!\!R$ eine Funktion, welche in X stetig partiell differenzierbar und gegebenenfalls auch zweimal stetig partiell differenzierbar ist.*

Gelte für Punkte $x \in X$			Dann folgt
grad $f(x)$	Hess $f(x)$ ist		f
... ≥ 0		für alle x	ist in X monoton wachsend
... > 0		für alle x	ist in X streng monoton wachsend
... ≤ 0		für alle x	ist in X monoton fallend
... < 0		für alle x	ist in X streng monoton fallend
... $= 0$	negativ definit	in x	besitzt in x ein isoliertes Maximum
... $= 0$	positiv definit	in x	besitzt in x ein isoliertes Minimum
	positiv semidefinit	für alle x	ist in X konvex
	negativ semidefinit	für alle x	ist in X konkav
	positiv definit	für alle x	ist in X streng konvex
	negativ definit	für alle x	ist in X streng konkav

Aus Satz 12.2 folgt insbesondere, daß bei stationären Punkten x die negative (bzw. positive) Definitheit der Hesse-Matrix (vgl. Abschnitt 5.6) eine hinreichende Bedingung für die Existenz eines lokalen Maximums (bzw. Minimums) darstellt.

12.2 Lagrange-Methode und Nebenbedingungen

Im vorangegangen Abschnitt stellte die Einschränkung des Definitionsbereichs der Funktion f auf eine Menge X im Grunde genommen schon eine Nebenbedingung dar. In diesem Abschnitt wird eine Nebenbedingung konkret durch eine Gleichung festgelegt. Ist beispielsweise die Nebenbedingung $g(x) = 0$ gegeben, wobei g eine Funktion auf $\mathbb{R}^n$ und $x \in \mathbb{R}^n$ ist, so kann diese natürlich auch durch die Menge $M := \{x \in \mathbb{R}^n \mid g(x) = 0\}$ ausgedrückt werden. Statt in der Menge X würde der stationäre Punkt dann in der Menge $M \cap X$ liegen.

Der folgende Satz liefert eine notwendige Bedingung für ein lokales Extremum einer Funktion unter Nebenbedingungen in Gleichheitsform.

Satz 12.3. *Sei $X \subseteq \mathbb{R}^n$ eine offene Menge und $f : X \longrightarrow \mathbb{R}$ eine stetig partiell differenzierbare Zielfunktion, die unter den m Nebenbedingungen $g_i(x) = 0$ für $x \in X$ und $i \in \{1, \ldots, m\}$ ein lokales Extremum $x^* = (x_1^*, \ldots, x_n^*)$ besitzt. Dabei seien die $g_i : X \longrightarrow \mathbb{R}$ stetig partiell differenzierbare Funktionen mit $\operatorname{grad} g_i(x^*) \neq 0$.*
Dann gibt es sogenannte Lagrange-Multiplikatoren $\lambda^* = (\lambda_1^*, \ldots, \lambda_m^*) \in \mathbb{R}^m$ mit

$$\operatorname{grad} f(x^*) + \sum_{i=1}^{m} \lambda_i^* \operatorname{grad} g_i(x^*) = 0 \ .$$

Diese Charakterisierung eines lokalen Extremums, das ein System aus n Gleichungen darstellt, und die Berücksichtigung der m Nebenbedingungen $g_i(x) = 0$ lassen sich über die n + m partiellen Ableitungen der sogenannten *Lagrangefunktion*

$$L(x, \lambda) \ = \ f(x) + \sum_{i=1}^{m} \lambda_i \, g_i(x)$$

mit $x = (x_1, \ldots, x_n)$ und $\lambda = (\lambda_1, \ldots, \lambda_m)$ durch das folgende Gleichungssystem wiedergeben:

$$\frac{\partial L}{\partial x_1}(x^*, \lambda^*) \ = \ \frac{\partial f}{\partial x_1}(x^*) \ + \ \lambda_1^* \frac{\partial g_1}{\partial x_1}(x^*) \ + \ \ldots \ + \ \lambda_m^* \frac{\partial g_m}{\partial x_1}(x^*) \ \overset{!}{=} \ 0$$

$$\vdots \qquad\qquad \vdots \qquad\qquad \vdots \qquad\qquad\qquad \vdots \qquad\qquad \vdots$$

$$\frac{\partial L}{\partial x_n}(x^*, \lambda^*) \ = \ \frac{\partial f}{\partial x_n}(x^*) \ + \ \lambda_1^* \frac{\partial g_1}{\partial x_n}(x^*) \ + \ \ldots \ + \ \lambda_m^* \frac{\partial g_m}{\partial x_n}(x^*) \ \overset{!}{=} \ 0$$

$$\frac{\partial L}{\partial \lambda_1}(x^*, \lambda^*) \ = \ g_1(x^*) \qquad\qquad\qquad\qquad\qquad\qquad\qquad \overset{!}{=} \ 0$$

$$\vdots \qquad\qquad \vdots$$

$$\frac{\partial L}{\partial \lambda_m}(x^*, \lambda^*) \ = \ g_m(x^*) \qquad\qquad\qquad\qquad\qquad\qquad\qquad \overset{!}{=} \ 0$$

Dieser Ansatz wird auch *Lagrange-Methode* genannt, die jedoch nur notwendige Bedingungen für die lokalen Extrema des in Satz 12.3 gegebenen Optimierungsproblems liefert. Um eine hinreichende Bedingung für lokale Extrema zu erhalten, muß folgendes Verfahren durchgeführt werden.

Definition. Wird die oben genannte Lagrangefunktion unter Vertauschung von x und λ in der Form $L(\lambda, x) = \sum_{i=1}^{m} \lambda_i\, g_i(x) + f(x)$ geschrieben, so heißt die Hesse-Matrix von $L(\lambda, x)$, die die einfache Gestalt

$$(Hess\, L)(\lambda, x) = \begin{pmatrix} 0 & \dots & 0 & \frac{\partial g_1}{\partial x_1}(x) & \dots & \frac{\partial g_1}{\partial x_n}(x) \\ \vdots & & \vdots & \vdots & & \vdots \\ 0 & \dots & 0 & \frac{\partial g_m}{\partial x_1}(x) & \dots & \frac{\partial g_m}{\partial x_n}(x) \\ \frac{\partial g_1}{\partial x_1}(x) & \dots & \frac{\partial g_m}{\partial x_1}(x) & \frac{\partial^2 L}{\partial x_1{}^2}(\lambda, x) & \dots & \frac{\partial^2 L}{\partial x_1 \partial x_n}(\lambda, x) \\ \vdots & & \vdots & \vdots & & \vdots \\ \frac{\partial g_1}{\partial x_n}(x) & \dots & \frac{\partial g_m}{\partial x_n}(x) & \frac{\partial^2 L}{\partial x_n \partial x_1}(\lambda, x) & \dots & \frac{\partial^2 L}{\partial x_n{}^2}(\lambda, x) \end{pmatrix}$$

hat, die **geränderte Hesse-Matrix** (bordered Hessian matrix).

Bemerkung. Für den Fall linearer Funktionen g_i vereinfacht sich die Teilmatrix $\left(\frac{\partial^2 L}{\partial x_i \partial x_j}(x)\right)_{\substack{1 \le i \le n \\ 1 \le j \le n}}$ zu $\left(\frac{\partial^2 f}{\partial x_i \partial x_j}(x)\right)_{\substack{1 \le i \le n \\ 1 \le j \le n}}$, der Hessematrix von f. Dies gilt, da die zweite Ableitung linearer Funktionen identisch Null ist (für eine Anwendung vgl. Beispiel 12.3 in Abschnitt 12.5). In einigen Büchern [11], [21] wird fälschlicherweise in der geränderten Hesse-Matrix lediglich die o.g. Hesse-Matrix von f berücksichtigt, ohne die Voraussetzung linearer Nebenbedingungen zu erwähnen.

Satz 12.4. *Sei $X \subset \mathbb{R}^n$ eine offene Menge und $f : X \longrightarrow \mathbb{R}$ eine zweimal stetig partiell differenzierbare Zielfunktion, die unter den m Nebenbedingungen $g_i(x) = 0$ für $x \in X$, $i \in \{1, \dots, m\}$ einen stationären Punkt $x^*, \lambda^* = (x_1^*, \dots, x_n^*; \lambda_1^*, \dots, \lambda_m^*)$ besitzt. Dabei seien die $g_i : X \longrightarrow \mathbb{R}$ stetig partiell differenzierbare Funktionen mit $\operatorname{grad} g_i(x^*) \neq 0$.*

Haben die letzten $n - m$ Hauptminoren der geränderten Hesse-Matrix $(Hess\,L)(\lambda^*, x^*)$ mit $\lambda^* = (\lambda_1^*, \ldots, \lambda_m^*)$ alternierende Vorzeichen, wobei die kleinste dieser Hauptminoren das Vorzeichen $(-1)^{m+1}$ hat, dann ist x^* ein lokales Maximum. Haben alle $n - m$ Hauptminoren das Vorzeichen $(-1)^m$, so liegt ein lokales Minimum vor.

In der Praxis ist dieses Verfahren aufgrund der Dimension der resultierenden geränderten Hesse-Matrix in der Regel sehr aufwendig. Die Lagrange-Methode kann jedoch als Baustein zur Ermittlung optimaler Lösungen der *konvexen Optimierung* eingesetzt werden. Hierauf wird im nachfolgenden Abschnitt eingegangen, in dem die Lösung sogar globaler Extrema untersucht wird.

12.3   Satz von Kuhn-Tucker

Mit den in Abschnitt 12.2 benutzten Methoden läßt sich die Existenz von höchstens lokalen Extrema ermitteln. Die dort beschriebene Lagrange-Methode liefert jedoch sogar globale Extrema, wenn ein konvexes Optimierungsproblem mit einer konvexen Zielfunktion vorliegt und die sogenannte *Slaterbedingung* erfüllt ist.

Definitionen.   Lautet eine Optimierungsaufgabe – wenn nötig, nach einigen Umformungen – wie folgt:
Seien $f : \mathbb{R}_+^n \longrightarrow \mathbb{R}$ eine konkave (bzw. konvexe) Funktion und $g_i : \mathbb{R}_+^n \longrightarrow \mathbb{R}$ mit $i \in \{1, \ldots, m\}$ konvexe Funktionen. Gesucht ist die Lösung

$$\max_{x\,\in\,\mathbb{R}_+^n} f(x) \quad (\text{bzw.} \quad \min_{x\,\in\,\mathbb{R}_+^n} f(x))$$

unter den m Nebenbedingungen

$$g_i(x) \leq 0 \quad \text{mit } x \in \mathbb{R}_+^n \text{ und } i \in \{1, \ldots, m\} \ .$$

Dann heißt die Problemstellung **konvexe Optimierungsaufgabe**.

Existiert ein Punkt $x^+ \in X$, so daß die Nebenbedingungen streng erfüllt sind, d.h. es gilt:

$$g_i(x^+) < 0 \quad \text{für alle } i \in \{1, \ldots, m\} \ ,$$

dann ist die **Slaterbedingung** erfüllt.

Der Satz von Kuhn-Tucker, welcher hier nur für stetig partiell differenzierbare Funktionen vorgestellt wird, liefert eine notwendige und hinreichende Bedingung für ein globales Maximum (für ein globales Minimum müßte die Optimierungsaufgabe – wie am Anfang des Kapitels erwähnt – umformuliert werden).

Satz 12.5 (Satz von Kuhn-Tucker). *Seien* $g_i : \mathbb{R}_+^n \longrightarrow \mathbb{R}$ *mit* $i \in \{1, \ldots, m\}$ *stetig partiell differenzierbare, konvexe Funktionen.* $X \subset \mathbb{R}_+^n$ *sei eine nichtleere konvexe Menge, die durch die m konvexen Nebenbedingungen* $g_i(x) \leq 0$, *welche die Slaterbedingung erfüllen müssen, definiert ist. Ein Punkt* $x^* \in X$ *ist genau dann ein globales Maximum (bzw. Minimum) der stetig partiell differenzierbaren, konkaven (bzw. konvexen) Funktion* $f : X \longrightarrow \mathbb{R}$, *wenn Lagrange-Multiplikatoren* $\lambda^* = (\lambda_1^*, \ldots, \lambda_m^*)$ *mit* $\lambda_1^* \leq 0, \ldots, \lambda_m^* \leq 0$ *(bzw.* $\lambda_1^* \geq 0, \ldots, \lambda_m^* \geq 0$*) existieren, so daß für die partiellen Ableitungen der Lagrangefunktion gilt:*

$$x_j^* \begin{Bmatrix} = \\ \geq \end{Bmatrix} 0 \qquad \Longleftrightarrow \qquad \frac{\partial f}{\partial x_j}(x^*) + \sum_{i=1}^m \lambda_i^* \frac{\partial g_i}{\partial x_j}(x^*) \begin{Bmatrix} \leq & (bzw. \; \geq) \\ = \end{Bmatrix} 0 \; ,$$

$$\lambda_i^* \begin{Bmatrix} = \\ \leq & (bzw. \; \geq) \end{Bmatrix} 0 \quad \Longleftrightarrow \quad g_i(x^*) \begin{Bmatrix} \leq \\ = \end{Bmatrix} 0 \; .$$

Bemerkung. Die zuletzt genannten Bedingungen des Satzes werden auch *Kuhn-Tucker-Bedingungen* genannt.

12.4 Einhüllenden-Satz

Als einführendes Beispiel für den *Einhüllenden-Satz* (Envelope-theorem) sei ein parametrisiertes Maximierungsproblem betrachtet, bei dem die Abhängigkeit des Extremwertes der Funktion und des Extremums vom Modellparameter α beschrieben werden soll:

$$\max_{x \in \mathbb{R}} f(x, \alpha) \quad \text{mit } \alpha > 0 \; .$$

Die Lösung x^* zu vorliegendem Parameter α ergibt einen funktionalen Zusammenhang, der mit $x(\alpha)$ bezeichnet wird. Der Einhüllenden-Satz gibt Antwort auf die

Frage, wie sich der Wert der zu optimierenden Funktion f im Optimum verändert mit der Veränderung des Parameters α. Aufgrund der Relation

$$M(\alpha) \;=\; f(x(\alpha),\alpha) \;=\; f(x^*,\alpha) \;\geq\; f(x,\alpha) \quad \text{für alle } x$$

heißt $M(\alpha)$ auch *Einhüllende* (oder *Umhüllende*) der Funktionenschar $(f_\alpha(x))_\alpha$, wobei: $f_\alpha(x) := f(x,\alpha)$ für festes α gesetzt wird. Es wird sich sogar zeigen, daß an der Stelle α die Steigung von $M(\alpha)$ identisch ist mit der Steigung der Funktion $f(x^*,\alpha)$:

$$\frac{dM}{d\alpha}(\alpha) \;=\; \frac{\partial f}{\partial \alpha}(x^*,\alpha) \quad \text{mit } x^* = x(\alpha) \;.$$

In der nachfolgeden Formulierung des Einhüllenden-Satzes wird ein Optimierungsproblem unter Berücksichtigung von Nebenbedingungen betrachtet, die in der Literatur häufig unberücksichtigt bleiben. Die entsprechenden Aussagen für Probleme ohne Nebenbedingungen lassen sich jedoch unmittelbar aus der hier gewählten Darstellung ableiten.

Satz 12.6 (Einhüllenden-Satz). *Seien $X_1 \subset I\!\!R^n$ und $X_2 \subset I\!\!R^k$ offene Mengen und $f : X_1 \times X_2 \longrightarrow I\!\!R$ eine stetig partiell differenzierbare Zielfunktion, die unter den m Nebenbedingungen $g_i(x,\alpha) = 0$ für $x \in X_1$, $\alpha \in X_2$ und $i \in \{1,\dots,m\}$ ein lokales Extremum $x^* = (x_1^*,\dots,x_n^*)$ mit $x^* = x(\alpha)$ besitzt. Dabei seien die $g_i : X_1 \times X_2 \longrightarrow I\!\!R$ stetig partiell differenzierbare Funktionen mit $\operatorname{grad} g_i(x^*,\alpha) \neq 0$.*
Seien $\lambda^* = (\lambda_1^*,\dots,\lambda_m^*) \in I\!\!R^m$ mit $\lambda^* = \lambda(\alpha)$ die Lagrange-Multiplikatoren, dann werden folgende Funktionen definiert:

$$
\begin{aligned}
M(\alpha) &:= f(x(\alpha),\alpha)\;, \\
\Psi(\alpha) &:= f(x(\alpha),\alpha) + \sum_{i=1}^m \lambda_i(\alpha)\,g_i(x(\alpha),\alpha)\;, \\
L(x,\lambda,\alpha) &:= f(x,\alpha) + \sum_{i=1}^m \lambda_i\,g_i(x,\alpha)\;.
\end{aligned}
$$

Dann gilt:

$$\frac{\partial M}{\partial \alpha_j}(\alpha) \;=\; \frac{\partial \Psi}{\partial \alpha_j}(\alpha) \;=\; \frac{\partial L}{\partial \alpha_j}(x^*,\lambda^*,\alpha) \quad \text{mit } j \in \{1,\dots,k\}$$

und weiter:

$$\Psi(\alpha) = L(x(\alpha), \lambda(\alpha), \alpha) \quad und \quad \frac{\partial L}{\partial \alpha_j} = \frac{\partial f}{\partial \alpha_j} + \lambda^T \left(\frac{\partial g_i}{\partial \alpha_j}\right)_{i=1,\ldots,m}.$$

12.5 Eine Auswahl ökonomischer Beispiele

Beispiel 12.1 (Hesse-Matrix). Wie schon in Kapitel 9 soll bei gegebener Produktionsfunktion der *Düngemitteleinsatz* ermittelt werden, bei dem der Ernteertrag q (in ME/ha) maximal ist. Hier werden jedoch drei verschiedene Düngemittelsorten $r = (r_1, r_2, r_3)$ (in ME/ha) eingesetzt, welche miteinander in Wechselwirkung treten und somit eine weitere Auswirkung auf den Ernteertrag haben. Sei

$$q(r) = -\frac{1}{3}r_1^3 + \frac{1}{2}r_1^2 - r_2^2 - \frac{1}{2}r_3^2 + r_1 r_2 + r_2 r_3 + 5r_1 + 3r_2$$

die Produktionsfunktion mit Definitionsbereich $r_i \geq 0$ für $i \in \{1, 2, 3\}$. Eine notwendige Bedingung für das Vorliegen eines Extremums ist: $\mathrm{grad}\, q(r) = 0$, d.h.

$$\frac{\partial q}{\partial r_1}(r) = -r_1^2 + r_1 + r_2 \qquad\quad + 5 \overset{!}{=} 0$$

$$\frac{\partial q}{\partial r_2}(r) = \qquad\quad r_1 - 2r_2 + r_3 + 3 \overset{!}{=} 0$$

$$\frac{\partial q}{\partial r_3}(r) = \qquad\qquad\quad r_2 - r_3 \qquad\quad \overset{!}{=} 0.$$

Eine Auflösung des Gleichungssystems ergibt den im Definitionsbereich von $q(r)$ eindeutig bestimmten stationären Punkt

$$r^* = (4, 7, 7),$$

und für die Hessematrix gilt:

$$(\mathrm{Hess}\, q)(r^*) = \begin{pmatrix} -2r_1^* + 1 & 1 & 0 \\ 1 & -2 & 1 \\ 0 & 1 & -1 \end{pmatrix} = \begin{pmatrix} -7 & 1 & 0 \\ 1 & -2 & 1 \\ 0 & 1 & -1 \end{pmatrix}$$

Da die Hauptminoren alternierende Vorzeichen besitzen,

$$-7 < 0, \quad \det\begin{pmatrix} -7 & 1 \\ 1 & -2 \end{pmatrix} = 13 > 0, \quad \det\begin{pmatrix} -7 & 1 & 0 \\ 1 & -2 & 1 \\ 0 & 1 & -1 \end{pmatrix} = -6 < 0,$$

ist die Hesse-Matrix negativ definit, d.h. es liegt eine isolierte Maximalstelle vor. Der maximale Ernteertrag wird erzielt, wenn r^* der Düngemitteleinsatz ist.

Beispiel 12.2 (a) Lagrange-Methode, b) Kuhn-Tucker, c) monotone Transformation, d) Einhüllenden-Satz). Ein Haushalt mit einem Einkommen m konsumiert zwei Güter x_1 und x_2, für die die Preise p_1 und p_2 zu zahlen sind. Sein Nutzen werde durch folgende Nutzenfunktion $U : \mathbb{R}_+^2 \longrightarrow \mathbb{R}$ beschrieben:

$$U(x_1, x_2) \;=\; x_1^{\alpha}\, x_2^{1-\alpha} \quad \text{mit } 0 < \alpha < 1 \,.$$

Unter der *Budgetrestriktion*

$$g(x_1, x_2) \;=\; p_1 x_1 + p_2 x_2 - m \;=\; 0 \,.$$

ist der Nutzen des Haushalts zu maximieren. Zusätzlich soll in Teil d) untersucht werden, wie sich das Nutzenmaximum in Abhängigkeit des Einkommens m verändert.

a) Mit Hilfe der partiellen Ableitungen der zugehörigen Lagrangefunktion $L(x_1, x_2, \lambda) = x_1^{\alpha}\, x_2^{1-\alpha} + \lambda\,(p_1 x_1 + p_2 x_2 - m)$ ergibt sich folgendes Gleichungssystem

$$\frac{\partial L}{\partial x_1}(x_1, x_2, \lambda) \;=\; \alpha \left(\frac{x_2}{x_1}\right)^{1-\alpha} + \lambda\, p_1 \;\overset{!}{=}\; 0$$

$$\frac{\partial L}{\partial x_2}(x_1, x_2, \lambda) \;=\; (1-\alpha) \left(\frac{x_1}{x_2}\right)^{\alpha} + \lambda\, p_2 \;\overset{!}{=}\; 0$$

$$\frac{\partial L}{\partial \lambda}(x_1, x_2, \lambda) \;=\; p_1 x_1 + p_2 x_2 - m \;\overset{!}{=}\; 0 \,.$$

Die ersten beiden Gleichungen lassen sich durch folgende Gleichung zusammenfassen:

$$\frac{\alpha}{1-\alpha} \cdot \frac{x_2}{x_1} \;=\; \frac{p_1}{p_2} \,.$$

Aus diesem Gleichungssystem ergibt sich als Kandidat für eine optimale Konsumgüterkombination (x_1^{*}, x_2^{*}), auch *Marshall'sche Nachfragefunktionen* genannt:

$$x_1^{*} \;=\; x_1^{*}(p_1, p_2, m) \;=\; \frac{\alpha\, m}{p_1} \,,$$

$$x_2^{*} \;=\; x_2^{*}(p_1, p_2, m) \;=\; \frac{(1-\alpha)\, m}{p_2} \,.$$

Für den Lagrange-Multiplikator folgt:

$$\lambda^{*} \;=\; -\frac{\alpha^{\alpha}(1-\alpha)^{1-\alpha}}{p_1^{\alpha} p_2^{1-\alpha}} \,.$$

b) Zur Untersuchung des Optimums muß die Hesse-Matrix der Nutzenfunktion $U(x_1, x_2)$ näher betrachtet werden:

$$(\text{Hess } U)(x_1, x_2) = \begin{pmatrix} -\alpha(1-\alpha) \left(\dfrac{x_2}{x_1}\right)^{1-\alpha} \dfrac{1}{x_1} & \alpha(1-\alpha) \left(\dfrac{x_1}{x_2}\right)^{\alpha} \dfrac{1}{x_1} \\ \alpha(1-\alpha) \left(\dfrac{x_2}{x_1}\right)^{1-\alpha} \dfrac{1}{x_2} & -\alpha(1-\alpha) \left(\dfrac{x_1}{x_2}\right)^{\alpha} \dfrac{1}{x_2} \end{pmatrix}$$

$$= \alpha(1-\alpha) \frac{1}{x_1^{1-\alpha} x_2^{\alpha}} \begin{pmatrix} -\dfrac{x_2}{x_1} & 1 \\ 1 & -\dfrac{x_1}{x_2} \end{pmatrix} .$$

Wegen $\dfrac{\alpha(1-\alpha)}{x_1^{1-\alpha} x_2^{\alpha}} > 0$ und

$$\begin{pmatrix} z_1 \\ z_2 \end{pmatrix}^T \begin{pmatrix} -\dfrac{x_2}{x_1} & 1 \\ 1 & -\dfrac{x_1}{x_2} \end{pmatrix} \begin{pmatrix} z_1 \\ z_2 \end{pmatrix} = -\frac{x_2}{x_1} z_1^2 + 2 z_1 z_2 - \frac{x_1}{x_2} z_2^2 \leq 0$$

für alle (x_1, x_2) und für jeden Vektor $z = \begin{pmatrix} z_1 \\ z_2 \end{pmatrix} \neq 0$ ist $(\text{Hess } U)(x_1, x_2)$ negativ semidefinit (vgl. Abschnitt 5.6) und damit die Funktion U konkav (vgl. Satz 12.2). Mittels des Satzes 12.5 von Kuhn-Tucker läßt sich jetzt leicht nachweisen, daß die Konsumgüterkombination (x_1^*, x_2^*) in der Tat ein globales Maximum von U unter der Budgetrestriktion ist.

c) Sehr viel einfacher wird der Rechenweg, wenn z.B. die monotone Transformation $T := \ln$ angewandt wird. Wird jetzt die Zielfunktion

$$\ln(U(x_1, x_2)) = \alpha \ln(x_1) + (1-\alpha) \ln(x_2) \quad \text{mit } 0 < \alpha < 1$$

mit $L(x_1, x_2, \lambda) = \alpha \ln(x_1) + (1-\alpha) \ln(x_2) + \lambda (p_1 x_1 + p_2 x_2 - m)$ als zugehöriger Lagrangefunktion betrachtet, dann ergibt sich für die ersten beiden partiellen Ableitungen:

$$\frac{\partial L}{\partial x_1}(x_1, x_2, \lambda) = \alpha \left(\frac{1}{x_1}\right) + \lambda p_1 \stackrel{!}{=} 0$$

$$\frac{\partial L}{\partial x_2}(x_1, x_2, \lambda) = (1-\alpha) \left(\frac{1}{x_2}\right) + \lambda p_2 \stackrel{!}{=} 0 .$$

Werden diese beiden Gleichungen zusammengefasst, so ergibt sich – wie oben – folgende Gleichung:

$$\frac{\alpha}{1-\alpha} \cdot \frac{x_2}{x_1} = \frac{p_1}{p_2} \, .$$

Die Nebenbedingung bleibt von der monotonen Transformation unberührt.

d) Offen bleibt noch die Frage der ökonomischen Interpretation des Lagrange-Multiplikators. Diese Frage steht in direktem Zusammenhang mit der Frage, wie sich das Nutzenmaximum ändert, wenn sich das Einkommen m ändert. Hierzu müssen die Variablen (x_1, x_2, λ) in Abhängigkeit des Parameters m betrachtet werden. Die Lagrangefunktion hat dann folgende Gestalt:

$$\Psi(m) := L\Big(x_1(m), x_2(m), \lambda(m), m\Big) = \quad x_1(m)^\alpha \, x_2(m)^{1-\alpha}$$
$$+ \ \lambda(m) \, (p_1 x_1(m) + p_2 x_2(m) - m).$$

Für die Ableitung nach der Komponente m ergibt sich dann:

$$\frac{d\Psi}{dm}(m) = \quad \frac{dx_1}{dm}(m) \left(\alpha \left(\frac{x_2}{x_1} \right)^{1-\alpha} + \lambda \, p_1 \right)$$
$$+ \ \frac{dx_2}{dm}(m) \left((1-\alpha) \left(\frac{x_1}{x_2} \right)^{\alpha} + \lambda \, p_2 \right)$$
$$+ \ \frac{d\lambda}{dm}(m) \, (p_1 x_1 + p_2 x_2 - m)$$
$$- \ \lambda \, .$$

Wurde für einen vorgegebenen Wert m das Maximum $(x_1{}^*, x_2{}^*, \lambda^*, m)$ bereits ermittelt, so gilt unter Anwendung des Einhüllenden-Satzes 12.6 und mit den in Teil a) hergeleiteten notwendigen Bedingungen für ein Optimum:

$$\frac{d\Psi}{dm}(m) = \frac{\partial L}{\partial m}(x_1{}^*, x_2{}^*, \lambda^*, m) = -\lambda^* = \frac{\alpha^\alpha (1-\alpha)^{1-\alpha}}{p_1{}^\alpha p_2{}^{1-\alpha}} \, .$$

Sei $V(m) := U(x_1(m), x_2(m)) = x_1(m)^\alpha \, x_2(m)^{1-\alpha}$ die indirekte Nutzenfunktion. Nach dem Einhüllenden-Satz 12.6 gilt dann sogar:

$$\frac{dV}{dm}(m) = \frac{d\Psi}{dm}(m) = -\lambda^* \, .$$

Der Wert des Lagrange-Multiplikators $-\lambda^*$ mißt im Haushaltsoptimum (näherungsweise), um wieviele Einheiten sich der Wert der Nutzenfunktion U an der

Stelle $(x_1{}^*, x_2{}^*)$ ändert, wenn sich das Einkommen m um eine Einheit ändert. Mit anderen Worten gibt $-\lambda^*$ den Grenzzuwachs des Nutzenwertes U an, wenn sich das Einkommen um eine Einheit erhöht.

Die in Teil a) aufgestellte *Konsum-Einkommen-Kurve* $(x_1{}^*(m), x_2{}^*(m))$ ist in diesem Beispiel eine Gerade durch den Punkt (0,0).

Beispiel 12.3 (Lagrange-Methode). Gesucht ist das Maximum der Nutzenfunktion $\;U : \mathbb{R}_+{}^2 \longrightarrow \mathbb{R}\;$ eines Haushalt, der zwei Güter konsumiert, mit

$$U(x_1, x_2) \;=\; 2\sqrt{x_1 + 2} + \sqrt{2x_2 + 2}$$

unter der *Budgetrestriktion* als Nebenbedingung:

$$g(x_1, x_2) \;=\; 2x_1 + x_2 - 11 \;=\; 0\,.$$

Mit Hilfe der partiellen Ableitungen der zugehörigen Lagrangefunktion $L(x_1, x_2, \lambda) = 2\sqrt{x_1 + 2} + \sqrt{2x_2 + 2} + \lambda\,(2x_1 + x_2 - 11)\;$ ergibt sich folgendes Gleichungssystem

$$\frac{\partial L}{\partial x_1}(x_1, x_2, \lambda) \;=\; \frac{1}{\sqrt{x_1 + 2}} + 2\lambda \;\overset{!}{=}\; 0$$

$$\frac{\partial L}{\partial x_2}(x_1, x_2, \lambda) \;=\; \frac{1}{\sqrt{2x_2 + 2}} + \lambda \;\overset{!}{=}\; 0$$

$$\frac{\partial L}{\partial \lambda}(x_1, x_2, \lambda) \;=\; 2x_1 + x_2 - 11 \;\overset{!}{=}\; 0\,.$$

Aus diesem Gleichungssystem errechnet sich zunächst eine Konsumgüterkombination $(x_1{}^*, x_2{}^*) = (2, 7)$ mit $\lambda^* = -\frac{1}{4}$, welche mittels der geränderten Hesse-Matrix von L noch auf Optimalität überprüft werden muß:

$$
(\mathrm{Hess}\,L)(\lambda^*, x_1{}^*, x_2{}^*) \;=\;
\begin{pmatrix}
0 & 2 & 1 \\
2 & -\frac{1}{2}(x_1{}^* + 2)^{-\frac{3}{2}} & 0 \\
1 & 0 & -(2x_2{}^* + 2)^{-\frac{3}{2}}
\end{pmatrix}
$$

$$
=\;
\begin{pmatrix}
0 & 2 & 1 \\
2 & -\frac{1}{16} & 0 \\
1 & 0 & -\frac{1}{64}
\end{pmatrix}\,.
$$

Da die letzte Hauptminore dieser Matrix wegen

$$\det \begin{pmatrix} 0 & 2 & 1 \\ 2 & -\frac{1}{16} & 0 \\ 1 & 0 & -\frac{1}{64} \end{pmatrix} = \frac{1}{8}$$

das Vorzeichen $(-1)^{m+1} = (-1)^2 > 0$ besitzt, liegt ein lokales Maximum vor (vgl. Satz 12.2).

Der Wert des Lagrange-Multiplikators $-\lambda^* = \frac{1}{4}$ mißt im Haushaltsoptimum (näherungsweise), um wieviele Einheiten sich der Wert der Nutzenfunktion U an der Stelle $(x_1^*, x_2^*) = (2,7)$ ändert, wenn sich das Einkommen $m = 11$ um eine Einheit ändert (vgl. Beispiel 12.2).

Beispiel 12.4 (Kuhn-Tucker). Im folgenden wird ein stark vereinfachtes *LP-Modell* zur Bilanzstrukturoptimierung im Bankwesen vorgestellt, wobei der Satz von Kuhn-Tucker eine hinreichende Bedingung für ein globales Maximum liefert. Ein Kreditinstitut hat sich zum Ziel gesetzt, durch optimale Aufteilung der Vergabe neuer Kredite in kurzfristige Kredite x_1 (Laufzeit bis zu 1 Monat) und Kredite x_2 (Laufzeit größer 1 bis 3 Monate) seinen Gewinn $G(x_1, x_2)$ zu maximieren, wenn die Veränderungen der Passivseite der Bankbilanz innerhalb der Planungsperiode von hier 3 Monaten für das Institut vorgegeben sind (Der Index $i \in \{1, 2\}$ einer Variable oder eines Parameters signalisiert in diesem Beispiel ausnahmslos, ob sich der Wert entweder auf die Eigenschaft "Laufzeit bis 1 Monat" für $i = 1$ oder "Laufzeit größer 1 bis 3 Monate" für $i = 2$ bezieht). Aus Gründen der Vereinfachung wird im vorliegenden Beispiel angenommen, daß das Kreditinstitut nur Kredite mit einer maximalen Laufzeit von 3 Monaten ausreicht. Unter Einbezug längerfristiger Forderungen verändert sich die allgemeine Struktur des Optimierungsproblems nicht, jedoch müssen zusätzliche Nebenbedingungen berücksichtigt werden.

Zunächst geht das Kreditinstitut von einer Anfangsbilanz aus, wobei die Daten bekannt oder hinreichend genau schätzbar sind (in Mrd. EUR).

Anfangsbilanz					
Aktiva			Passiva		
bis 1 Monat	A_1	$=$ 20,0	bis 1 Monat	$P_1{}^A$	$=$ 21,0
1 bis 3 Monate	A_2	$=$ 9,0	1 bis 3 Monate	$P_2{}^A$	$=$ 5,8
EZB	A_{Bar}	$=$ 2,4	Eigenkapital	P_{EK}	$=$ 4,6

Des weiteren wird die Gestaltung der Bankbilanz durch die Grundsätze I und II für das Kreditwesen gemäß §§10 und 11 des Kreditwesengesetzes (KWG) beschränkt. So muß die gewichtete Summe der Risikoaktiva (im vorliegenden Falle also vereinfacht die Kreditsumme) mit mindestens 8% Eigenkapital unterlegt sein. Weiterhin darf der Quotient aus Aktiva und Passiva kongruenter Laufzeit nicht kleiner 1 sein, um eine ausreichende Liquidität des Instituts sicherzustellen. Eine weitere Restriktion ist durch die Erfüllung der Mindestreservepflicht gegeben. Diese wird aus Vereinfachungsgründen im vorliegenden Problem jedoch nicht betrachtet.

Der Bank ist bekannt, daß ihr zu Beginn der zu planenden Periode zusätzlich Einlagen mit einer Laufzeit bis zu 1 Monat in Höhe von 2 sowie mit einer Laufzeit größer 1 Monat und kleiner 3 Monate in Höhe von 3,5 zufließen. Damit sind die neuen Passivpositionen mit einer Laufzeit bis zu 1 Monat (P_1) sowie mit einer Laufzeit größer 1 Monat und kleiner 3 Monate P_2 gegeben durch $(P_1; P_2) = (23; 9,3)$.

Der Gewinn $G(x_1, x_2)$, der aus zusätzlich vergebenen Krediten entsteht, ergibt sich aus Zinserträgen. Dabei wird die Bank zunächst als Monopolanbieter von Krediten betrachtet, d.h. es wird hier unterstellt, daß die Bank durch Kreditzinssenkung das Kreditvolumen steigern kann, formal $\frac{dq_i{}^A}{dx_i}(x_i) \leq 0$.

Damit ist dem Kreditinstitut unter den Restriktionen von Bilanzausgleich, Grundsatz I und Grundsatz II folgende Optimierungsaufgabe gestellt:

$$\max_{x \in \mathbb{R}^n_+} G(x_1, x_2) \;=\; \dot{q_1}{}^A(x_1) \cdot x_1 + q_2{}^A(x_2) \cdot x_2$$

unter den Nebenbedingungen

a) $x_1 + x_2 - 5,5 \qquad\qquad \leq \quad 0$,

b) $0,08\,(A_1 + x_1 + A_2 + x_2) \quad \leq \quad P_{EK}$,

c) $A_1 + x_1 + A_{Bar} - x_3 \qquad \geq \quad P_1$,

d) $A_2 + x_2 + x_3 \qquad\qquad\; \geq \quad P_2$.

Die Nebenbedingungen können wie folgt interpretiert werden:

zu a) Bilanzausgleich: Die Summen aller Aktiva und aller Passiva müssen übereinstimmen. Sofern die Summe der neu auszureichenden Kredite kleiner als der Einlagenzufluß ist, wird der übersteigende Betrag auf das EZB-Konto des Instituts gebucht.

zu b) Grundsatz I: Die Risikoaktiva müssen zu mindestens 8% durch haftendes Eigenkapital unterlegt sein.

zu c) und d) Grundsatz II: Die kurzfristigen Aktiva müssen betragsmäßig mindestens ebenso hoch sein wie die entsprechenden Passiva. Gleiches gilt für die Positionen im zweiten Laufzeitband. Ein eventuell übersteigender Betrag x_3 im ersten Laufzeitband kann bei der Berechnung der Liquidität für das zweite Laufzeitband übertragen werden.

Die Lagrangefunktion hat folgende Gestalt:

$$
\begin{aligned}
L(x_1, x_2, x_3, \lambda_1, \lambda_2, \lambda_3, \lambda_4) = \quad & q_1{}^A(x_1) \cdot x_1 + q_2{}^A(x_2) \cdot x_2 \\
+ \;\; & \lambda_1\,(x_1 + x_2 - 5,5) \\
+ \;\; & \lambda_2\,(0,08\,(A_1 + x_1 + A_2 + x_2) - P_{EK}) \\
+ \;\; & \lambda_3\,(-A_1 - x_1 - A_{Bar} + x_3 + P_1) \\
+ \;\; & \lambda_4\,(-A_2 - x_2 - x_3 + P_2).
\end{aligned}
$$

Da wegen $\frac{dq_i{}^A}{dx_i}(x_i) \leq 0$ die Zielfunktion $G(x_1, x_2)$ konkav ist und die Restriktionen linear und damit auch konvex sind, liegt eine konvexe Optimierungsaufgabe vor. Somit sind die nachfolgend aufgeführten Kuhn-Tucker-Bedingungen hinreichend für ein globales Maximum von G. Ein Vektor $x^* = (x_1{}^*, x_2{}^*, x_3{}^*)$, der allen Bedingungen genügt, stellt das Maximum der Zielfunktion dar. Mit $\lambda = (\lambda_1, \lambda_2, \lambda_3, \lambda_4)$ folgt:

(K1) $\quad x_1 \; \left\{ {= \atop \geq} \right\} \; 0$

$\Longleftrightarrow \quad \frac{\partial L}{\partial x_1}(x,\lambda) \;=\; \frac{dq_1{}^A}{dx_1}(x_1) \cdot x_1 + q_1{}^A(x_1) + \lambda_1 + 0,08\,\lambda_2 - \lambda_3 \; \left\{ {\leq \atop =} \right\} \; 0\,,$

(K2) $\quad x_2 \; \left\{ {= \atop \geq} \right\} \; 0$

$\Longleftrightarrow \quad \frac{\partial L}{\partial x_2}(x,\lambda) \;=\; \frac{dq_2{}^A}{dx_2}(x_2) \cdot x_2 + q_2{}^A(x_2) + \lambda_1 + 0,08\,\lambda_2 - \lambda_4 \; \left\{ {\leq \atop =} \right\} \; 0\,,$

(K3) $\quad x_3 \; \left\{ {= \atop \geq} \right\} \; 0$

$\Longleftrightarrow \quad \frac{\partial L}{\partial x_3}(x,\lambda) \;=\; \lambda_3 - \lambda_4 \; \left\{ {\leq \atop =} \right\} \; 0\,,$

(K4) $\quad \lambda_1 \; \left\{ {= \atop \leq} \right\} \; 0$

$\Longleftrightarrow \quad \frac{\partial L}{\partial \lambda_1}(x,\lambda) \;=\; x_1 + x_2 - 5,5 \; \left\{ {\leq \atop =} \right\} \; 0\,,$

(K5) $\quad \lambda_2 \; \left\{ {= \atop \leq} \right\} \; 0$

$\Longleftrightarrow \quad \frac{\partial L}{\partial \lambda_2}(x,\lambda) \;=\; 0,08\,(A_1 + x_1 + A_2 + x_2) - P_{EK} \; \left\{ {\leq \atop =} \right\} \; 0\,,$

(K6) $\quad \lambda_3 \; \left\{ {= \atop \leq} \right\} \; 0$

$\Longleftrightarrow \quad \frac{\partial L}{\partial \lambda_3}(x.\lambda) \;=\; -A_1 - x_1 - A_{Bar} + x_3 + P_1 \; \left\{ {\leq \atop =} \right\} \; 0\,,$

(K7) $\quad \lambda_4 \; \left\{ {= \atop \leq} \right\} \; 0$

$\Longleftrightarrow \quad \frac{\partial L}{\partial \lambda_4}(x.\lambda) \;=\; -A_2 - x_2 - x_3 + P_2 \; \left\{ {\leq \atop =} \right\} \; 0\,.$

Zur Lösung des nichtlinearen Modells müssen Verfahren der nichtlinearen Programmierung angewendet werden, auf die hier nicht näher eingegangen wird. Eine Vereinfachung des Modells zu einem linearen Modell wird erreicht, indem die Zinsen $q_i{}^A$ als konstant angenommen werden. Die entsprechende Lösung läßt sich beispielsweise mit dem Simplex-Algorithmus ermitteln.

Sind nun konstante Zinssätze $q_1{}^A = 8\%$ und $q_2{}^A = 9\%$ vorgegeben, so läßt sich mittels des Simplex-Verfahrens folgende gewinnmaximale Lösung ermitteln: die Vergabe von kurzfristigen Krediten beträgt $x_1{}^* = 0,6$ Mrd. EUR, die der langfristigen Kredite $x_2{}^* = 4,9$ Mrd. EUR; ferner ist der Wert für $x_3{}^*$ gleich Null, und der maximale Gewinn G_{max} beträgt 489 Mill. EUR.

Für diese Werte soll abschließend die Gültigkeit der Kuhn-Tucker-Bedingungen nachgeprüft werden, wobei die Fälle, die nicht auftreten können, weggelassen werden:

(K1) $0,6 \geq 0 \iff 0,6 \frac{dq_1{}^A}{dx_1}(0,6) + 0,08 + \lambda_1^* + 0,08\,\lambda_2^* - \lambda_3^* = 0$,

(K2) $4,9 \geq 0 \iff 4,9 \frac{dq_2{}^A}{dx_2}(4,9) + 0,09 + \lambda_1^* + 0,08\lambda_2^* - \lambda_4^* = 0$,

(K3) $x_3^* = 0 \iff \lambda_3^* - \lambda_4^* \leq 0$,

(K4) $\lambda_1^* \leq 0 \iff 0,6 + 4,9 - 5,5 = 0$,

(K5) $\lambda_2^* = 0 \iff 0,08(20 + 0,6 + 9 + 4,9) - 4,6 \leq 0$,

(K6) $\lambda_3^* \leq 0 \iff -20 - 0,6 - 2,4 + 0 + 23 = 0$,

(K7) $\lambda_4^* = 0 \iff -9 - 4,9 - 0 + 9,3 \leq 0$.

Da nach (K5) und (K7) gilt $\lambda_2^* = \lambda_4^* = 0$, folgt mit (K1) und (K2):

$$\lambda_1^* = -4,9 \frac{dq_2{}^A}{dx_2}(4,9) - 0,09,$$

$$\lambda_3^* = 0,6 \frac{dq_1{}^A}{dx_1}(0,6) + 0,08 + \lambda_1^*.$$

Im linearisierten Fall konstanter Zinsen sind die Ableitungen gleich Null. Dann ergibt sich $\lambda_1^* = -0,09$, $\lambda_3^* = -0,01$ und (K3) ist erfüllt.
Nachzutragen ist noch die Abschlußbilanz für den linearisierten Fall:

Abschlußbilanz					
Aktiva					**Passiva**
bis 1 Monat	$A_1 + x_1$	$=$	20,6	bis 1 Monat	P_1 = 23
1 bis 3 Monate	$A_2 + x_2$	$=$	13,9	1 bis 3 Monate	P_2 = 9,3
EZB	A_{Bar}	$=$	2,4	Eigenkapital	P_{EK} = 4,6

13 Differenzen- und Differentialgleichungen

Zwei ökonomische Anwendungen.

– (Differenzengleichungen) Im *Cobweb-Modell* wird der zeitliche Entwicklungspfad und dessen Stabilitätsverhalten in einer 1-Gut-Ökonomie untersucht, bei dem die Unternehmen für ihre Produktionsplanung unterstellen, daß der Angebotspreis p_t^A in der gegenwärtigen Periode i gleich dem markträumenden Preis p_{t-1} der letzten Periode sein wird, d.h. $p_t^A = p_{t-1}$. Der neue Marktpreis p_t in der laufenden Periode t bildet sich dann so, daß die Angebotsmenge x_t^A gleich der Nachfragemenge x_t^N ist. Da sich die Nachfrager als Preisnehmer verhalten, gilt $p_t^N = p_t$. Insgesamt ergibt sich also:

$$
\begin{array}{rcll}
x_t^N &=& a - b\,p_t & \text{mit } a, b > 0 \,, \\
x_t^A &=& c\,p_{t-1} - d & \text{mit } c, d > 0 \,.
\end{array}
$$

Mit $x_t^N = x_t^A$ folgt schließlich $p_t = \dfrac{a+d}{b} - \dfrac{c}{b}\,p_{t-1}$. Gesucht wird der Zeitpfad von Preisen und verkauften Mengen $(p_t, x_t)_t$ zu diskreten Zeitpunkten $t \in \mathbb{N}$ sowie das Konvergenzverhalten des Entwicklungspfades (vgl. Beispiel 13.1 in Abschnitt 13.3).

– (Differentialgleichungen) Die Vorstellung eines *exponentiellen Wachstums* etwa des Bevölkerungsbestandes B_t ist wie folgt gekennzeichnet:

Ist B_t die Zahl der Bevölkerung zum Zeitpunkt t und $B'(t) = \dfrac{dB(t)}{dt}$ ihre zeitliche Änderung, so wird für die Bevölkerungsentwicklung folgender Zusammenhang unterstellt, der gerade ein konstantes Wachstum mit Rate $b > 0$ beschreibt:

$$
B'(t) = b \cdot B(t) \,.
$$

Gesucht wird, bei bekanntem Anfangsbestand B_0 der Bevölkerung, die Bestandsfunktion $B(t)$ der Bevölkerung zu allen Zeitpunkten $t \in \mathbb{R}$ (vgl. Beispiel 13.3 in Abschnitt 13.3).

13.1 Differenzengleichungen

Eine Differenzengleichung k-ter Ordnung ist eine Folge von Gleichungen, die ausgehend von k vorgegebenen Anfangswerten $y_0, y_1, \ldots, y_{k-1}$ Werte y_t mit $t \geq k$ aus den jeweils k vorangegangenen Werten $y_{t-1}, y_{t-2}, \ldots, y_{t-k}$ zu berechnen gestatten. Hierzu werden die Gleichungen in Rekursionsgleichungen umgeformt und durch rekursives Einsetzen gelöst.

Definition. Für $t \in \mathbb{N}_0$ wird die Folge von Gleichungen

$$
\begin{array}{ccccccccc}
a_k y_k & + & \cdots & + & a_1 y_1 & + & a_0 y_0 & = & b_0 \\
a_k y_{k+1} & + & \cdots & + & a_1 y_2 & + & a_0 y_1 & = & b_1 \\
a_k y_{k+2} & + & \cdots & + & a_1 y_3 & + & a_0 y_2 & = & b_2 \\
& \vdots & & \vdots & & & \vdots & & \\
a_k y_{k+t-2} & + & \cdots & + & a_1 y_{t-1} & + & a_0 y_{t-2} & = & b_{t-2} \\
a_k y_{k+t-1} & + & \cdots & + & a_1 y_t & + & a_0 y_{t-1} & = & b_{t-1} \\
a_k y_{k+t} & + & \cdots & + & a_1 y_{t+1} & + & a_0 y_t & = & b_t \\
& \vdots & & \vdots & & & \vdots & &
\end{array}
$$

lineare Differenzengleichung k-ter Ordnung mit **konstanten Koeffizienten** genannt.

Sie heißt $\begin{cases} \textbf{homogen}, & \text{falls gilt} \quad b_t = 0 \quad \text{für alle } t, \\ \textbf{inhomogen}, & \text{falls gilt} \quad b_t \neq 0 \quad \text{für mindestens ein } t. \end{cases}$

Bemerkungen.

– Die Differenzengleichung kann auch in einer allgemeineren Form betrachtet werden, wenn beispielsweise die Koeffizienten $a_0, a_1, \ldots, a_{k-1}$ und b_t mit $t \in \mathbb{N}_0$ zusätzlich von einer Variablen abhängig sind. Dieser Fall wird hier nicht näher betrachtet.

– Die Differenz $\triangle y(t) := y(t + \triangle t) - y(t) = y_{t+\triangle t} - y_t$ (vgl. Kapitel 8) spielt in vielen Betrachtungen eine wichtige Rolle. Dabei wird nicht – wie in diesem Abschnitt – die Differenz $\triangle t = t - (t-1) = 1$ gesetzt, sondern das Verhalten der Differenzengleichung für kleine Differenzen $\triangle t$, genauer bei der Annäherung von $\triangle t := t_i - t_{i-1}$ an den Wert 0, untersucht, wobei $t_i \in \mathbb{R}$ mit $i \in \mathbb{N}_0$ vorgegebene Stützpunkte sind. Diese Fragestellung wird hier nicht weiter verfolgt.

– Eine kürzere Schreibweise für Differenzengleichungen ist folgende:

$$
\sum_{i=0}^{k} a_i \, y_{t+i} \; = \; b_t \quad \text{mit } t \in \mathbb{N}_0 \, .
$$

Wird o. B. d. A. vorausgesetzt, daß gilt: $a_k = -1$ und $a_0 \neq 0$, so kann die sich anschließende Rekursionsgleichung wie folgt geschrieben werden:

$$
y_{t+k} \; = \; -b_t + \sum_{i=0}^{k-1} a_i \, y_{t+i} \quad \text{mit } t \in \mathbb{N}_0 \, .
$$

Satz 13.1. *Eine lineare Differenzengleichung k-ter Ordnung mit konstanten Koeffizienten besitzt stets eine durch die Anfangswerte $y_0, y_1, \ldots, y_{k-1}$ eindeutig bestimmte Lösung.*

Im folgenden werden vorerst **lineare Differenzengleichungen 1. Ordnung** mit konstanten Koeffizienten betrachtet, wobei für diese gilt: $a_1 = \alpha$ und $b_t = \beta$ für alle $t \in \mathbb{N}$.

Satz 13.2. *Eine lineare Differenzengleichung 1. Ordnung mit konstanten Koeffizienten $\alpha, \beta \in \mathbb{R}$ und dem Anfangswert $y_0 \in \mathbb{R}$*

$$y_t = \alpha\, y_{t-1} + \beta \quad mit\ t \in \mathbb{N}$$

besitzt die Lösung

$$y_t = \begin{cases} \alpha^t y_0 + \beta\, \dfrac{1-\alpha^t}{1-\alpha} & \text{für } \alpha \neq 1 \text{ ,} \\[2ex] y_0 + \beta\, t & \text{für } \alpha = 1 \text{ .} \end{cases}$$

Beiweisskizze. Aus den Rekursionsgleichungen

$$\begin{aligned} y_1 &= \alpha\, y_0 + \beta \\ y_2 &= \alpha\, y_1 + \beta \\ &\vdots \\ y_t &= \alpha\, y_{t-1} + \beta \end{aligned}$$

ergibt sich durch Einsetzen:

$$y_t = \alpha^t y_0 + \beta \sum_{i=1}^{t} \alpha^{i-1} \text{ ,}$$

wobei die Summe gerade eine *endliche geometrische Reihe* ist, deren Summenformel nachfolgend angegeben wird:

$$\sum_{i=1}^{t} \alpha^{i-1} = \begin{cases} \dfrac{1-\alpha^t}{1-\alpha} & \text{für } \alpha \neq 1 \text{ ,} \\[2ex] t & \text{für } \alpha = 1 \text{ .} \end{cases}$$

Die Lösung ergibt sich durch einfache Umformungen.

Bemerkungen.

– Die Lösung der Differenzengleichung von Satz 13.2 kann im Fall $\alpha \neq 1$ auch wie folgt geschrieben werden:

$$y_t = \frac{\beta}{1-\alpha} + \left(y_0 - \frac{\beta}{1-\alpha}\right)\alpha^t.$$

– Am Ende von Abschnitt 16.4 wird die Lösung einer Differenzengleichung angeben, die statt dem β der Differenzengleichung aus Satz 13.2 ein von t abhängiges inhomogenes Glied – dort mit $E(m_0 + gt)$ bezeichnet – besitzt.

Im folgenden sollen nunmehr die Lösungen von linearen Differenzengleichung 2. Ordnung betrachtet werden. Hier muß bezüglich des Verfahrens zwischen homogenen und inhomogenen Gleichungen unterschieden werden.

Eine **lineare Differenzengleichung 2. Ordnung** mit konstanten Koeffizienten $\alpha_1, \alpha_2 \in \mathbb{R}$ und konstantem Absolutglied $\beta \in \mathbb{R}$ besitzt die Form

$$y_{t+2} + \alpha_1\, y_{t+1} + \alpha_2\, y_t = \beta \quad \text{mit } t \in N_0.$$

Sofern $\beta = 0$, spricht man wiederum von einer homogenen Differenzengleichung. Andernfalls handelt es sich um eine inhomogene Gleichung. Zuerst soll im folgenden die Lösung einer homogenen Gleichung abgeleitet werden. Dabei wird zunächst die sogenannte *allgemeine Lösung* bestimmt, indem ansatzweise die Form $y_t = \lambda^t$ in die Differenzengleichung substituiert wird. Daraus ergibt sich:

$$\lambda^{t+2} + \alpha_1\lambda^{t+1} + \alpha_2\lambda^t = 0.$$

Dieses Polynom in λ wird nun durch λ^t dividiert, woraus die sogenannte *charakteristische Gleichung* resultiert:

$$\lambda^2 + \alpha_1\lambda + \alpha_2 = 0.$$

Diese Gleichung hat die Lösungen *(Wurzeln)*:

$$\lambda_{1,2} = -\frac{\alpha_1}{2} \pm \sqrt{\frac{\alpha_1^2}{4} - \alpha_2}.$$

Ist die Diskriminante der charakteristischen Gleichung größer als Null, so existieren also zwei reelle Lösungen. Ist die Diskriminante gleich Null, gibt es eine (doppelte) reelle Lösung, ist sie kleiner als Null, existieren zwei konjugiert komplexe Lösungen.

Ist die Diskriminante positiv, lösen die beiden gefundenen Werte λ_1^t und λ_2^t die Differenzengleichung. Sind zusätzlich auch noch Anfangsbedingungen der Form $y_0 = a_1$ und $y_1 = a_2$ vorgegeben, erfolgt eine Adjustierung des durch die Differenzengleichung beschriebenen Zeitpfades, so daß er genau durch die Anfangsbedingungen verläuft. Es muß somit eine *numerische Lösung* gefunden werden. Die resultierende sogenannte *partikuläre Lösung* ergibt sich mit Hilfe des nachstehenden Satzes.

Satz 13.3 *Wird die homogene Differenzengleichung*

$$F(y_t, y_{t-1}, y_{t-2})$$

durch die Funktionen $f(t)$ und $g(t)$ erfüllt, so ist auch jede beliebige Linearkombination von $f(t)$ und $g(t)$ Lösung von F. Wird die Differenzengleichung $F(y_t, y_{t-1}, y_{t-2})$ durch Funktionen des Types $f(t) = \lambda^t$ erfüllt, so ist auch $tf(t)$ Lösung von F.

Aus diesem Satz folgt für zwei voneinander verschiedene reelle Wurzeln unter den oben getroffenen Annahmen:

$$y_t = c_1\lambda_1^t + c_2\lambda_2^t \ .$$

Damit können mit den gegebenen Anfangsbedingungen y_0 und y_1 die Werte für c_1 und c_2 wie folgt bestimmt werden:

$$y_0 = c_1\lambda_1^0 + c_2\lambda_2^0 = c_1 + c_2 \ ,$$
$$y_1 = c_1\lambda_1^1 + c_2\lambda_2^1 = c_1\lambda_1 + c_2\lambda_2 \ .$$

Ist die Diskriminante Null liegt hingegen eine doppelte reelle Wurzel vor: $\lambda_1 = \lambda_2 = 1/2\alpha_1$. Zusätzlich zu λ^t muß demzufolge eine zweite Lösung gefunden werden. Wie man durch Nachrechnen leicht prüft erfüllt auch $t\lambda^t$ die Differenzengleichung. Daraus resultiert für den Fall einer doppelten reellen Wurzel folgende allgemeine Lösung:

$$y_t = c_1\lambda^t + c_2 t\lambda^t \ .$$

Die Anfangswertbestimmung erfolgt analog zum Fall zweier verschiedener reeller Lösungen.

Ist die Diskriminante jedoch kleiner Null, resultieren als Lösungen der Differenzengleichung 2. Ordnung zwei konjugiert komplexe Zahlen der Form $\lambda_1 = x + iy$ und $\lambda_2 = x - iy$, wobei x der Realteil und iy der Imaginärteil ist (vgl. Abschnitt 2.3). Für x und y resultieren demnach $x = -\frac{1}{2}\alpha_1$, $y = \frac{1}{2}(4\alpha_2 - \alpha_1^2)^{1/2}$. Als Lösung für die Differenzengleichung ergibt sich damit mittels Polarkoordinaten-Darstellung

$$y_t = A_1(x + iy)^t + A_2(x - iy)^t$$
$$= A_1[r(\cos \omega + i \sin \omega)]^t + A_2[r(\cos \omega - i \sin \omega)]^t$$
$$= r^t[(A_1 + A_2) \cos \omega t + (A_1 - A_2)i \sin \omega t].$$

Letztere Beziehung folgt nach dem Theorem von De Moivre (vgl. Satz 2.1). Setzt man nun $A' := A_1 + A_2$ bzw. $A'' := A_1 - A_2$ und substituiert ferner $A' = A \cos \epsilon$ bzw. $A'' = A \sin \epsilon$, so folgt

$$y_t = Ar^t(\cos \epsilon \cos \omega t + \sin \epsilon \sin \omega t).$$

Durch Anwendung der Additionstheoreme für trigonometrische Funktionen, wonach gilt $\cos \epsilon \cos \omega t + \sin \epsilon \sin \omega t = \cos(\omega t - \epsilon)$, ergibt sich letztlich

$$y_t = Ar^t \cos(\omega t - \epsilon)$$

als Lösung für die homogene Differenzengleichung 2. Ordnung bei negativer Diskriminante.

Stabilitätsbetrachtungen. Bei positiver Diskriminante konvergiert y_t dann und nur dann gegen einen Gleichgewichtswert, wenn beide Wurzeln absolut kleiner als Eins sind. Andernfalls divergiert der Zeitpfad. Allgemein gilt, daß der Kurvenverlauf durch den größeren Absolutbetrag der beiden Wurzeln dominiert wird.

Ist die Lösung der zugrunde liegenden Differenzengleichung 2. Ordnung eine doppelte reelle Wurzel, konvergiert der Zeitpfad, wenn $|\lambda| < 1$ ist, da für $t\lambda^t$ gilt: $\lim_{t\to\infty} t\lambda^t = 0$ mit $|\lambda| < 1$.

Bei negativer Diskriminante folgt für den Kurvenverlauf eine trigonometrische Oszillation mit Periodenlänge $2\pi/\omega$ und zunehmender, konstanter oder abnehmender Amplitude, je nachdem ob r größer, gleich oder kleiner als Eins ist. Um bereits anhand der Koeffizienten der charakteristischen Gleichung eine Aussage über das Konvergenzverhalten treffen zu können, ist es sinnvoll, eine Verknüpfung zwischen r und den Koeffizienten der charakteristischen Gleichung herzustellen. Aus der Darstellung $r\,cos\,\omega = x$ und $r\,sin\,\omega = y$ ergibt sich nach Quadrieren und Addition, zusammen mit $x = -\frac{1}{2}\alpha_1$ und $y = \frac{1}{2}(4\alpha_2 - \alpha_1^2)^{1/2}$, schlielich $r^2(cos^2\,\omega + sin^2\,\omega) = \alpha_2$ und damit $r^2 = \alpha_2$. Die Konvergenz des y_t-Pfades hängt also davon ab ob

$$\sqrt{\alpha_2} \gtreqless 1 \qquad \text{bzw.} \qquad \alpha_2 \gtreqless 1,$$

gilt. Als notwendige und hinreichende Stabilitätsbedingung für eine gedämpfte Schwingung ergibt sich somit $\alpha_2 < 1$.

Bei reellwertigen Wurzeln müssen die Koeffizienten der charakteristischen Gleichung ebenfalls bestimmte Bedingungen erfüllen, damit der Betrag dieser Wurzeln kleiner Eins ist, wie nachfolgend noch gezeigt wird:

$$1 + \alpha_1 + \alpha_2 > 0,$$
$$1 - \alpha_2 > 0,$$
$$1 - \alpha_1 + \alpha_2 > 0.$$

Offensichtlich stimmt die zweite Stabilitätsbedingung mit der Bedingung beim Vorliegen konjugiert komplexer Wurzeln überein. Damit stellen die obigen Ungleichungen drei notwendige und hinreichende Bedingungen für die Koeffizienten der charakteristischen Gleichung dar, damit der Absolutbetrag der reellwertigen bzw. konjugiert komplexen Wurzeln der charakteristischen Gleichung kleiner als Eins ist und der Zeitpfad konvergiert.

Beweisskizze. Die reellwertigen Wurzeln des Polynoms $\lambda^2 + \alpha_1\lambda + \alpha_2 = 0$ sind die Schnittpunkte der charakteristischen Funktion $f(\lambda) = \lambda^2 + \alpha_1\lambda + \alpha_2$ mit der λ-Achse. Die erste und dritte Stabilitätsbedingung impliziert:

$$f(1) = 1 + \alpha_1 + \alpha_2 > 0 \qquad \text{bzw.} \qquad f(-1) = 1 - \alpha_1 + \alpha_2 > 0.$$

Wenn diese beiden Stabilitätsbedingungen erfüllt sind, lassen sich für die Wurzeln der charakteristischen Gleichung die nachfolgenden Fälle ausschließen (vgl. Abbildung 13.1):

1. +1 und/oder −1 sind Wurzeln der charakteristischen Gleichung. In diesem Fall wäre $f(1) = 0$ und/oder $f(-1) = 0$.

2. Eine Wurzel ist kleiner als -1 und die andere Wurzel ist größer als $+1$. Hier wäre $f(-1) < 0$ und $f(1) < 0$.

3. Eine Wurzel ist kleiner als -1 und die andere Wurzel liegt zwischen -1 und $+1$. Daraus würde $f(-1) < 0$ und $f(1) > 0$ resultieren.

4. Eine Wurzel liegt zwischen -1 und $+1$ und die andere Wurzel ist größer als $+1$. In diesem Fall ergäbe sich $f(-1) > 0$ und $f(1) < 0$.

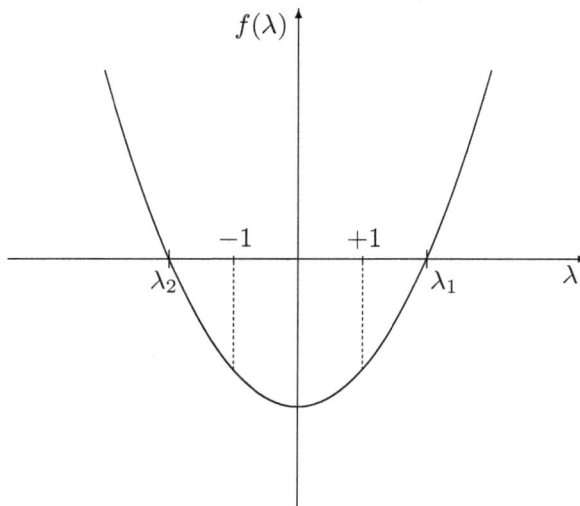

Abb. 13.1. Differenzengleichungen 2. Ordnung: reellwertige Wurzeln.

Folglich verbleiben noch drei weitere Fälle, bei denen die beiden Stabilitätsbedingungen $f(-1) > 0$ und $f(+1) > 0$ jedoch erfüllt sind:

a) Beide Wurzeln sind negativ und kleiner als -1.

b) Beide Wurzeln sind positiv und größer als $+1$.

c) Beide Wurzeln liegen zwischen -1 und $+1$.

Für die Konvergenz der y_t-Reihe müssen die Fälle a) und b) allerdings ausgeschlossen werden. Dies wird durch die zweite Stabilitätsbedingung $\alpha_2 < 1$ gewährleistet. Wie man durch Nachrechnen leicht prüft, ist das Produkt der beiden Wurzeln λ_1 und λ_2 gleich α_2. Da für die Fälle a) und b) gilt $\alpha_2 > 1$, schließt die Stabilitätsbedingung $\alpha_2 < 1$ diese beiden Fälle gerade aus. Es verbleibt lediglich Fall c) als mögliche Lösung der charakteristischen Gleichung. Damit ist gezeigt, dass die drei Stabilitätsbedingungen notwendig und hinreichend für einen zum Gleichgewicht konvergierenden Zeitpfad von y_t sind.

Gilt im Gegensatz zum bisher ausgeführten, dass $\beta \neq 0$, so wird die gegebene **inhomogene Differenzengleichung 2. Ordnung** unter Nutzung des nachstehenden Satzes gelöst:

Satz 13.4 *Wird die inhomogene Differenzengleichung*

$$F(y_t, y_{t-1}, y_{t-2})$$

durch die Funktion $g(t)$ erfüllt und ist $f(t)$ Lösung der dazugehörigen homogenen Differenzengleichung, so ist auch $f(t) + g(t)$ Lösung von F.

Dabei wird $f(t)$ als *homogene Lösung* bezeichnet, während $g(t)$ die partikuläre Lösung darstellt. Die allgemeine Lösung der inhomogenen Differenzengleichung ergibt sich dann als Summe aus homogener und partikulärer Lösung.

Zuerst wird also die homogene Lösung $f(t)$ nach dem oben beschriebenen Verfahren bestimmt. Danach ermittelt man die partikuläre Lösung $g(t)$.

Zur Bestimmung der partikulären Lösung bedient man sich des *Polynomansatzes* (mit Grad ≤ 2), d.h. es werden Lösungsansätze a) $y_t = c$, b) $y_t = ct$, und c) $y_t = ct^2$ gewählt, und dann wird die reelle Zahl c bestimmt (vgl. Anhang I im Buch [22]):

a) Lösungsansatz: $y_t = c$.
   Einsetzen in die Differenzengleichung ergibt

   $$c = \alpha_1 c + \alpha_2 c + \beta,$$
   woraus folgt, daß $y_t = c$ mit

   $$c = \frac{\beta}{1 - (\alpha_1 + \alpha_2)}, \quad \text{falls } 1 - (\alpha_1 + \alpha_2) \neq 0 \text{ ist,}$$
   die Differenzengleichung löst.
   Andernfalls wird Lösungsansatz b) gewählt.

b) Lösungsansatz: $y_t = ct$.

Einsetzen in die Differenzengleichung ergibt

$$c(t+2) = \alpha_1 c(t+1) + \alpha_2 ct + \beta,$$

woraus folgt, daß $y_t = ct$ mit

$$c = \frac{\beta}{2 - \alpha_1}, \quad \text{falls } \alpha_1 \neq 2 \text{ ist (und } 1 - (\alpha_1 + \alpha_2) = 0 \text{ war),}$$

die Differenzengleichung löst.

Andernfalls wird Lösungsansatz c) gewählt.

c) Lösungsansatz: $y_t = ct^2$.

Einsetzen in die Differenzengleichung ergibt

$$c(t+2)^2 = \alpha_1 c(t+1)^2 + \alpha_2 ct^2 + \beta,$$

woraus folgt, daß $y_t = ct^2$ mit

$$c = \frac{\beta}{2}, \quad \text{(falls } \alpha_1 = 2 \text{ und } 1 - (\alpha_1 + \alpha_2) = 0 \text{ war),}$$

die Differenzengleichung löst.

D.h. es galt in a) und b) bereits: $\alpha_1 = 2$ und $\alpha_2 = -1$.

Addieren beider Lösungen $f(t)$ und $g(t)$ liefert die allgemeine Lösung für die inhomogene Differenzengleichung 2. Ordnung. Sind Anfangsbedingungen gegeben, kann durch deren Einsetzen abschließend wiederum die numerische Lösung bestimmt werden.

13.2   Differentialgleichungen

Allgemein wird eine gewöhnliche Differentialgleichung k-ter Ordnung durch eine *implizite Form* unter Verwendung einer Funktion F dargestellt. Die Funktion y ist dabei nur *implizit* durch eine Funktionsgleichung

$$F(x, y(x), y'(x), y''(x), \ldots, y^{(k)}(x)) = 0$$

gegeben. Im Unterschied zu Abschnitt 11.3 ist F nicht nur von der Variablen x und der Funktion $y(x)$ abhängig, sondern auch von sämtlichen Ableitungen bis zur Ordnung k. Die Lösungen linearer Differentialgleichungen 2. Ordnung werden in Abschnitt 15.3 gegeben. Für eine Diskussion des allgemeinen Falls linearer Differentialgleichungen k-ter Ordnung sei wieder auf Anhang I von [22] verwiesen.

In diesem Kapitel werden nur drei spezielle Typen gewöhnlicher Differentialgleichungen 1. Ordnung behandelt, welche sich in die *explizite Form*

$$y'(x) = f(x, y(x))$$

überführen lassen. Dies ist jedoch nicht für jeden Typ einer gewöhnlichen Differentialgleichung möglich. Unter der Lösung einer Differentialgleichung wird eine Funktion $y(x)$ verstanden, welche nach Einsetzen die Differentialgleichung identisch erfüllt.

In der folgenden Übersicht sind $h(y), p(x)$ und $r(x)$ vorgegebene, auf einem Intervall definierte, stetige Funktionen, und es gelte: $h(y) \neq 0$.

Typen von Differentialgleichungen	
$y' = r(x) \cdot h(y)$	Differentialgleichung mit getrennten Variablen
$y' + p(x) \cdot y = 0$	homogene lineare Differentialgleichung
$y' + p(x) \cdot y = r(x)$	inhomogene lineare Differentialgleichung

Bemerkung. Die folgenden drei Typen von Differentialgleichungen lassen sich analytisch lösen. Im Allgemeinen ist eine explizite Berechnung allerdings nur approximativ auf dem Computer mit Hilfe numerischer Verfahren (z.B. Euler-, implizite, Euler-Cauchy- und Runge-Kutta-Verfahren) möglich. Dabei wird die Lösung der zu untersuchenden Differentialgleichung durch Lösung entsprechender Differenzengleichungen angenähert, wobei die Differenzen $\triangle t := t_i - t_{i-1}$ gegen Null gehen (zu vorgegebenen Stützpunkten t_i). Wird durch t etwa die Zeit bezeichnet, so ist die Approximation der analytischen Lösung einer Differentialgleichung durch das numerische Verfahren um so genauer, je kleiner die Zeitintervalle $\triangle t$ gewählt werden. Die Vorgehensweise ist also ähnlich dem bereits erläuterten Übergang von Differenzen- zu Differentialquotienten (vgl. Abschnitt 8.1). Formal gesehen kann die Lösung der entsprechenden Differenzengleichung durch einen *Polygonzug* $(t_i, y_{t_i})_{i \in \mathbb{N}}$ repräsentiert werden, der bei immer feinerer Intervallunterteilung sich der analytischen Lösung $(t, y(t))$ der Ausgangsdifferentialgleichung annähert. Ein Polygonzug besteht aus stetig, stückweise zusammengesetzten Strecken, wobei die i-te Strecke nur die beiden Punkte (t_i, y_{t_i}) und $(t_{i-1}, y_{t_{i-1}})$ verbindet.

Nun werden die analytischen Lösungsverfahren dargestellt, mit Hilfe derer die drei oben genannten Typen gewöhnlicher Differentialgleichungen gelöst werden können.

Trennung der Variablen.   Eine Differentialgleichung mit getrennten Variablen hat die Gestalt

$$y'(x) \ = \ r(x) \cdot h(y(x)) \ ,$$

wobei $r : [a,b] \longrightarrow \mathbb{R}$ eine stetige Funktion ist mit $x \in [a,b]$ und einer Stammfunktion $R(x)$, $\quad y$ die gesuchte Funktion auf $[a,b]$ mit Werten in $[c,d]$ und $h : [c,d] \longrightarrow \mathbb{R}$ eine stetige Funktion ist mit $y(x) \in [c,d]$, aber $h(y(x)) \neq 0$ für alle $y(x)$.

Mit Hilfe der Substitutionsregel (vgl. Satz 10.7) und der Schreibweise $y'(x) = \dfrac{dy(x)}{dx}$ (vgl. Abschnitt 8.1) gilt: $\displaystyle \int \frac{1}{h(y(x))}\, dy(x) \ = \ \int \frac{y'(x)}{h(y(x))}\, dx$. Die allgemeine Lösung ergibt sich dann nach Integration folgender unbestimmter Integrale als Funktion in y bzw. x (vgl. Bemerkung nach Satz 10.5) und anschließender Auflösung der Gleichung nach y:

$$\int \frac{1}{h(y)}\, dy \ = \ \int r(x)\, dx \ .$$

Ist $G(y)$ eine Stammfunktionen von $\dfrac{1}{h(y)}$, so ergibt sich dann unter Beachtung der Integrationskonstanten C (vgl. Satz 10.5):

$$G(y) \ = \ R(x) + C \ .$$

(Auf der linken Seite wurde zur besseren Übersicht bei der Funktion y die Variable x weggelassen.)

Die Integrationskonstante C kann bestimmt werden, wenn eine Anfangbedingung $y(x_0) = y_0$ mit $y_0 \in [c,d]$ und $x_0 \in [a,b]$ bekannt ist. Es gilt dann:

$$C \ = \ G(y_0) - R(x_0) \ .$$

Eine spezielle Differentialgleichung mit getrennten Variablen ist die homogene lineare Differentialgleichung.

Homogene lineare Differentialgleichungen.

$$y'(x) + p(x) \cdot y \;=\; 0 \;,$$

wobei $p : [a,b] \longrightarrow \mathbb{R}$ eine stetige Funktion ist mit $x \in [a,b]$. Die Lösung einer homogenen linearen Differentialgleichung ergibt sich durch Trennung der Variablen.

$$\int \frac{dy}{y} \;=\; \int \frac{y'(x)}{y(x)}\, dx \;=\; -\int p(x)\, dx \;.$$

Durch Integration der linken Seite und der Verwendung der Stammfunktion $P(x) = \int p(x)\, dx$ ergibt sich:

$$\ln\left(|y|\right) \;=\; -P(x) + C$$

und nach Umformung die gesuchte Lösung:

$$y(x) \;=\; K \cdot e^{-P(x)} \quad \text{mit} \quad K := e^{C} \;.$$

Die Integrationskonstanten C und damit auch K können bestimmt werden, wenn eine Anfangbedingung $y(x_0) = y_0$ mit $y_0 \in [c,d]$ und $x_0 \in [a,b]$ bekannt ist. Es gilt dann:

$$C \;=\; \ln\left(|y_0|\right) + P(x_0) \quad \text{und} \quad K \;=\; y_0 \cdot e^{P(x_0)} \;.$$

Inhomogene lineare Differentialgleichungen.

$$y'(x) + p(x) \cdot y \;=\; r(x) \;,$$

wobei $p(x)$ wie oben definiert ist mit der Stammfunktion $P(x)$ und $r(x)$ eine stetige Funktion darstellt. Zur Lösung einer inhomogenen linearen Differentialgleichung wird zunächst die zugehörige homogene gelöst. An die Stelle der Konstanten K tritt dann eine noch zu bestimmende Funktion $K(x)$. Dieses Verfahren wird **Variation der Konstanten** genannt und wie folgt durchgeführt:

$$y(x) \;=\; K(x) \cdot e^{-P(x)} \;.$$

Für die Ableitung ergibt sich mit der Produktregel:

$$y'(x) \;=\; K'(x) \cdot e^{-P(x)} + K(x) \cdot e^{-P(x)} \cdot (-p(x)) \;.$$

Einsetzen der beiden Gleichungen in die inhomogene lineare Differentialgleichung, ergibt zunächst:

$$K'(x) \;=\; r(x) \cdot e^{P(x)} \;.$$

Hieraus folgt nach Integration und Einführung einer zusätzlichen Integrationskonstanten K_1:

$$K(x) \;=\; K_1 + \int r(x) \cdot e^{P(x)} dx \;.$$

Die Lösung der Differentialgleichung lautet also:

$$y(x) \;=\; e^{-P(x)} \left(K_1 + \int r(x) \cdot e^{P(x)} dx \right).$$

Die Integrationskonstanten K_1 kann – entsprechend den beiden vorangegangenen Fällen – bestimmt werden, wenn eine Anfangbedingung $y(x_0) = y_0$ mit $y_0 \in [c,d]$ und $x_0 \in [a,b]$ bekannt ist.

In der folgenden Tabelle werden (unter Verwendung bestimmter Integrale) die Lösungen $y(x)$ der drei vorgestellten Typen von Differentialgleichungen mit der Anfangsbedingung $y(x_0) = y_0$ zusammengefaßt. Der Wert der Integrationskonstanten, die bei den unbestimmten Integralen auftritt, wird durch die Anfangsbedingung eindeutig dadurch festgelegt, daß y_0 und x_0 gerade die unteren Integrationsgrenzen der bestimmten Integrale sind.

Differentialgleichung	Lösung unter der Anfangsbedingung $y(x_0) = y_0$
$y' \;=\; r(x) \cdot h(y)$	$\displaystyle \int_{y_0}^{y} \frac{1}{h(v)}\, dv \;=\; \int_{x_0}^{x} r(u)\, du$
$y' + p(x) \cdot y \;=\; 0$	$\displaystyle y(x) \;=\; y_0 \cdot e^{-\int_{x_0}^{x} p(u)\, du}$
$y' + p(x) \cdot y \;=\; r(x)$	$\displaystyle y(x) \;=\; e^{-\int_{x_0}^{x} p(u)\, du} \left(y_0 + \int_{x_0}^{x} r(t) \cdot e^{\int_{x_0}^{t} p(u)\, du}\, dt \right)$

Bemerkungen.

– Hat in einen der drei vorgestellten Typen gewöhnlicher Differentialgleichungen $y'(x)$ noch eine Funktion $q(x) \neq 0$ als Faktor, so ist die Differentialgleichung durch $q(x)$ zu dividieren. Der Typ wird dadurch nicht verändert.

– Liegt keine Anfangsbedingung vor, so kann die Lösungsfunktion – wie im Fall der Stammfunktion eines unbestimmten Integrals (vgl. Satz 10.5) – nur bis auf eine Konstante bestimmt werden. Die Lösungsfunktionen können dann in einem sogenannten *Richtungsfeld* dargestellt werden, was hier jedoch nicht weiter verfolgt wird.

– Die Lösungen weiterer Typen gewöhnlicher Differentialgleichungen, die z.B. in der folgenden Tabelle dargestellt werden, ergeben sich aus analytischen Verfahren, welche auf den bereits vorgestellten aufbauen.

Typen von Differentialgleichungen	
$y' = f\left(\dfrac{y}{x}\right)$	Ähnlichkeitsdifferentialgleichung
$y' + p(x) \cdot y = r(x) \cdot y^k$	Bernoullische Differentialgleichung
$y' + p(x) \cdot y + r(x) \cdot y^2 = q(x)$	Riccatische Differentialgleichung
$f(x,y)\, dx + g(x,y)\, dy = 0$	Differentialgleichung mit integrierendem Faktor

13.3 Eine Auswahl ökonomischer Beispiele

Beispiel 13.1 (Differenzengleichungen). Die Frage des Eingangsbeispiels der *Cobweb-Stabilität* oder *Spinnweben-Stabilität* lautet, ob der gesuchte Zeitpfad von Preisen und verkauften Mengen $(p_t, x_t)_t$ bei vorgegebener Angebots- und Nachfragefunktion – ausgehend von einem Punkt (p_0, x_0) – gegen einen Gleichgewichtspunkt (p^*, x^*) konvergiert. Aufgrund der funktionalen Beziehung zwischen p und x braucht hier nur eine Variable – z.B. p_0 – bekannt zu sein.

Wird $\alpha := -\dfrac{c}{b}$ und $\beta := \dfrac{a+d}{b}$ gesetzt, so ergibt sich nach Satz 13.2:

$$p_t = p^* + (p_0 - p^*) \cdot \left(-\frac{c}{b}\right)^t \quad \text{mit} \quad p^* := \frac{a+d}{b+c}\,.$$

p^* heißt auch stationäre Lösung, da für die Anfangsbedingung $p_0 = p^*$ die Lösung p_t für alle t konstant gleich p^* ist.

Zur allgemeinen Lösung nach Satz 13.2 soll noch darauf hingewiesen werden, daß der Fall $\alpha = -\dfrac{c}{b} = 1$ nicht auftreten kann, da nach Voraussetzung gilt: $b, c > 0$.

Folgende Fallunterscheidungen sind möglich:

– Fall $\dfrac{c}{b} < 1$: p_t konvergiert unabhängig von p_0 gegen p^* ,

$\quad\quad\quad\quad\quad$ da $\displaystyle\lim_{t\to\infty} \left(-\frac{c}{b}\right)^t = 0$.

– Fall $\dfrac{c}{b} = 1$: p_t oszilliert um p^* im Abstand $|p^* - p_0|$,

$\quad\quad\quad\quad\quad$ da $\left(-\dfrac{c}{b}\right)^t$ alternierend die Werte 1 und -1 annimmt.

– Fall $\dfrac{c}{b} > 1$: p_t oszilliert divergierend,d.h. p_t oszilliert um p^*,

$\quad\quad\quad\quad\quad$ jedoch nehmen die Abstände mit jeder Zeitperiode zu,

$\quad\quad\quad\quad\quad$ da $\left(-\dfrac{c}{b}\right)^t$ alternierend über alle Grenzen wächst.

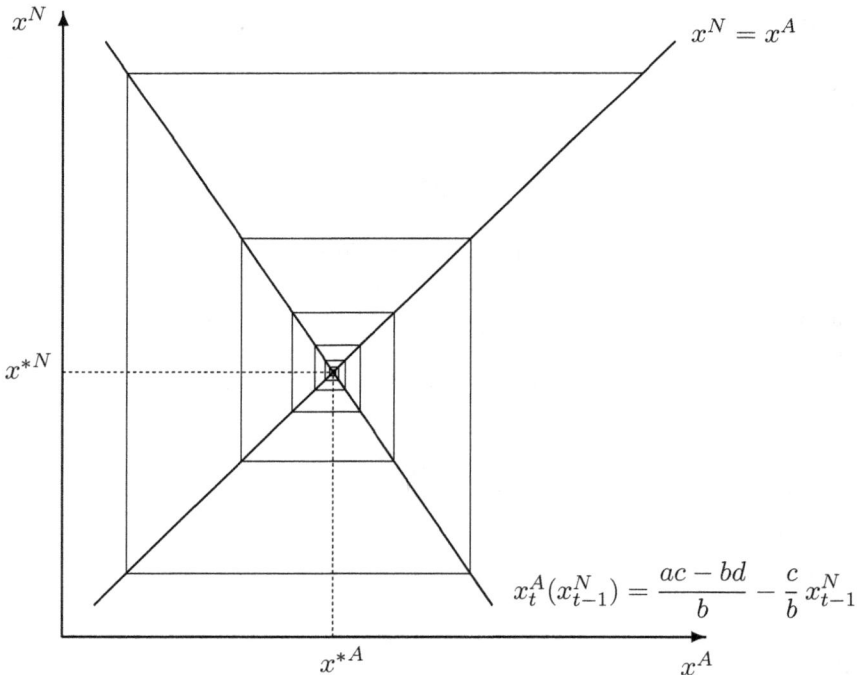

Abb. 13.2. Cobweb-Stabilität im Fall $\dfrac{c}{b} < 1$.

Beispiel 13.2 (Differenzengleichungen). In der *Finanzmathematik* werden die sogenannten Sparkassenformeln für Kapitalaufbau und Kapitalabbau benutzt, welche jeweils den Zusammenhang zwischen

- einem *Anfangskapital* K_0,

- einem *Endkapital* K_t nach t Zeiteinheiten,

- einem *Zins* p in % pro Zeiteinheit t,

- einer *Rate* R pro Zeiteinheit t

herstellen. Statt des Zinses p oder eines *Zinssatzes* $r := \dfrac{p}{100}$ wird in den Formeln der sogenannte *Zinsfaktor* $q := 1 + \dfrac{p}{100}$ verwendet.

Bei der Zahlung von Raten wird von einer *vorschüssigen* (bzw. *nachschüssigen*) Zahlungsweise in den t Zeitintervallen gesprochen, wenn die Rate R jeweils am Anfang (bzw. Ende) eines Zeitintervalles geleistet wird und danach für das betreffende Zeitintervall noch (bzw. nicht mehr) mitzuverzinsen ist.

Die Sparkassenformeln sind schlicht Lösungen von Differenzengleichungen des in Abschnitt 13.1 behandelten Typs $y_t = \alpha\, y_{t-1} + \beta$. Die nachfolgende Tabelle stellt Sparkassenformeln mit den beiden unterschiedlichen Zahlungsweisen und den ihnen jeweils zugrundeliegenden Differenzengleichungen dar, welche mittels Satz 13.2 angegeben werden können. Dabei steht "+" für Kapitalaufbau und "−" für Kapitalabbau. Der Leser beachte zudem, daß gilt: $\dfrac{q^t - 1}{q - 1} = \dfrac{1 - q^t}{1 - q}$.

Zahlungsweise	Sparkassenformel	Differenzengleichung ($K_0 = y_0$)
vorschüssig	$K_t = K_0 \cdot q^t \pm R \cdot q \cdot \dfrac{q^t - 1}{q - 1}$	$K_t = q\, K_{t-1} \pm R \cdot q$
nachschüssig	$K_t = K_0 \cdot q^t \pm R \cdot \dfrac{q^t - 1}{q - 1}$	$K_t = q\, K_{t-1} \pm R$

In der Regel sind die Höhe des Anfangskapitals K_0, der Zinsfaktor q und die Höhe der Rate R – letztere pro Zeiteinheit t – bekannt und es muß nur die Höhe des Endkapitals K_t nach t Zeiteinheiten errechnet werden. Im Falle des Kapitalabbaus läßt sich das Anfangskapital K_0 ermitteln, wenn der Wert des Endkapitals K_t nach t_0 Zeiteinheiten Null betragen soll.

Wird kein Anfangskapital eingebracht oder keine Ratenzahlung geleistet, so sind in den Formeln die entsprechenden Werte Null zu setzen. Bei der Zinseszinsformel $K_t = K_0 \cdot q^t$ beispielsweise ist keine Ratenzahlung berücksichtigt.

Wegen Satz 13.2 sind die Sparkassenformeln nur für von Null verschiedene Zinssätze gültig. Bei Nullzinsen, d.h. $q = 1$, gilt nach Satz 13.2 $K_t = K_0 \pm R \cdot q \cdot t = K_0 \pm R \cdot t$.

Beispiel 13.3 (Differenzengleichungen 2. Ordnung). Das *Multiplikator-Akzelerator-Modell* von Samuelson (1939) markiert den Beginn der modernen Konjunkturtheorie. Es kombiniert die keynessche Multiplikatoranalyse mit dem Prinzip der Akzeleration. Während der Multiplikatorprozess die Veränderung des BIP nach einer Variation der autonomen Investitionen erklärt, beschreibt der Akzeleratorprozess das nachgelagerte Auftreten induzierter Investitionen infolge der Änderung von Konsum bzw. BIP. Beispielsweise führen zusätzliche Staatsausgaben zunächst zur Erhöhung des BIP (Multiplikatorprinzip), wodurch die Investitionstätigkeit ihrerseits angeregt wird (Akzelerator). Der durch die BIP-Erhöhung induzierte Anstieg der Investition führt daraufhin im Zeitablauf zu einer weiteren Erhöhung des BIP. Das Zusammenspiel beider Prozesse erklärt das Auftreten von Fluktuationen in der ökonomischen Aktivität.

Wie allgemein bekannt, ist das Einkommen zu einem bestimmten Zeitpunkt t, Y_t, durch folgende drei Komponenten bestimmt: Konsum C_t, einkommensabhängige (Privat-) Investitionen I_t, und Staatsausgaben G_t. Folglich gilt:

$$Y_t = C_t + I_t + G_t \ .$$

Im Einklang mit dem keynesschen IS-LM-Modell (vgl. Beispiel 11.3) verwenden die Individuen einen konstanten Anteil des Einkommens der Vorperiode für Konsumzwecke: $C_t = bY_{t-1}$. Die Konstante b, $0 < b < 1$, gibt hier sowohl die Grenz- als auch die durchschnittliche Konsumneigung an. Die einkommensabhängigen Investitionen sind proportional zur Veränderung der Konsumneigung der Individuen und damit auch proportional zur Veränderung des Einkommens:

$$I_t = k(C_t - C_{t-1}) = bk(Y_{t-1} - Y_{t-2}) \ .$$

Werden die Staatsausgaben im weiteren als konstant angenommen, $G_t = \overline{G}$, ergibt sich für das Einkommen Y_t folgende Differenzengleichung 2. Ordnung:

$$Y_t = \overline{G} + b(1 + k)Y_{t-1} - bkY_{t-2} \ .$$

Damit ist das Gleichgewichtseinkommen $Y_t = Y_{t-1} = \overline{Y}$ durch

$$\overline{Y} = \frac{1}{1-b}\,\overline{G}$$

gegeben. Die Abweichungen von diesem Gleichgewichtswert sind durch die homogene Variante obiger Differenzengleichung 2. Ordnung, d.h. durch

$$Y_t - b(1+k)Y_{t-1} + bkY_{t-2} = 0$$

bestimmt. Die resultierende charakteristische Gleichung

$$\lambda^2 - b(1+k)\lambda + bk = 0 \ .$$

kann hinsichtlich der Stabilitätseigenschaften des Gleichgewichts untersucht werden. Die Stabilitätsbedingungen für das Gleichgewicht lauten hier (vgl. Abschnitt 13.1):

$$1 - b(1+k) + bk = 1 - b > 0 \ ,$$
$$1 - bk > 0 \ ,$$
$$1 + b(1+k) + bk > 0 \ .$$

Wie leicht zu sehen ist, sind sowohl die erste als auch die dritte Bedingung erfüllt. Stabilitätsbedingung zwei lässt sich zu $b < 1/k$ umformen. Weiterhin ergibt sich für das Vorzeichen der Diskriminante der charakteristischen Gleichung:

$$\frac{b^2(1+k)^2}{4} - bk \gtreqless 0 \qquad \text{und somit} \qquad b \gtreqless \frac{4k}{(1+k)^2} \ .$$

Hierüber lassen sich – zusammen mit obigen Stabilitätsbedingungen – unterschiedliche (b, k)–Parameter–Regionen charakterisieren, in denen eine monotone bzw. eine oszillierende Konvergenz des Y–Pfades gegen das langfristige Gleichgewicht zu beobachten ist. Dazu sind in Abbildung 13.3 die beiden Funktionen $b = 1/k$ und $b = 4k/(1+k)^2$ als Variable von k abgetragen. Da für die marginale Konsumneigung der Individuen annahmegemäß $b < 1$ gilt, ist für die Stabilitätsanalyse nur der unterhalb der gestrichelten Linie liegende Bereich des ersten Quadraten relevant. Durch die Kurvenverläufe der beiden Funktionen werden vier Regionen A, B, C und D abgegrenzt, in denen sich das asymptotische Verhalten nach aufgetretenem exogenen Schock unterscheidet.

Region A. Jeder Punkt in Region A liegt unterhalb der Funktion $b = 1/k$, aber oberhalb der Funktion $b = 4k/(1 + k)^2$, d.h. für jeden Punkt gilt $b < 1/k$ und

$b > 4k/(1 + k)^2$. Somit ist Stabilitätsbedingung zwei erfüllt und die charakteristische Gleichung besitzt zwei reellwertige Wurzeln. Nach einem exogenen Schock konvergiert das Einkommen demzufolge monoton gegen seinen Gleichgewichtswert.

Region B. Für jeden Punkt in Region B gilt: $b < 1/k$ und $b < 4k/(1 + k)^2$. Die Stabilitätsbedingung zwei ist erfüllt und die Wurzeln sind komplex. Demzufolge ist der Konvergenzprozeß durch eine abnehmende Oszillation um den Gleichgewichtswert charakterisiert.

Region C. Innerhalb von Region C gilt für jeden Punkt $b > 1/k$ und $b < 4k/(1+k)^2$. Die Wurzeln der charakteristischen Gleichung sind komplex. Da zudem die Stabilitätsbedingung $b < 1/k$ nicht erfüllt ist, folgt für die Entwicklung des Einkommens eine explosive Oszillation um den Gleichgewichtswert.

Region D. In Region D gilt $b > 1/k$ und $b > 4k/(1+k)^2$, d.h. Stabilitätsbedingung zwei ist nicht erfüllt und die Wurzeln der charakteristischen Gleichung sind reell, woraus eine monoton explosive Entwicklung des Einkommens folgt.

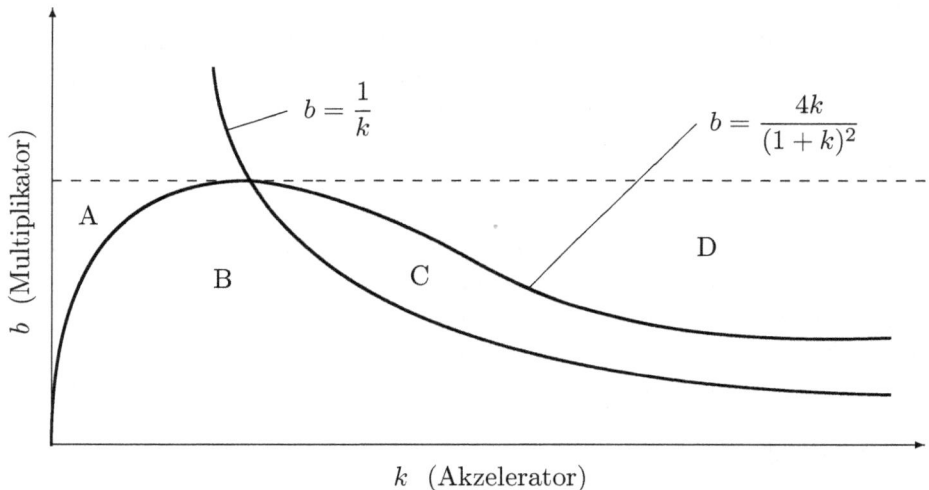

Abb. 13.3. Samuelson's Multiplikator-Akzelerator Diagramm.

Das soeben vorgestellte Anpassungsverhalten soll nun anhand einfacher numerischer Beispiele illustriert werden. Dazu werden für b und k Parameterkonstellationen vorgegeben die jeweils einer der vier Regionen entsprechen. Diese sind zusammen mit der resultierenden Differenzengleichung 2. Ordnung in der nachfolgenden Übersicht dargestellt.

Region	b	k	Differenzengleichung 2. Ordnung
A	$\frac{7}{10}$	$\frac{2}{7}$	$Y_t = 0,9Y_{t-1} - 0,2Y_{t-2}$
B	$\frac{1}{4}$	3	$Y_t = Y_{t-1} - 0,75Y_{t-2}$
C	$\frac{7}{10}$	$\frac{11}{7}$	$Y_t = 1,8Y_{t-1} - 1,1Y_{t-2}$
D	$\frac{9}{2}$	$\frac{18}{5}$	$Y_t = 4,5Y_{t-1} - 3,6Y_{t-2}$

Für das gleichgewichtige Einkommen wird vereinfachend das BIP des 1. Quartals 2007 zugrunde gelegt, dessen Höhe 558,16 Mrd. Euro betrug. Als exogener Schock wird ein bspw. durch expansive Fiskalpolitik (Erhöhung der Staatsausgaben) ausgelöster Anstieg des BIP um 5% auf 586,07 Mrd. Euro betrachtet. Der aus der jeweiligen linearen Differenzengleichung 2. Ordnung resultierende Anpassungsprozeß ist in den nachfolgenden Abbildungen dargestellt.

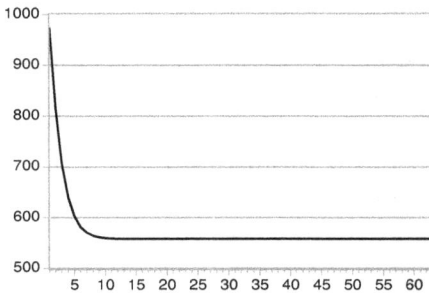

$$Y_t = 0,9Y_{t-1} - 0,2Y_{t-2}$$

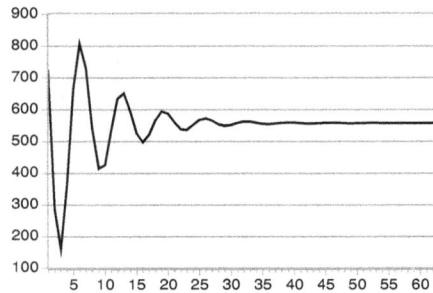

$$Y_t = Y_{t-1} - 0,75Y_{t-2}$$

Abb. 13.4. Konvergenz im Mulitplikator-Akzelerator-Modell.

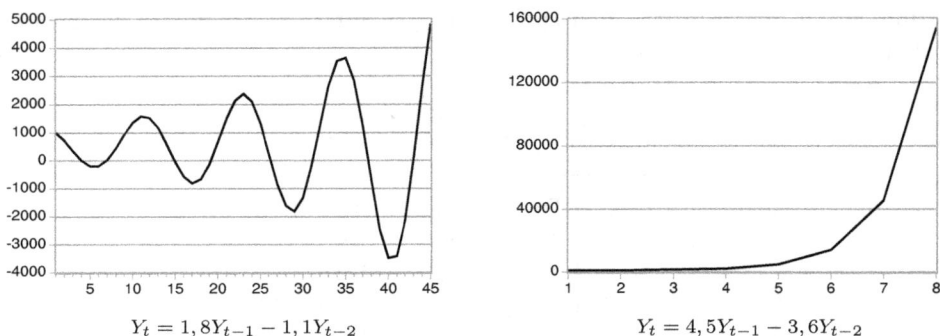

$$Y_t = 1,8Y_{t-1} - 1,1Y_{t-2}$$

$$Y_t = 4,5Y_{t-1} - 3,6Y_{t-2}$$

Abb. 13.5. Divergenz im Mulitplikator-Akzelerator-Modell.

Abbildung 13.4 stellt den Zeitpfad für Parameterkonstellationen in den Regionen A und B dar. Da die Stabilitätsbedingungen erfüllt sind, konvergiert Y_t gegen seinen Gleichgewichtswert. Die Verletzung der zweiten Stabilitätsbedingung in den Fällen C und D (vgl. Abbildung 13.5) resultiert in einem divergierenden Zeitpfad für Y_t. Aufgrund der negativen Diskriminante im Fall C oszilliert dieser mit zunehmender Amplitude um den Gleichgewichtswert.

Es sei angemerkt, daß empirisch nur die zu Konvergenzprozessen des Einkommens führenden Parameterkonstellationen der Regionen A bzw. B zu beobachten sind. Die Fälle explosiver Oszillation bzw. monoton explosiver Entwicklung im Zeitablauf der Regionen C bzw. D weisen im hier geschilderten Kontext keine praktische Relevanz auf und sind lediglich aus Gründen der Vollständigkeit dargestellt.

Abschließend soll noch kurz auf diejenigen Parameterkonstellationen eingegangen werden, die Punkte auf den Funktionen $b = 1/k$ bzw. $b = 4k/(1 + k)^2$ definieren. Für alle Punkte auf dem Teil der Funktion $b = 4k/(1 + k)^2$, der unterhalb der Funktion $b = 1/k$ verläuft, hat die charakteristische Gleichung eine doppelte reelle Wurzel, und die Stabilitätsbedingung zwei ist erfüllt. Folglich wird das Einkommen langfristig gegen den Gleichgewichtswert konvergieren. Punkte auf dem Teil dieser Funktion, der oberhalb von $b = 1/k$ verläuft, weisen ebenfalls eine doppelte reelle Wurzel auf. Allerdings ist aufgrund von $b > 1/k$ die Stabilitätsbedingung zwei verletzt, weshalb die Einkommensentwicklung im Zeitablauf divergiert. Für Punkte auf dem relevanten Teil der Funktion $b = 1/k$ gilt $b < 4k/(1 + k)^2$. Das Einkommen oszilliert mit konstanter Amplitude um den Gleichgewichtswert.

Beispiel 13.4 (Differentialgleichungen als Integrationsaufgabe). Das zweite Ausgangsbeispiel führte zur Differentialgleichung $B'(t) = b \cdot B(t)$ mit $B(t) > 0$ für alle $t \in \mathbb{R}_+$ und $b > 0$. Zur Bestimmung der Bestandsfunktion $B(t)$ der Bevölkerung zu allen Zeitpunkten t müssen dann folgende Integrale berechnet werden:

$$\int \frac{1}{B}\, dB \;=\; \int \frac{B'(t)}{B(t)}\, dt \;=\; \int b\, dt \;.$$

Hieraus ergibt sich: $\ln(B(t)) = b \cdot t + C$ oder nach Umformung $B(t) = K \cdot e^{b \cdot t}$ mit $K := e^C$.

Bei bekanntem Anfangsbestand $B_0 := B(0)$ der Bevölkerung folgt schließlich für die Bestandsfunktion $B(t)$ der Bevölkerung:

$$B(t) \;=\; B_0 \cdot e^{b \cdot t} \;.$$

Es können nun drei Fälle unterschieden werden:

$$\text{Der Bestand} \begin{cases} \text{wächst,} & \text{falls } b > 0 \;, \\ \text{bleibt konstant,} & \text{falls } b = 0 \;, \\ \text{schrumpft,} & \text{falls } b < 0 \;. \end{cases}$$

Beispiel 13.5 (Differentialgleichungen, Trennung der Variablen). Eine Funktion $Y : [0, \infty[\longrightarrow \mathbb{R}$ beschreibt den *Absatz* $Y = Y(t)$ eines Produktes im Zeitablauf. Die *Elastizität* $\epsilon_{Y,t} := \dfrac{Y'(t)}{Y(t)} t$ sei wie folgt gegeben:

$$\epsilon_{Y,t} \;=\; \frac{t}{8 + 3t} \;.$$

Gesucht ist die Absatzfunktion $Y(t)$. Diese kann durch Trennung der Variablen aus der Ausgangsbeziehung wie folgt bestimmt werden:

$$\int \frac{Y'(t)}{Y(t)}\, dt \;=\; \int \frac{1}{8 + 3t}\, dt \;.$$

Mit Hilfe der Substitutionsregel und $\dfrac{dY}{dt} = Y'(t), \quad x = 8 + 3t$ und $\dfrac{dx}{dt} = 3$ folgt:

$$\int \frac{1}{Y}\, dy \;=\; \ln(Y) \;=\; \frac{1}{3}\ln(x) + C \;=\; \frac{1}{3} \int \frac{1}{x}\, dx \;.$$

Daraus ergibt sich $Y(t) = (8 + 3t)^{\frac{1}{3}} \cdot K$ mit $C = \ln(K)$.

Beträgt zur Zeit $t = 0$ der Absatz $Y(0) = 2$, so folgt $K = 1$ und damit $Y(t) = \sqrt[3]{8 + 3t}$.

Beispiel 13.6 (Inhomogene Differentialgleichungen). Mit Differentialgleichungen kann nicht nur ein *exponentielles Wachstum* modelliert werden, sondern auch ein von außen gesteuertes Wachstum. Beispielsweise kann $y(t)$ die von der Zeit abhängige Bestandsfunktion einer Waldtier–Population sein. Ist $\dfrac{1}{t}$ die Wachstumsrate, mit der sich die Population einer Jagdgemeinde ohne Einwirkung von außen (z.B. Jäger, Raubtiere, Seuchen) selbst reproduziert, und y_0 der Bestand zu einem Zeitpunkt $t_0 = 1$, so ist zur Bestimmung von $y(t)$ ab dem Zeitpunkt $t_0 = 1$ die folgende homogene lineare Differentialgleichung zu lösen, wobei $p(t) := -\dfrac{1}{t}$ gesetzt wird:

$$y'(t) - \frac{1}{t}\, y(t) \;=\; 0 \,.$$

Es ergibt sich:

$$y(t) \;=\; y_0\, e^{-\int_1^t -\frac{1}{u}\, du} \;=\; y_0\, e^{\ln(t)} \;=\; y_0\, t \,.$$

Einwirkungen von außen lassen sich etwa durch Einbezug einer Abschußrate a von Tieren, welche pro Zeiteinheit von Jägern erlegt werden dürfen, modellieren, wobei $a < y_0$ angenommen wird. Das Wachstum der Waldtier–Population folgt nun einer inhomogenen linearen Differentialgleichung mit $r(t) := -a$. Hierbei wurde angenommen, daß die Tiere kontinuierlich erlegt werden, da der Vorgang sonst nicht mit Hilfe einer Differentialgleichung modelliert werden könnte. Durch Lösen der inhomogenen linearen Differentialgleichung

$$y'(t) - \frac{1}{t}\, y(t) \;=\; -a$$

ergibt sich dann der Bestand

$$
\begin{aligned}
y(t) \;&=\; e^{-\int_1^t -\frac{1}{u}\, du} \left(y_0 + \int_1^t -a \cdot e^{\int_1^v -\frac{1}{u}\, du}\, dv \right) \\
&=\; t \left(y_0 + \int_1^t \frac{-a}{v}\, dv \right) \;=\; t\, (y_0 - a \cdot \ln(t)) \,.
\end{aligned}
$$

Die Festlegung einer Abschußrate a bewirkt also, daß die Population zum Zeitpunkt $t = e^{\frac{y_0}{a}}$ ausgerottet ist. Das Modell zeigt also auch, daß es vernünftig ist, Schonzeiten zum Zwecke der Regeneration festzulegen.

14 Dynamische Optimierung: Hamilton

Zwei ökonomische Anwendungen.

– Für die Geschäftsführung eines Unternehmens stellt sich die Frage, zu welchem Zeitpunkt Investitionen in welcher Höhe durchzuführen sind, um den Unternehmenswert (also die Summe aus diskontierten Ergebnisflüssen zuzüglich des diskontierten Unternehmenswertes am Ende der Planungsperiode) zu maximieren. Die Investitionen beeinflussen den Unternehmenswert dabei auf zweifache Weise. Zum einen wirken sie direkt auf den Profit in den Folgeperioden, etwa positiv durch Erhöhung der Ausbringungsmenge oder der Produktionseffektivität, oder auch negativ durch eine aus der Investitionsfinanzierung resultierende ansteigende Zinslast. Zum anderen verändern die Investitionen auch den Wert des Kapitalstocks zum Ende der Planungsperiode.

– In der Volkswirtschaftslehre ist, zum Beispiel im Rahmen der Wachstumstheorie, die Frage relevant, in welchem Verhältnis die Individuen einer Ökonomie ihr Einkommen für Konsum und Sparen verwenden. Es wird angenommen, daß jedes Individuum eine sogenannte intertemporale Nutzenfunktion besitzt, die den heutigen Konsum im Verhältnis zum Sparen von Geld gewichtet, wobei Sparen gleichbedeutend ist mit Konsummöglichkeiten morgen. Unter Berücksichtigung einer entsprechenden intertemporalen Budgetrestriktion wählen die Haushalte bei rationalem Verhalten genau den Konsumpfad, der die Summe aus diskontierten zukünftigen Nutzenströmen maximiert.

Der Unterschied dieser Optimierungskalküle zu den in Abschnitt 12 vorgestellten Verfahren besteht darin, daß hier kein statisches Problem vorliegt, sondern die Optimierung innerhalb einer bestimmten (kontinuierlichen) Zeitspanne erfolgt. Das bereits beschriebene Lagrangeverfahren scheidet somit für die Lösung derartiger Fragestellungen aus.

Probleme dieser Art lassen sich mit Hilfe der Theorie optimaler Steuerung lösen. In der folgenden kurzen Einführung wird die allgemeine Struktur eines solchen Modells an Hand einer typischen Anwendung eingeführt. Einige einfache Beispiele verdeutlichen die Herangehensweise bei der Lösung dynamischer Optimierungsaufgaben. Für das weiterführende Studium sei etwa auf die umfangreichen Darstellungen in [14] oder [15] verwiesen. Ein kurzer und gut verständlicher Überblick über Probleme optimaler Steuerung ist im allgemeinen auch im mathematischen Anhang von Standardlehrbüchern der Wachstumstheorie gegeben (u.a. in [19]).

14.1 Hamiltonfunktion in Momentanwertversion

Ein Problem optimaler Steuerung wird durch ein dynamisches System charakterisiert, in welchem sogenannte **Zustandsvariablen** ($s(t)$, state variable) und **Steuerungsvariablen** ($c(t)$, control variable) auftreten. Während die Steuerungsvariablen durch den jeweiligen Entscheidungsträger aktiv beeinflußt werden können, werden die Veränderungen der Zustandsvariablen in der Zeit durch den Wert der Steuerungsvariablen, der Zustandsvariablen selbst sowie gegebenenfalls durch die Zeit determiniert. Diese vorgegebene Bewegungsgleichung der Zustandsvariablen stellt somit eine bei der Optimierung zu berücksichtigende Nebenbedingung dar. Die Aufgabe besteht nun darin, diejenige Trajektorie (Zeitpfad) der Steuerungsvariablen zu bestimmen, die ein Extremum einer gegebenen Bewertungsfunktion sicherstellt.

Zur Extremwertbestimmung dient die sogenannte Hamiltonfunktion, die als zeitstetiges Analogon zur Lagrangefunktion interpretiert werden kann. Auf eine explizite Herleitung und einen Beweis von notwendigen und hinreichenden Bedingungen wird an dieser Stelle verzichtet. Formalisiert ergibt sich am Beispiel der oben eingeführten Unternehmenswertmaximierung das Problem optimaler Steuerung in der Standardform wie folgt:

Der Gesamtprofit P des Unternehmens ist innerhalb eines gegebenen Planungshorizontes $[0, T]$ zu maximieren. Die handelnde Person trifft in jeder Zeitperiode t Investitionsentscheidungen $c(t)$. Der Zustand der Firma (beispielsweise der Kapitalstock) sei durch $s(t)$ beschrieben. Dabei wird $\dot{s}(t)$, also die Veränderung von $s(t)$ in der Zeit (Kapitalzuwachs), durch das bisher erreichte Niveau von $s(t)$ und die aktuelle Entscheidung $c(t)$ sowie die Zeit t in Form einer Differentialgleichung determiniert. Der Periodenprofit ist gegeben in Abhängigkeit von Investitionen $c(t)$, Kapitalstock $s(t)$ und Zeit t durch $p(s(t), c(t), t)$. Zu maximieren ist also der Barwert P des Nettogewinnstromes unter Berücksichtigung einer gegebenen Diskontrate r und unter Einbezug des Endkapitals $S(T)$, welches zum Beispiel als Schrottwert des Maschinenbestandes nach Ende der Produktion interpretiert werden kann. Dieser Barwert ergibt sich demnach aus der Formel

$$P = \int\limits_{0}^{T} e^{-rt} p(s(t), c(t), t) dt + e^{-rT} S(s(T), T).$$

Die bereits erwähnte Nebenbedingung, also das Wachstum des Kapitalstocks, wird beschrieben durch

$$\dot{s}(t) = f(s(t), c(t), t).$$

Weiterhin sei eine Anfangsbedingung der Form $s(0) = s_0$ gegeben. Diese beschreibt den Kapitalbestand der Unternehmung zu Beginn der Planungsperiode und garantiert die Eindeutigkeit des zu lösenden Problems.

Die Form des obigen Zielfunktionals P unter der Nebenbedingung $\dot{s} = f$ stellt gleichzeitig die **Standardform eines optimalen Kontrollproblems** dar. Dabei werden die Funktionen p und f als (komponentenweise) bzgl. $s \in \mathbb{R}^n$ stetig differenzierbar und bzgl. $c \in \mathbb{R}^m$ und t stetig angenommen. Ferner sei S stetig differenzierbar bzgl. s und t. Im weiteren werden nur solche Steuerungstrajektorien c betrachtet, die auf $[0, T]$ stückweise stetig sind, sodaß die Zustandstrajektorie s auf $[0, T]$ gemäß Nebenbedingung stets stetig und stückweise stetig differenzierbar ist. Solche Steuerungs- und Zustandstrajekorien werden auch als zulässig bezeichnet.

Definition. Ein Funktion f auf $[0, T]$ heißt **stückweise stetig**, falls es eine Zerlegung $t_0 := 0 < t_1 < \ldots < t_n := T$ von $[0, T]$ gibt, sodaß die Funktion f auf jedem offenen Teilintervall $]t_i, t_{i+1}[$ stetig ist und die links- bzw. rechtsseitigen Limiten in t_i bzw. t_{i+1} existieren: $\lim_{x \nearrow t_i} f(x)$ bzw. $\lim_{x \searrow t_{i+1}} f(x)$, wobei $0 \leq i \leq n-1$. Die Funktion f ist **stückweise stetig differenzierbar**, falls die Funktion $f'(x)$ stückweise stetig ist.

Um die Steuerungstrajektorie $c^*(t)$, die P maximiert, zu bestimmen, ist die bereits erwähnte Hamiltonfunktion aufzustellen. Die Hamiltonfunktion ist in zwei verschiedenen Varianten gebräuchlich, der Momentanwert- (current value) und der Gegenwartswertschreibweise (present value). Die Momentanwertversion lautet im hier betrachteten Fall.

$$H(s(t), c(t), \lambda(t), t) = p(s(t), c(t), t) + \lambda(t) f(s(t), c(t), t).$$

Dieses Beispiel verdeutlicht die grundlegende Struktur einer **Hamiltonfunktion in Momentanwertschreibweise**. Zu der diskontierten Funktion aus dem Optimierungsproblem werden die mit einem als **Kozustandsvariable** bezeichneten Faktor $\lambda(t)$ multiplizierten Differentialgleichungen addiert, wobei $\lambda(t) \in \mathbb{R}^n$ ist. Man beachte, daß die Nebenbedingungen hier nicht - wie im Falle der Lagrangeoptimierung - in der Form $g(x) = 0$ berücksichtigt werden, sondern daß nur die rechte Seite der die Nebenbedingung charakterisierenden Differentialgleichung in die Hamiltonfunktion eingeht.

Der Kozustand $\lambda(t)$ von $s(t)$ kann als Wert oder auch Schattenpreis des Kapital-
zuwachses interpretiert werden, so daß H quasi den Zuwachs des Unternehmenswertes in t darstellt.

Der optimale Pfad der Steuerungsvariablen ist nun gegeben durch drei Bedingungen:

- **Maximumbedingung:** Partielle Ableitung der Hamiltonfunktion nach den
  Steuerungsvariablen gleich Null

$$\frac{\partial H(s(t), c(t), \lambda(t), t)}{\partial c(t)} = 0.$$

- **Adjungierte Kozustandsgleichung:** Charakterisierung der Wachstumsraten der Kozustandsvariablen durch inhomogene Differentialgleichungen

$$\begin{aligned}
\dot{\lambda}(t) &= r\lambda(t) - \frac{\partial H}{\partial s}(s^*(t), c^*(t), \lambda(t), t) \\
&= (r - f_s)\lambda(t) - p_s.
\end{aligned}$$

- **Transversalitätsbedingung:** Endbedingung für den Kozustand

$$\lambda(T) = \frac{\partial S}{\partial s}(s^*(T), T).$$

Ist in die Problemstellung kein Endzustand $S(T)$ einbezogen, beträgt demnach die Kozustandsvariable am Ende des Planungshorizonts Null: $\lambda(T) = 0$.

Diese Gleichungen stellen die notwendigen Bedingungen für eine optimale Steuerung dar. Gemeinsam mit den Differentialgleichungen, die die Entwicklung der
Zustandsvariablen beschreiben, bilden sie ein System, welches die potentiell op-
timierende Steuerungstrajektorie charakterisiert. In Analogie zur statischen Optimierung können auch hinreichende Bedingungen formuliert werden, wie später
noch auszuführen ist.

14.2   Intuition über die Hamiltonfunktion

Das Prinzip der dynamischen Optimierung läßt sich vergleichsweise einfach durch eine intuitive Herleitung verdeutlichen. Diese erfüllt nicht den Anspruch mathematischer Vollständigkeit, soll jedoch dazu dienen, den Zugang zu dem Verfahren zu erleichtern. Die nachfolgende Darstellung orientiert sich an [14], Kapitel 2.2.

Das sogenannte Bellmann-Prinzip postuliert, daß Teilpfade eines optimalen Pfades ebenfalls optimal sind. Hierauf aufbauend läßt sich ein dynamisches Optimierungsproblem zerlegen in Unterprobleme, indem zwei Teilpfade $[t, T]$ und $[t + \Delta t, T]$ betrachtet werden. Angewandt auf den optimalen Pfad $c^*(t)$ im oben beschriebenen Einführungsbeispiel gilt für die auf die jeweiligen Zeitpunkte t und $t + \Delta t$ bezogenen maximalen Unternehmenswerte $V := V(s(t), t) := P(s(t), c^*(t), t)$ und $V(\Delta t) := V(s(t + \Delta t), t + \Delta t) :=$

$$\max_{\substack{c(\tau) \\ t \leq \tau \leq t + \Delta t}} \left\{ \int_t^{t+\Delta t} e^{-r(\tau-t)} p(s(\tau), c(\tau), \tau) d\tau + e^{-r\Delta t} V(\Delta t) \right\}$$

mit der Randbedingung $V(s(T), T) = S(s(T), T)$. Aufgrund der Stetigkeit der Funktion p folgt unmittelbar:

$$V \;\sim\; \max \left\{ p(s(t), c(t), t) \Delta t + e^{-r\Delta t} V(\Delta t) \right\},$$

wobei $\sim$ bedeutet: bis auf Funktionen $o(\Delta t)$ mit $\lim o(\Delta t) = 0$. Diese Schreibweise stellt somit eine Approximation dar, die bei gegen Null gehendem Zeitintervall Δt asymptotisch erfüllt ist.

Taylor-Entwicklungen (vgl. Abschnitt 8.2) der Funktion V und der Exponentialfunktion um Δt implizieren zusammen mit $\dot{s} = f$:

$$V(\Delta t) \;\sim\; V + V_s f \Delta t + V_t \Delta t,$$
$$e^{-r\Delta t} \;\sim\; 1 - r\Delta t.$$

Einsetzen und Division beider Seiten durch Δt ergibt für $\Delta t \to 0$:

$$0 = \max\{p(s, c, t) + V_s f + V_t - rV\}.$$

Dabei sind die ersten beiden Terme gleich der Hamiltonfunktion H, $H = p + V_s f$, wenn wir definieren:

$$\lambda(t) := V_s(s^*(t), t),$$

und die letzten beiden Terme sind von c und dem Maximierungsprozeß unabhängig, so daß sich ergibt: $\max H = rV - V_t$. Damit ergibt sich als die notwendige Optimalitätsbedingung:

$$H_s - rV_s + V_{ts} \;=\; 0,$$

also

$$(p_s + V_{ss}f + V_s f_s) - rV_s + V_{ts} \;=\; 0.$$

Wegen $\dot{\lambda} = \frac{dV_s}{dt} = V_{ss}\dot{s} + V_{ts} = V_{ss}f + V_{ts}$ ergibt sich ebenfalls:

$$p_s + \dot{\lambda} + (f_s - r)\lambda = 0,$$

was die adjungierte Kozustandsgleichung darstellt

$$\dot{\lambda} = r\lambda - H_s.$$

Der Kozustand λ folgt damit insbesondere einer inhomogenen linearen Differentialgleichung, deren Lösung bis auf Variation der Konstanten durch den Exponenten

$$\exp(r - f_s(s(t), c(t), t))$$

charakterisiert ist. Die oben eingeführte Randbedingung liefert zusammen mit $\lambda = V_s$ schließlich auch die Transversalitätsbedingung $\lambda(T) = S_s(s^*(T), T)$. Der Kozustand $\lambda(t) = V_s(s^*(t), t)$ kann gemäß Grenzproduktivitätstheorie als Preis des Faktors Kapitalstock s^* interpretiert werden. Die Hamiltonfunktion

$$H(s(t), c(t), t) = p(s(t), c(t), t) + \lambda(t)f(s(t), c(t), t)$$

entspricht - bei optimalem $c = c^*$ - genau dem nominalen Wertzuwachs der Unternehmung aus Nettoprofit und bepreistem Kapitalzuwachs.

14.3 Hinreichende Bedingung

Die Bedingungen zweiter Ordnung, d.h. die hinreichenden Bedingungen, für ein
Optimierungsproblem in der bislang beschriebenen Form werden durch den nachfolgenden Satz formuliert. Dabei sei

$$H°(s, \lambda, t) := \max_c H(s, c, \lambda, t).$$

Satz 14.1 (*Hinreichende Bedingung für Standardproblem*). *Seien* $c^*(t)$ *und* $s^*(t)$
*Steuerungstrajektorie und Zustandspfad des oben beschriebenen Steuerungspro-
blems.* $\lambda(t)$ *sei eine Kozustandstrajektorie, für die die oben genannten Maximumbedingungen erfüllt sind, also*

$$
\begin{aligned}
\dot{s}^* &= f(s^*, c^*, t), \quad s^*(0) = s_0, \\
\dot{\lambda} &= r\lambda - \frac{\partial H}{\partial s}(s^*, c^*, \lambda, t), \\
\lambda(T) &= \frac{\partial S}{\partial s}(s^*(T), T), \\
H(s^*, c^*, \lambda, t) &= H°(s^*, \lambda, t).
\end{aligned}
$$

Dann gilt: Ist $H°(s, \lambda, t)$ *konkav und stetig differenzierbar in* s *für alle* $(t, \lambda(t))$ *und
ist* $S(s, T)$ *konkav in* s, *dann ist* $c^*(t)$ *eine optimale Steuerung. Ist* $H°$ *darüber
hinaus streng konkav, ist die optimale Lösung* s^* *eindeutig bestimmt.*

14.4 Infiniter Zeithorizont

Bislang wurden ausschließlich Probleme mit einem zeitlich begrenzten Planungshorizont diskutiert. Denkbar ist jedoch auch eine Modellvariante, die sich über
einen infiniten Zeithorizont erstreckt. Das zweite Beispiel aus der Einleitung zu
diesem Kapitel läßt sich wie folgt formalisieren: die Funktion U mit

$$U = \int_0^\infty e^{-rt} u(s(t), c(t), t) dt$$

werde unter der Nebenbedingung

$$\dot{s}(t) = f(s(t), c(t), t)$$

maximiert. Weiterhin sei $s(0) = s_0$ gegeben.

Die **Hamiltonfunktion** lautet nunmehr:

$$H(s, c, \lambda_0, \lambda, t) = \lambda_0 p(s, c, t) + \lambda f(s, c, t)$$

mit $\lambda_0 \geq 0$. Sofern $\lambda_0 > 0$ ist, kann die Hamiltonfunktion durch diese Konstante dividiert werden. Dies gilt jedoch nicht im Allgemeinen.

Der optimaler Pfad ist nunmehr charakterisiert durch:

- **Maximumbedingung:**

$$\frac{\partial H(s(t), c(t), \lambda_0, \lambda(t), t)}{\partial c(t)} = 0.$$

- **Adjungierte Kozustandsgleichung:**

$$\dot{\lambda}(t) = r\lambda(t) - \frac{\partial H}{\partial s}(s^*(t), c^*(t), \lambda_0, \lambda(t), t).$$

Bei Problemen mit infinitem Planungshorizont entfällt demnach offensichtlich die Transversalitätsbedingung.

Eine hinreichende Bedingung mit $\lambda_0 = 1$ wird mit dem nachfolgenden Satz gegeben:

Satz 14.2 *(Hinreichende Bedingung für infiniten Planungshorizont). Sei $c^*(t)$ mit $s^*(t)$ eine zulässige Lösung für ein Steuerungsproblem obiger Form mit infinitem Planungshorizont. Es existieren Funktionen $\lambda(t) \in \Re^n$, so daß neben den oben genannten beiden Bedingungen auch die Grenztransversalitätsbedingung*

$$\lim_{t \to \infty} e^{-rt}\lambda(t)[s(t) - s^*(t)] \geq 0$$

für jede zulässige Trajektorie $s(t)$ gilt. Dann gilt: $c^*(t)$ ist optimale Lösung, wenn $H^\circ(s, \lambda, t)$ für alle Paare $(t, \lambda(t))$ konkav in s ist.

14.5 Gegenwartswertversion der Hamiltonfunktion

Alternativ zu der bislang vorgestellten Momentanwertschreibweise kann es - je nach Problemstellung - auch vorteilhaft sein, die **Hamiltonfunktion in der Gegenwartswertversion** zu verwenden. Beide Schreibweisen liefern die gleiche Lösung.

Während die Hamiltonfunktion in der Momentanwertschreibweise definiert ist als

$$H(s(t), c(t), \lambda(t), t) = p(s(t), c(t), t) + \lambda f(s(t), c(t), t),$$

lautet die Funktion in der Gegenwartswertversion

$$\tilde{H}(s(t), c(t), \tilde{\lambda}(t), t) = e^{-rt} p(s(t), c(t), t) + \tilde{\lambda}(t) f(s(t), c(t), t).$$

Die notwendigen Optimalitätsbedingungen lauten dann:

$$\frac{\partial \tilde{H}(s(t), c(t), \tilde{\lambda}(t), t)}{\partial c^*(t)} = 0,$$

$$\dot{\tilde{\lambda}} = -\tilde{H}_s(s^*(t), c^*(t), \tilde{\lambda}(t), t),$$

$$\tilde{\lambda}(T) = e^{-rt} S_s(s^*(T), T).$$

Diese modifizierten Optimalitätsbedingungen lassen sich leicht in die Bedingungen erster Ordnung der Momentanwertversion überführen:

Durch Multiplikation der Momentanwertversion der Hamiltonfunktion

$$H(s, c, \lambda, t) = p(s, c, t) + \lambda f(s, c, t)$$

mit e^{-rt} erhält man die Gegenwartswertschreibweise $\tilde{H} = e^{-rt} p(s, c, t) + \tilde{\lambda} f(s, c, t)$. Diese monotone Transformation berührt die Nullstelle der ersten Ableitung in c nicht, so daß die Bedingungen erster Art ineinander übergehen:

$$\frac{\partial H}{\partial c^*} = 0 \Leftrightarrow \frac{\partial (e^{-rt} H)}{\partial c^*} = 0 \Leftrightarrow \frac{\partial \tilde{H}}{\partial c^*} = 0$$

Bezüglich der Transversalitätsbeziehungen gilt:

$$\lambda(T) = S_s(s^*(T), T) \Leftrightarrow \tilde{\lambda}(T) = e^{-rt} \lambda(T) = e^{-rt} S_s(s^*(T), T).$$

Mittels einiger einfacher Umformungen läßt sich die Identität der adjungierte Ko-zustandsgleichungen wie folgt herleiten:

$$\lambda = e^{rt}\tilde{\lambda}$$
$$\dot{\lambda} = r\lambda - H_s$$
$$(e^{rt}\tilde{\lambda})\dot{} = r \cdot e^{rt}\tilde{\lambda} - \tilde{H}_s \cdot e^{rt}$$
$$r \cdot e^{rt}\tilde{\lambda} + e^{rt}\dot{\tilde{\lambda}} = r \cdot e^{rt}\tilde{\lambda} - \tilde{H}_s \cdot e^{rt}$$
$$\dot{\tilde{\lambda}} = -\tilde{H}_s.$$

14.6 Eine Auswahl ökonomischer Beispiele

Beispiel 14.1 (Zentrale Nutzenoptimierung über infiniten Zeithorizont). Eine Ökonomie sei charakterisiert durch die makroökonomische Produktionsfunktion $Y = AK = C + \dot{K}$. Das repräsentative Individuum besitze die Nutzenfunktion

$$U(s) = \int_s^\infty e^{-\rho(t-s)} \ln c(t) \, dt.$$

Ein wohlwollender zentraler Planer steht vor der Aufgabe, das Wachstum des Konsumniveaus so zu wählen, daß in der Ökonomie ein maximaler Nutzen bei unendlichem Planungshorizont garantiert ist. Die Nebenbedingung ist hier nicht gegeben durch eine Budgetrestriktion der einzelnen Individuen, sondern durch die gesamtwirtschaftliche Restriktion $\dot{K} = AK - C$. Diese beschreibt die Investitionen, also das Wachstum $\dot{K}$ des Kapitalstocks, als Differenz aus Gesamtproduktion AK und Konsum C.

Die Hamiltonfunktion in Momentanwertversion lautet

$$H = \ln c + \lambda(AK - C).$$

Differenzierung nach der Steuerungsvariable c liefert nunmehr

$$\frac{\partial H}{\partial c} = \frac{1}{c} - \lambda.$$

Durch Nullsetzen der ersten Ableitung erhält man unmittelbar

$$\lambda = \frac{1}{c}.$$

Die adjungierte Kozustandsgleichung lautet:

$$\dot{\lambda} = \rho\lambda - \lambda A,$$

also gilt in **Wachstumsraten** der Zusammenhang

$$\frac{\dot{\lambda}}{\lambda} = \rho - A.$$

Einsetzen des aus der ersten Ableitung der Hamiltonfunktion gewonnenen Zusammenhangs liefert nunmehr

$$\frac{\dot{c}}{c} = A - \rho.$$

Um ein Nutzenmaximum zu erzielen, muß der Konsum in der betrachteten Ökonomie also mit einer Rate wachsen, die der Differenz aus dem Produktionskoeffizienten A und der Zeitpräferenzrate ρ entspricht.
Auf den Beweis, daß diese Bedingungen auch hinreichend für Optimalität sind, wird an dieser Stelle verzichtet.

Beispiel 14.2 (Dezentrale Nutzenoptimierung über infiniten Zeithorizont). Die intertemporale Nutzenfunktion U eines Individuums soll unter Berücksichtigung seiner Zeitpräferenzrate ρ, des nominalen Zinssatzes i und des Preisniveaus p maximiert werden. U sei wieder gegeben als

$$U(s) = \int\limits_{s}^{\infty} e^{-\rho(t-s)} \ln c(t)\, dt.$$

Das Maximierungsproblem lautet also

$$\max_{c(\tau)} \int\limits_{t}^{\infty} e^{-\rho(\tau-t)} \ln c(\tau)\, d\tau$$

unter der Nebenbedingung, daß die Veränderung des nominalen Vermögens a gleich ist der Verzinsung auf das Vermögen zuzüglich Nominaleinkommen w abzüglich nominalem Konsum pc:

$$\dot{a} = ia + w - pc.$$

Die Hamiltonfunktion in Momentanwertschreibweise lautet also:

$$H = \ln c + \lambda(ia + w - pc).$$

Die beiden Optimalitätsbedingungen erster Ordnung (aufgrund des unbegrenzten Optimierungshorizonts entfällt die Transversalitätsbedingung) ergeben sich als

$$\frac{\partial H}{\partial c} = 0 \quad \Leftrightarrow \quad 0 = \frac{1}{c} - \lambda p,$$

$$\dot{\lambda} = \rho\lambda - \frac{\partial H}{\partial a} \quad \Leftrightarrow \quad \dot{\lambda} = \rho\lambda - \lambda i$$

Aus der ersten Bedingung folgt:

$$-\frac{\dot{c}}{c} = \frac{\dot{\lambda}}{\lambda} + \frac{\dot{p}}{p}.$$

Berücksichtigung der zweiten Bedingung liefert:

$$\frac{\dot{c}}{c} = i - \frac{\dot{p}}{p} - \rho.$$

Überprüfung der Bedingung zweiter Ordnung erfordert die Betrachtung der Grenztransversalitätsbedingung. Wegen

$$\dot{\lambda} = \rho\lambda - \lambda i$$

gilt

$$\frac{\dot{\lambda}}{\lambda} = \rho - i \Rightarrow \lambda(t) = \lambda(0) \cdot e^{(\rho-i)t}.$$

Damit lautet die Grenztransversalitätsbedingung:

$$\lim_{t \to \infty} \left[e^{-\rho t} \lambda(t)[a(t) - a^*(t)]] \right] \quad \geq \quad 0,$$
$$\lim_{t \to \infty} \left[e^{-\rho t} \lambda(0) e^{(\rho - i)t}[a(t) - a^*(t)] \right] \quad \geq \quad 0,$$
$$\lim_{t \to \infty} \left[e^{-it} \lambda(0)[a(t) - a^*(t)] \right] \quad \geq \quad 0,$$
$$\lim_{t \to \infty} \left[e^{-it}[a(t) - a^*(t)]] \right] \quad \geq \quad 0.$$

Diese Bedingung ist jedoch im hier vorgestellten Modellkontext erfüllt. Zunächst ist es für das einzelne Individuum suboptimal, asymptotisch ein Vermögen größer Null zu halten. Das Vermögen muß demnach asymptotisch kleiner gleich Null sein. Ein Vermögen, welches asymptotisch kleiner Null ist, kann gleichfalls ausgeschlossen werden, da dies ökonomisch eine Kreditaufnahme voraussetzen würde. Diese ist jedoch unmöglich, da asymptotisch kein Haushalt ein positives Vermögen besitzt, welches verliehen werden könnte. Das Vermögen des Individuums ist demnach asymptotisch Null, formal

$$\lim_{t \to \infty} a(t) \cdot e^{-it} = 0.$$

Diese Bedingung gilt für alle im vorliegenden Modell zulässigen Trajektorien $a(t)$, und damit insbesondere auch für den optimalen Pfad $a^*(t)$. Damit folgt, daß die Grenztransversalitätsbedingung erfüllt ist. Weiterhin ist H° für jedes feste t und $\lambda(t)$ linear in a, also konkav. Nach Satz 14.2 sind damit die hinreichenden Optimalitätsbedingungen erfüllt.

Interpretation: Die Beziehung $\frac{\dot{c}}{c} = i - \frac{\dot{p}}{p} - \rho$ gibt an, wie sich der Konsum auf seinem optimalen Pfad in der Zeit ändert. Verbal bedeutet dieser Zusammenhang, daß die Wachstumsrate des Konsums der Differenz aus realem Zins (nominaler Zins abzüglich Inflationsrate) und Zeitpräferenzrate entspricht. Ist der reale Zins höher als die Zeitpräferenz, wird morgen mehr konsumiert als heute, der Konsum steigt. Ist der Zins niedriger als die Zeitpräferenz, wird heute mehr konsumiert, der Konsum sinkt.

Nunmehr werde angenommen, daß sich die Nutzenfunktion verändert zu

$$U(s) = \int\limits_{s}^{\infty} e^{-\rho(t-s)} \left[\ln c(t) + \gamma \ln \frac{m(t)}{p(t)} \right] dt,$$

wobei $m(t)$ die nominale Geldhaltung des Individuums sei ($\gamma > 0$). In diese modifizierte Nutzenfunktion gehen dementsprechend sowohl der aktuelle Konsum c als auch die reale Geldhaltung $\frac{m}{p}$ ein. Die Nebenbedingungen lauten

$$\dot{a} = i(a - m) + w - pc,$$
$$a(s) = a_0,$$
$$a(t) > 0, \quad c(t) \geq 0, \quad m(t) \geq 0$$

für alle $t \geq s$. Dieses Problem unterscheidet sich von der vorherigen Fragestellung dadurch, daß die Steuerungsvariable nunmehr durch einen Vektor mit zwei Elementen gegeben ist. Die Hamiltonfunktion lautet:

$$H(c, m, a, \lambda, t) = \ln c + \gamma \ln \frac{m}{p} + \lambda(i(a - m) + w - pc).$$

Zur Bestimmung der Bedingungen erster Ordnung wird die Hamiltonfunktion sowohl nach c als auch nach m partiell differenziert:

$$H_c = \frac{1}{c} - \lambda p = 0,$$
$$H_m = \frac{\gamma}{m} - \lambda i = 0.$$

Also:

$$\frac{1}{pc} = \frac{\gamma}{im} \Rightarrow m = \gamma \frac{pc}{i}.$$

Die adjungierte Kozustandgleichung lautet unverändert:

$$\dot{\lambda} = \rho\lambda - H_a = \rho\lambda - \lambda i.$$

Kombination der Ergebnisse liefert den optimalen Konsumpfad als

$$1 = cp\lambda,$$
$$0 = \frac{\dot{c}}{c} + \frac{\dot{p}}{p} + \frac{\dot{\lambda}}{\lambda},$$
$$0 = \frac{\dot{c}}{c} + \frac{\dot{p}}{p} + \rho - i,$$
$$\frac{\dot{c}}{c} = i - \frac{\dot{p}}{p} - \rho.$$

Das Ergebnis bezüglich der Wachstumsraten des Konsums wird im vorliegenden Beispiel also nicht durch die Berücksichtigung der realen Geldhaltung in der Nutzenfunktion verändert. Über die oben zusammengefaßten beiden Maximumbedingungen läßt sich zu dem jeweils optimalen Konsum $c^*(t)$ unmittelbar die entsprechende Geldhaltung berechnen.

15 Dynamische Systeme

In den Wirtschaftswissenschaften – inbesondere in der Wachstumstheorie – werden Prozesse betrachtet, deren Verhalten im wesentlichen zeitabhängig ist. Dynamische Systeme versuchen, solche zeitabhängige Prozesse mathematisch zu modellieren und ökonomische Entwicklungen qualitativ zu beschreiben, wobei ein Anfangszustand bekannt sein muß.

In diesem Kapitel wird die Lösung **dynamischer Systeme in der Ebene** hergeleitet, die aus zwei *gekoppelten* inhomogenen Differentialgleichungen 1. Ordnung mit konstanten Koeffizienten bestehen. Ferner wird gezeigt, daß jede **Differentialgleichung 2. Ordnung** in solch ein dynamisches System 1. Ordnung übergeführt werden kann. Abschließend wird das Stabiltätsverhalten dynamischer Systeme 1. Ordnung untersucht. In Abschnitt 15.5 werden die Ergebnisse dieses Abschnittes anhand von Beispielen veranschaulicht.

Dynamische Systeme 1. Ordnung mit konstanten Koeffizienten.

$$x_1'(t) \;=\; ax_1(t) \;+\; bx_2(t) \;+\; q_1,$$
$$x_2'(t) \;=\; cx_1(t) \;+\; dx_2(t) \;+\; q_2.$$

Unter Verwendung der Vektor- und Matrizenschreibweise

$$x(t) := \begin{pmatrix} x_1(t) \\ x_2(t) \end{pmatrix}, \quad x'(t) := \begin{pmatrix} x_1'(t) \\ x_2'(t) \end{pmatrix}, \quad A := \begin{pmatrix} a & b \\ c & d \end{pmatrix} \quad \text{und} \quad q := \begin{pmatrix} q_1 \\ q_2 \end{pmatrix}$$

gilt vereinfachend:

$$x'(t) \;=\; A\,x(t) + q.$$

In Abschnitt 15.2 werden die von ihren Anfangswerten abhängigen expliziten Lösungen $x(t)$ hergeleitet. Die Komponenten eines Lösungsvektors, $x_1(t)$ und $x_2(t)$, werden auch **Trajektorien** genannt.

15.1 Richtungsfeld und Phasendiagramm

Die Lösung $x(t)$ des dynamischen Systems $x'(t) = A\,x(t) + q$ beschreibt, ausgehend vom Anfangswert $x(t_0)$, einen **Zeitpfad**. Graphisch läßt sich die Lösung auf zweierlei Art veranschaulichen.

Das Richtungsfeld. Einen ersten Überblick über das Verhalten einer Lösung $x(t)$ kann ein sogenanntes **Richtungsfeld** geben. Hierzu sind nur die Werte $x_1'(t)$ und $x_2'(t)$ zu berechnen, und die mit sehr viel größerem Aufwand herzuleitende Lösung $x(t)$ wird nicht benötigt.

Ein dynamisches System befinde sich zu einem beliebigen Zeitpunkt t_0 im Punkt $x(t_0)$. Der Vektor $x'(t_0)$ – dargestellt als Pfeil – gibt dann die Richtung an, in die sich die Lösung $x(t)$ des Systems in der fortschreitenden Zeit bewegt, wobei die Länge des Pfeiles als Geschwindigkeit zu interpretieren ist, mit der dies geschieht. Abbildung 15.1 zeigt, daß die Pfeilrichtung und -länge sich mittels der Addition der Vektoren $\begin{pmatrix} x_1'(t_0) \\ 0 \end{pmatrix}$ und $\begin{pmatrix} 0 \\ x_2'(t_0) \end{pmatrix}$ bestimmen läßt.

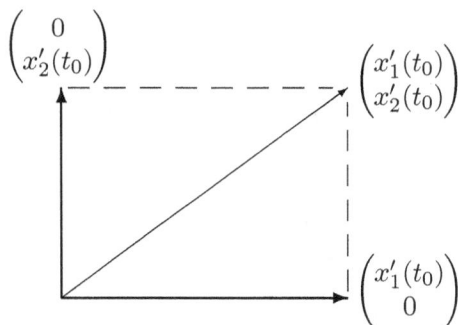

Abb. 15.1. Bestimmung der Pfeilrichtung und -länge.

Ein Richtungsfeld wird durch ein Koordinatendiagramm mit den Achsen $x_1(t)$ und $x_2(t)$ dargestellt, in der solche Pfeile rasterförmig angeordnet sind. Zusätzlich werden alle Pfeile auf eine gemeinsame Länge normiert werden (vgl. Abbildungen 15.3 - 15.10 in Abschnitt 15.5), womit die Information über die Geschwindigkeiten verlorengeht.

Eine vereinfachte Darstellung des Richtungsfeldes läßt sich erzielen, indem es grob in Gebiete unterteilt wird, die vier Fälle möglicher Kombinationen horizontaler und vertikaler Pfeilrichtungen repräsentieren. Die horizontalen Pfeilrichtungen geben dabei an, ob $x_1'(t) < 0$ oder $x_1'(t) > 0$ ist, und entsprechend die senkrechten Pfeilrichtungen, ob $x_2'(t) < 0$ oder $x_2'(t) > 0$ ist (vgl. Abbildung 15.2).

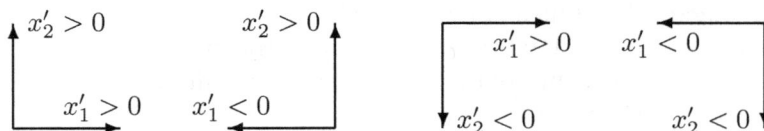

$$x_2' > 0 \qquad\qquad x_2' > 0$$

$$x_1' > 0 \qquad x_1' < 0$$

$$x_1' > 0 \qquad x_1' < 0$$

$$x_2' < 0 \qquad\qquad x_2' < 0$$

Abb. 15.2. Grobe Pfeilrichtungen im Richtungsfeld.

Die Linien, auf denen gilt: $x_1'(t) = 0$ oder $x_2'(t) = 0$, bilden die Gebietsgrenzen. Bezüglich der in diesem Kapitel behandelten dynamischen Systeme sind diese Linien stets Geraden. In den Abbildungen 15.3 - 15.10 sind die oben genannten Fälle durch etwas dickere Pfeile kenntlich gemacht.

Die Unterteilung des Richtungsfeldes in Gebiete liefert zunächst nur einen groben Überblick, der jedoch das Stabilitätsverhalten der Lösungen $x(t)$ (vgl. Abschnitt 15.4) eines dynamischen Systems kenntlich macht. Statt der tatsächlichen Werte von $x_1'(t)$ und $x_2'(t)$ brauchen nur ihre Vorzeichen betrachtet zu werden.

Das Phasendiagramm.   Eine Phase beschreibt in diesem Kapitel die Entwicklungsstufe bzw. -zustand eines ökonomischen Prozesses. Ein **Phasendiagramm** stellt Zeitpfade als Kurven in einem Koordinatendiagramm mit den Achsen x_1 und x_2 dar. Zur Erstellung werden explizite Lösungen $x(t)$ benötigt. Lösungen mit unterschiedlichen Anfangswerten werden durch unterschiedliche Zeitpfade beschrieben. Die Information über die *Phasengeschwindigkeit* geht wieder verloren. In den Abbildungen 15.3 - 15.10 werden die Kurven etwas dünner als die Begrenzungen des Richtungsfeldes gezeichnet. Üblicherweise deutet eine Pfeilrichtung an der Kurve die Bewegungsrichtung des Zeitpfades an. Der Übersichtlichkeit halber wird in den Abbildungen 15.3 - 15.10 darauf verzichtet, da die Bewegungsrichtung aus dem Richtungsfeld ablesbar ist.

15.2 Lösung dynamischer Systeme

Zur expliziten Herleitung einer Lösung eines dynamischen Systems ist es notwendig, die Eigenwerte der Matrix A zu betrachten.

Die Matrix A besitzt die Eigenwerte (vgl. Abschnitt 5.7)

$$\lambda_{1,2} = \frac{a+d}{2} \begin{array}{c} + \\ - \end{array} \sqrt{bc - ad + \left(\frac{a+d}{2}\right)^2} = \frac{a+d}{2} \begin{array}{c} + \\ - \end{array} \sqrt{bc + \left(\frac{a-d}{2}\right)^2}.$$

Drei grundsätzliche Fälle werden unterschieden:

Fall	Bedingung	Eigenwerte	Beispiel
1	$bc + \left(\dfrac{a-d}{2}\right)^2 > 0$	genau zwei reelle	15.1, 15.2 und 15.3
2	$bc + \left(\dfrac{a-d}{2}\right)^2 = 0$	genau ein reeller	15.4 und 15.5
3	$bc + \left(\dfrac{a-d}{2}\right)^2 < 0$	genau zwei konjugiert komplexe	15.6, 15.7 und 15.8

zu Fall 1) Die zu λ_1 bzw. λ_2 gehörenden Eigenvektoren $v_1 = \begin{pmatrix} v_{11} \\ v_{21} \end{pmatrix}$ bzw.

$v_2 = \begin{pmatrix} v_{12} \\ v_{22} \end{pmatrix}$ lassen sich aus folgender Gleichung berechnen (vgl. Abschnitt 5.7):

$$AV = V E_2 \lambda,$$

wobei $V := \begin{pmatrix} v_{11} & v_{12} \\ v_{21} & v_{22} \end{pmatrix}$, $\lambda := \begin{pmatrix} \lambda_1 \\ \lambda_2 \end{pmatrix}$ und $E_2\lambda = \begin{pmatrix} \lambda_1 & 0 \\ 0 & \lambda_2 \end{pmatrix}$.

Die zu λ_1 gehörenden Eigenvektoren v_1 sind bis auf ein skalares Vielfaches bestimmt. Gleiches gilt auch für λ_2 und v_2. Im Fall 1) kann o.B.d.A. eine Komponente jedes Eigenvektors gleich 1 gesetzt werden, die jeweils andere Komponente des Eigenvektors ist damit festgelegt. Es kann leicht nachgerechnet werden, daß gilt:

Aus $v_{11} = 1$ folgt: $v_{21} = \dfrac{\lambda_1 - a}{b}.$

Aus $v_{12} = 1$ folgt: $v_{22} = \dfrac{\lambda_2 - a}{b}.$

Besitzt die Matrix A zwei verschiedene reelle Eigenwerte λ_1 und λ_2 mit den zugehörigen Eigenvektoren v_1 und v_2, die in Fall 1 linear unabhängig sind, dann ist A (vgl. auch Satz 5.6) durch die folgende Ähnlichkeitstransformation darstellbar:

$$A = V B V^{-1},$$

wobei $V = \begin{pmatrix} 1 & 1 \\ \dfrac{\lambda_1 - a}{b} & \dfrac{\lambda_2 - a}{b} \end{pmatrix}$, $V^{-1} = \dfrac{b}{\lambda_2 - \lambda_1} \begin{pmatrix} \dfrac{\lambda_2 - a}{b} & -1 \\ -\dfrac{\lambda_1 - a}{b} & 1 \end{pmatrix}$ und

$B := E_2 \lambda$.

Wenn A bereits identisch mit der Matrix B ist, also $b = 0$ und $c = 0$, wird $V = V^{-1} = E_2$ gesetzt.

Wird dieser Ausdruck für A in das ursprüngliche dynamische System $x'(t) = A x(t) + q$ eingesetzt und anschließend die Matrizen-Gleichung von links mit V^{-1} multipliziert, so ergibt sich folgende Beziehung:

$$\underbrace{V^{-1}x'(t)}_{=:\, y'(t)} = B \underbrace{V^{-1}x(t)}_{=:\, y(t)} + \underbrace{V^{-1}q}_{=:\, r}$$

mit $y'(t) = \begin{pmatrix} y_1'(t) \\ y_2'(t) \end{pmatrix}$, $y(t) = \begin{pmatrix} y_1(t) \\ y_2(t) \end{pmatrix}$, $r = \begin{pmatrix} r_1 \\ r_2 \end{pmatrix} = \begin{pmatrix} \dfrac{q_1(\lambda_2 - a) - q_2 b}{\lambda_2 - \lambda_1} \\ \dfrac{-q_1(\lambda_1 - a) + q_2 b}{\lambda_2 - \lambda_1} \end{pmatrix}.$

Mit den neu definierten endogenen Variablen $y_1(t)$ und $y_2(t)$ und den Konstanten r_1 und r_2 wird so aus dem ursprünglichen ein neues dynamisches System, $y'(t) = B y(t) + r$, gewonnen, welches aus zwei voneinander getrennt lösbaren inhomogenen Differentialgleichungen besteht:

$$
\begin{aligned}
y_1'(t) &= \lambda_1 y_1(t) + r_1, \\
y_2'(t) &= \lambda_2 y_2(t) + r_2.
\end{aligned}
$$

Sind die Startwerte $y_1(t_0)$ und $y_2(t_0)$ zum Zeitpunkt t_0 bekannt, so ergeben sich für $y_1(t)$ und $y_2(t)$ die nachfolgenden Lösungen (wird die in Abschnitt 13.2 hergeleitete Lösung einer inhomogenen Differentialgleichung verwendet, so setze **dort** einfach die Konstante λ_1 bzw. λ_2 statt der Funktion $-p(\cdot)$ und die Konstante r_1 bzw. r_2 statt der Funktion $r(\cdot)$ ein):

$$
\begin{aligned}
y_1(t) &= e^{\lambda_1(t-t_0)}\left[y_1(t_0) + \int_{t_0}^{t} r_1 e^{-\lambda_1(u-t_0)}\,du\right] \\
&= e^{\lambda_1(t-t_0)}\left[y_1(t_0) - \frac{r_1}{\lambda_1}e^{-\hat\lambda(t-t_0)} + \frac{r_1}{\lambda_1}\right] \\
&= \left(y_1(t_0) + \frac{r_1}{\lambda_1}\right)e^{\lambda_1(t-t_0)} - \frac{r_1}{\lambda_1},
\end{aligned}
$$

und analog

$$
y_2(t) = \left(y_2(t_0) + \frac{r_2}{\lambda_2}\right)e^{\lambda_2(t-t_0)} - \frac{r_2}{\lambda_2}.
$$

Aufgrund der Beziehung $x(t) = V\,y(t)$ ergibt sich die Lösung für das ursprüngliche dynamische System (vgl. Beispiele 15.1, 15.2 und 15.3):

$$
\begin{aligned}
x_1(t) &= y_1(t) + y_2(t), \\
x_2(t) &= \frac{\lambda_1 - a}{b}\,y_1(t) + \frac{\lambda_2 - a}{b}\,y_2(t).
\end{aligned}
$$

zu Fall 2) Die Matrix A besitzt genau einen reellen Eigenwert

$$
\hat\lambda = \lambda_1 = \lambda_2 = \frac{a+d}{2}.
$$

A kann nicht mehr wie im Fall 1) mittels der Matrix V der Eigenvektoren durch eine Ähnlichkeitstransformation umgeformt werden, da aufgrund der linearen Abhängigkeit der Eigenvektoren die Matrix V nicht mehr invertierbar ist. Trotzdem existiert zu A eine ähnliche Matrix B, die das dynamische System analog zu Fall 1) in eine mit herkömmlichen Mitteln lösbare Form überführt. Je nach Beschaffenheit von A können drei Unterfälle auftreten:

a) $\quad B = \begin{pmatrix} \hat{\lambda} & 0 \\ 0 & \hat{\lambda} \end{pmatrix}$, $\qquad$ wenn $\quad b = c = 0$,

b) $\quad B = \begin{pmatrix} \hat{\lambda} & 1 \\ 0 & \hat{\lambda} \end{pmatrix}$, $\qquad$ wenn $\quad b \neq 0$,

c) $\quad B = \begin{pmatrix} \hat{\lambda} & 0 \\ 1 & \hat{\lambda} \end{pmatrix}$, $\qquad$ wenn $\quad c \neq 0$.

Sei

$$A = W B W^{-1}$$

die Ähnlichkeitstransformation, so wird im weiteren für die genannten Fälle eine geeignete Konstruktionsvorschrift für die Matrix W gegeben.

a) In diesem Fall ist W die Einheitsmatrix E_2, so daß die Matrix A die Gestalt $\begin{pmatrix} \hat{\lambda} & 0 \\ 0 & \hat{\lambda} \end{pmatrix}$ hat, d.h. $A = B$. Damit besteht das dynamische System aus zwei voneinander unabhängigen inhomogenen Differentialgleichungen mit den folgenden Lösungen (die Startwerte $x_1(t_0)$, $x_2(t_0)$ sind zum Zeitpunkt t_0 bekannt):

$$x_1(t) = \left(x_1(t_0) + \frac{q_1}{\hat{\lambda}} \right) e^{\hat{\lambda}(t-t_0)} - \frac{q_1}{\hat{\lambda}},$$

$$x_2(t) = \left(x_2(t_0) + \frac{q_2}{\hat{\lambda}} \right) e^{\hat{\lambda}(t-t_0)} - \frac{q_2}{\hat{\lambda}}.$$

Durch Eliminierung des exponentiellen Faktors $e^{\hat{\lambda}(t-t_0)}$ ergibt sich, daß zwischen x_1 und x_2 eine lineare Beziehung besteht (vgl. Beispiel 15.4):

$$x_2(t) = \frac{x_1(t_0) + \frac{q_1}{\hat{\lambda}}}{x_2(t_0) + \frac{q_2}{\hat{\lambda}}} x_1(t) - \frac{q_1}{x_2(t_0)} + \frac{q_2}{\hat{\lambda}} + q_2.$$

b) In diesem Fall werden der zweite Spaltenvektor von W $\quad w_2 := \begin{pmatrix} 0 \\ 1 \end{pmatrix}$ und der erste Spaltenvektor von W $\quad w_1 := (A - E_2 \hat{\lambda}) w_2$ gesetzt. Damit ist W invertierbar. Falls $b \neq 0$, dann gilt:

$$
W = \begin{pmatrix} b & 0 \\ -\dfrac{a-d}{2} & 1 \end{pmatrix} \quad \text{und} \quad W^{-1} = \begin{pmatrix} \dfrac{1}{b} & 0 \\ \dfrac{a-d}{2b} & 1 \end{pmatrix}.
$$

Mit $\quad B := \begin{pmatrix} \hat{\lambda} & 1 \\ 0 & \hat{\lambda} \end{pmatrix} \quad$ läßt sich A wie folgt darstellen:

$$
A = W B W^{-1}.
$$

Wird dieser Ausdruck für A in das ursprüngliche dynamische System $x'(t) = A x(t) + q$ eingesetzt und anschließend die Matrizen-Gleichung von links mit W^{-1} multipliziert, so ergibt sich folgende Beziehung:

$$
\underbrace{W^{-1}x'(t)}_{=:\, y'(t)} = B \underbrace{W^{-1}x(t)}_{=:\, y(t)} + \underbrace{W^{-1}q}_{=:\, r}
$$

$$
\text{mit } y'(t) = \begin{pmatrix} y_1'(t) \\ y_2'(t) \end{pmatrix}, \quad y(t) = \begin{pmatrix} y_1(t) \\ y_2(t) \end{pmatrix}, \quad r = \begin{pmatrix} r_1 \\ r_2 \end{pmatrix} = \begin{pmatrix} \dfrac{q_1}{b} \\ \dfrac{a-d}{2b}q_1 + q_2 \end{pmatrix}.
$$

Mit den neu definierten endogenen Variablen $y_1(t)$ und $y_2(t)$ und den Konstanten r_1 und r_2 wird so aus dem ursprünglichen ein neues dynamisches System, $y'(t) = B y(t) + r$, gewonnen, in dem zumindest eine inhomogene Differentialgleichung existiert, deren Lösung $y_2(t)$ unabhängig von der anderen ist:

$$
y_1'(t) = \hat{\lambda} y_1(t) + y_2(t) + r_1,
$$

$$
y_2'(t) = \hat{\lambda} y_2(t) + r_2.
$$

Ist der Startwert $y_2(t_0)$ zum Zeitpunkt t_0 bekannt, so ergibt sich für $y_2(t)$ folgende Lösung (vgl. Abschnitt 13.2 und Fall 1)):

$$
y_2(t) = \left(y_2(t_0) + \frac{r_2}{\hat{\lambda}} \right) e^{\hat{\lambda}(t-t_0)} - \frac{r_2}{\hat{\lambda}}.
$$

Wird diese Lösung in die erste Differentialgleichung eingesetzt und diese dann gelöst, wobei der Startwert $y_1(t_0)$ zum Zeitpunkt t_0 bekannt ist, so folgt (wird die in Abschnitt 13.2 hergeleitete Lösung einer inhomogenen Differentialgleichung verwendet, so setze **dort** einfach die Konstante $\hat{\lambda}$ statt der Funktion $-p(\cdot)$ und die Funktion $\left[\left(y_2(t_0) + \dfrac{r_2}{\hat{\lambda}} \right) e^{\hat{\lambda}(\,\cdot\,-t_0)} + r_1 - \dfrac{r_2}{\hat{\lambda}} \right]$ statt der Funktion $r(\cdot)$ ein):

$$
\begin{aligned}
y_1(t) &= e^{\hat{\lambda}(t-t_0)} \left[y_1(t_0) + \int_{t_0}^{t} \left[\left(y_2(t_0) + \frac{r_2}{\hat{\lambda}} \right) e^{\hat{\lambda}(u-t_0)} + r_1 - \frac{r_2}{\hat{\lambda}} \right] e^{-\hat{\lambda}(u-t_0)} du \right] \\
&= e^{\hat{\lambda}(t-t_0)} \left[y_1(t_0) + \int_{t_0}^{t} \left[\left(y_2(t_0) + \frac{r_2}{\hat{\lambda}} \right) + \left(r_1 - \frac{r_2}{\hat{\lambda}} \right) e^{-\hat{\lambda}(u-t_0)} \right] du \right] \\
&= \left[y_1(t_0) + \left(y_2(t_0) + \frac{r_2}{\hat{\lambda}} \right)(t - t_0) + \left(\frac{r_1}{\hat{\lambda}} - \frac{r_2}{\hat{\lambda}^2} \right) \right] e^{\hat{\lambda}(t-t_0)} - \left(\frac{r_1}{\hat{\lambda}} - \frac{r_2}{\hat{\lambda}^2} \right).
\end{aligned}
$$

Aufgrund der Beziehung $x(t) = W\,y(t)$ ergibt sich die Lösung für das ursprüngliche dynamische System (vgl. Beispiel 15.5):

$$
\begin{aligned}
x_1(t) &= b\,y_1(t), \\
x_2(t) &= -\frac{a - d}{2}\,y_1(t) \;+\; y_2(t).
\end{aligned}
$$

c) Gilt $b = 0$ und $c \neq 0$, so läßt sich wie folgt verfahren:

Das ursprüngliche dynamische System wird umgestellt zu:

$$
\begin{aligned}
x_2'(t) &= dx_2(t) \;+\; cx_1(t) \;+\; q_2, \\
x_1'(t) &= bx_2(t) \;+\; ax_1(t) \;+\; q_1 \quad (\text{mit } b = 0).
\end{aligned}
$$

Das neue dynamische System mit der neuen Matrix $A^* = \begin{pmatrix} a^* & b^* \\ c^* & d^* \end{pmatrix} := \begin{pmatrix} d & c \\ 0 & a \end{pmatrix}$ unterscheidet sich vom ursprünglichen nur dadurch, daß x_1 mit x_2, a mit d, 0 mit c und q_1 mit q_2 die Plätze vertauscht haben. Auf die Matrix A^* ist jedoch Fall b) anwendbar. Damit lautet die Lösung:

$$x_1(t) \;=\; -\frac{d-a}{2}\, y_2(t) \;+\; y_1(t),$$

$$x_2(t) \;=\; c\, y_2(t)$$

mit

$$y_1(t) = \left(y_1(t_0) + \frac{r_1}{\hat\lambda}\right) e^{\hat\lambda(t-t_0)} - \frac{r_1}{\hat\lambda},$$

$$y_2(t) = \left[y_2(t_0) + \left(y_1(t_0) + \frac{r_1}{\hat\lambda}\right)(t - t_0) + \left(\frac{r_2}{\hat\lambda} - \frac{r_1}{\hat\lambda^2}\right)\right] e^{\hat\lambda(t-t_0)} - \left(\frac{r_2}{\hat\lambda} - \frac{r_1}{\hat\lambda^2}\right)$$

und

$$r_1 \;=\; \frac{d-a}{2c}\, q_2 + q_1,$$

$$r_2 \;=\; \frac{q_2}{c}.$$

zu Fall 3) Die Matrix A besitze zwei konjugiert komplexe reelle Eigenwerte

$$\lambda_1 \;=\; \lambda^{RE} + i\,\lambda^{IM} \quad \text{und} \quad \lambda_2 \;=\; \lambda^{RE} - i\,\lambda^{IM},$$

wobei $\qquad \lambda^{RE} \;:=\; \dfrac{a+d}{2} \qquad\qquad$ der Realteil ist

und $\qquad \lambda^{IM} \;:=\; \sqrt{\left| bc + \left(\dfrac{a-d}{2}\right)^2 \right|} \qquad$ der Imaginärteil ist.

In diesem Fall wird die Matrix W wie folgt konstruiert:

$$v_1 = \begin{pmatrix} v_{11} \\ v_{21} \end{pmatrix} =: \begin{pmatrix} v_{11}{}^{RE} + i\, v_{11}{}^{IM} \\ v_{21}{}^{RE} + i\, v_{21}{}^{IM} \end{pmatrix} \quad \text{ist ein komplexer Eigenvektor von } \lambda_1, \text{ der}$$

sich aus der nachfolgenden Matrizengleichung $(A - E_2\lambda_1)v_1 = 0$ berechnen läßt:

$$\begin{pmatrix} a - (\lambda^{RE} + i\,\lambda^{IM}) & b \\ c & d - (\lambda^{RE} + i\,\lambda^{IM}) \end{pmatrix} \begin{pmatrix} v_{11}{}^{RE} + i\, v_{11}{}^{IM} \\ v_{21}{}^{RE} + i\, v_{21}{}^{IM} \end{pmatrix} = \begin{pmatrix} 0 \\ 0 \end{pmatrix}.$$

Wird o.B.d.A. $v_{11}{}^{IM} = 1$ und $v_{21}{}^{IM} = 0$ gesetzt, so ergibt sich aus der obigen Matrizengleichung $v_{11}{}^{RE} = -\frac{a-d}{2\lambda^{IM}}$ und $v_{21}{}^{RE} = -\frac{c}{\lambda^{IM}}$. Aus diesen Komponenten wird die Matrix W wie folgt konstruiert:

$$W = \begin{pmatrix} -\dfrac{a-d}{2\lambda^{IM}} & 1 \\[2ex] -\dfrac{c}{\lambda^{IM}} & 0 \end{pmatrix} \qquad \text{und} \qquad W^{-1} = \begin{pmatrix} 0 & -\dfrac{\lambda^{IM}}{c} \\[2ex] 1 & -\dfrac{a-d}{2c} \end{pmatrix}.$$

Mit $\quad B := \begin{pmatrix} \lambda^{RE} & -\lambda^{IM} \\[1.5ex] \lambda^{IM} & \lambda^{RE} \end{pmatrix}\quad$ läßt sich A wie folgt darstellen:

$$A \;=\; W\,B\,W^{-1}.$$

Wird dieser Ausdruck für $\quad A\quad$ in das ursprüngliche dynamische System $x'(t) = A\,x(t) + q$ eingesetzt und anschließend die Matrizen-Gleichung von links mit W^{-1} multipliziert, so ergibt sich folgende Beziehung:

$$\underbrace{W^{-1}x'(t)}_{=:\ y'(t)} \;=\; B\,\underbrace{W^{-1}x(t)}_{=:\ y(t)} \;+\; \underbrace{W^{-1}q}_{=:\ r}$$

mit $\; y'(t) = \begin{pmatrix} y_1'(t) \\ y_2'(t) \end{pmatrix}$, $\; y(t) = \begin{pmatrix} y_1(t) \\ y_2(t) \end{pmatrix}$, $\; r = \begin{pmatrix} r_1 \\ r_2 \end{pmatrix} = \begin{pmatrix} -\dfrac{\lambda^{IM}}{c}q_2 \\[2.5ex] q_1 - \dfrac{a-d}{2c}q_2 \end{pmatrix}.$

Das zweidimensionale dynamische System $\quad y'(t) = B\,y(t) + r\quad$ kann durch die anschließend angegebenen Identifikationen seiner Vektoren mit komplexen Zahlen zu einer inhomogenen Differentialgleichung 1. Ordnung mit der komplexen Lösung $z(t)$ umgeschrieben werden:

$$z'(t) \;=\; \lambda_1 z(t) + (r_1 + i\,r_2).$$

Dabei werden die folgenden komplexen Zahlen mit den folgenden Vektoren identifiziert:

$$
\begin{aligned}
z(t) \;&:=\; y_1(t) + i\,y_2(t) &&\text{mit} && y(t), \\
z'(t) \;&=\; y_1'(t) + i\,y_2'(t) &&\text{mit} && y'(t), \\
&\; r_1 + i\,r_2 &&\text{mit} && r, \\
&\; \lambda_1 z &&\text{mit} && B\,y(t),
\end{aligned}
$$

wobei für die letzte Identifikation gilt:

$$\lambda_1 z = \left(\lambda^{RE} + i\,\lambda^{IM}\right)\left(y_1(t) + i\,y_2(t)\right)$$
$$= \left(\lambda^{RE} y_1(t) - \lambda^{IM} y_2(t)\right) + i\left(\lambda^{IM} y_1(t) + \lambda^{RE} y_2(t)\right),$$

$$B\,y(t) = \begin{pmatrix} \lambda^{RE} y_1(t) - \lambda^{IM} y_2(t) \\ \lambda^{IM} y_1(t) + \lambda^{RE} y_2(t) \end{pmatrix}.$$

Die inhomogene Differentialgleichung 1. Ordung mit der komplexen Lösung $z(t)$ läßt sich genauso lösen wie eine reelle Differentialgleichung.

Ist der Startwert $z(t_0) = y_1(t_0) + i\,y_2(t_0)$ zum Zeitpunkt t_0 bekannt, so ergibt sich für $z(t)$ folgende Lösung (vgl. Abschnitt 13.2 und Fall 1):

$$z(t) = \left(z(t_0) + \frac{r_1 + i\,r_2}{\lambda_1}\right) e^{\lambda_1(t-t_0)} - \frac{r_1 + i\,r_2}{\lambda_1}.$$

Hieraus lassen sich zwei entkoppelte Lösungen $y_1(t)$ und $y_2(t)$ wie folgt ableiten:

Zunächst werden die Zahlen s_1 und s_2 definiert:

$$\frac{(r_1 + i\,r_2)\lambda_2}{\lambda_1 \lambda_2} = \frac{\left(\lambda^{RE} r_1 + \lambda^{IM} r_2\right)}{\left(\lambda^{RE}\right)^2 + \left(\lambda^{IM}\right)^2} + i\,\frac{\left(\lambda^{RE} r_2 - \lambda^{IM} r_1\right)}{\left(\lambda^{RE}\right)^2 + \left(\lambda^{IM}\right)^2} =: s_1 + i\,s_2$$

und der exponentielle Ausdruck wird umgeformt, wobei die in Abschnitt 2.3 eingeführte *Eulersche Formel* verwendet wird:

$$e^{\lambda_1(t-t_0)} = e^{\lambda^{RE}(t-t_0)} e^{i\,\lambda^{IM}(t-t_0)}$$
$$= e^{\lambda^{RE}(t-t_0)} \left[\cos\left(\lambda^{IM}(t-t_0)\right) + i\,\sin\left(\lambda^{IM}(t-t_0)\right)\right].$$

Diese Ausdrücke werden in die Gleichung eingesetzt, anschließend wird dann ausmultipliziert und nach Realteil und Imaginärteil geordnet. Eine Lösung für y_1 und y_2 ergibt sich dann durch Vergleich von Realteil und Imaginärteil der rechten und linken Seite:

$$y_1(t) \;=\; e^{\lambda^{RE}(t-t_0)} \Big[\Big(y_1(t_0) + s_1\Big) \cos\Big(\lambda^{IM}(t-t_0)\Big)$$
$$- \Big(y_2(t_0) + s_2\Big) \sin\Big(\lambda^{IM}(t-t_0)\Big)\Big] - s_1,$$
$$y_2(t) \;=\; e^{\lambda^{RE}(t-t_0)} \Big[\Big(y_1(t_0) + s_1\Big) \sin\Big(\lambda^{IM}(t-t_0)\Big)$$
$$+ \Big(y_2(t_0) + s_2\Big) \cos\Big(\lambda^{IM}(t-t_0)\Big)\Big] - s_2.$$

Aufgrund der Beziehung $x(t) = W\,y(t)$ ergibt sich die Lösung für das ursprüngliche dynamische System (vgl. die Beispiele 15.6, 15.7 und 15.8):

$$x_1(t) \;=\; -\frac{a-d}{2\lambda^{IM}} y_1(t) \;+\; y_2(t),$$
$$x_2(t) \;=\; -\frac{c}{\lambda^{IM}} y_1(t).$$

15.3   Differentialgleichungen 2. Ordnung

Eine Differentialgleichung 2. Ordnung

$$\hat{x}_1''(t) \;=\; \alpha\hat{x}_1'(t) + \beta\hat{x}_1(t) + \gamma$$

kann mit $\hat{x}_2(t) := \hat{x}_1'(t)$ in das dynamische System

$$\hat{x}_1'(t) \;=\; \hat{x}_2(t),$$
$$\hat{x}_2'(t) \;=\; \beta\hat{x}_1(t) \;+\; \alpha\hat{x}_2(t) \;+\; \gamma.$$

umgeformt werden, d.h. es gilt: $A = \begin{pmatrix} 0 & 1 \\ \beta & \alpha \end{pmatrix}$ und $q = \begin{pmatrix} 0 \\ \gamma \end{pmatrix}$.

Die Matrix A besitzt folgende Eigenwerte (vgl. oben):

$$\lambda_{1,2} \;=\; \frac{\alpha}{2} \; {\textstyle +\atop\textstyle -} \; \sqrt{\beta + \left(\frac{\alpha}{2}\right)^2}.$$

Die Differentialgleichung 1. Ordnung besitzt in den oben angegebenen Fällen folgende Lösungen:

Fall 1) Gilt $\beta > -\left(\dfrac{\alpha}{2}\right)^2$

und wird $x_1 := \hat{x}_1$ und $x_2 := \hat{x}_2$ gesetzt, so folgt aus obigem Fall 1) nach entsprechenden Umformungen:

$$
\hat{x}_1(t) = \left(y_1(t_0) - \frac{\gamma}{\lambda_1(\lambda_2 - \lambda_1)}\right) e^{\lambda_1(t-t_0)}
$$
$$
+ \left(y_2(t_0) + \frac{\gamma}{\lambda_2(\lambda_2 - \lambda_1)}\right) e^{\lambda_2(t-t_0)} - \frac{\gamma}{\beta},
$$

wobei bei bekannten Startwerten $\hat{x}_1(t_0)$ und $\hat{x}_1'(t_0)$ zum Zeitpunkt t_0
$y_1(t_0) := \dfrac{\lambda_2}{\lambda_2 - \lambda_1}\hat{x}_1(t_0) - \hat{x}_1'(t_0)$ und $y_2(t_0) := -\dfrac{\lambda_1}{\lambda_2 - \lambda_1}\hat{x}_1(t_0) + \hat{x}_1'(t_0)$ sind.

Fall 2) Gilt $\hat{\lambda} := \beta = -\left(\dfrac{\alpha}{2}\right)^2$

und wird $x_1 := \hat{x}_1$ und $x_2 := \hat{x}_2$ gesetzt, so folgt aus obigem Fall 2 b) nach entsprechenden Umformungen:

$$
\hat{x}_1(t) = \left[y_1(t_0) + \left(y_2(t_0) + \frac{\gamma}{\hat{\lambda}}\right)(t - t_0) - \frac{\gamma}{\hat{\lambda}^2}\right] e^{\hat{\lambda}(t-t_0)} + \frac{\gamma}{\hat{\lambda}^2},
$$

wobei bei bekannten Startwerten $\hat{x}_1(t_0)$ und $\hat{x}_1'(t_0)$ zum Zeitpunkt t_0
$y_1(t_0) := \hat{x}_1(t_0)$ und $y_2(t_0) := -\dfrac{\alpha}{2}\hat{x}_1(t_0) + \hat{x}_1'(t_0)$ sind.

Fall 3) Gilt $\beta < -\left(\dfrac{\alpha}{2}\right)^2$

und wird abweichend von den beiden vorangegangenen Fällen $x_2 := \hat{x}_1$ und $x_1 := \hat{x}_2$ gesetzt,

so folgt mit $\lambda^{RE} := \dfrac{\alpha}{2}$ und $\lambda^{IM} := \sqrt{\beta + \left(\dfrac{\alpha}{2}\right)^2}$ nach entsprechenden Umformungen:

$$\hat{x}_1(t) \;=\; -\frac{1}{\lambda^{IM}} e^{\lambda^{RE}} \Big[\big(y_1(t_0) + \lambda^{RE}\big) \cos\big(\lambda^{IM}(t - t_0)\big)$$

$$- \big(y_2(t_0) - \lambda^{IM}\big) \sin\big(\lambda^{IM}(t - t_0)\big)\Big] + \frac{\lambda^{RE}}{\lambda^{IM}},$$

wobei bei bekannten Startwerten $\hat{x}_1(t_0)$ und $\hat{x}_1'(t_0)$ zum Zeitpunkt t_0
$y_1(t_0) := \lambda^{IM}\hat{x}_1(t_0)$ und $y_2(t_0) := \hat{x}_1'(t_0) - \dfrac{\alpha}{2}\hat{x}_1(t_0)$ sind.

Bemerkung. Wie der letzte Fall zeigt, kann bei geschickter Wahl der Variablen der Weg zur Lösung von Differentialgleichungen oft erheblich vereinfacht werden. Die Wahl $x_1 := \hat{x}_1$ und $x_2 := \hat{x}_2$ hätte zwar auch zum Ziel geführt, jedoch mit erheblich größerem Rechenaufwand.

15.4   Stabilität

In bezug auf ökonomische Prozesse stellt sich die Frage der Stabilität: Bewegt sich ein Prozeß auf einen Gleichgewichtszustand zu oder nicht? Wird dieser ökonomische Prozeß durch das dynamische System $x'(t) = A\,x(t) + q$ modelliert, so hängt – wie noch zeigen – das Stabilitätsverhalten der Lösungen wieder von den Eigenwerten der Matrix A ab.

Definition. Ein Punkt $x^* := \begin{pmatrix} x_1^* \\ x_2^* \end{pmatrix}$, der für alle Zeitpunkte $t \geq t_0$ Lösung $x(t)$ des dynamischen Systems ist, d.h. $x(t_0) = x(t) = x^*$, heißt **stationärer Punkt**.

Bemerkung. Liegt ein stationärer Punkt x^* vor, so gilt $x_1'(t) = x_2'(t) = 0$, da $x(t)$ für alle $t \geq t_0$ konstant ist. Ist die Matrix A invertierbar, so ist deshalb $x^* = -A^{-1}q$ der (eindeutig bestimmte) stationäre Punkt.

Definitionen. $x'(t) = A\,x(t) + q$ sei das zugrundegelegte dynamische System und A invertierbar.

a) Die Lösung $x(t)$ des dynamischen Systems heißt

- **asymptotisch stabil** oder einfach **stabil**, wenn sie im Zeitverlauf $(t \to \infty)$ gegen den stationären Punkt x^* konvergiert,
- **instabil**, wenn sie divergiert,
- **periodisch**, wenn sie nach einem endlichen Zeitintervall den Ausgangspunkt wieder durchläuft (vgl. Beispiel 15.7).

b) Ein dynamisches System heißt

- **global stabil**, wenn unabhängig von der Wahl des Anfangswertes alle Lösungen stabil sind,
- **partiell stabil**, wenn die Stabilität der Lösung von der Wahl des Anfangswertes abhängt (vgl. Beispiel 15.3),
- **global instabil**, wenn unabhängig von der Wahl des Anfangswertes alle Lösungen instabil sind,
- **periodisch**, wenn unabhängig von der Wahl des Anfangswertes alle Lösungen periodisch sind.

Die folgenden beiden Sätze ermöglichen es, das Stabilitätsverhalten eines dynamischen Systems direkt an der Matrix A abzulesen. In Satz 15.2 wird für die auftretenden Fälle eine Charakterisierung des stationären Punktes gegeben, die sich auf das globale Verhalten der Trajektorien bezieht.

Satz 15.1. *Ein inhomogenes dynamisches System*

$$x'(t) \;=\; A\,x(t) + q$$

ist genau dann global stabil, partiell stabil, global instabil bzw. periodisch, wenn das homogene dynamische System

$$x'(t) \;=\; A\,x(t)$$

auch global stabil, partiell stabil, global instabil bzw. periodisch ist.

Satz 15.2. *Sei* $x'(t) = A\,x(t) + q$ *und A invertierbar, dann gilt:*

Eigenschaften der Eigenwerte		Stabilität im dyn. System	Charakterisierung des stationären Punktes	Beispiele
reelle	$\lambda_2 < \lambda_1 < 0$	global stabil	stabiler Knoten	15.1, 15.2
	$\lambda_2 < 0 < \lambda_1$	partiell stabil	Sattelpunkt	15.3
	$0 < \lambda_2 < \lambda_1$	global instabil	instabiler Knoten	
	$\lambda_1 = \lambda_2 < 0$	global stabil	stabiler Knoten	15.4, 15.5
	$\lambda_1 = \lambda_2 > 0$	global instabil	instabiler Knoten	
komplexe	$\lambda^{RE} < 0$	global stabil	stabiler Spiralpunkt	15.6
	$\lambda^{RE} = 0$	periodisch	Zentrum	15.7
	$\lambda^{RE} > 0$	global instabil	instabiler Spiralpunkt	15.8

15.5 Numerische Beispiele dynamischer Systeme

In diesem Abschnitt sollen anhand von numerischen Beispielen die Ergebnisse der vorangegangenen Abschnitte veranschaulicht werden. Die Abbildungen stellen dabei gleichzeitig ein Richtungsfeld und ein Phasendiagramm dar.

Beispiel 15.1 (Zwei reelle Eigenwerte). Gegeben sei ein dynamisches System $x'(t) = A\,x(t) + q$ mit dem stationären Punkt x^* und den zu A gehörenden Eigenwerten λ_1 und λ_2:

$$A = \begin{pmatrix} -1 & 0 \\ 0 & -2 \end{pmatrix}, \quad q = \begin{pmatrix} 4 \\ 8 \end{pmatrix}, \quad \lambda = \begin{pmatrix} -1 \\ -2 \end{pmatrix} \quad \text{und} \quad x^* = \begin{pmatrix} 4 \\ 4 \end{pmatrix}.$$

Eigenschaft der Eigenwerte: $\lambda_2 < \lambda_1 < 0$.

Stabilitätsverhalten des dynamischen Systems: **global stabil.**

Charakterisierung des stationären Punktes : **stabiler Knoten.**

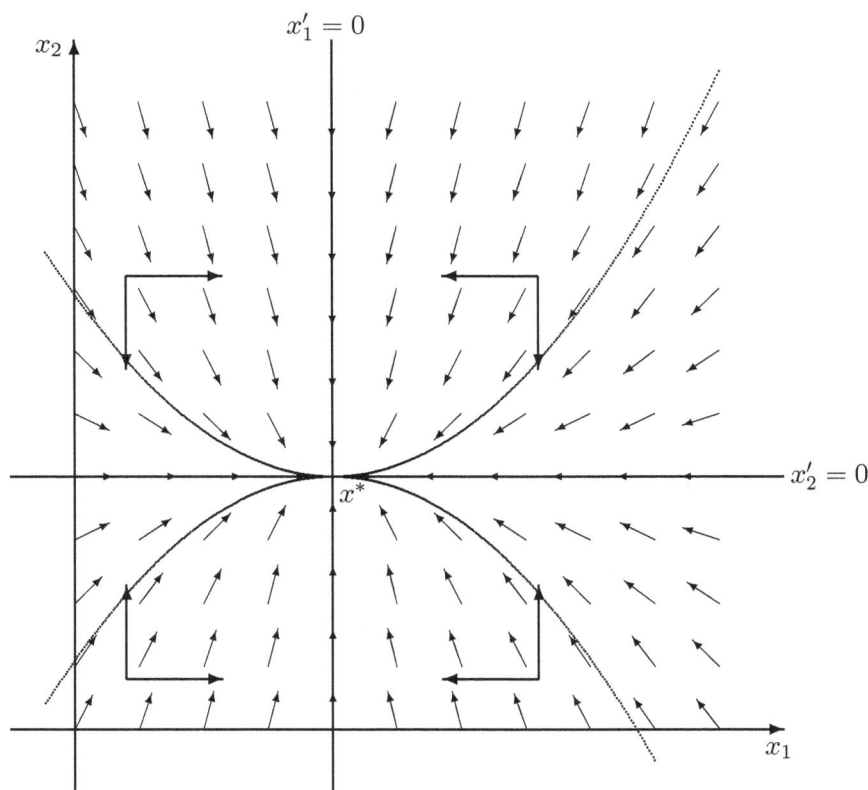

Abb. 15.3. Richtungsfeld und Phasendiagramm.

Beispiel 15.2 (Zwei reelle Eigenwerte). Gegeben sei ein dynamisches System $x'(t) = A\,x(t) + q$ mit dem stationären Punkt x^* und den zu A gehörenden Eigenwerten λ_1 und λ_2:

$$A = \begin{pmatrix} -2 & 3 \\ 1 & -4 \end{pmatrix}, \quad q = \begin{pmatrix} -4 \\ 12 \end{pmatrix}, \quad \lambda = \begin{pmatrix} -1 \\ -5 \end{pmatrix} \quad \text{und} \quad x^* = \begin{pmatrix} 4 \\ 4 \end{pmatrix}.$$

Eigenschaft der Eigenwerte: $\lambda_2 < \lambda_1 < 0$.

Stabilitätsverhalten des dynamischen Systems: **global stabil.**

Charakterisierung des stationären Punktes :   **stabiler Knoten.**

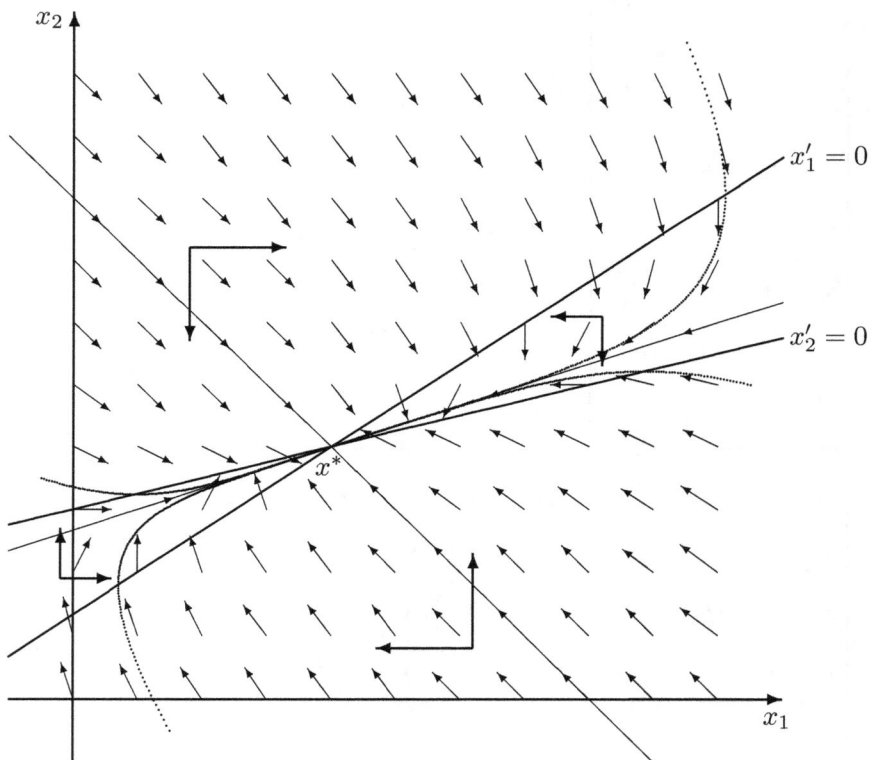

Abb. 15.4. Richtungsfeld und Phasendiagramm.

Beispiel 15.3 (Zwei reelle Eigenwerte). Gegeben sei ein dynamisches System $x'(t) = A\,x(t) + q$ mit dem stationären Punkt x^* und den zu A gehörenden Eigenwerten λ_1 und λ_2:

$$A = \begin{pmatrix} 1 & 1 \\ 2 & -1 \end{pmatrix}, \quad q = \begin{pmatrix} -8 \\ -4 \end{pmatrix}, \quad \lambda = \begin{pmatrix} +\sqrt{3} \\ -\sqrt{3} \end{pmatrix} \quad \text{und} \quad x^* = \begin{pmatrix} 4 \\ 4 \end{pmatrix}.$$

Eigenschaft der Eigenwerte: $\qquad\qquad\qquad \lambda_2 < 0 < \lambda_1$.

Stabilitätsverhalten des dynamischen Systems: **partiell stabil.**

Charakterisierung des stationären Punktes : **Sattelpunkt.**

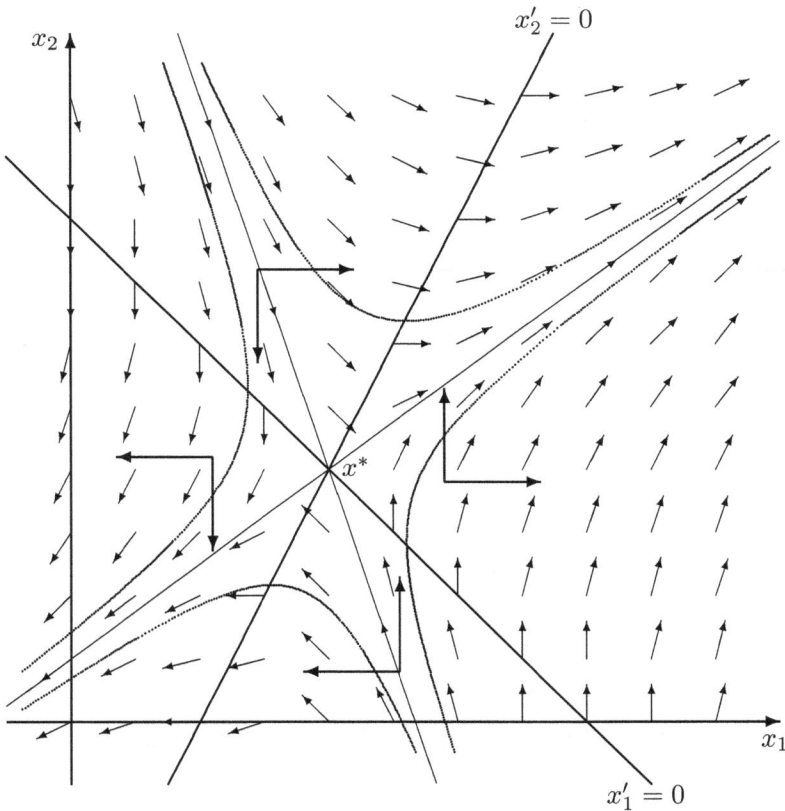

Abb. 15.5. Richtungsfeld und Phasendiagramm.

Beispiel 15.4 (Ein reeller Eigenwert). Gegeben sei ein dynamisches System $x'(t) = A\,x(t) + q$ mit dem stationären Punkt x^* und dem zu A gehörenden Eigenwert $\lambda_1 = \lambda_2$:

$$A = \begin{pmatrix} -1 & 0 \\ 0 & -1 \end{pmatrix}, \quad q = \begin{pmatrix} 4 \\ 4 \end{pmatrix}, \quad \lambda = \begin{pmatrix} -1 \\ -1 \end{pmatrix} \quad \text{und} \quad x^* = \begin{pmatrix} 4 \\ 4 \end{pmatrix}.$$

Eigenschaft der Eigenwerte: $\lambda_1 = \lambda_2 = -1$.

Stabilitätsverhalten des dynamischen Systems: **global stabil.**

Charakterisierung des stationären Punktes :   **stabiler Knoten.**

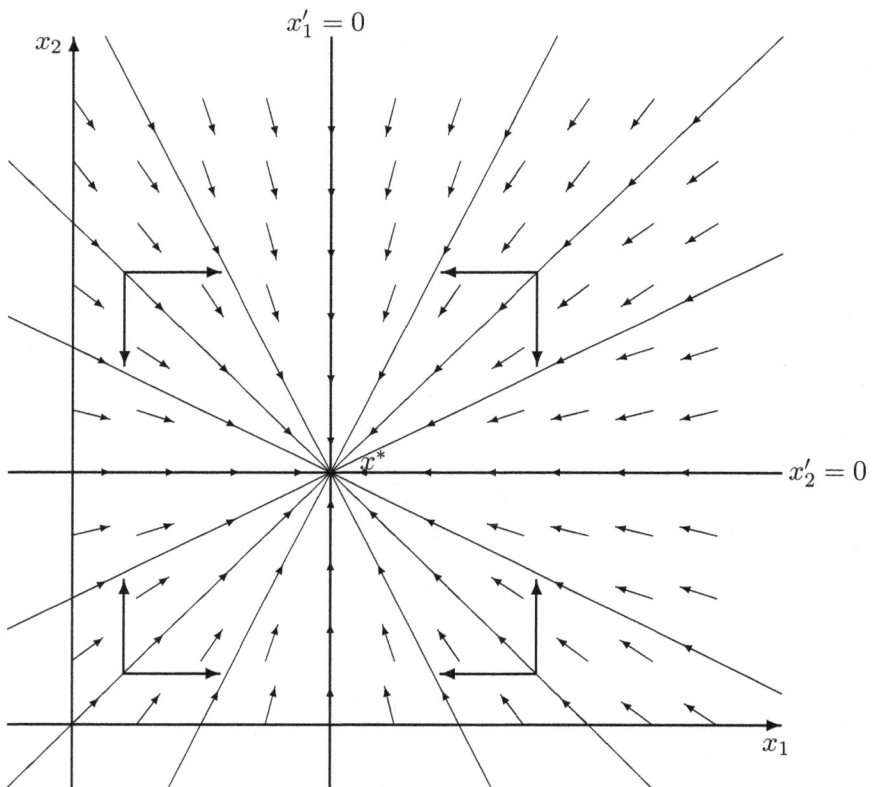

Abb. 15.6. Richtungsfeld und Phasendiagramm.

Beispiel 15.5 (Ein reeller Eigenwert). Gegeben sei ein dynamisches System $x'(t) = A\,x(t) + q$ mit dem stationären Punkt x^* und dem zu A gehörenden Eigenwert $\lambda_1 = \lambda_2$:

$$A = \begin{pmatrix} -1 & 1 \\ 0 & -1 \end{pmatrix}, \quad q = \begin{pmatrix} 0 \\ 4 \end{pmatrix}, \quad \lambda = \begin{pmatrix} -1 \\ -1 \end{pmatrix} \quad \text{und} \quad x^* = \begin{pmatrix} 4 \\ 4 \end{pmatrix}.$$

Eigenschaft der Eigenwerte: $\qquad\qquad\qquad\qquad\quad \lambda_1 = \lambda_2 = -1.$

Stabilitätsverhalten des dynamischen Systems: **global stabil**.

Charakterisierung des stationären Punktes : **stabiler Knoten**.

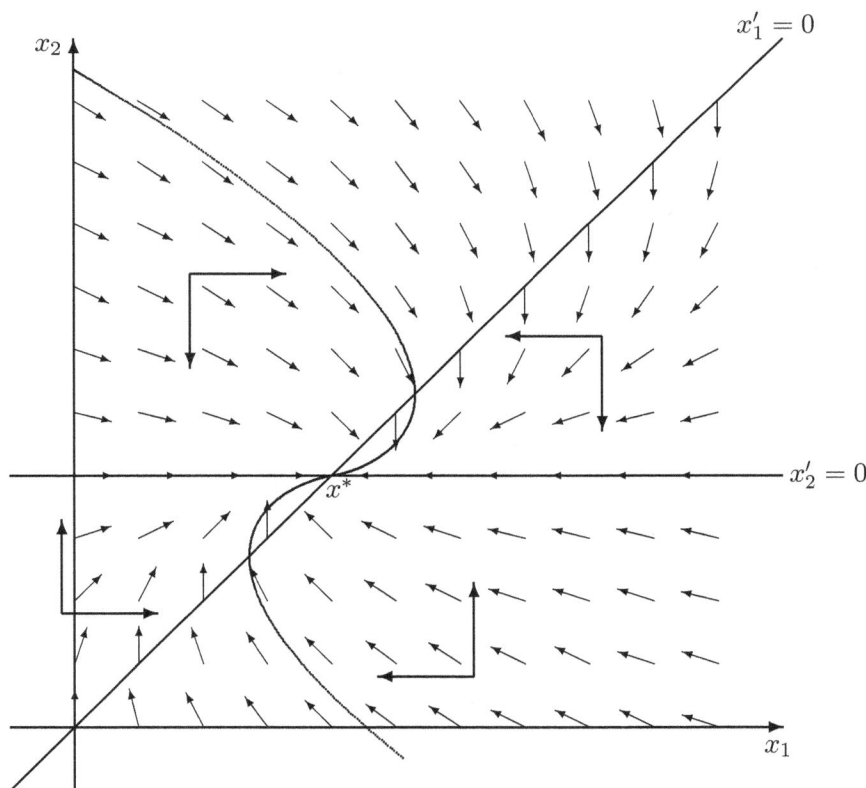

Abb. 15.7. Richtungsfeld und Phasendiagramm.

Beispiel 15.6 (Konjugiert komplexe Eigenwerte). Gegeben sei ein dynamisches System $x'(t) = A x(t) + q$ mit dem stationären Punkt x^* und den zu A gehörenden Eigenwerten λ_1 und λ_2:

$$A = \begin{pmatrix} -\frac{1}{2} & 1 \\ -1 & -\frac{1}{2} \end{pmatrix}, \quad q = \begin{pmatrix} -2 \\ 6 \end{pmatrix}, \quad \lambda = \begin{pmatrix} -\frac{1}{2} + i \\ -\frac{1}{2} - i \end{pmatrix} \quad \text{und} \quad x^* = \begin{pmatrix} 4 \\ 4 \end{pmatrix}.$$

Eigenschaft der Eigenwerte: $\lambda^{RE} < 0$.

Stabilitätsverhalten des dynamischen Systems: **global stabil**.

Charakterisierung des stationären Punktes :   **stabiler Spiralpunkt**.

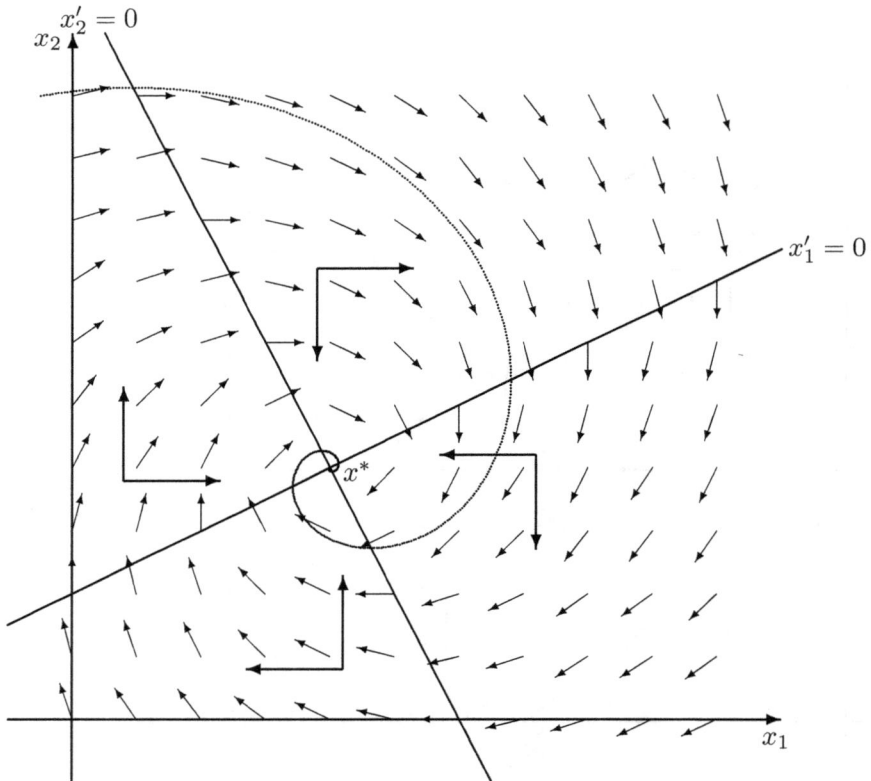

Abb. 15.8. Richtungsfeld und Phasendiagramm.

Beispiel 15.7 (Konjugiert komplexe Eigenwerte). Gegeben sei ein dynamisches System $x'(t) = A\,x(t) + q$ mit dem stationären Punkt x^* und den zu A gehörenden Eigenwerten λ_1 und λ_2:

$$A = \begin{pmatrix} 0 & 1 \\ -1 & 0 \end{pmatrix}, \quad q = \begin{pmatrix} -4 \\ 4 \end{pmatrix}, \quad \lambda = \begin{pmatrix} +i \\ -i \end{pmatrix} \quad \text{und} \quad x^* = \begin{pmatrix} 4 \\ 4 \end{pmatrix}.$$

Eigenschaft der Eigenwerte: $\lambda^{RE} = 0.$

Stabilitätsverhalten des dynamischen Systems: **periodisch.**

Charakterisierung des stationären Punktes   :   **Zentrum.**

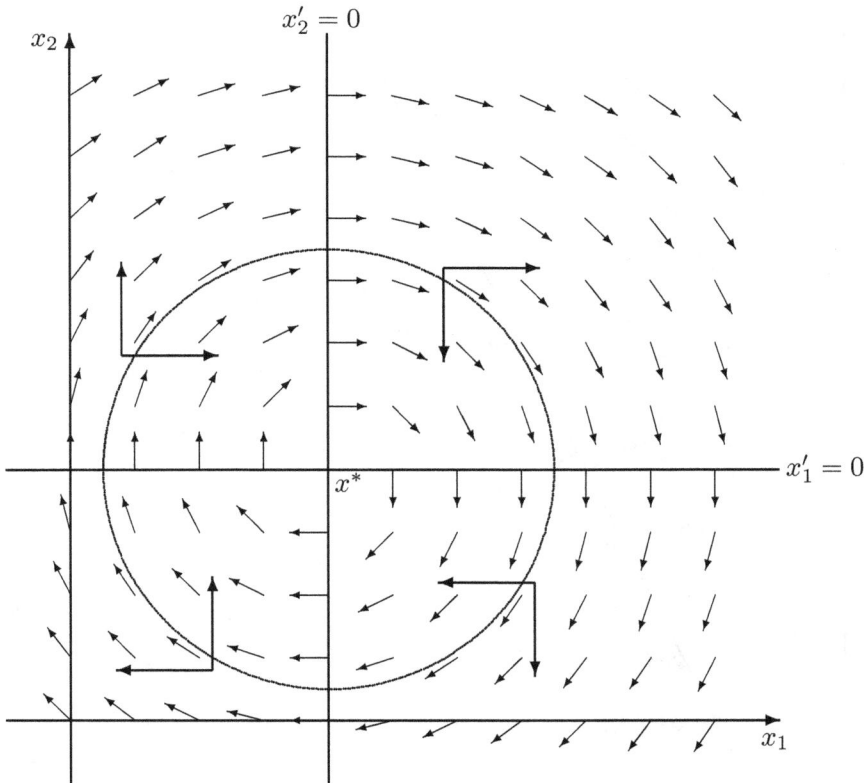

Abb. 15.9. Richtungsfeld und Phasendiagramm.

Beispiel 15.8 (Konjugiert komplexe Eigenwerte). Gegeben sei ein dynamisches System $x'(t) = A\,x(t) + q$ mit dem stationären Punkt x^* und den zu A gehörenden Eigenwerten λ_1 und λ_2:

$$A = \begin{pmatrix} \frac{1}{2} & 1 \\ -1 & \frac{1}{2} \end{pmatrix}, \quad q = \begin{pmatrix} -6 \\ 2 \end{pmatrix}, \quad \lambda = \begin{pmatrix} \frac{1}{2} + i \\ \frac{1}{2} - i \end{pmatrix} \quad \text{und} \quad x^* = \begin{pmatrix} 4 \\ 4 \end{pmatrix}.$$

Eigenschaft der Eigenwerte: $\qquad\qquad\qquad\qquad \lambda^{RE} > 0.$

Stabilitätsverhalten des dynamischen Systems: **global instabil.**

Charakterisierung des stationären Punktes : **instabiler Spiralpunkt.**

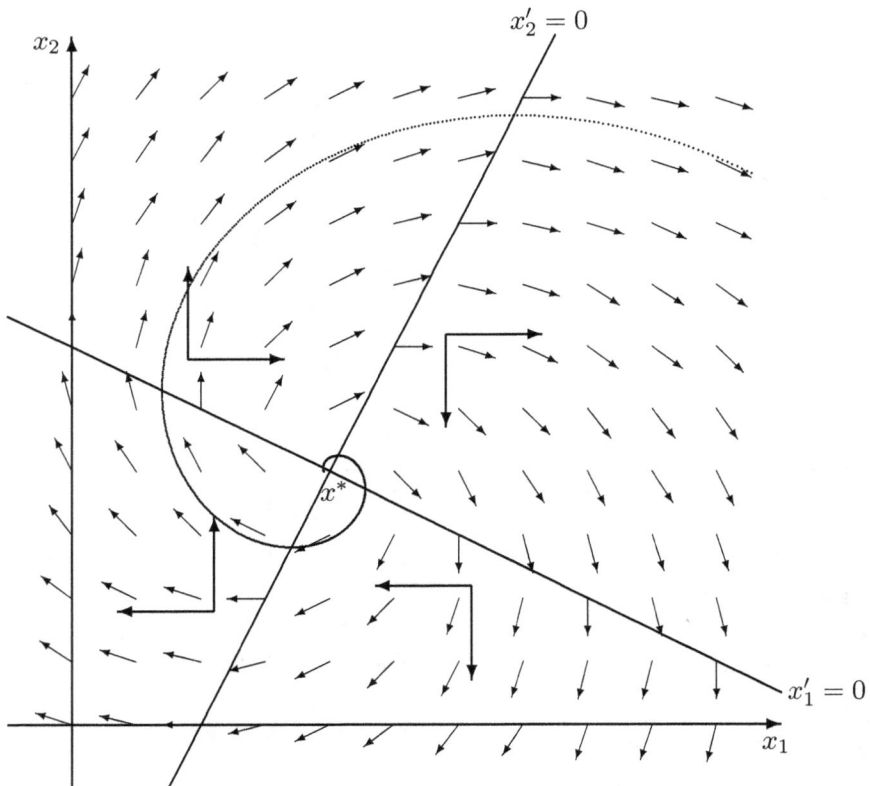

Abb. 15.10. Richtungsfeld und Phasendiagramm.

16 Einige weitere Anwendungen

16.1 Intertemporale Allokation und Geldhaltung

Ein Wirtschaftssubjekt konsumiert ein Gut in zwei Perioden – die Menge x_1 in der ersten und die Menge x_2 in der zweiten – und hat die Nutzenfunktion

$$U(x_1, x_2) = \ln(x_1) + \delta \ln(x_2),$$

wobei $\ln(x_1)$ und $\ln(x_2)$ streng monoton wachsende und streng konkave Funktionen sind, d.h. $\frac{\mathrm{d}\ln}{\mathrm{d}x_i}(x_i) = \frac{1}{x_i} > 0$ und $\frac{\mathrm{d}^2\ln}{\mathrm{d}x_i^2}(x_i) = -\frac{1}{x_i^2} < 0$ für $i = 1, 2$ (vgl. Abschnitt 2.2 und Satz 9.4). Der Faktor $0 \leq \delta < \infty$ gibt an, wie das Wirtschaftssubjekt den Nutzen aus dem zukünftigen Konsum in Vergleich zum gegenwärtigen gewichtet. (Wäre zum Beispiel das Konsumgut "Skiurlaub" und müßte das Wirtschaftssubjekt in der zweiten Periode auf einer Bohrinsel arbeiten, würde es $\delta = 0$ setzen. Müßte es dagegen in der ersten Periode auf einer Bohrinsel arbeiten, würde es δ nahe bei ∞ wählen.) Üblicherweise wird $\delta \leq 1$ unterstellt, d.h. es wird angenommen, daß der Gegenwartsnutzen höher als der Zukunftsnutzen bewertet wird. Während in der ersten Periode der Preis p_1 des Konsumgutes bekannt ist, muß das Wirtschaftssubjekt über den Preis in der zweiten Periode eine Erwartung p^e bilden.

Zu Beginn der ersten Periode besitzt das Wirtschaftssubjekt ein Vermögen $\overline{w_0}$ aus dem Arbeitseinkommen der vorangegangenen Periode. Entsprechend ist das Vermögen $\overline{w_1}$ zu Beginn der zweiten Periode definiert.

Des weiteren besteht die Möglichkeit, einen Geldbetrag m_1 des Vermögens $\overline{w_0}$ zu sparen. Dieser steht dem Wirtschaftssubjekt, einschließlich des Zinsertrages $r\, m_1$ in der zweiten Periode zusätzlich zur Verfügung. r gibt dabei die Zinssatz an.

Die *Budgetrestriktionen* (Nebenbedingungen) für die beiden Perioden lauten dann:

$$p_1 x_1 + m_1 = \overline{w_0}$$

$$p^e x_2 = \overline{w_1} + (1 + r)m_1 .$$

Das Wirtschaftssubjekt maximiert nun seinen Nutzen unter Beachtung der Budgetrestriktionen. Eine Berechnung der expliziten Lösung erlaubt die Lagrange-Methode.

Beispiel 16.1 (Lagrange-Methode). Die partiellen Ableitungen der zugehörigen Lagrangefunktion $\qquad\qquad\qquad\qquad\qquad\qquad L(x_1, x_2, m_1, \lambda_1, \lambda_2)$
$= \ln(x_1) + \delta \ln(x_2) + \lambda_1 (p_1 x_1 + m_1 - \overline{w_0}) + \lambda_2 (p^e x_2 - \overline{w_1} - (1+r)m_1)$ lassen sich zu folgendem Gleichungssystem zusammenfassen

$$\frac{\partial L}{\partial x_1}(x_1, x_2, m_1, \lambda_1, \lambda_2) \;=\; \frac{1}{x_1} + \lambda_1 p_1 \qquad\qquad \overset{!}{=} \; 0$$

$$\frac{\partial L}{\partial x_2}(x_1, x_2, m_1, \lambda_1, \lambda_2) \;=\; \delta\frac{1}{x_2} + \lambda_2 p^e \qquad\qquad \overset{!}{=} \; 0$$

$$\frac{\partial L}{\partial m_1}(x_1, x_2, m_1, \lambda_1, \lambda_2) \;=\; \lambda_1 - (1+r)\lambda_2 \qquad\qquad \overset{!}{=} \; 0$$

$$\frac{\partial L}{\partial \lambda_1}(x_1, x_2, m_1, \lambda_1, \lambda_2) \;=\; p_1 x_1 + m_1 - \overline{w_0} \qquad\qquad \overset{!}{=} \; 0$$

$$\frac{\partial L}{\partial \lambda_2}(x_1, x_2, m_1, \lambda_1, \lambda_2) \;=\; p^e x_2 - \overline{w_1} - (1+r)m_1 \quad \overset{!}{=} \; 0\,.$$

Aus dem Gleichungssystem der partiellen Ableitungen der Lagrangefunktion errechnen sich die optimale Konsumallokation $x_1{}^*, x_2{}^*$ des Gutes in den beiden Perioden, auch optimale intertemporale Allokation genannt, und die optimale Geldhaltung $m_1{}^*$.

Es empfiehlt sich, bei der Berechnung zunächst die ersten beiden Gleichungen nach λ_1 bzw. λ_2 aufzulösen und dann in die dritte einzusetzen und die vierte Gleichung nach m_1 aufzulösen und dann in die fünfte einzusetzen. Auf diese Weise werden zwei Gleichungen gewonnen, die nur die beiden Variablen x_1 und x_2 enthalten und somit in der Regel eindeutig lösbar sind. Die restlichen Gleichungen lassen sich anschließend sofort bestimmen. Hiermit ergibt sich

$$x_1{}^* \;=\; \frac{1}{1+\delta} \frac{\overline{w_0} + \frac{1}{1+r}\overline{w_1}}{p_1}$$

$$x_2{}^* \;=\; \frac{\delta}{1+\delta} \frac{\overline{w_0} + \frac{1}{1+r}\overline{w_1}}{\frac{1}{1+r}p^e}$$

$$m_1{}^* \;=\; \frac{\delta}{1+\delta}\overline{w_0} - \frac{1}{1+\delta}\cdot\frac{1}{1+r}\overline{w_1}$$

sowie die Lagrangemultiplikatoren $\lambda_1{}^*$, $\lambda_2{}^*$

$$\lambda_1{}^* = -(1+\delta)\frac{1}{\overline{w_0} + \frac{1}{1+r}\overline{w_1}}$$

$$\lambda_2{}^* = -(1+\delta)\frac{\frac{1}{1+r}}{\overline{w_0} + \frac{1}{1+r}\overline{w_1}} \ .$$

Der Wert $\frac{1}{1+r}$ ist dabei ein *Abzinsungsfaktor*, um den der Preis p^e und das Vermögen $\overline{w_1}$ *diskontiert* werden (selbst wenn das Wirtschaftssubjekt in der zweiten Periode keine Preisveränderung erwartet, d.h. $p^e = p_1$, so wird es den für die nächste Periode erwarteten Preis um den Faktor $\frac{1}{1+r}$ diskontieren, da seine Geldhaltung dann um den Zinsertrag $r\,m_1{}^*$ zugenommen hat).

Werden die optimalen Variablen $x_1{}^*$, $x_2{}^*$ und $m_1{}^*$ in Abhängigkeit von den exogenen Variablen p_1, p^e, $\overline{w_0}$, $\overline{w_1}$, r und δ betrachtet, so können die Vorzeichen der partiellen Ableitungen in einer Tabelle wie folgt zusammengefaßt werden (besteht keine Abhängigkeit, so bleibt das Feld leer).

Vorzeichen der partiellen Ableitungen							
		exogene Variablen					
		p_1	p^e	$\overline{w_0}$	$\overline{w_1}$	r	δ
endogene	$\dfrac{\partial x_1{}^*}{\partial\,\cdot}$	$-$		$+$	$+$	$-$	$-$
Variablen	$\dfrac{\partial x_2{}^*}{\partial\,\cdot}$		$-$	$+$	$+$	$+$	$+$
im Optimum	$\dfrac{\partial m_1{}^*}{\partial\,\cdot}$			$+$	$-$	$+$	$+$

Werden die beiden Budgetrestriktionen – die Geldhaltung m_1 wird eliminiert – zu einer sogenannten intertemporalen Budgetrestriktion zusammengefaßt und die resultierende Gleichung nach x_2 aufgelöst,

$$x_2 = \frac{\frac{1}{1+r}\overline{w_1} + \overline{w_0}}{\frac{1}{1+r}p^e} - \frac{p_1}{\frac{1}{1+r}p^e}x_1,$$

so kann die optimale intertemporale Allokation x_1^*, x_2^* des Gutes anhand der Abbildung 16.1 veranschaulicht werden. Die Gerade mit der Steigung $-\frac{p_1}{\frac{1}{1+r}p^e}$ repräsentiert die Budgetrestriktion. Sie schneidet die x_1-Achse des Koordinatendiagramms bei x_1^0 und die x_2-Achse bei x_2^0,

$$x_1^0 = \frac{\frac{1}{1+r}\overline{w_1} + \overline{w_0}}{p_1} \qquad \text{und} \qquad x_2^0 = \frac{\frac{1}{1+r}\overline{w_1} + \overline{w_0}}{\frac{1}{1+r}p^e}.$$

Der Wert x_1^0 (x_2^0) gibt die Menge an, die in der ersten Periode (zweiten Periode) konsumiert wird, wenn in der zweiten Periode (ersten Periode) nichts konsumiert werden würde.

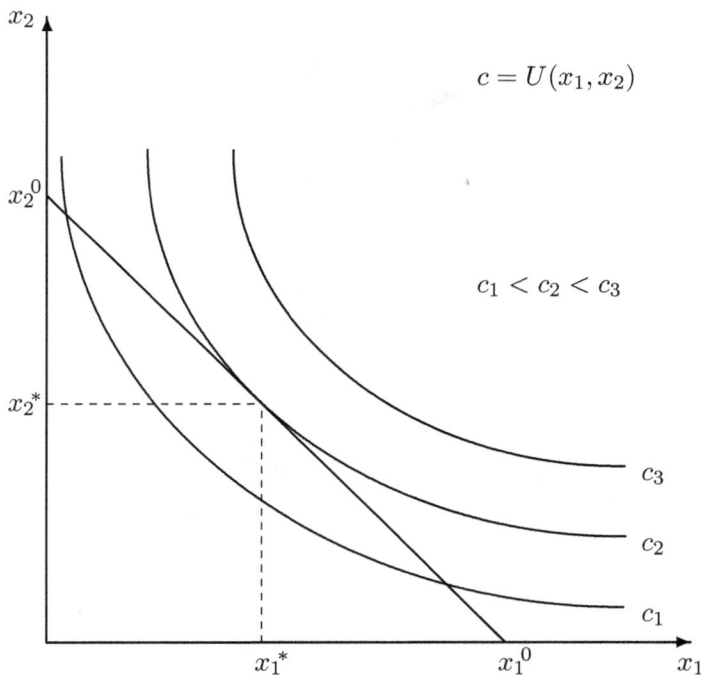

Abb. 16.1. Optimum im intertemporalen Modell.

Die konvex gekrümmte Kurve repräsentiert alle Kombinationen der intertemporalen Allokationen x_1, x_2, bei denen der Nutzen U des Wirtschaftssubjektes konstant bleibt, d.h. bei denen gilt $U(x_1, x_2) = \ln(x_1) + \delta \ln(x_2) = U = const$. Eine derartige Kurve wird auch *Indifferenzkurve* genannt.

Abschließend ist festzustellen, daß das Verhältnis des Preises der ersten Periode p_1 und des diskontierten erwarteten Preises der zweiten Periode $\frac{1}{1+r}p^e$ gleich dem Verhältnis der Grenznutzen des Gutes $\frac{\partial U}{\partial x_i}(x_1, x_2)$ in der jeweiligen Periode ist (*2. Gossensches Gesetz*), d.h. es gilt:

$$\frac{\dfrac{\partial U}{\partial x_1}(x_1, x_2)}{\dfrac{\partial U}{\partial x_2}(x_1, x_2)} = \frac{\dfrac{1}{x_1}}{\delta \dfrac{1}{x_2}} = \frac{p_1}{\frac{1}{1+r}p^e}.$$

16.2 Das Prinzipal-Agent-Modell

In der Prinzipal-Agent-Theorie (für einen ökonomischen Überblick vgl. [23] Karmann 1992) werden zwei Parteien mit unterschiedlichem Informationsstand betrachtet, wobei der – schlechter informierte – Prinzipal den – besser informierten – Agenten mit der Durchführung wirtschaftlicher Aktivitäten beauftragt und mit vertraglich festgelegten Zahlungen entlohnt. Beispiele solcher Prinzipal-Agent-Verbindungen sind etwa die Beziehung von Unternehmen und Angestellten bzgl. der Arbeitsintensität, von Landbesitzer und Pächter bzgl. des Umgangs mit dem Pachtgegenstand, von Gläubiger und Schuldner bzgl. der Kreditverwendung und von Arzt und Patient bzgl. des Sorgfaltsniveaus bei der Behandlung.

Gemeinsames Merkmal von Prinzipal-Agent-Beziehungen ist, daß der Agent durch seinen Arbeitseinsatz a, $0 \leq a \leq 1$, den monetären Ertrag x der Aktivität, $x \geq 0$, steuern kann: Die realisierte Höhe von x ist zufällig verteilt gemäß der sogenannten *Dichte(-funktion)* $f(x; a)$, wobei bei höherem Arbeitseinsatz a ein höher *mittlerer Ertrag* (oder *Erwartungswert des Ertrages*) $\mu(a)$ erzielt wird, d.h.

$$\mu(a) := \int\limits_0^\infty x\, f(x; a)\, dx \qquad \text{mit} \quad \frac{d\mu(a)}{da} > 0 \quad \text{und} \quad \frac{d^2\mu(a)}{da^2} < 0.$$

Dabei bleibe die *Varianz* σ^2 von a unbeeinflußt, d.h.

$$\sigma^2 \; := \; \int\limits_0^\infty \Big(x - \mu(a)\Big)^2 f(x;a)\, dx \qquad \text{für alle} \quad a.$$

Der Agent, der die Kosten $c(a)$ seines Arbeitseinsatzes, $\frac{dc(a)}{da} > 0$ und $\frac{d^2c(a)}{da^2} \geq 0$, selbst trägt, wird nur dann in die Beziehung einwilligen, wenn sein erwarteter Nutzen U^A seinem Mindestanspruch u_0, $u_0 \geq 0$, genügt, d.h. wenn $U^A \geq u_0$ erfüllt ist.

Zunächst werde angenommen, daß der Prinzipal den Arbeitseinsatz a des Agenten beobachten kann (Fall symmetrischer Informationen, *first-best-case*). Der Prinzipal wird die vertraglichen Zahlungen

$$S(x) := sx + F,$$

wobei s, $0 \leq s \leq 1$, die Beteiligung am Ertrag x angibt und F ein Fixum darstellt, so wählen, daß sein erwarteter Nutzen U^P aus dem verbleibenden Ertrag $x - S(x)$ möglichst groß wird. Der Vertrag sieht nur dann Zahlungen vor, wenn der Agent auch den für den Prinzipal optimalen Arbeitseinsatz a gewählt hat.

Für die erwarteten Nutzen U^P und U^A von Prinzipal und Agent wird nun folgende Abhängigkeit der endogenen Größen s, F, und a des Vertrages und des Arbeitseinsatzes unterstellt:

$$U^P(s,F,a) \; := \; (1-s)\mu(a) \; - \; F \; - \; \sigma^2 \frac{\pi^P}{2}(1-s)^2,$$

$$U^A(s,F,a) \; := \qquad s\,\mu(a) \; + \; F \; - \; \sigma^2 \frac{\pi^A}{2}s^2 \qquad - \; c(a).$$

Wie unmittelbar ersichtlich, beinhalten diese Erwartungsnutzen einen einfachen *trade off* zwischen Erwartungswert μ und Varianz σ^2: μ wirkt erhöhend auf den Wert des Erwartungsnutzens, umgekehrtes gilt für σ^2. Dies gilt für den Fall $\pi^i > 0$, $i = P$ bzw. $i = A$, da für $\pi^i = 0$ kein Einfluß von σ^2 auf den Erwartungsnutzen U^i der Partei i besteht. Daher wird das Verhalten der Partei i auch *risikoneutral* genannt, wenn $\pi^i = 0$ ist, und *risikoavers*, wenn $\pi^i > 0$ ist.

Bemerkung.   Es kann gezeigt werden, daß sich die vorgegebenen Formen von U^P und U^A als Lösungen des Erwartungsnutzen-Ansatzes

$$U^P(s, F, a) \;=\; \int_0^\infty u^P(x - sx - F)\, f(x; a)\, dx,$$

$$U^A(s, F, a) \;=\; \int_0^\infty u^A(sx + F)\, f(x; a)\, dx - c(a)$$

ergeben, wobei $u^P(\cdot)$ bzw. $u^A(\cdot)$ die (ex-post-) Nutzenfunktionen des Prinzipals bzw. des Agenten sind, wenn folgende beiden Annahmen getroffen werden:

a) die Nutzenfunktionen sind *vom exponentiellen Typ*, d.h.

$$u^P(x - sx - F) \;:=\; 1 - e^{-\pi^P(x - sx - F)},$$

$$u^A(sx + F) \qquad :=\; 1 - e^{-\pi^A(sx + F)}$$

mit den Konstanten $\quad \pi^P \geq 0 \quad$ und $\quad \pi^A \geq 0$

b) die Verteilung sei eine *Normalverteilung* mit der Dichte

$$f(x; a) \;:=\; \frac{1}{\sqrt{2\pi}\,\sigma}\, e^{-\frac{1}{2}\frac{(x-a)^2}{\sigma^2}},$$

wobei $\pi = 3{,}14159\ldots$ die Kreiszahl ist (vgl. die Abbildungen 2.10-2.13).

Auf einen Beweis werde an dieser Stelle verzichtet.

Der Prinzipal maximiert seine Erwartungsnutzenfunktion U^P unter Beachtung der Teilnahmerestriktion $U^A \geq u_0$ des Agenten. Eine Berechnung der expliziten Lösung erlaubt die Lagrange-Methode.

Beispiel 16.2 (Lagrange-Methode). Die zugehörigen Lagrange-Funktion (vgl. Abschnitt 12.2) lautet:

$$L(s, F, a, \lambda) \;=\; U^P(s, F, a) + \lambda\Big(u_0 - U^A(s, F, a)\Big).$$

Damit läßt sich die (first-best-) Lösung (s^*, F^*, a^*) wie folgt durch partielle Differentiation von $L(s, F, a, \lambda)$ ermitteln:

$$L_F := \frac{\partial L(s,F,a,\lambda)}{\partial F} = \frac{\partial U^P(s,F,a)}{\partial F} + \lambda\left(-\frac{\partial U^A(s,F,a)}{\partial F}\right) \overset{!}{=} 0,$$

$$L_s := \frac{\partial L(s,F,a,\lambda)}{\partial s} = \frac{\partial U^P(s,F,a)}{\partial s} + \lambda\left(-\frac{\partial U^A(s,F,a)}{\partial s}\right) \overset{!}{=} 0,$$

$$L_a := \frac{\partial L(s,F,a,\lambda)}{\partial a} = \frac{\partial U^P(s,F,a)}{\partial a} + \lambda\left(-\frac{\partial U^A(s,F,a)}{\partial a}\right) \overset{!}{=} 0,$$

$$L_\lambda := \frac{\partial L(s,F,a,\lambda)}{\partial \lambda} = u_0 \qquad - U^A(s,F,a) \overset{!}{=} 0.$$

Aus der ersten Gleichung folgt $\lambda^* = -1$, da partielle Differentiation von U^P und U^A ergibt: $\frac{\partial U^P(s,F,a)}{\partial F} = -\frac{\partial U^A(s,F,a)}{\partial F}$. Damit ergibt die dritte Gleichung eine Charakterisierung des optimalen Arbeitseinsatzes a^*

$$\frac{d\mu(a^*)}{da} = \frac{dc(a^*)}{da}.$$

Die optimale vertragliche Ertragsbeteiligung s^* errechnet sich aus der zweiten Gleichung

$$-\mu(a^*) + \pi^P\sigma^2(1-s^*) + \mu(a^*) - \pi^A\sigma^2 s^* = 0,$$

also

$$s^* = \frac{\pi^P}{\pi^P + \pi^A}.$$

Aus der vierten Gleichung ergibt sich unmittelbar F^*, das dem Agenten gerade das Mindestnutzenniveau u_0 garantiert. Ist der Prinzipal risikoneutral ($\pi^P = 0$), so ist $s^* = 0$. Damit trägt der Prinzipal voll das Risiko der zufallsbehafteten Einkommen x und zahlt dem Agenten einen Festbetrag F^*. Ist der Agent risikoneutral ($\pi^A = 0$), so ist $s^* = 1$. Damit trägt der Agent das Einkommensrisiko, während der Prinzipal voll abgesichert ist und einen festen Betrag als Anteil aus der Vertragsbeziehung einbehält. Sind Prinzipal und Agent risikoavers, wird das Einkommensrisiko gemäß s^* mit $0 < s^* < 1$ auf die Parteien aufgeteilt und zwar, in die Anteile s^* für den Agenten und $1 - s^*$ für den Prinzipal.

Sei nun der Arbeitseinsatz a des Agenten für den Prinzipal nicht beobachtbar (Fall asymmetrischer Informationen, *second-best-case*). Dann wird der Agent ein Aktivitätsniveau a wählen, das bei gegebenem Vertrag mit s und F seinen Erwartungsnutzen $U^A(s,F,a)$ maximiert. Da a nur von s abhängig ist (vgl. dritte

Gleichung oben), nicht aber von F (vgl. vierte Gleichung oben), läßt sich die funktionale Abhängigkeit $a(s)$, die auch *Reaktionsfunktion* des Agenten heißt, herleiten aus

$$\frac{\partial U^A(s, F, a)}{\partial a} = 0.$$

Dies kann direkt zu

$$s\, \frac{d\mu(a)}{da} = \frac{dc(a)}{da}$$

als Charakterisierung von $a(s)$ umgeformt werden.

Zur Ermittlung der (second-best-) Lösung $\big(s^\circ, F^\circ, a(s^\circ)\big)$ der Prinzipal-Agent-Beziehung wird die Reaktionsfunktion $a(s)$ in die Lagrange-Funktion $L(s, F, a(s), \lambda)$ eingesetzt. Die Lagrange-Funktion lautet nun:

$$L^\circ(s, F, \lambda) := L(s, F, a(s), \lambda) = U^P(s, F, a(s)) + \lambda\big(u_0 - U^A(s, F, a(s))\big).$$

Analoges Vorgehen zu oben liefert mit

$$L_F^\circ := \frac{\partial L(s,F,a(s),\lambda)}{\partial F} = \frac{\partial U^P(s,F,a(s))}{\partial F} + \lambda\Big(-\frac{\partial U^A(s,F,a(s))}{\partial F}\Big) \stackrel{!}{=} 0,$$

$$L_s^\circ := \frac{\partial L(s,F,a(s),\lambda)}{\partial s} = \frac{\partial U^P(s,F,a(s))}{\partial s} + \lambda\Big(-\frac{\partial U^A(s,F,a(s))}{\partial s}\Big) \stackrel{!}{=} 0,$$

$$L_\lambda^\circ := \frac{\partial L(s,F,a(s),\lambda)}{\partial \lambda} = u_0 \qquad\qquad - U^A(s, F, a(s)) \stackrel{!}{=} 0,$$

wieder $\lambda^\circ = -1$ aus der ersten Gleichung. Aus der zweiten folgt

$$\frac{d\mu(a)}{da}\frac{da(s)}{ds} - \frac{dc(a)}{da}\frac{da(s)}{ds} - \sigma^2\big((\pi^P + \pi^A)s - \pi^P\big) \stackrel{!}{=} 0$$

bzw., nach Einsetzen der Reaktionsbeziehung und Auflösung nach s°,

$$s^\circ = \frac{\pi^P + \dfrac{\dfrac{d\mu(a)}{da}\dfrac{da(s)}{ds}}{\sigma^2}}{\pi^P + \pi^A + \dfrac{\dfrac{d\mu(a)}{da}\dfrac{da(s)}{ds}}{\sigma^2}}.$$

Der optimale Arbeitseinsatz a ist damit gleich $a(s^\circ)$, während sich F° wieder aus der letzten Gleichung herleiten läßt.

Ein Vergleich zwischen first- und second-best-Lösung zeigt, daß aufgrund der Positivität der Konstanten gilt

$$s^\circ \geq s^*.$$

M.a.W. versucht der Prinzipal im Fall asymmetrischer Information, durch höhere Entlohnungsanreize s° den Arbeitseinsatz des Agenten tendentiell zu erhöhen.

Ist der Agent risikoavers $(\pi^A > 0)$, so folgt wegen $\frac{d\mu(a)}{da} < 0$, daß $s^\circ > s^*$ gilt. Aus den Charakterisierungen des first- bzw. second-best-Arbeitseinsatzes a^* bzw. $a(s^\circ)$ folgt schließlich zusammen mit den Vorzeichen der Ableitung von μ und c bzgl. a:

$$a(s^\circ) \; < \; a^*.$$

Der risikoaverse Agent wird also bei asymmetrischer Information trotz höherer Erfolgsbeteiligung einen geringeren Arbeitseinsatz a leisten als in dem Fall, bei dem der Prinzipal den Arbeitseinsatz des Agenten direkt beobachten kann. Ist der Agent jedoch risikoneutral $(\pi^A = 0)$, so ist $s^\circ = s^* = 1$. Es läßt sich zeigen, daß dann auch die Arbeitseinsätze übereinstimmen, so daß hier second-best- und first-best-Lösungen identisch sind.

16.3 Wachstumsraten in diskreter und kontinuierlicher Zeit

Es sei $X_t = X(t)$ eine von der Zeit $t \in \mathbb{R}_+$ abhängige endogene Variable, deren Werte zu diskreten Zeitpunkten $t \in \mathbb{N}_0$ beobachtet werden. Es werde angenommen, daß die Variable X_t – ausgehend von einem bekannten Anfangswert X_0 – in **jeder** Periode $[t-1, t]$ um einen festen prozentualen Anteil wachse, genauer mit der *diskreten Wachstumsrate*

$$w_1^d \; := \; \frac{1}{X_{t-1}} \frac{X_t - X_{t-1}}{t - (t-1)} \; = \; \frac{X_t - X_{t-1}}{X_{t-1}}.$$

Dabei ist die Wachstumsrate w_1^d das Verhältnis zwischen der relativen Änderung einer ökonomischen Variablen (hier X_{t-1}) in einer vorgegebenen Periode (hier $[t-1,t]$) und der Periodenlänge (hier 1).

Dies bedeutet, daß der beobachtete Wachstumsprozeß von X_t durch eine Differenzengleichung 1. Ordnung dargestellt werden kann:

$$X_t \;=\; X_{t-1}\left(1 + w_1^d\right).$$

Wird für alle $t \in \mathbb{N}_0$ das Intervall $\;[t-1,t]\;$ der Länge 1 in n äquidistante Teilintervalle $\;[t-1, t-\frac{n-1}{n}],\; [t-\frac{n-1}{n}, t-\frac{n-2}{n}],\; \ldots,\; [t-\frac{2}{n}, t-\frac{1}{n}],\; [t-\frac{1}{n}, t]\;$ der Länge $\frac{1}{n}$ unterteilt, so läßt sich die Beobachtung des zugrundeliegenden Prozesses *verfeinern*. Im Teilintervall $[t-\frac{1}{n}, t]$ wächst die Variable $X_{t-\frac{1}{n}}$ mit der diskreten Wachstumsrate

$$w_n^d \;:=\; \frac{1}{X_{t-\frac{1}{n}}} \frac{X_t - X_{t-\frac{1}{n}}}{t - (t-\frac{1}{n})} \;=\; n\frac{X_t - X_{t-\frac{1}{n}}}{X_{t-\frac{1}{n}}}.$$

Dabei ist hier die Wachstumsrate w_n^d das Verhältnis zwischen der relativen Änderung von $X_{t-\frac{1}{n}}$ in der Periode $[t-\frac{1}{n}, t]$ und der Periodenlänge $\frac{1}{n}$.

Es resultiert wieder eine Differenzengleichung 1. Ordnung:

$$X_t \;=\; X_{t-\frac{1}{n}}\left(1 + \frac{w_n^d}{n}\right).$$

Wird ferner vorausgesetzt, daß in allen n Teilintervallen die Wachstumsrate konstant ist, so gilt für das Wachstum der Variablen $X_{t-1},\; \ldots,\; X_{t-\frac{i}{n}},\; \ldots,\; X_{t-\frac{1}{n}}$ $n \geq i \geq 1$:

$$n\frac{X_{t-\frac{n-1}{n}} - X_{t-1}}{X_{t-1}} \;=\; \ldots \;=\; n\frac{X_{t-\frac{i-1}{n}} - X_{t-\frac{i}{n}}}{X_{t-\frac{i}{n}}} \;=\; \ldots \;=\; n\frac{X_t - X_{t-\frac{1}{n}}}{X_{t-\frac{1}{n}}} \;=\; w_n^d.$$

Für das Intervall $\;[t-1,t]\;$ ergibt sich diesmal folgende Differenzengleichung 1. Ordnung:

$$X_t \;=\; X_{t-1}\left(1 + \frac{w_n^d}{n}\right)^n.$$

Wird immer feiner unterteilt, d.h. wird n vergößert, und ist die Wachstumsrate auf den jeweiligen n Teilintervallen stets konstant, so ergibt sich für X_t ein exponentieller Wachstumsprozeß. In der Tat gilt:

Satz 16.1. *Folgende Annahmen werden getroffen:*

a) *Für jeden diskreten Beobachtungszeitpunkt t sei die diskrete Wachstumsrate w_n^d in allen n Teilintervallen konstant.*

b) *Der Grenzwert der Folge $\left(w_n^d\right)_{n \in I\!N}$ existiere und werde mit w^c bezeichnet.*

Dann unterliegt X_t einem exponentiellen Prozeß, d.h.

$$X_t = X_0 e^{w^c t} \quad \text{für alle } t \in I\!R_+$$

mit der kontinuierlichen Wachstumsrate:

$$w^c = \frac{\dot{X}_t}{X_t},$$

wobei $\dot{X}_t = \dfrac{dX(t)}{dt}$ die übliche Schreibweise ist, wenn nach der Zeit abgeleitet wird.

Beweisskizze: Für $w^c = 0$ folgt die Behauptung unmittelbar.

Sei $w^c \neq 0$, so löst rekursives Einsetzen die aus Annahme a) resultierende Differenzengleichung 1. Ordnung:

$$X_t = X_0 \left(1 + \frac{w_n^d}{n}\right)^{nt} = X_0 \left(\left(1 + \frac{w_n^d}{n}\right)^{\frac{n}{w_n^d}}\right)^{w_n^d t}$$

$$= X_0 \exp\left[w_n^d t \cdot \ln\left(\left(1 + \frac{w_n^d}{n}\right)^{\frac{n}{w_n^d}}\right)\right].$$

Wird beachtet, daß aufgrund der Annahme b) $\lim\limits_{\frac{n}{w_n^d} \to \infty} w_n^d = \lim\limits_{n \to \infty} w_n^d$ gilt, so folgt

mit den Rechenregeln für Grenzwerte G1, G3, G8 und G9 aus Satz 7.1:

$$X_t = \lim_{\frac{n}{w_n^d} \to \infty} X_t = \lim_{\frac{n}{w_n^d} \to \infty} X_0 \exp\left[w_n^d t \cdot \ln\left(\left(1 + \frac{w_n^d}{n}\right)^{\frac{n}{w_n^d}}\right)\right]$$

$$= X_0 \exp\left[\lim_{n \to \infty} w_n^d t \cdot \ln\left(\lim_{\frac{n}{w_n^d} \to \infty} \left(1 + \frac{w_n^d}{n}\right)^{\frac{n}{w_n^d}}\right)\right].$$

Ferner gilt nach dem *Euler-Ansatz*

$$\lim_{\frac{n}{w_n^d} \to \infty} \left(1 + \frac{w_n^d}{n}\right)^{\frac{n}{w_n^d}} = e = 2,7118\dots .$$

Wegen Annahme b) und $\ln(e) = 1$ folgt schließlich:

$$X_t = X_0 e^{w^c t}.$$

Aufgrund von $\dot{X}_t = w^c X_0 e^{w^c t}$ folgt die zweite Behauptung.

Bemerkungen.

– Die zweite Aussage von Satz 16.1 läßt sich aufgrund der Stetigkeit von X_t, die durch die Annahme b) impliziert wird, auch wie folgt herleiten:

$$w^c = \lim_{n \to \infty} w_n^d = \lim_{n \to \infty} \frac{1}{X_{t - \frac{1}{n}}} \cdot \lim_{n \to \infty} \frac{X_t - X_{t - \frac{1}{n}}}{t - (t - \frac{1}{n})} = \frac{1}{X_t} \dot{X}_t .$$

– Die Charakterisierungen   "X_t unterliegt einem exponentiellen Wachstumsprozeß $X_t = X_0 e^{wt}$" und   "X_t hat eine konstante kontinuierliche Wachstumsrate $\dot{X}_t = w X_t$"   sind äquivalent (vgl.   auch Beispiel 13.3, Lösung einer homogene Differentialgleichung 1. Ordnung).

Anwendung der Praktiker.   Unterliegt X_t einem exponentiellen Wachstumsprozeß mit kontinuierlicher Wachstumsrate w^c, dann stehen – gemäß den obigen Differenzengleichungen – die diskreten Wachstumsraten w_1^d und w_n^d in folgendem Zusammenhang:

$$1 + w_1^d = \left(1 + \frac{w_n^d}{n}\right)^n .$$

Approximativ können für praktische Belange beide Wachstumsraten gleich gesetzt werden:

$$w_1^d \approx w_n^d.$$

Dies läßt sich anhand des folgenden Vergleiches von monatlicher $(n = 12)$ und jährlicher $(n = 1)$ Wachstumsrate zeigen (der multiplikative Faktor von $\left(\frac{w_{12}^d}{12}\right)^i$, $1 \le i \le 12$, ist gleich dem Binominalkoeffizienten $\binom{12}{i}$), vgl. Abschnitt 2.2).

$$\left(1+\tfrac{w_{12}^d}{12}\right)^{12} = 1 + \; 12\left(\tfrac{w_{12}^d}{12}\right) \; + \; 66\left(\tfrac{w_{12}^d}{12}\right)^2 + 220\left(\tfrac{w_{12}^d}{12}\right)^3 + 495\left(\tfrac{w_{12}^d}{12}\right)^4$$

$$+ \; 792\left(\tfrac{w_{12}^d}{12}\right)^5 + 924\left(\tfrac{w_{12}^d}{12}\right)^6 + 792\left(\tfrac{w_{12}^d}{12}\right)^7 + 495\left(\tfrac{w_{12}^d}{12}\right)^8$$

$$+ \; 220\left(\tfrac{w_{12}^d}{12}\right)^9 + \; 66\left(\tfrac{w_{12}^d}{12}\right)^{10} + \; 12\left(\tfrac{w_{12}^d}{12}\right)^{11} + \quad \left(\tfrac{w_{12}^d}{12}\right)^{12}$$

$$= 1 + w_{12}^d$$

Da in der Regel die Werte $\left(\tfrac{w_{12}^d}{12}\right)^i$ für $i \geq 2$ vernachlässigbar klein sind, gilt approximativ:

$$w_1^d \; \approx \; w_{12}^d.$$

Stehen nur jährliche Beobachtungen der Folge $\left(X_t^d\right)_{t \in \mathbb{N}}$ zur Verfügung, wie dies etwa in vielen Bereichen der Güterproduktion der Fall ist, lassen sich mit dieser Approximation Fortschreibungen von X_t auf Monatsbasis wie folgt konstruieren:

$$X_{t-\frac{i}{12}}^{mtl.} \; := \; \left(1 + \frac{w_1^d}{12}\right)^{12-i} X_{t-1} \quad \text{für } i = 0, \ldots, 11.$$

Wird die jährliche Beobachtung X_t mit dem auf Monatsbasis fortgeschriebenen Wert $X_t^{mtl.}$ $(i = 0)$ verglichen:

$$X_t^{mtl.} \; = \; \left(1 + \frac{w_1^d}{12}\right)^{12} X_{t-1},$$

so ergibt sich – nach der Aussage des folgenden Satzes – eine Überschätzung des tatsächlichen Wachstumsverlaufs, d.h. $X_t^{mtl.} > X_t$. Bei noch feinerer Zeitunterteilung n nimmt diese Überschätzung noch stärker zu.

Satz 16.2. *Gelte* $X_t = X_0 e^{w^c t}$ *für alle* $t \in \mathbb{R}_+$, *dann folgt für alle* $1 < n < m$

$$w_1^d \; > \; w_n^d \; > \; w_m^d.$$

Beweisskizze: Es gilt:

$$w_1^d \; = \; \frac{X_t - X_{t-\frac{1}{n}}}{X_{t-1}} + \ldots + \frac{X_{t-\frac{i-1}{n}} - X_{t-\frac{i}{n}}}{X_{t-1}} + \ldots + \frac{X_{t-\frac{n-1}{n}} - X_{t-1}}{X_{t-1}}.$$

Diese Darstellung ist möglich, da in den Zählern alle Glieder außer X_t und X_{t-1} doppelt – zum einen mit positivem und zum anderen mit negativem Vorzeichen – auftreten und sich damit wegkürzen. Aufgrund der Beziehung $\dfrac{X_{t-\frac{i-1}{n}} - X_{t-\frac{i}{n}}}{X_{t-1}} \cdot \dfrac{nX_{t-\frac{i}{n}}}{nX_{t-\frac{i}{n}}} = \dfrac{X_{t-\frac{i}{n}}}{nX_{t-1}} w_n^d$ für alle $1 \le i \le n$ ergibt sich damit der folgende Zusammenhang:

$$w_1^d = \frac{1}{n} \left(\frac{X_{t-\frac{1}{n}}}{X_{t-1}} + \ldots + \frac{X_{t-\frac{i}{n}}}{X_{t-1}} + \ldots + \frac{X_{t-1}}{X_{t-1}} \right) w_n^d.$$

Der Klammerausdruck läßt sich wie folgt umformen:

$$\sum_{i=1}^{n} \frac{X_{t-\frac{i}{n}}}{X_{t-1}} = \sum_{i=1}^{n} \frac{X_0 e^{w^c(t-\frac{i}{n})}}{X_0 e^{w^c(t-1)}} = \sum_{i=1}^{n} e^{1-\frac{i}{n}} = 1 + \sum_{i=1}^{n-1} e^{1-\frac{i}{n}} > n.$$

Da für jedes i mit $1 \le i \le (n-1)$ gilt: $e^{1-\frac{i}{n}} > 1$, ergibt sich die letzte Ungleichung.
Da ferner für jedes m mit $n < m$ die Anzahl der Summenglieder zunimmt, folgt schließlich $w_n^d > w_m^d$.

Die exakten Beziehungen zwischen kontinuierlichen und diskreten Wachstumsraten ergeben sich aus folgendem Satz

Satz 16.3. *Gelte* $X_t = X_0 e^{w^c t}$ *für alle* $t \in \mathbb{R}_+$, *dann folgt für alle* $n \in \mathbb{N}$

$$w_n^d = n \left(e^{\frac{w^c}{n}} - 1 \right) \quad \text{sowie} \quad w_n^d > w^c.$$

Beweisskizze: Es gilt:

$$w_n^d = n \frac{X_t - X_{t-\frac{1}{n}}}{X_{t-\frac{1}{n}}} = n \frac{X_0 e^{w^c t} - X_0 e^{w^c(t-\frac{1}{n})}}{X_0 e^{w^c(t-\frac{1}{n})}} = n \left(e^{\frac{w^c}{n}} - 1 \right).$$

Eine notwendige Bedingung für den exponentiellen Verlauf von X_t ist in Satz 16.1 die Konvergenz der Folge $\left(w_n^d \right)_{n \in \mathbb{N}}$ mit dem Grenzwert w^c. Satz 16.2 zeigt, daß die Folge streng monoton fallend ist. Damit folgt die zweite Aussage des Satzes.

16.4   Loglineare Modelle

Um ein als Gleichgewichtssystem vorgegebenes ökonomisches Modell analytisch einfacher handhaben zu können, werden häufig die betrachteten Modellbeziehungen logarithmiert, so daß multiplikative Verknüpfungen in additive übergehen. Die Differenzen loglinearer Größen lassen sich wie folgt als Wachstumsraten interpretieren.

Beispiel 16.3 (Wachstumsraten). Durch Logarithmieren von $X_t = X_0 e^{w^c t}$ läßt sich die kontinuierliche Wachstumsrate w^c wie folgt darstellen:

$$\ln(X_t) \;=\; \ln(X_0) + \ln(e^{w^c t}) \;=\; \ln(X_0) + w^c t$$

$$\implies \quad w^c \;=\; \frac{ln(X_t) - ln(X_0)}{t}.$$

Mit den Schreibweisen $x_t := \ln(X_t)$ und $\triangle x_t := x_t - x_{t-1}$ kann die kontinuierliche Wachstumsrate w^c wie folgt dargestellt werden:

$$\begin{aligned}
\triangle x_t \;&=\; \ln(X_t) - \ln(X_{t-1})\\
&=\; \ln(X_0) + w^c t - (\ln(X_0) + w^c(t-1))\\
&=\; w^c.
\end{aligned}$$

Beispiel 16.4 (Die Quantitätsgleichung).

M bezeichne die nominale *Geldmenge*,

V die *Umlaufgeschwindigkeit* des Geldes,

P das *Preisniveau* und

Y das *Realeinkommen*.

Werden diese Größen in Abhängigkeit von der Zeit $t \in \mathbb{R}_+$ betrachtet, so lautet die *Quantitätsgleichung*:

$$M_t V_t \;=\; P_t Y_t.$$

Logarithmieren beider Seiten ergibt die logarithmierte Quantitätsgleichung, in der die logarithmierten endogenen Variablen M_t, V_t, P_t und Y_t mit den jeweiligen Kleinbuchstaben bezeichnet werden:

$$\ln(M_t V_t) = \ln(P_t Y_t)$$
$$\Longleftrightarrow \quad \ln(M_t) + \ln(V_t) = \ln(P_t) + \ln(Y_t)$$
$$\Longleftrightarrow \quad m_t + v_t = p_t + y_t.$$

Wird nach der Zeit differenziert, so ergibt sich ein Zusammenhang der jeweiligen Wachstumsraten der endogenen Variablen (vgl. Abschnitt 16.3), wobei bei der Betrachtung der verschiedenen Prozesse

$$(M_t)_{t\in\mathbb{N}}, \quad (V_t)_{t\in\mathbb{N}}, \quad (P_t)_{t\in\mathbb{N}} \quad \text{bzw.} \quad (Y_t)_{t\in\mathbb{N}}$$

die zugehörigen kontinuierlichen Wachstumsraten mit

$$w_m^c, \qquad w_v^c, \qquad w_p^c \qquad \text{bzw.} \quad w_y^c$$

bezeichnet werden. Beim Differenzieren der Logarithmusfunktion muß dabei die Kettenregel angewendet werden (vgl. Beispiel 8.5). Es gilt etwa

$$\dot{m}_t = \frac{d}{dt}\Big(\ln(M_t)\Big) = \frac{1}{M_t}\left(\frac{d}{dt}M_t\right) = \frac{\dot{M}_t}{M_t}. \text{ Insgesamt folgt:}$$

$$\dot{m}_t \quad + \quad \dot{v}_t \quad = \quad \dot{p}_t \quad + \quad \dot{y}_t$$
$$\Longleftrightarrow \quad \frac{\dot{M}_t}{M_t} \quad + \quad \frac{\dot{V}_t}{V_t} \quad = \quad \frac{\dot{P}_t}{P_t} \quad + \quad \frac{\dot{Y}_t}{Y_t}.$$
$$\Longleftrightarrow \quad w_m^c(t) \quad + \quad w_v^c(t) \quad = \quad w_p^c(t) \quad + \quad w_y^c(t).$$

An einem einfachen Beispiel sei die soeben hergeleitete, auf Wachstumsraten bezogene Aussage der Quantitätsgleichung erläutert. Es werde angenommen, daß gilt

konstantes Geldmengenwachstum: $\qquad\qquad w_m^c = \triangle m_t = \gamma,$

Nullwachstum der Umlaufgeschwindigkeit des Geldes: $\quad w_v^c = \triangle v_t = 0,$

Wachstum des Realeinkommens: $\qquad\qquad w_y^c = \triangle y_t = \alpha + \beta t,$

wobei β den technischen Fortschritt beschreibt. Dann ergibt sich für die *Inflation* bzw. *Deflation*, definiert als Wachstumsrate des Preisniveaus:

$$w_p^c = \triangle p_t = \gamma - \alpha - \beta t.$$

Dies besagt, daß bei Konstanz der Umlaufgeschwindigkeit das Geldmengenwachstum inflationär, realwirtschaftliches Wachstum hingegen deflationär wirkt.

Beispiel 16.5 (AS-AD-System). Ein oft verwendetes makroökonomisches Modell bildet das sogenannte *AS-AD-System* (AS: aggregate supply, aggregiertes Güterangebot; AD: aggregate demand, aggregierte Güternachfrage), das den wirtschaftlichen Zusammenhang zwischen Preisbildungs- und Güterprozessen darstellt. Im folgenden wird eine loglineare Version dieses Modells abgeleitet.

Ausgangspunkt der Herleitung der *AS-Kurve* ist eine gesamtwirtschaftliche Cobb-Douglas-Produktionsfunktion (vgl. Abschnitt 2.4), welche das Produktionsvolumen Y_t zur Zeit t in Abhängigkeit der Produktionsfaktoren *Kapital* $K_t \geq 0$ und *Arbeit* $N_t \geq 0$ beschreibt:

$$Y_t \; := \; Y(K_t, N_t) \; := \; \overline{Y} K_t^\alpha N_t^{1-\alpha},$$

wobei $\overline{Y} \geq 0$ eine beliebige Konstante ist. Ferner gibt α bzw. $1 - \alpha$ mit $0 \leq \alpha \leq 1$ die entsprechende Faktorelastizität des Outputs $Y(K_t, N_t)$ an (vereinfachend wird in der folgenden Zwischenrechnung der Zeitindex t unterdrückt):

$$\epsilon_{Y,K} \; = \; \frac{\dfrac{\partial Y(K,N)}{\partial K}}{\dfrac{Y}{K}} \; = \; \frac{\alpha \overline{Y} K^{\alpha-1} N^{1-\alpha}}{\dfrac{\overline{Y} K^\alpha N^{1-\alpha}}{K}} \; = \; \alpha$$

$$\text{bzw.} \quad \epsilon_{Y,N} \; = \; \frac{\dfrac{\partial Y(K,N)}{\partial N}}{\dfrac{Y}{N}} \; = \; \frac{(1-\alpha) \overline{Y} K^\alpha N^{-\alpha}}{\dfrac{\overline{Y} K^\alpha N^{1-\alpha}}{N}} \; = \; 1 - \alpha$$

Ferner wird davon ausgegangen, daß der Einsatz der Arbeitskräfte in Analogie zum einzelwirtschaftlichen Gewinnmaximierungsprinzip

$$\max_N G(N) \; := \; \max_N \left(P Y(K,N) - W N \right)$$

erfolgt, also gemäß

$$\frac{dG(N)}{dN} \; = \; P \frac{\partial Y(K,N)}{\partial N} - W \; = \; P(1-\alpha)\frac{Y}{N} - W \; \overset{!}{=} \; 0,$$

wobei $W \geq 0$ den gesamtwirtschaftlichen Nominallohn und $P \geq 0$ das gesamtwirtschaftliche Preisniveau bezeichne. Hieraus folgt der optimale Einsatz der Arbeitskräfte:

$$N^* = (1 - \alpha)Y \cdot \left(\frac{W}{P}\right)^{-1}.$$

Aus dieser Gleichung ergibt sich unmittelbar, daß der Anteil des Faktoreinkommens Arbeit am Wert des Sozialprodukts, also $\dfrac{W\,N}{P\,Y}$, stets gleich der Elastizität $(1 - \alpha)$ und damit unveränderlich ist.

Wird der Quotient der Produktionsniveaus zu zwei Zeitpunkten $t_0 = 0$ und t betrachtet:

$$\frac{Y_t}{Y_0} = \left(\frac{N_t}{N_0}\right)^{1-\alpha} \left(\frac{K_t}{K_0}\right)^{\alpha},$$

und wird in diese Beziehung der optimale Einsatz der Arbeitskräfte N^* eingesetzt, so folgt:

$$\frac{Y_t}{Y_0} = \left(\frac{(1-\alpha)Y_t\left(\frac{W_t}{P_t}\right)^{-1}}{(1-\alpha)Y_0\left(\frac{W_0}{P_0}\right)^{-1}}\right)^{1-\alpha} \left(\frac{K_t}{K_0}\right)^{\alpha} = \left(\frac{Y_t}{Y_0}\right)^{1-\alpha} \left(\frac{\frac{P_t}{W_t}}{\frac{P_0}{W_0}}\right)^{1-\alpha} \left(\frac{K_t}{K_0}\right)^{\alpha}.$$

Wird die Gleichung mit $\left(\frac{Y_t}{Y_0}\right)^{\alpha-1}$ multipliziert und anschließend mit $\frac{1}{\alpha}$ potenziert, dann ergibt sich:

$$\frac{Y_t}{Y_0} = \left(\frac{\frac{P_t}{W_t}}{\frac{P_0}{W_0}}\right)^{\frac{1-\alpha}{\alpha}} \left(\frac{K_t}{K_0}\right)$$

oder

$$y_t - y_0 = \frac{1-\alpha}{\alpha}\Big((p_t - p_0) - (w_t - w_0)\Big) + (k_t - k_0)$$

mit $y := \ln Y$, $p := \ln P$, $w := \ln W$ und $k := \ln K$.

Es werde nun unterstellt, daß der Kapitalstock K konstant sei, d.h. $k_t = k_0$, und zu Beginn der Periode t zwar der Nominallohn W_t, nicht aber das Preisniveau P_t bekannt sei. Es werde angenommen, daß die Bildung der Preiserwartung P_t^e

dabei so erfolgt, daß der für den Zeitpunkt t erwartete Reallohn $\frac{W_t}{P_t^e}$ gleich dem ursprünglichen sei, also

$$\frac{W_t}{P_t^e} \;=\; \frac{W_0}{P_0} \quad \text{bzw.} \quad p_0 \;=\; p_t^e - (w_t - w_0)$$

mit $p_t^e := \ln P_t^e$. Dann reduziert sich die obige Beziehung zu

$$y_t - y_0 \;=\; A\,(p_t - p_t^e) \qquad \text{mit} \quad A := \frac{1-\alpha}{\alpha}. \tag{AS}$$

Dies ist die gebräuchliche Form der AS-Kurve in loglinearer Form, auch *Lucas-Angebotsfunktion* genannt. Sie besagt, daß bei Übereinstimmung von erwartetem und tatsächlichem Preisniveau das laufende Sozialprodukt auf dem Ausgangsniveau y_0 bleibt. Dieses Sozialprodukt wird auch als *natürliches Sozialprodukt* bezeichnet und in der Modellbetrachtung vereinfachend oft gleich null gesetzt.

Im nächsten Schritt wird die *AD-Kurve* abgeleitet. Es werde davon ausgegangen, daß die gesamtwirtschaftliche Investitionsfunktion I wie folgt von einem Zinssatz i_t abhängt, der um das erwartete Preiswachstum $\dfrac{P_t^e}{P_{t-1}}$ bereinigt wird:

$$I_t \;:=\; I\left(i_t, \tfrac{P_t^e}{P_{t-1}}\right) \;:=\; \left(\frac{\overline{I}}{\frac{i_t}{\frac{P_t^e}{P_{t-1}}}}\right)^b,$$

wobei i_t den Nominalzins zur Zeit t angibt und $b \geq 0$ und $\overline{I} \geq 0$ Konstanten sind. Zusammen mit der gesamtwirtschaftlichen Sparfunktion S

$$S_t \;:=\; S(Y_t) \;:=\; s\,Y_t$$

wobei s mit $0 < s < 1$ die *Sparquote* angibt, ergibt sich als Gleichgewichtsbeziehung von Investieren und Sparen (IS: investment and savings)

$$S_t \;=\; I_t \quad \text{bzw.} \quad s\,Y_t \;=\; \left(\frac{\overline{I}}{\frac{i_t}{\frac{P_t^e}{P_{t-1}}}}\right)^b,$$

oder, nach Logarithmieren,

$$y_t = -b\Big(r_t - (p_t^e - p_{t-1})\Big) + b\ln\overline{I} - \ln s \tag{IS}$$

mit $r := \ln i$, wobei die Konstante $(b\ln\overline{I} - \ln s)$ im folgenden vereinfachend vernachlässigt werde. Wird die gesamtwirtschaftliche reale Geldnachfrage L_t durch

$$L_t \;:=\; L(Y_t, i_t) \;:=\; \frac{Y_t^c}{i_t^d}$$

beschrieben, wobei $c \geq 0$ und $d \geq 0$ beliebige Konstanten sind, dann ergibt sich als Gleichgewichtsbeziehung zwischen realer Geldnachfrage L_t und realem Geldangebot $\dfrac{M_t}{P_t}$ (LM: liquity and money), wobei M_t die nominale Geldmenge sei,

$$\frac{M_t}{P_t} \;=\; L(Y_t, i_t)$$

oder, nach Logarithmieren,

$$m_t - p_t \;=\; c\,y_t - d\,r_t \tag{LM}$$

mit $m := \ln M$. Wird dies nach r_t aufgelöst, also $r_t = \dfrac{c\,y_t - (m_t - p_t)}{d}$, und in die vereinfachte IS-Gleichung $y_t = -b(r_t - (p_t^e - p_{t-1})$ eingesetzt, so ergibt sich die sogenannte AD-Kurve in loglinearer Form

$$y_t \;=\; B(m_t - p_t) + C(p_t^e - p_{t-1}) \tag{AD}$$

mit $B := \dfrac{b}{d + bc}$, und $C := dB$.

Durch Gleichsetzen der Output-/Preisrelation von AS und AD folgt mit $y_0 = 0$ schließlich als Preisbeziehung (in Abhängigkeit von m_t)

$$(A + B)p_t \;=\; B\,m_t + (A + C)p_t^e - C\,p_{t-1}.$$

Fallen Preiserwartung p_t^e und Preisrealisation p_t zusammen, d.h. $p_t = p_t^e$ so kann diese Beziehung wegen $\frac{C}{B} = d$ in folgender Form geschrieben werden

$$(1 - d)p_t \;=\; -dp_{t-1} + m_t,$$

die die Preisdynamik des Modells in Abhängigkeit des Geldmengenwachstums (m_t) beschreibt. Eine explizite Lösung des Preisprozesses ergibt sich wie folgt:

$$p_t \;=\; D\,p_{t-1} + E\,m_t,$$

mit $E := \dfrac{1}{1-d}$, und $D := -dE = -\dfrac{d}{1-d}$.

Die Lösung dieser Differenzengleichung 1. Ordnung lautet für den Fall $D \neq 1$ (vgl. auch Satz 13.2 bzw. die dort angegebene Beweisskizze, die auf rekursivem Einsetzen beruht):

$$p_t = D^t p_0 + E \sum_{i=1}^{t} D^{i-1} m_{t-(i-1)}.$$

Wird unterstellt, daß die Geldmenge in jeder Periode konstant um g Prozent wächst, d.h. $m_t = m_{t-1} + g$ mit der Lösung $m_t = m_0 + g\,t$, dann gilt

$$p_t = D^t p_0 + E \sum_{i=1}^{t} D^{i-1}\Big(m_0 + g\big(t - (i-1)\big)\Big)$$

$$ = D^t p_0 + E\, m_0 \frac{1-D^t}{1-D} + E\, g \sum_{i=1}^{t} D^{i-1}\Big(t - (i-1)\Big).$$

Die letzte Summe ist wiederum eine Summe von t geometrischen Reihen:

$$\sum_{i=1}^{t} D^{i-1}\Big(t - (i-1)\Big)$$

$$= \sum_{i=1}^{t} D^{i-1} + \sum_{i=1}^{t-1} D^{i-1} + \ldots + \sum_{i=1}^{2} D^{i-1} + \sum_{i=1}^{1} D^{i-1}$$

$$= \sum_{i=1}^{t} \frac{1-D^i}{1-D}$$

$$= \frac{t - D \displaystyle\sum_{i=1}^{t} D^{i-1}}{1-D}$$

$$= \frac{t}{1-D} - D\, \frac{1-D^t}{(1-D)^2}.$$

Da $1 - D = E$ und $-dE = D$ ist, läßt sich schließlich die Lösung von p_t wie folgt formulieren:

$$p_t = D^t p_0 + m_0\,(1 - D^t) + g\Big(t + d(1 - D^t)\Big).$$

$$\text{Wegen} \quad \begin{cases} 0 \leq \quad d \quad < \frac{1}{2} \quad \Longrightarrow \quad 0 \geq \quad D \quad > -1, \\[2mm] \frac{1}{2} \leq \quad d \quad < 1 \quad \Longrightarrow \quad -1 \geq \quad D \quad > -\infty, \\[2mm] 1 < \quad d \quad < \infty \Longrightarrow \quad \infty > \quad D \quad > 1, \end{cases}$$

wirkt in diesem Modell eine positive Geldmengenerhöhung somit dann inflationär, wenn $0 \leq d < \frac{1}{2}$ gilt.

Dies läßt sich wie folgt interpretieren. Der Quotient $\frac{1}{d}$ drückt das Verhältnis von *Realkasseneffekt* $(m_t - p_t)$ zu *Inflationseffekt* $(p_t - p_{t-1})$ auf die Güternachfrage aus, wobei beide Effekte sich aufheben müssen aufgrund der Konstanz der Güternachfrage $(y_t = 0)$:

$$0 \; = \; 1 \cdot (m_t - p_t) + d \cdot (p_t - p_{t-1}).$$

Ein Anstieg von m, hervorgerufen durch konstantes Geldmengenwachstum, bewirkt zunächst über den positiven Realkasseneffekt eine höhere Güternachfrage.

Ist der Realkasseneffekt geringer als der Inflationseffekt, d.h. $1 < d$, dann bewirken fallende Preise über einen kontraktiven Inflationseffekt eine so starke Verringerung der Güternachfrage, daß der – aufgrund niedrigerer Preise – expansive Realkasseneffekt kompensiert werden kann.

Ist der Realkasseneffektrelativ stärker als der Inflationseffekt, d.h. $1 > d$, dann kann eine Erhöhung der Gledmenge m nur dann über steigende Preise ausgeglichen werden, wenn verschärfend gilt

$$1 - d \; > \; d \quad \text{bzw.} \quad d \; < \; \frac{1}{2},$$

wie aus der umgeformten Preisgleichung

$$m_t \; = \; (1 - d)p_t + d p_t$$

ersichtlich ist. Ist also der Realkasseneffekt relativ zum Inflationseffekt genügend groß im Sinne von $d < \frac{1}{2}$, dann wird der Preisanstieg sowohl den expansiven Geldmengeneffekt als auch den – aufgrund gestiegener Preise – expansiven Inflationseffekt genügend stark dämpfen, um das Gleichgewicht von Güterangebot und Güternachfrage wieder herzustellen.
Der Fall $\frac{1}{2} < d < 1$ führt zu alternierenden Lösungspfaden.

Da – empirisch beobachtbar – d sehr klein ist, wird bei konstantem Güterangebot i.d.R. Inflation als Folge konstanten Geldmengenwachstums zu beobachten sein.

Literatur

[Weiterführende mathematische Literatur]

[1] Bronstein,I.N.,Semendjajew,K.A.,Musiol,G.,Mühlig,H.:   *Taschenbuch der Mathematik*. 5. Aufl. Harri Deutsch, Frankfurt am Main 2000.

[2] Collatz,L.: *Differentialgleichungen*. 7. Aufl. Teubner, Stuttgart 1990.

[3] Collatz,L.,Wetterling,W.: *Optimierungsaufgaben*. 2. Aufl. Springer, Berlin, Heidelberg, New York 1971.

[4] Fischer,G.: *Lineare Algebra*. 13. Aufl. Vieweg, Braunschweig, Wiesbaden, 2002.

[5] Forster,O.: *Analysis 1. Differential- und Integralrechnung einer Veränderlichen*. 6. Aufl. Vieweg, Braunschweig, Wiesbaden, 2001.

[6] Forster,O.: *Analysis 2. Differentialrechnung im $I\!R^n$, Gewöhnliche Differentialgleichungen*. 5. Aufl. Vieweg, Braunschweig, Wiesbaden, 1984.

[7] Stoer,J.: *Einführung in die Numerische Mathematik I*. 8. Aufl. Springer, Berlin, Heidelberg, New York 1999.

[Literatur zur mathematischen Wirtschaftstheorie]

[8] Allen,R.G.D.: *Mathematische Wirtschaftstheorie*. 2. Aufl. Macmillan, 1971.

[9] Beckmann,M.J.,Künzi,H.P.: *Mathematik für Ökonomen I*. 2. Aufl. Springer, Berlin, Heidelberg, New York 1973.

[10] Beckmann,M.J.,Künzi,H.P.: *Mathematik für Ökonomen II*. Springer, Berlin, Heidelberg, New York 1973.

[11] Beckmann,M.J.,Künzi,H.P.: *Mathematik für Ökonomen III*. Springer, Berlin, Heidelberg, New York 1984.

[12] Berck,P.,Sydsæter,K.: *Economists' Mathematical Manual*. 3. Aufl. Springer, Berlin, Heidelberg, New York 1999.

[13] Chiang,A.C.: *Fundamental Methods of Mathematical Economics*. 3. Aufl. McGraw-Hill, Singapore 1984.

[14] Feichtinger,G.,Hartl,R.F.: *Optimale Kontrolle ökonomischer Prozesse*. De Gruyter, Berlin, New York, 1986.

[15] Leonard,D.,Long,N.V.: *Optimal control theory and static optimization in economics.* Cambridge University Press, Cambridge, 1992.

[16] Nollau,V.: *Mathematik für Wirtschaftswissenschaftler.* 3. Aufl. Teubner, Stuttgart, Leipzig 1999.

[17] Takayama,A.: *Mathematical Economics.* 2. Aufl. Cambridge University Press, Cambridge 1985.

[18] Tietze,J.: *Einführung in die angewandte Wirtschaftsmathematik.* 10. Aufl. Vieweg, Braunschweig, Wiesbaden, 2002.

[Wirtschaftswissenschaftliche Literatur]

[19] Barro,R.J.,Sala-i-Martin,X.: *Wirtschaftswachstum.* Oldenbourg, München, 1998.

[20] Böhm,V.: *Arbeitsbuch zur Mikroökonomie I.* 3. Aufl. Springer, Berlin, Heidelberg, New York 1995.

[21] Felderer,F.,Homburg,S.: *Makroökonomik und neue Makroökonomik.* 8. Aufl. Springer, Berlin, Heidelberg, New York 2003.

[22] Henn,R.: *Elementare Wachstumstheorie.* Hain, Meisenheim a.G. 1977.

[23] Karmann,A.: *Prinzipal-Agent-Modelle und Risikoallokation.* Wirtschaftswissenschaftliche Studien 21, 1992, S.557-562.

[24] Varian,H.R.: *Mikroökonomie.* 3. Aufl. Oldenbourg, München, Wien 1994.

Index

Mathematik

Index

Ökonomie